竈をもつ竪穴建物跡の研究

桐生直彦 著

六一書房

ま え が き

　竈をもつ竪穴建物(住居)と言えば、まず思い浮かぶのは『万葉集』におさめられた山上憶良の「貧窮問答歌」であろう。
　「伏廬の　曲廬の中に　直土に　藁解き敷きて　父母は　枕の方に　妻子等は　足の方に　囲み居て　憂ひ吟ひ　竈には　火気吹き立てず　甑には　蜘蛛の巣かきて　飯炊く　事も忘れて」

(巻五—八九二)

　当時の生活を彷彿とさせる内容だが、竪穴建物には貧しい人々が生活していたと言うイメージがつきまとう。
　畿内では、7世紀になると竪穴建物が姿を消し、掘立柱建物が普遍化するが、東北地方や関東地方などの集落遺跡では、古代末まで竪穴建物が顕著な存在であることから、これをもって東日本方面の後進性と評価する向きもあるが、果たしてそうであろうか。
　東北地方や関東地方の発掘調査報告書類を紐解くと、竈をもつ竪穴建物跡の事例が圧倒的に多いことに気づくが、この地方で調査研究に携わる者にとっては、当たり前すぎる遺構であることも手伝ってか、具体的な検討材料として取り挙げられることは意外に少ない。反面、西日本方面では、早くにその姿を消すことからか、当該遺構への関心は極めて低いものと言わざるを得ない。このような東日本と西日本の齟齬を打開するためにも、全国レベルでの比較検討が不可欠である。もちろん過去に竈をもつ竪穴建物跡を汎日本的に扱った研究がなかったわけではないが、惜しむらくは使用されているデータが古いという制約を伴っている。
　今日まで全国各地で累積している膨大な発掘調査報告書中には、従来あまり注意されてこなかったような検討材料が少なからず埋もれている。本書は、竈をもつ竪穴建物跡で、ここ十数年確実に報告例が増加している「棚状施設」と「竪穴外柱穴」を中心として、筆者が今まで追究してきた事項をまとめてみたものである。本書を通じて、より多くの方々に竈をもつ竪穴建物への関心を持っていただければ望外の喜びである。

　2005年6月

筆　　者

目　　　次

まえがき ………………………………………………………………………………… i

I. 序　　　論 ……………………………………………………………………… 1

1. 問 題 の 所 在 ………………………………………………………………… 1

2. 棚状施設をもつ竪穴建物跡をめぐる問題 ………………………………… 3
   A. 棚状施設の呼称について ……………………………………………… 4
   B. 報告事例の引用について ……………………………………………… 4
   C. 棚状施設をもつ竪穴建物跡研究の課題 ……………………………… 7

3. 竪穴外柱穴をもつ竪穴建物跡をめぐる問題 ……………………………… 9
   A. 竪穴外柱穴をもつ竪穴建物跡の研究略史 …………………………… 9
   B. 竪穴外柱穴をもつ竪穴建物跡研究の課題 …………………………… 12

II. 棚状施設の様相 ………………………………………………………………… 15

1. 棚状施設の定義 ……………………………………………………………… 15
   A. 類似施設の概念的整理 ………………………………………………… 15
   B. 棚状施設の定義 ………………………………………………………… 17

2. 棚状施設の分類 ……………………………………………………………… 18
   A. 棚状施設の構成部位 …………………………………………………… 18
   B. 先 学 の 分 類 …………………………………………………………… 19
   C. アウトタイプとインタイプ …………………………………………… 21
   D. 構 造 分 類 ……………………………………………………………… 21
   E. 平 面 分 類 ……………………………………………………………… 22

3. 棚状施設の構造 ……………………………………………………………… 26
   A. 構 築 方 法 ……………………………………………………………… 26
   B. 棚状施設の規模 ………………………………………………………… 33
   C. 棚状施設の付属施設 …………………………………………………… 37

4. 棚状施設の地理的分布 ……………………………………………………… 46
   A. 棚状施設の事例数 ……………………………………………………… 46
   B. 構築方法にみられる地域性 …………………………………………… 59

  C. 平面タイプにみられる地域性 ……………………………………………… 62

 5. 棚状施設の時期的分布 ………………………………………………………… 71
  A. 時期別遺跡数・軒数の比較 ……………………………………………… 71

III. 棚状施設の役割 …………………………………………………………… 83

 1. 遺棄遺物の検討 ………………………………………………………………… 83
  A. 棚状施設の使用面に遺棄された遺物 …………………………………… 83
  B. 「物置・収納説」と「神棚説」 ………………………………………… 102
  C. 竪穴床面上に遺棄された遺物 …………………………………………… 106

 2. 炉をもつ竪穴建物跡の存在 …………………………………………………… 110
  A. 棚状施設をもつ竪穴建物跡に炉が設けられた事例 …………………… 110

 3. 遺跡の性格からの検討 ………………………………………………………… 112
  A. 生産関連遺跡 ……………………………………………………………… 112
  B. 国府・国分寺関連遺跡 …………………………………………………… 115
  C. 地方官衙関連遺跡 ………………………………………………………… 116

IV. 棚状施設をもつ竪穴建物の集団関係 ……………………………………… 119

 1. 伝統的集落と「工業団地」 …………………………………………………… 119
  A. 熊の山遺跡における棚状施設をもつ竪穴建物跡 ……………………… 119
  B. 中原遺跡における棚状施設をもつ竪穴建物跡 ………………………… 126
  C. 熊の山遺跡と中原遺跡における棚状施設をもつ竪穴建物跡の比較 … 134

 2. 農村と都市の比較 ……………………………………………………………… 137
  A. 農村の事例――下総国印旛郡村神郷・舩穂郷の遺跡群 ……………… 137
  B. 都市の事例――武蔵国府関連遺跡 ……………………………………… 150
  C. 農村と都市の比較 ………………………………………………………… 157
  D. 収　　束 …………………………………………………………………… 165

 3. 棚状施設をもつ竪穴建物の偏在性 …………………………………………… 166
  A. 武蔵国分寺跡 ……………………………………………………………… 166
  B. 下石原遺跡 ………………………………………………………………… 177
  C. 神保富士塚遺跡 …………………………………………………………… 182
  D. 収　　束 …………………………………………………………………… 184

 4. 棚状施設からみた遺跡間の集団関係 ………………………………………… 186
  A. 花房遺跡と大日遺跡 ……………………………………………………… 186
  B. 群馬県北部の遺跡群における様相 ……………………………………… 192

5. 棚状施設をもつ竪穴建物の集団関係 …… 207
A. 村神型（単純型）の遺跡 …… 207
B. 武蔵国府型（複雑型）の遺跡 …… 209
C. 中原型（中間型）の遺跡 …… 212

V. 竪穴外柱穴をもつ竪穴建物跡の様相 …… 217

1. 竪穴外柱穴の分類と構造 …… 217
A. 竪穴外柱穴をもつ竪穴建物跡の原則的問題 …… 217
B. 竪穴外柱穴の分類 …… 218
C. 竪穴外柱をもつ竪穴建物の構造 …… 218

2. 竪穴外柱穴をもつ竪穴建物跡の地理的・時期的分布 …… 234
A. 竪穴外柱穴をもつ竪穴建物跡の地理的分布 …… 234
B. 竪穴外柱穴をもつ竪穴建物跡の時期的分布 …… 237
C. 土壁の検討 …… 251

VI. 竪穴外柱をもつ竪穴建物の集団関係 …… 257

1. 主要遺跡における様相 …… 257
A. 古墳時代の事例 …… 257
B. 古代の事例 …… 259

2. 東北地方にみられる"竪穴＋掘立"との関係 …… 278
A. "竪穴＋掘立"の概要 …… 278
B. 竪穴外柱をもつ竪穴建物と"竪穴＋掘立"の比較 …… 281

VII. 終章 …… 283

1. 棚状施設をもつ竪穴建物跡に関する総括 …… 283

2. 竪穴外柱穴をもつ竪穴建物跡に関する総括 …… 288

3. 今後の調査研究に向けて …… 291

引用・参考文献 …… 297

集成データ文献――棚状施設 …… 305

集成データ文献――竪穴外柱穴 …… 322

あとがき――謝辞 …… 331
初出文献 …… 334

I. 序　　　　　論

1. 問 題 の 所 在

　東日本における原始古代の集落遺跡で最も普遍的な遺構が「竪穴建物跡」[註1]である。特に、古墳時代後期から奈良・平安時代の竈をもつものは、古墳時代中期以前の炉をもつものに比べると圧倒的に報告例が多い。
　しかしながら、竈をもつ竪穴建物跡はどちらかというと画一的で、一見どれも同じようで「没個性的」な印象を受けやすいが、果たしてそうであろうか。
　実は、発掘資料として充分過ぎるほどのデータ数がありながらも、従来等閑視されてきた問題点が、まだまだ認められるものと思われる。
　はじめに、竈をもつ竪穴建物を構成する条件や要素を確認しておきたい。
　まず、必要条件としては、地下を掘り下げた竪穴の壁、竪穴の壁に囲まれた床、造り付け竈が挙げられる。
　充分条件としては、柱穴・周溝・いわゆる「貯蔵穴」・梯子穴・炉・間仕切り溝などの施設を指摘することができる。これらの施設は、竪穴の床面で比較的容易に確認して検出できるという共通点がある。つまり、竪穴床面まで掘り下げてから平面的に追いかけて探すことが可能なのである。
　わが国の竪穴建物跡を綜合的に扱った研究書の代表例として挙げられる石野博信『日本原始・古代住居の研究』[石野1990]と、宮本長二郎『日本原始古代の住居建築』[宮本1996]は、縄文時代から平安時代に至る竪穴建物の諸問題に関して、全国的な視野から分析を加えたもので、この方面の研究の指針となっている点も多い。
　これらの文献中で具体的に取り挙げている竪穴建物の諸施設としては、上記のようなものが主体となっており、多くの調査研究者に与えた影響は計り知れないものがあろう。
　ところが、今日各地で増加の一途をたどる発掘調査報告書類には、先学の優れた研究書でもほとんど取り挙げられることのなかった竪穴建物に伴う様々な施設が、確実にその事例を増やしつつある。
　具体的には、ステップや階段など梯子穴以外の出入口施設や、竪穴部壁構築土(貼壁)、そして小稿で俎上に載せる棚状施設や竪穴外柱穴・竪穴外壁(土壁)などである[拙稿1998b]。
　これらは、上記のように竪穴床面で見つけることができる柱穴や周溝など竪穴建物跡の「定番」とでも言うべき施設とは異なり、発掘調査時に見逃されがちな構造や性格を有している。その知名度の低さも手伝い、本来存在していたはずの施設が検出されずに終わってしまったり、正しく理解されていないものも決して少なくないものと思われる。せっかくの情報は個々の発掘調査報告書内に留まっ

ているばかりで、研究の進展につながっていない状況が存在するのである。

　このような現状に鑑み、以下では竈をもつ竪穴建物跡に伴う諸施設のうち、古代集落遺跡を研究するうえで、特に問題点が多いと思われる棚状施設と竪穴外柱穴を中心として検討を加えるものである。

註

1　筆者は、平成10(1998)年以前に執筆した文献類では「竪穴住居跡(址)」という名称を使用してきたが、この用語は「慣用語」としての意味しかもたないことから、平成11(1999)年以降は、渡辺修一［渡辺1992］・関和彦［関1994］等の提唱に基づき、「竪穴建物跡」の呼称を用いることにしている。小稿でもこの用語を使用するものである。

　　ただし、各発掘調査報告書中で使用されている「竪穴住居跡(址)」などの用語については、固有名詞として、そのまま引用するものである。

　　各地の発掘調査報告書類では、未だ「竪穴住居跡(址)」を用いているものが大多数を占めているものの、少しずつではあるが「竪穴建物(跡)」を使用する事例も登場してきている。今後、より多くの文献で、この名称が使われることを望むものである。

2. 棚状施設をもつ竪穴建物跡をめぐる問題

　ここでは、棚状施設をもつ竪穴建物跡が如何に等閑視されてきたかという点を指摘してから、当該遺構をめぐる問題点を整理したい。

　管見によれば、昭和41(1966)年に発掘調査が行われ、翌年に報告書が刊行された東京都八王子市中田遺跡C地区13号住居址(写真1)が、棚状施設の調査報告例としては最初のものと思われる。

　報告者は「住居構築の際に竈より北の部分を埋めてそこに北竈を造り、その後に竈を設定したのではないか」［文献東京12：55］[註1]として、この部分が建物使用時には埋め戻されていた掘り形と考えたようである。しかし、掘り形であれば丁寧に平坦面を造る必要はなく、凸凹に掘削しても支障ないはずである。また、調査当時には竈の煙道先端部は屋外に出ているものという認識が一般的であったと思われることも手伝って、このような解釈に至ったものと推測される。

　筆者は、棚状施設の調査研究史を整理するにあたって、以前に「名もなき時代」・「下宿内山以後」・「東京考古以後」という3期に区分したことがある［拙稿1997a］が、これは分析対象地域を拡大した場合でも、基本的には適用できるものと考えている。

　「名もなき時代」は、棚状施設の調査報告例が少なく、とりあえず遺構として検出されたものの、未だその正当な位置付けがなされていなかった昭和40年代を中心とした時期である。上記の中田遺跡の報告例は、まさにこのような事例である。

　「下宿内山以後」は、当該施設に対して、初めて具体的かつ的確な名称が与えられた東京都清瀬市下宿内山遺跡の概報［下宿内山遺跡調査会1977・1978・1979］が刊行された昭和52(1977)年から昭和60年代にかけての時期である。

　「東京考古以後」は、研究誌『東京考古9』に棚状施設を扱った荒井健治［荒井健治1991］と、篠崎譲治［篠崎1991］の研究論文が発表された平成3(1991)年から今日に至る時期である。それまでは、事実記載として個々の発掘調査報告書内に留まっているばかりであった棚状施設に関する様々な研究が開

写真1　棚状施設の最初の報告例—中田遺跡C地区
　　　13号住居址［報告書から転載］

始された時期でもある。

A. 棚状施設の呼称について

　今回の事例分析で使用した約400冊の文献中でみられる当該施設の呼称は、実に82種類にもおよんでいる。これらを、いくつかの系列にまとめたものが第1表である。中には、1冊の発掘調査報告書に複数の事例が掲載されている場合、報告者ごとに呼称が異なるようなものもあり〔文献群馬3〕、この施設に対する共通認識のなさを如実に示しているものと言える。

　これらの名称中には、「階段」や「粘土置き場」などのように明らかに誤った表記もみられるが、大方の呼称は個別事例の特徴を示しているものではある。

　しかしながら、「張り出し」・「突出部」・「造り出し」はアウトタイプ(第6図)の事例を、「掘り込み」・「掘り残し」・「粘土」・「壇状の高まり」などは特定の構築方法を、「壁面の食い違い」は竈を挟んで片側に設けられる事例のみを指すものであることから、これらは適切な呼称とは言えない。

　また、「段」や「平坦面」は、掘り込みなどの造作をもたない「竪穴外屋内空間」(第4図)にも当てはまる表現である。

　「ベッド」は寝台というイメージが強く、「テラス」と共に第4図で提示するような概念規定で捉えるのが妥当であろう。

　「土棚」は素掘りのままの印象が強く、棚上に板を敷いていた事例(第37・41図)も存在する点から、適当な呼称とは言い難い。

　「棚状遺構」という用語に関しては、「ベッド状遺構」を言い換えたような使い方であるが、この屋内施設が竪穴建物跡という遺構の一部を構成するものであることから、あたかも単独遺構のような名称は好ましくないものと考える。

　以上のような点や、当該施設に対して最初に具体的かつ適切な名称を使用した下宿内山遺跡での呼称[註2]を研究史的に尊重し、「棚状施設」という名称を使うのが適切であることを確認しておきたい。

B. 報告事例の引用について

　遺構・遺物を問わず、分析対象と同様な資料が過去にどのくらい報告されているのかを知ることは、考古学研究の基本中の基本である。

　第2表は、棚状施設を扱った文献類における引用事例の相関関係を示したものである。今回の事例分析に使用した約400冊の発掘調査報告書中で、他の遺跡の事例を引用したものは僅か20冊余りで、全体の5%程度に過ぎない。逆に95%にもおよぶ文献では、他遺跡の動向には触れておらず、ここでも棚状施設に対する関心度の低さを露呈している。

　発掘調査報告書で引用される事例は、同都県内や隣都県の遺跡に留まっているものがほとんどである。これは、自らが発掘調査などに携わる都県から一歩外に出ると途端に情報が入りにくくなることに起因しており、発掘調査報告書を始めとする情報入手の手段が狭まるという構造的な問題が介在している。

```
    [棚]     系
棚     棚部     棚状(の)部(分)     棚状遺構  棚状(の)施設
棚状の張り出し(部)  棚状の突出部(分)   棚状の造り出し   棚状の掘り込み
棚状の掘り残し部分  棚状の(平坦)面    棚状のテラス    棚状の中段
棚状の段(差)    棚等の施設      段差の棚  土棚

    [テラス]   系
テラス    テラス(状の)部分    テラス状(の)遺構   テラス状の施設
テラス状の張り出し(部)    テラス状に張り出す(した)施設  テラス状の突出部
テラス状の掘り込み  テラス状の平坦(な)面    テラス状の中段
テラス状の段(差)   テラス状の高まり   台状のテラス

    [段]     系
段     段部     段状     段差     中段     上段     上段の床
一段の段差     一段高くなる     2段の立ち上がり    弧状の段  有段状
壇状の高まり    段状の構築物     階段     階段状    階段状の遺構
階段状の平坦面   階段状の高まり    浅い段

    [掘り込み]  系
掘り込み  土坑    土坑状の掘り込み    突出した浅い掘り込み
四角い掘り込み   方形を呈する掘り込み

    [ベッド]   系
ベッド状  ベッド状遺構     ベッド状(の)施設    ベッド状の段
ベッド状の高まり

    [張り出し]  系
張り出し  張り出し部      張り出し施設     突出部

    [台]     系
台     台状の平坦な高まり

    [粘土]    系
粘土    粘土砂     粘土を用いた施設    粘土を貼る     粘土で補強
粘土の堆積     粘土置き場     山砂の散布

    [その他]
平坦面   竪穴に含まれるもの  壁面の食い違い     掘り残し   土取り痕
拡張の可能性    住居址(竪穴)の重複

    * 名  称 は明らかに誤ったものを示す
```

第1表 各報告書で使用されている「棚状施設」の呼称

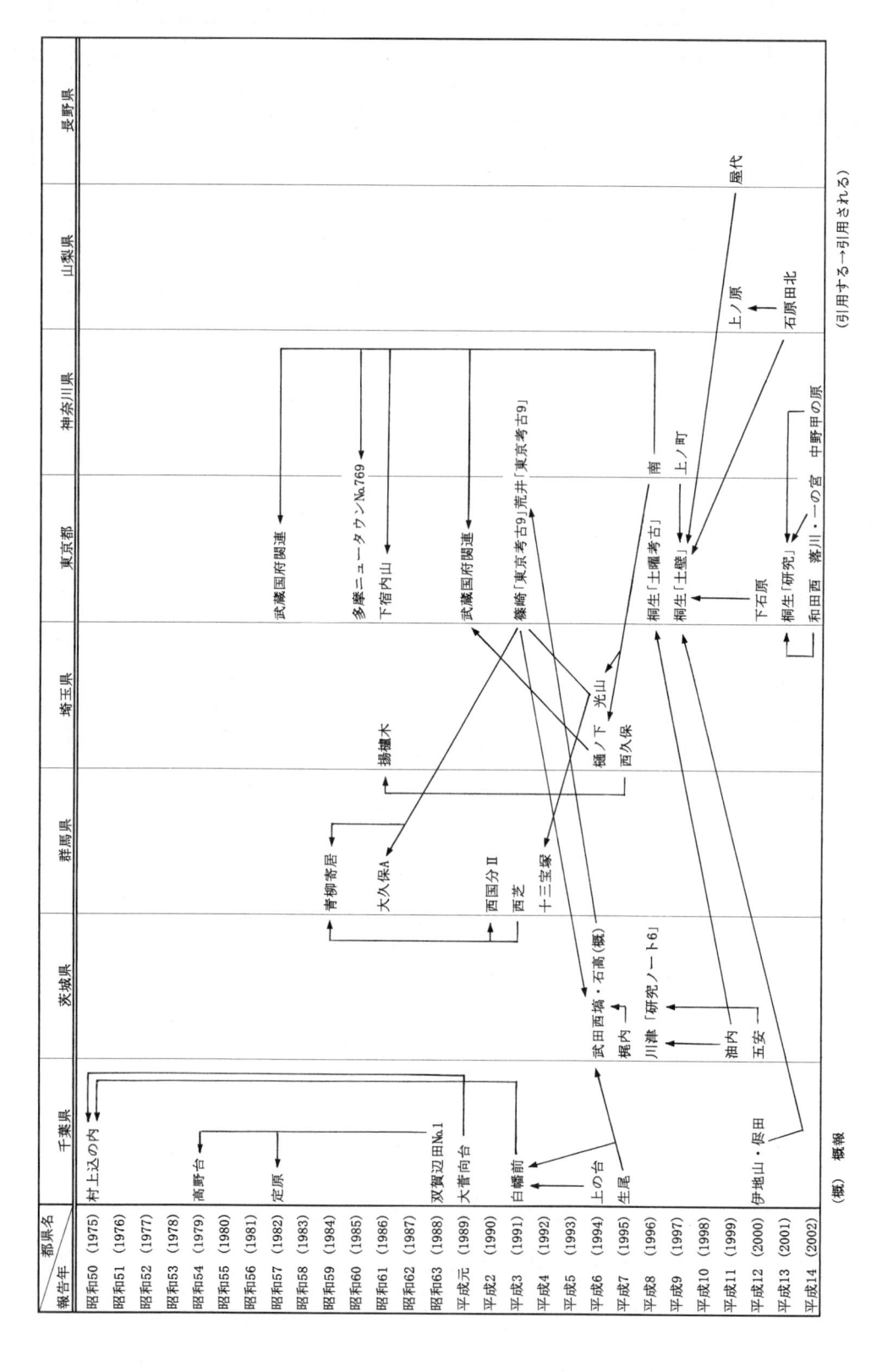

第 2 表　棚状施設の引用事例の相関関係

また、他遺跡の事例を引用している場合でも、たまたま報告者の知っている遺跡からの情報だけを基にして、中途半端な指摘をしているものもみられ、一定地域にしか目を向けない弊害となっている場合もある。

反面、比較的離れている地域の事例を使う場合には、発掘調査報告書ではなく雑誌などに掲載された論考を引用しており、情報の伝達は発掘調査報告書よりも研究誌の方が遥かに効果的であることを改めて認識することができる。

C. 棚状施設をもつ竪穴建物跡研究の課題

棚状施設をもつ竪穴建物跡を扱った主な文献を第3表に示した。当該遺構が発掘調査報告書以外の研究誌などで取り挙げられるようになったのは、平成元(1989)年からであり、研究史の浅さが指摘される。

この点が、各地の発掘調査現場における遺構確認・遺構検出を経て記録化から整理報告に至る調査報告者の認識にも少なからず影響を与えていたことは間違いない。

現在までに発表されている論考の内容を大別すると、およそ以下のようになる。

・特定遺跡を扱ったもの(第3表1～3・13・14・25・27)

No.	著者	発表年	タイトル(副題を除く)	掲載雑誌名など
1	荒井健治	1989	竪穴住居址における竪穴外施設について	東京の遺跡NO.25
2	〃	1991	武蔵国府にみる古代の住環境	東京考古9
3	篠崎譲治	〃	沖積地における奈良・平安時代の居住構造および調査方法	〃
4	桐生直彦	1995	棚からボタモチ	東国史論第10号
5	〃	〃	竈出現以降の竪穴住居址内の遺物出土状態をめぐる問題	山梨県考古学協会誌第7号
6	〃	1996	棚上の遺物	東国史論第11号
7	〃	1997	君は"棚"を見たか	土壁創刊号
8	〃	〃	「高い棚」と「低い棚」	東京の遺跡NO.56
9	川津法伸	〃	竈の脇に棚をもつ住居について	研究ノート6号
10	桐生直彦	1998	竪穴壁際に盛土された住居施設について	シンポジウム縄文集落研究の新地平2
11	〃	〃	変貌する古代竪穴住居像	遺跡・遺物から何を読みとるか
12	〃	1999	棚状施設・ベッド状遺構・テラス状施設	東京の遺跡NO.62
13	平野修	〃	古代竪穴住居の屋内施設を考える	帝京大学山梨文化財研究所報第35号
14	〃	〃	山梨県内における古代竪穴住居の構造	山梨考古学論集IV
15	桐生直彦	〃	床面に段差のある竪穴建物跡	東国史論第14号
16	川津法伸	〃	竈の脇に棚をもつ住居について(2)	研究ノート8号
17	米沢容一	2000	「タナ」状の施設から棚状施設へ	土壁第4号
18	桐生直彦	〃	君は"棚"を見誤っていないか、見落としていないか	東国史論第15号
19	〃	〃	"棚"をもつ竪穴建物の広がり	東京の遺跡NO.66
20	〃	2001	竈をもつ竪穴建物にみられる棚状施設の研究	(自費出版)
21	川津法伸	〃	竈の脇に棚をもつ住居について(3)	研究ノート10号
22	桐生直彦	2002	棚状施設をもつ竪穴建物の性格(1)	史学研究集録第27号
23	〃	〃	棚状施設をもつ竪穴建物の性格(2)	國學院大學考古学資料館紀要第18輯
24	〃	〃	棚状施設は「神棚」か?	アジア世界の考古学
25	荒井健治	〃	古代東国の暮らし	田辺昭三先生古稀記念論文集
26	桐生直彦	2003	棚状施設をもつ竪穴建物の性格(3)	國學院大學大學院紀要第34輯
27	〃	〃	和田西遺跡の古代竪穴建物	和田西遺跡の研究
28	〃	〃	棚状施設は「神棚」か?(その2)	遺跡の中のカミ・ホトケ
29	綿引英樹	2004	竈の脇に棚をもつ住居覚書	年報23
30	桐生直彦	2005	棚状施設をもつ竪穴建物の出現と展開	東国史論第20号

第3表 棚状施設を扱った主な研究

・特定地域を対象としたもの(同表7・9・16・21・29・30)

・出土遺物などから棚状施設の役割について論じたもの(同表6・24・28)

・棚状施設の概念規定などに関するもの(同表8・12・15・17)

・発掘調査上の問題などから棚状施設の存在に注意を促したもの(同表4・5・11・18)

・関東地方における地理的分布を論じたもの(同表19)

・棚状施設をもつ竪穴建物跡を使用した集団関係などを論じたもの(同表22・23・26)

そして、これらの項目に関することをまとめたものが、筆者が國學院大學に修士学位論文として提出した『竈をもつ竪穴建物跡にみられる棚状施設の研究―関東地方の事例を中心に―』(同表20)である。この拙稿により、当該遺構の情報整理がある程度進展したと思われるが、次のような課題が存在するものと考える。

・関東地方以外の事例を含む様相の把握と分析

・棚状施設の役割と、当該施設が設けられた理由の追究

・棚状施設をもつ竪穴建物を使用する集団の性格および集団関係の解釈

・竈をもつ竪穴建物が使用されていた時代における当該遺構の位置付け

以上のような点を踏まえて、次章以降で検討を加えることにしたい。

なお、第3表に示したもの以外にも、発掘調査報告書中などで棚状施設に関する先学の具体的な指摘がみられる文献もあるが、各章ごとに個別に取り挙げることにしたい。

註

1 　巻末に掲載した「集成データ文献――棚状施設」東京都の12番目の文献の略称、以下同様に表示を行う。

2 　昭和51(1976)年8月から開始された東京都清瀬市下宿内山遺跡の発掘調査では、翌年11月に1冊目の概報が刊行され、H1号住居跡で検出された事例を「『タナ』状の施設」[下宿内山遺跡調査会1977：15・25]と命名した。翌年刊行された2冊目の概報では、「タナ状施設」[下宿内山遺跡調査会1978：26]、さらに翌年刊行の3冊目の概報では「棚状施設」[下宿内山遺跡調査会1979：18]と表記上のニュアンスは若干異なっているものの、それまでの報告では「テラス状の張り出し部」[文献千葉24：308]などと曖昧な表現しかみられなかった当該施設に具体的かつ的確な名称を与えている。

　　下宿内山遺跡の調査に携わった米沢容一は、上記の呼称に「タナ」→タナ→棚という変更が生じた事情を述べている[米沢2000]。

3. 竪穴外柱穴をもつ竪穴建物跡をめぐる問題

　ここでは、竪穴部の外側に柱を設けた竪穴建物をめぐる研究略史を通じて、当該遺構の研究課題について確認したい。

A. 竪穴外柱穴をもつ竪穴建物跡の研究略史

　管見によれば、昭和30(1955)年から昭和31(1956)年にかけて発掘調査が実施され、その翌年に報告書が刊行された東京都板橋区栗原遺跡［文献東京6］[註1]が、竪穴外柱穴をもつ竪穴建物跡の調査報告例としては最初のものと思われる。本書には、建築学者である藤島亥治郎によって上屋構造の復元図（第1図）が提示されている［藤島1957］。

　ここでは、竪穴外柱穴が垂直に掘られているものも、垂木を地表面付近で結合するための短い杭を埋設するように考えており、竪穴外柱穴の有無に拘わらず、すべての竪穴建物を「伏屋式」［宮本2000：26］に復元している。当時は、原始古代の竪穴建物＝伏屋式という認識が主流であったことから、垂直に掘られた竪穴外柱穴に柱を立てて、その間に壁を設ける「壁立式」［宮本2000：27］による復元は想定されていなかったものと理解される。

　さて、古墳時代後期から奈良・平安時代の竈をもつ竪穴建物を大きく特徴付ける点としては、竪穴面積の縮小と、竪穴床面の無柱穴化傾向が挙げられる。

　松村恵司は「7世紀前半代の平均床面積は30㎡(約18畳)近いが、8世紀に入ると20㎡弱(約12畳)、9世紀には14㎡(8.5畳)以下となり、10世紀になると10㎡(6畳)前後の小型住居となる。床面積20㎡以下の住居では、主柱穴を持たない住居が増加する」［松村1995：55］と具体的に説明している。

　古墳時代後期以降、時期を追って竪穴床面から柱穴が検出されなくなり、床面積も縮小化するという捉え方は、山梨県の保坂和博［保坂1992］・富山県の河西健二［河西健二1995］・東京都の荒井健治［荒井健治2002a］など、各地の研究者によっても指摘されているところである。

　このような、竪穴建物の小型化傾向に関しては、「古典的解釈」と「竪穴＝土間説」に大別が可能である。

　古典的解釈については、柴尾俊介が先学の指摘を以下のように適確にまとめている。

　「和島・金井塚の両氏は、竪穴生活の貧困化ととらえ、その理由として、国家権力による搾取の強化を意味する、とした。佐々木達夫氏も在地富豪層(平地住居居住者の一部)に掌握された［没落農民層］の住居、と考えた。都出比呂志氏も中田Ⅱタイプ(8世紀)のような、小規模な竪穴住居2棟を1単位として台地上に散在する住居群を、屋敷地や倉庫も保有できない零細農民層と、考えた」［柴尾1998：49］

　つまり、「6世紀頃まで長径6m以上の大型竪穴住居に住んでいた支配者層が、7世紀以降床張りの掘立柱建物に住むようになったこととも関係」［拙稿2004：29］して、竪穴建物を使用する階層が低くなり、竪穴規模が縮小するという捉え方である。

10　　　　　　　　　　　　　I. 序　　論

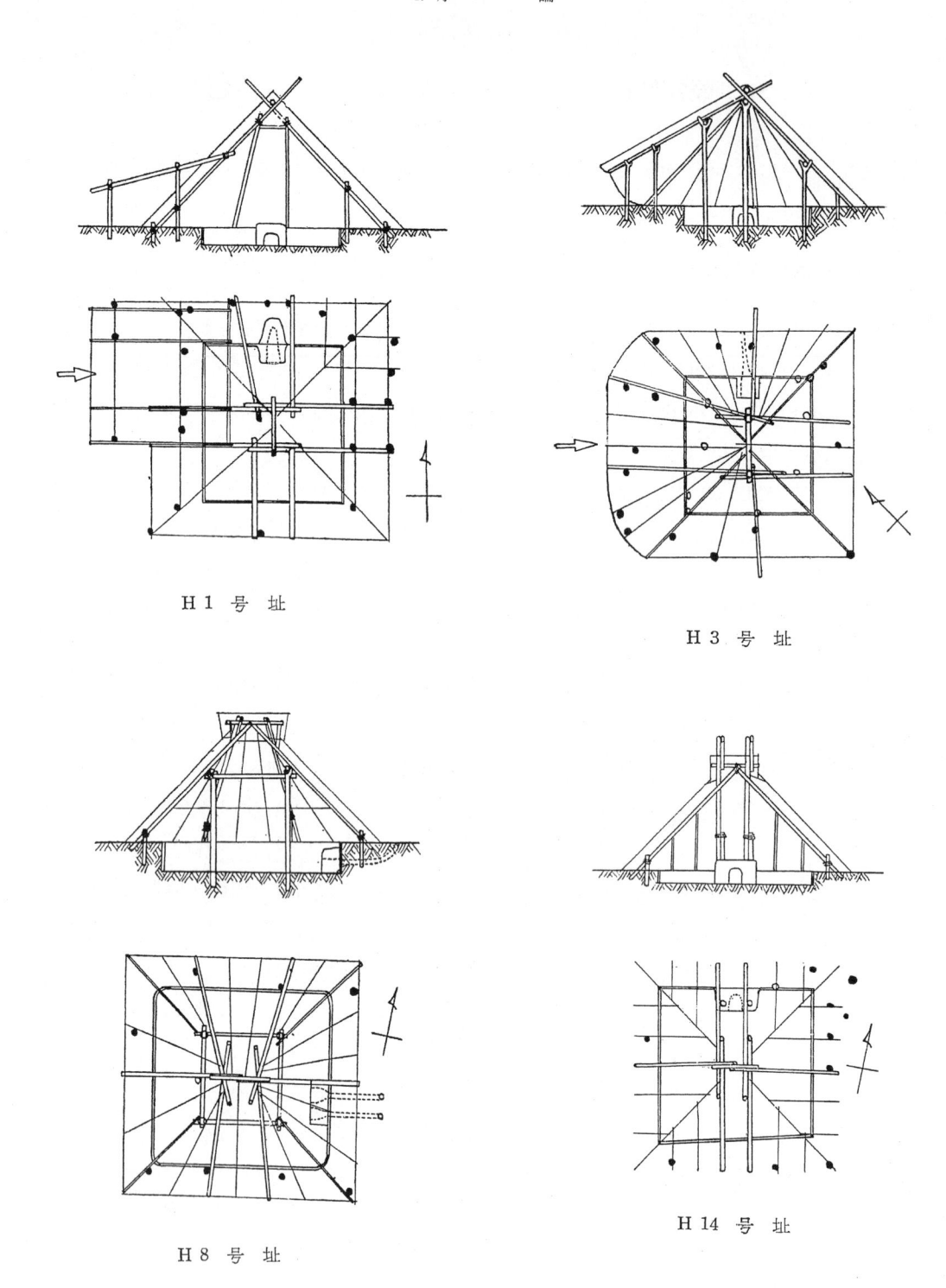

H1号址

H3号址

H8号址

H14号址

第1図　栗原遺跡における竪穴外柱をもつ竪穴建物の上屋復元［報告書から一部転載］

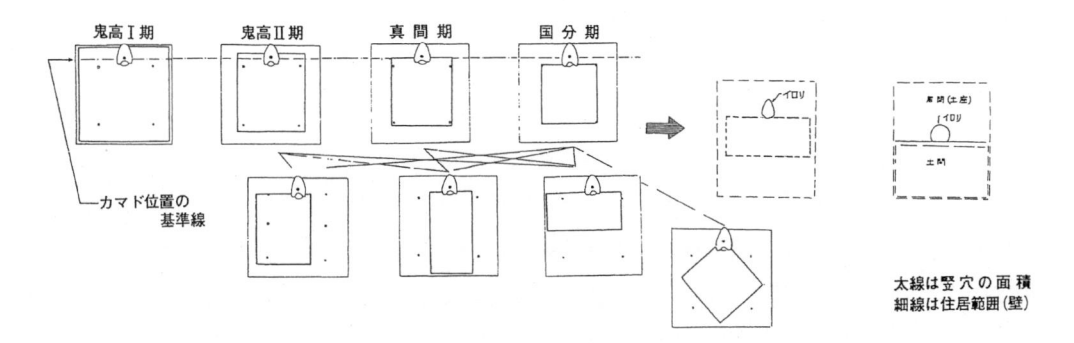

3. 竪穴外柱穴をもつ竪穴建物跡をめぐる問題

第2図 笹森健一による「竪穴＝土間説」の説明図［報告書から転載］

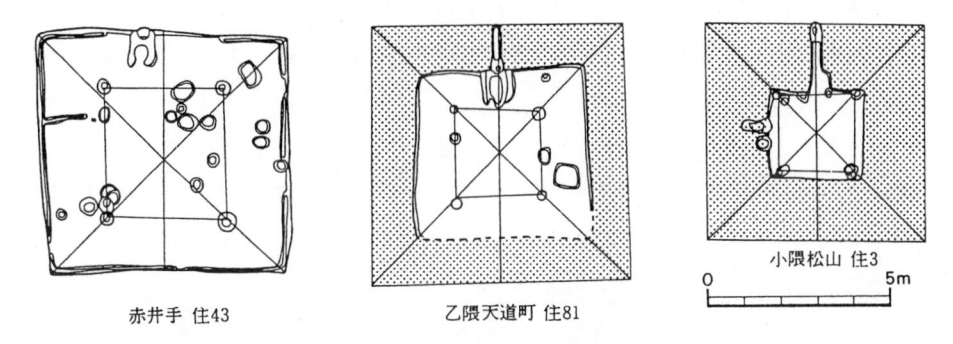

第3図 小田和利による竪穴建物占有空間の変遷図［小田1994：図2から転載］

　一方、竪穴＝土間説は、昭和53(1978)年に発行された『川崎遺跡(第3次)・長宮遺跡発掘調査報告書』の考察で、笹森健一が提唱したものである［笹森1978］。

　笹森は、八王子市中田遺跡の事例分析などから、鬼高期(古墳時代後期)の主柱穴に囲まれた範囲と国分期(平安時代)の竪穴の面積が近似値を示すことや、竈設置位置の変化などに着目し、第2図のように竪穴建物の屋内空間の広さは、古墳時代後期以降大差ないという仮説を提示して、先述した和島・金井塚両氏の解釈に疑義を呈した。

　これと同様な捉え方は、第3図に示したように、地域的には遠く離れているものの、九州地方北部における5世紀から9世紀代の竈を有する竪穴建物跡でも指摘されている［小田1994］。

　つまり、これらの説によれば、竪穴住居の占有していた屋内空間は、床面部分だけでなく、竪穴壁の上端から外側の建物壁までの範囲におよび、使用面が二段構造を呈するものと見なされる。しかし、現実的には竪穴壁の上端よりも外側が、どの程度まで実際の屋内空間であるのかを示す考古学的情報を得ることは難しい場合が多い。いきおい、通常検出できる竪穴壁の上端までで、一軒の建物が完結しているものと思いがちになってしまうが、このような先入観に注意を喚起させる意味ではインパクトの強いものと言える。

　笹森説は、同じ埼玉県内の研究者である柿沼幹夫［柿沼1979］や、高橋一夫［高橋一夫1979］に逸早く支持され、富山県の河西健二も竪穴建物の変遷モデルを提示する中で同様のケースを想定している［河西健二1995］が、笹森が「これはあくまでも模式図である」［笹森1978：67］という報告書66頁(折り

込み)第37図(第2図)のイメージばかりが一人歩きしていった感は否めない。

笹森は、竪穴外の屋内空間の存在について、竪穴の「外周に柱穴が認められるものがあること」［笹森1978：67］を根拠のひとつとして挙げているが、ここで具体的な例示がなかった点も後学にとっては残念なことである。

その後、高井戸東(近隣第三)遺跡［文献東京4］や、八王子浅間神社遺跡［文献埼玉8］、樋ノ下遺跡［文献埼玉12］など、実際に竪穴外屋内空間の存在を証明する竪穴外柱穴が検出された報告例で、笹森説が引用されているものも僅かながらみられるものの、せっかく報告された事例のほとんどは個々の文献内に留まっているばかりで、とりたてて注意が払われてきたとは言い難い状況が続くことになる。

笹森説が提示されてから18年が経過した平成8(1996)年に、筆者は竈をもつ竪穴建物跡外周に複数のピットがみられる事例について、樋ノ下遺跡と東京都の遺跡を取り上げ、これらが竪穴外屋内空間を形成する竪穴外壁の柱穴であることを再確認し、笹森説が大筋において証明されたものと考えた［拙稿1996b］。

特に、樋ノ下遺跡の3軒では、竪穴壁の上端と竪穴外柱穴に囲まれた範囲で「硬化面」[註2]が検出され(第110図)、竪穴外屋内空間が単なる物置的な役割だけでなく、日常生活面としても利用されていたことが明らかになった点は、壁立式竪穴建物の空間利用を具体的に考えるうえで重要な情報を提供するものである。

平成9(1997)年には、篠崎譲治が南広間地遺跡の調査例を中心として、竪穴外柱穴をもつ竪穴建物跡と、竈後方の外壁に設けられた「土壁」についての検討を加えた［篠崎1997a・b］。

平成15(2003)年、筆者は和田西遺跡の竪穴外柱穴をもつ竪穴建物跡から、当該遺構をめぐる問題の整理を試みた［拙稿2003b］。

筆者や篠崎による情報発信は、山梨県の平野修によっても問題提起され［平野修1999・2003］、竪穴外柱穴をもつ竪穴建物跡に対する調査研究者の認識は、少しずつではあるが高まってきているものと思われる。

反面、神奈川県では「これまで発掘調査で小形竪穴住居の周囲から柱穴が検出されたという例は報告されていない」［大上1996：32］、「相模の事例では、地山が黒色火山灰土などで竪穴外の柱穴は発見しにくい。また遺存状態がよいものでは竪穴の掘り込みが一㍍を越える住居跡もよく見かけられ、竪穴内外の比高差が極端になってしまう。従って相模の事例には必ずしも当てはまらないと思われる」［田尾2003：50］、武蔵国府集落では「竪穴に伴うような竪穴周囲の柱穴が検出されていない」［荒井健治1994：315］などという指摘にみられるように、未だ竪穴外柱の存在を素直に認めようとしない研究者がいることも現実である。

B. 竪穴外柱穴をもつ竪穴建物跡研究の課題

竪穴外柱穴をもつ竪穴建物跡をめぐる問題は、究極的には古代竪穴建物の小型化現象について「古典的解釈」と「竪穴＝土間説」という相反する捉え方を検討することに他ならない。後者の笹森説に関しては、宮瀧交二が「現在その検証作業は必ずしも十分に行われているとは言い難く、広範な検

討・検証作業の蓄積は文字通り急務ではないかと思われる」[宮瀧1989：5]と指摘するように、仮説レベルからの脱却が不可欠である。各地で散見されるようになってきた竪穴外柱穴をもつ竪穴建物跡の存在は、確かに笹森説を容認できるものには違いないが、このような事例が果たして普遍的なものであるのか、あるいは特異な存在ではないのかと言った点も含め、時空的な位置付けや遺跡の性格との関係など多角的な評価が要求されるべきである。この点に関しては、「はじめから竪穴住居の小型化一般の問題として議論するのではなく、個別に検討されなければならない」[柴尾1999：176]という柴尾俊介の正鵠を得た指摘に耳を傾ける必要があろう。

そのためには、より広汎な報告事例の集成と分析に基づく、適確な分類基準の設定と、そこから想定される竪穴外屋内空間に関する具体的な考古学的情報を提示していくことが、古代竪穴建物の歴史的評価につながるものと考えている。

以上のような点を踏まえて、第Ⅴ章以降で検討を加えることにしたい。

註

1　巻末に掲載した「集成データ文献——竪穴外柱穴」の東京都の6番目の文献の略称、以下同様に表示を行う。

2　「硬化面とは、人が『歩く』『立つ』『しゃがむ』といった、平面に対して縦に圧力がかかる動きをした結果と範囲を表していると考えられる。逆に硬化していない面は、人が『横になる』『腰を降ろして座る』など、平面に対して圧力が分散するような状態の範囲を表している」[篠崎1996＝文献東京68：180]

II. 棚状施設の様相

1. 棚状施設の定義

　ここでは、まず棚状施設と似たような構造を示す「類似施設」の概念的整理を行ったうえで、棚状施設の定義を提示したい。

A. 類似施設の概念的整理

　棚状施設の類似施設としては、ベッド状遺構[宮本1996]、テラス状施設、竪穴外屋内空間S類・竪穴外屋内空間W類[拙稿1999a]などが挙げられる。いずれも、竪穴本体部の床面と段差のある屋内空間の使用面をもつ点で共通している。

　これらは、棚状施設(第4図(1))・竪穴外屋内空間S類(同図(2))の二者と、ベッド状遺構(同図(3))・テラス状施設(同図(4))・竪穴外屋内空間W類(同図(5))の三者に大別できる。

　前者は、その幅(竪穴壁に直交する奥行きを指す)が狭く、長さ的にも竈などに規制される位置関係から、人間がこの場所に直接寝たり立ったりすることが難しい空間であるのに対して、後者は、幅が広く、人間が寝たり立ったりして行動できる生活面を確保しているという点で明らかに異なるものである。この両者の差異は、それぞれの役割を反映しているものと思われ、前者はモノを置くためのスペース、後者は「高い床」[拙稿1999a：26]とでも言うべき竪穴本体部の床面と同じような生活面と考えることが妥当である。ちなみに、幅が広い狭いという境界線に関しては、棚状施設の計測データなどから、幅70cm以上あるものが広いもの、幅70cmに満たないものが狭いものという目安を設けている[拙稿1997a]。

　棚状施設(1)と竪穴外屋内空間S類(2)、ベッド状遺構(3)とテラス状施設(4)と竪穴外屋内空間W類(5)の相違点については、(1)・(3)・(4)が地山の掘削や構築土の充填・盛土などの造作を伴うのに対して、(2)・(5)は竪穴壁上端と竪穴外柱で囲まれた竪穴外壁までの間に存在する平坦面を利用しており、この部分は造作を伴わない。つまり、竪穴外屋内空間は竪穴外柱穴が確認されない限り、遺構の一部とは認定できないのである。(1)と(2)、(3)と(4)と(5)は、それぞれ同じような役割をもちながらも、構築方法の置換関係を示しているものと言える。

　ベット状遺構(3)とテラス状施設(4)については、その構造・役割ともに共通する点が多いと思われるが、前者は炉をもつ竪穴建物に対して使用し、後者は竈をもつ竪穴建物に対して用いることにしている[拙稿1999b]。

　その理由としては、(3)と(4)が「時間的にも地域的にも隔たりが大きく、両者を同一系統上で捉え

II. 棚状施設の様相

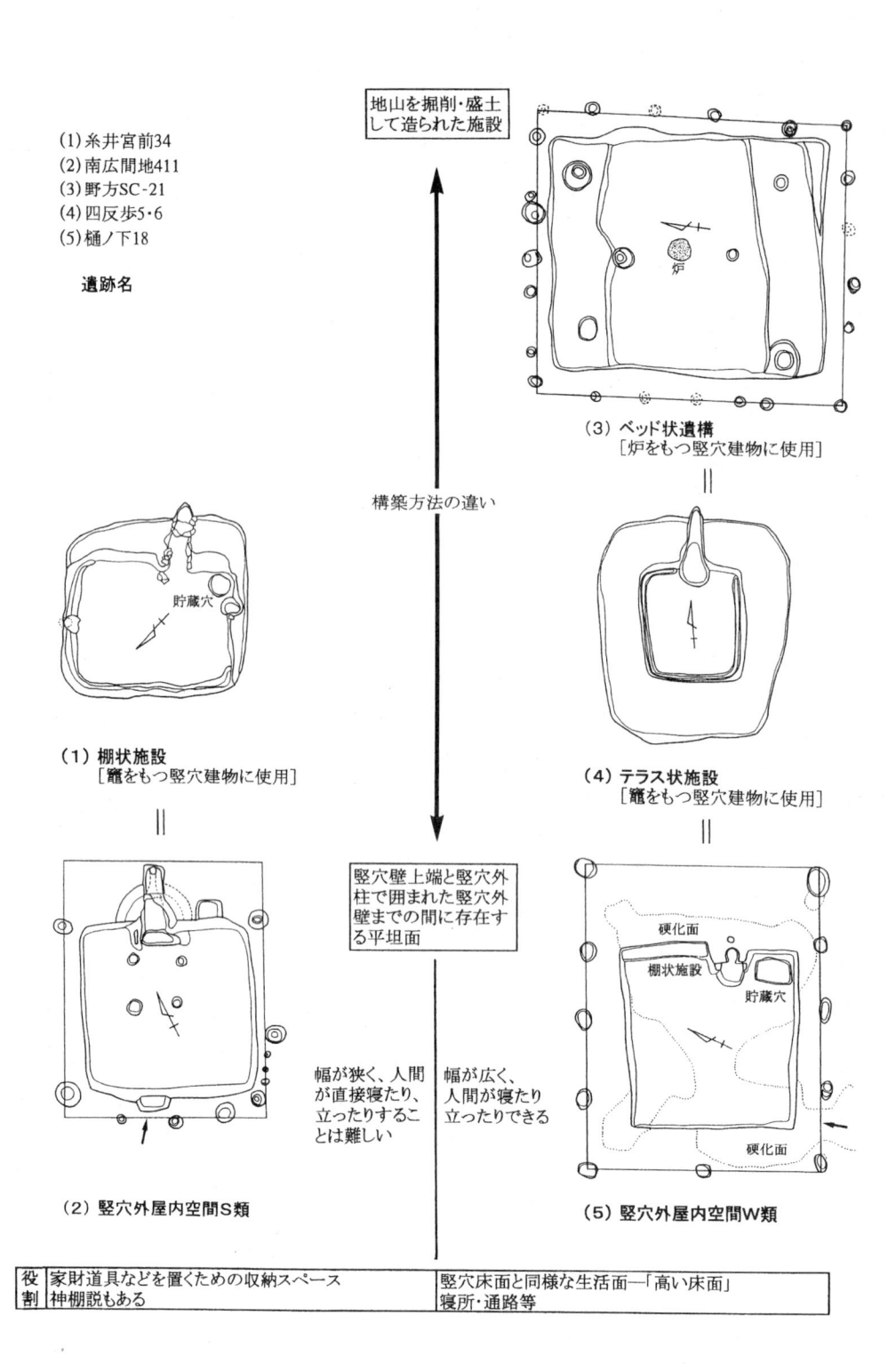

(1) 糸井宮前34
(2) 南広間地411
(3) 野方SC-21
(4) 四反歩5・6
(5) 樋ノ下18

遺跡名

地山を掘削・盛土して造られた施設

(3) ベッド状遺構
［炉をもつ竪穴建物に使用］

構築方法の違い

(1) 棚状施設
［竈をもつ竪穴建物に使用］

(4) テラス状施設
［竈をもつ竪穴建物に使用］

竪穴壁上端と竪穴外柱で囲まれた竪穴外壁までの間に存在する平坦面

幅が狭く、人間が直接寝たり、立ったりすることは難しい

幅が広く、人間が寝たり立ったりできる

(2) 竪穴外屋内空間S類

(5) 竪穴外屋内空間W類

役割	家財道具などを置くための収納スペース 神棚説もある	竪穴床面と同様な生活面―「高い床面」 寝所・通路等

第4図　棚状施設と類似施設の相関図［各報告書から加除作成］

ることには無理があると思われる」［拙稿1999a：24］からである[註1]。むしろ、(4)はその事例の少なさゆえ、構築方法のうえで(5)の傍流であったものと考えられる[註2]。

　以上、棚状施設と類似施設の概念的整理を行い、第4図でそれぞれの相関関係を示した。これらをもとに以下の論を進めることにしたい。

B. 棚状施設の定義

前項で行った整理をもとに、棚状施設を次のように定義する。

　「棚状施設とは、竈をもつ竪穴建物の竪穴壁に接して設けられた段差をもつ屋内施設のうち、モノを置くためのスペースを地山の掘削や構築土の充塡・盛土などにより造りだしたものである」

註

1　ベッド状遺構の検出例は、福岡県の弥生時代遺跡で突出しており「大陸との交流の窓口として、弥生時代に入っていち早く大陸の寝台形式を採り入れ、同後期に流行して他の地域にも波及した」［宮本1996：385～386］ものと考えられている。「ベッド状遺構の地域別・時期別分布」表［宮本1996：384］によれば、その事例は西日本の弥生時代後期から古墳時代前期にかけて顕著であるのに対して、竪穴建物に造り付け竈が導入される古墳時代後期には激減することが特徴的である。したがって、竈をもつ竪穴建物ではこの呼称は不適切であり、ベッド状遺構は炉をもつ竪穴建物に関係した屋内施設として括ることが妥当と思われる。

2　テラス状施設の事例は、東京都では筆者が集成した7軒［拙稿1999a］と、その後報告された武蔵国府関連遺跡の3軒(418次調査のM33—SI 17［文献（棚状施設）東京30］、1033次調査のM46—SI 35・36［文献（棚状施設）東京35］)を加えた僅か10軒に留まっている。一方、竪穴外屋内空間は竪穴外柱穴が確認されなければ認定できないため不明確な点もあるが、テラス状施設と比較した場合、明らかに事例が多いものと捉えられる。竪穴外屋内空間については第V章で詳述する。

2. 棚状施設の分類

　ここでは、まず棚状施設の構成部位を確認し、先学の提示した分類について触れた後に、筆者の分類基準を提示したい。

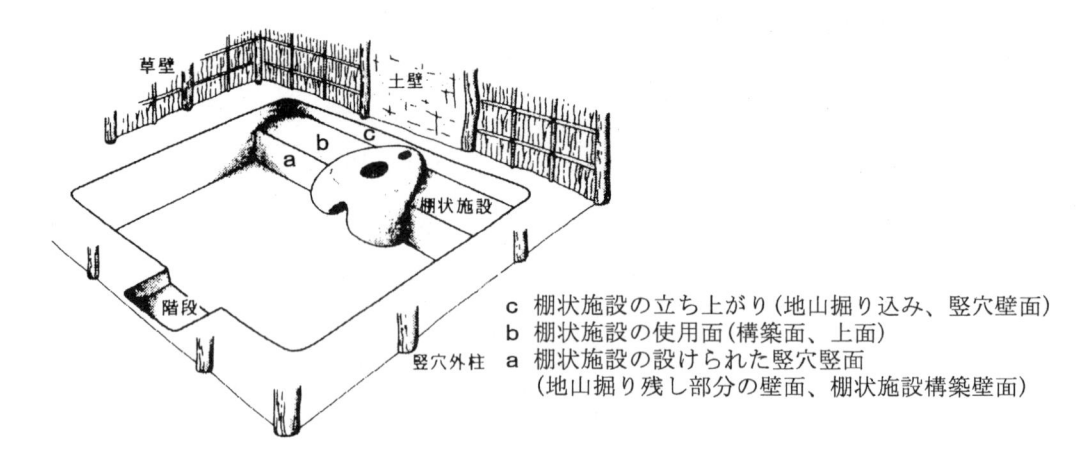

第5図　棚状施設の構成部位〔文献東京67：図2から加除作成〕

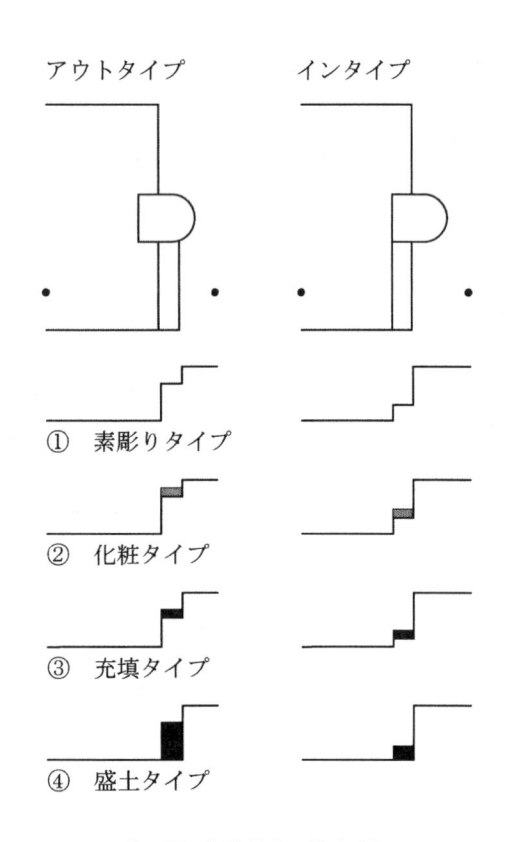

c　棚状施設の立ち上がり(地山掘り込み、竪穴壁面)
b　棚状施設の使用面(構築面、上面)
a　棚状施設の設けられた竪穴竪面
　　(地山掘り残し部分の壁面、棚状施設構築壁面)

第6図　棚状施設の構造分類

A. 棚状施設の構成部位

　棚状施設は、第5図に示したようにa・b・cの部位からなる。

　aは、竪穴部床面とbをつなぐ「壁面」である。棚状施設の構築方法の違い(第6図)により、竪穴部本体の壁面を兼ねる場合や、地山掘り残し部分の壁面、化粧・盛土・充塡などによる棚状施設の構築壁面のいずれかに該当する。

　bは、棚状施設の本体部とでもいうべき平坦な「使用面(上面)」である。地山を素掘りしたままの構築面と、化粧・充塡・盛土などによる構築面がみられる。

　cは、竪穴本体部からみて外側の「立ち上がり」である。竪穴本体部よりも外側を掘り込んだ壁面である場合と、竪穴部本体の壁面を兼ねている場合が認められる。化粧を施すものもみられる。

bが素掘りによるものは、cが検出されないと棚状施設と認定することができないが、粘土などを化粧・充填して構築面が造られている場合は、cが失われていたとしても棚状施設の存在を知ることが可能である。

B. 先学の分類

棚状施設に関する先学の分類提示は少なく、次の3名の指摘が認められるのみである。

a. 篠崎讓治の分類

篠崎讓治は、平成2(1990)年の東京都日野市『南広間地遺跡3』の考察中で、古代竪穴建物の構造などをまとめるにあたり、同遺跡の未報告資料も含めて棚状施設の分析を行い［篠崎1990］、翌年の平成3(1991)年には、ほぼ同様の内容を『東京考古9』誌上に発表した［篠崎1991］、さらに、平成6(1994)年に『南広間地遺跡4』で、これらの分析の追補を行っている［篠崎1994］。これら文献中における棚状施設の分類基準については、それぞれニュアンスが若干異なっているため、ここでは最新の文献での見解を示す。

「(1) 竪穴部壁面上を1段掘り下げたもの
　① カマド側竪穴部壁面上に設けられたもの
　② 竪穴部壁面上に全周して設けられたもの
　③ カマド側以外の竪穴部壁面上に適宜設けられたもの
(2) 竪穴部壁面上を掘り下げず、平坦なまま使用するもの
の2種類3形態を、単独あるいは組み合わせて設けていたと考えている」［篠崎1994：183］

さらに、上記(2)に関しては、自ら最初に提示した『南広間地遺跡3』での分類に対して「現在では、『物を置く施設』という見方からすると、『竪穴部と竪穴外柱・竪穴外壁の間のすべてが棚状施設である』という視点にかわっている」［篠崎1994：184］という見解が示されている。

b. 川津法伸の分類 (第7図1・2)

川津法伸は、茨城県内の棚状施設の事例分析［川津1997］にあたり、「竈の脇に棚状の張り出し部をもつ竪穴住居跡」を対象として、第7図1に示したような2種類の分類基準を提示した。「竈の右側・左側の片方」にあるものをA型、「竈の両側」にあるものをB型としている［川津1997］。

また、第7図2のように、竈を挟んだ片側の竪穴壁が竪穴部内側に入り込み、竈をもつ竪穴壁のラインが一直線にならずに食い違っている竪穴建物跡で、棚状施設の立ち上がり(第5図cの部分)が認められないものについても、その平面形からA型として扱っている。

c. 寺内隆夫の分類 (第7図3)

寺内隆夫は、上信越自動車道建設に伴う長野県更埴市屋代遺跡群の報告にあたり、430軒もの竈をもつ竪穴建物跡の属性に関する個別の分類基準を設け、竪穴建物跡の断面形(1)7分類と、竈位置

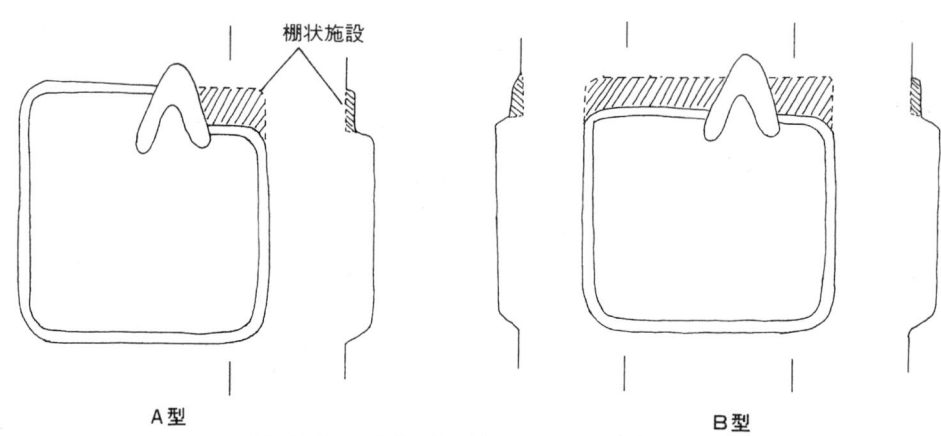

1. 川津法伸の分類 ［川津1997：第1図から転載］

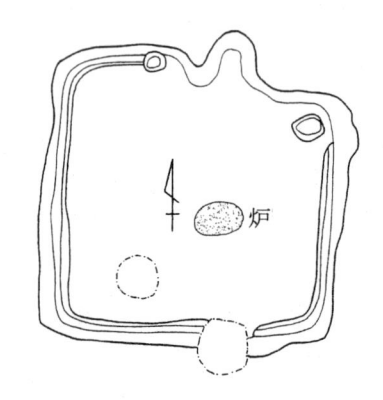

2. 竈を挟んで竪穴壁が食い違う事例（1/100）
［川津1997：第3図から加除作成］

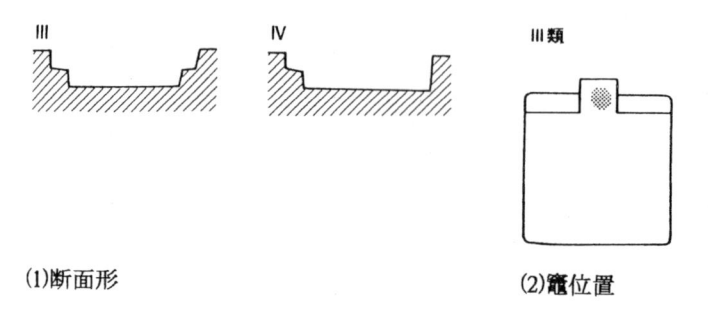

(1)断面形　　(2)竈位置

3. 寺内隆夫の分類 ［文献長野5：図13・15から転載］

第7図　棚状施設に関する先学の分類等

(2)3分類の中で棚状施設を位置付けている［寺内1999］。

(1)では「Ⅲ．棚状の施設が全周で認められる例

　　　　　Ⅳ．棚状の施設が一部で認められる例」として、

(2)では「Ⅲ類　燃焼部が竪穴壁よりも外へでる例」として「竪穴部外周に建物の空間が広がっていたことが明白であり、一部では棚状施設が検出された」［寺内2000：113］と指摘している。

発掘調査報告書に三桁台の竪穴建物跡が掲載される場合、個別の諸施設などは膨大な頁の中に埋没してしまって目に留まりにくいものだが、本書は竈をもつ竪穴建物の構造を説明するにあたり、棚状施設の存在を明示している点でインパクトがある。

d．先学の分類に対する見解

篠崎分類のうち(2)は、筆者の概念規定では竪穴外屋内空間S類（第4図(2)）として整理されるものである。川津分類A型のうち、第7図2のような事例は棚状施設の立ち上がりが失われてしまったものである可能性も否定できないが、筆者はあくまでも遺構痕跡として検出されたものを棚状施設として把握することにしたい。

次に、篠崎分類(1)②および寺内分類Ⅳの棚状施設が「全周」するものについては、詳細は後述するが全事例中で僅か0.7％に過ぎず、主要な分類基準としてはあまり有効なものとは言い難い。

また、篠崎分類の「竪穴部壁面上」や、川津が対象とした「棚状の張り出し部」などの用語からは、棚状施設＝竪穴壁よりも外側に設けられるものという認識が前提となっていることが窺える。

篠崎・川津・寺内らの示した分類は、従来一括りにされていた棚状施設を分析対象として俎上に載せた点では意義があるものの、バラエティーに富んだ棚状施設の一側面を捉えているに過ぎず、より詳細な分類基準を用意することが不可欠であると考える。以下では、筆者の分類基準を提示したい。

C．アウトタイプとインタイプ

まず、棚状施設の分類を行うにあたり、竪穴壁よりも外側に張り出しているものを「アウトタイプ」（第6図左）、竪穴壁の内側に設けられているものを「インタイプ」（同図右）とする。

その位置関係から、前者を「高い棚」、後者を「低い棚」と呼びかえることもできる［拙稿1997b］。

D．構　造　分　類

棚状施設の構築方法により、以下のような4タイプの分類が可能である（第6図）。

　　①．素掘りタイプ
　　②．化粧タイプ
　　③．充塡タイプ
　　④．盛土タイプ

①は、アウトタイプでは竪穴壁の外側を掘り込み、インタイプでは竪穴掘削時に竪穴壁際の地山を掘り残すものである。

②は、素掘りの使用面の全面または一部に粘土などを薄く貼って化粧を施すものである。使用面(b)だけでなく、a・cの部位に化粧するものもみられる。使用面の全面に粘土を化粧するものは、表面上③と識別がつきにくい。

③は、いわゆる「貼床」と同様に、地山を粗掘りして掘り形を設けてから、粘土・ローム・黒土などの構築土を充填して使用面を造るものである。

④は、掘り形をもたず、竪穴壁際に黒土・ローム・粘土などの構築土を積み上げて使用面を造るものである。

E. 平 面 分 類

まず、竪穴壁の中央あるいは、いずれか片側に寄った位置に竈を設ける一般的な竪穴建物跡をⅠ群、隅竈をもつ竪穴建物跡をⅡ群とする。

Ⅰ群は、以下のような4類に分けることができる(第8図)。

　1類　竪穴壁の一辺に設けられたもの
　2類　竪穴壁の二辺に設けられたもの
　3類　竪穴壁の三辺に設けられたもの
　4類　竪穴壁の四辺に設けられたもの

1・2類には竈をもつ面に設けられているものと、竈をもたない面に設けられているものがある。3・4類は竈をもつ面と、それ以外の面に跨がって設けられている。

これらの具体的な位置関係(類型)を次のような分類記号で示すことにする。

竪穴部のうち、竈を有する壁面をA面と呼び、以下時計回りの方向にB～D面とする。このうち、A面については、竈に向かって左面をAL面、右面をAR面に区分する。

棚状施設が各壁面の辺全体に設けられているものはAL・Bなどアルファベットの大文字で示し、辺の一部に設けられているものはAl・bなどの小文字で表示する。

たとえば、竈を挟んだ両側の辺全体に設けられているものはALR、竈に向かって左側の辺全体と右側の一部にあるものはALrと呼称する。ただし、2～4類については、A面の辺全体に設けられているものはALRではなく、単にAとして他の辺とのつながりによりA―Dなどと呼ぶことにする。

Ⅱ群は、以下のような2類に分けられる(第9図)。

　1類　竪穴壁の一辺に設けられているもの
　2類　竪穴壁の二辺に設けられているもの

いずれも、竈につながる辺に設けられているものが大部分を占めている。

これらは、第9図に示したような位置に隅竈をもつことから、竈に向かって左側の壁面をA面、右側をB面と呼び、以下時計回りの方向にC・D面とする。Ⅰ群と同様に棚状施設が各壁面の辺全体に設けられているものはA・Bなどアルファベットの大文字で示し、辺の一部に設けられているものはa・bなどの小文字を使用する。さらに、本群では頭にKを冠して表示する。

たとえば、隅竈に向かって左壁面の辺全体に設けられているものはKA、隅竈の両脇にあり、辺の

一部に設けられているものは Ka—b と呼称する。
　以上のような類型と、先に説明したアウトタイプ・インタイプの組み合わせにより、第8・9図にみられるような詳細な平面分類が可能となるのである。

24   II. 棚状施設の様相

I群1類：一辺に設けられたもの

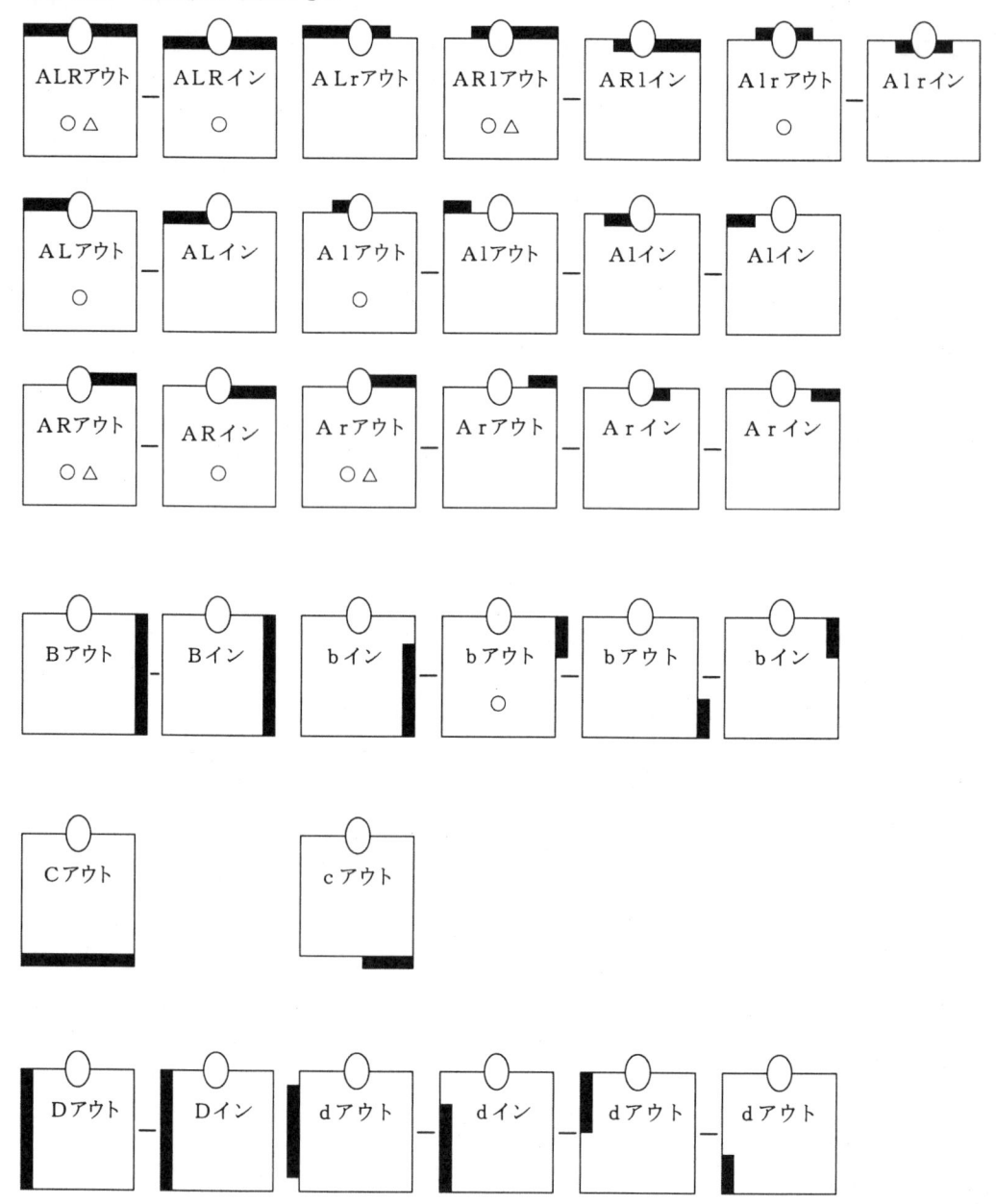

○ 粘土を前面に使用したものあり
△ 粘土を一部使用したものあり

第8図　棚状施設の平面分類（I群1類）

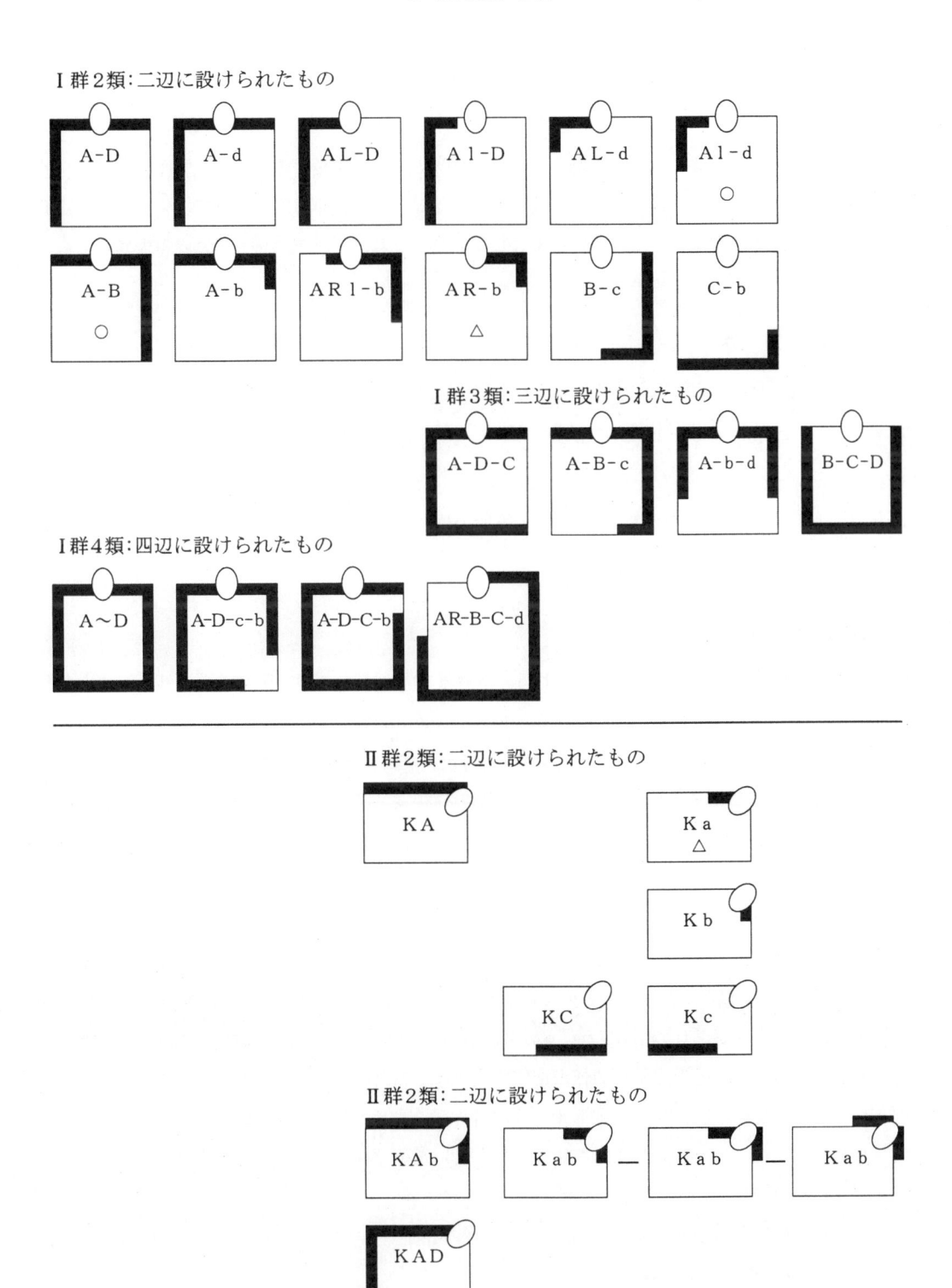

2. 棚状施設の分類

I群2類：二辺に設けられたもの

A-D　A-d　AL-D　Al-D　AL-d　Al-d

A-B　A-b　ARl-b　AR-b　B-c　C-b

I群3類：三辺に設けられたもの

A-D-C　A-B-c　A-b-d　B-C-D

I群4類：四辺に設けられたもの

A〜D　A-D-c-b　A-D-C-b　AR-B-C-d

II群2類：二辺に設けられたもの

KA　　Ka

　　　Kb

KC　Kc

II群2類：二辺に設けられたもの

KAb　Kab — Kab — Kab

KAD

第9図　棚状施設の平面分類(I群2・4類・II群)

3. 棚状施設の構造

　ここでは、棚状施設の構築方法・規模・付属施設などについて検討する。
　小稿で事例集成した棚状施設をもつ竪穴建物跡は、平成14(2002)年12月末までに発行された発掘調査報告書などで筆者が知り得たものを対象としている。なお、平成15(2003)年以降報告されたものについては、必要に応じて紹介することにしたい。

A. 構 築 方 法

　棚状施設の構築方法としては、前節で示した構造分類①〜④(第6図)が挙げられる。また、竈袖部の外側に接して使用面を造る「竈袖延長タイプ」という特徴的な事例についても取り挙げることにしたい。
　なお、以下では1軒の竪穴建物跡に複数＝2箇所の棚状施設が設けられているものは、それぞれ1例としてカウントする。

a. ①素掘りタイプ

　①タイプの棚状施設は最も普遍的にみられる。アウトタイプのものは、竪穴壁上端外側の地山を掘り込んでそのまま平坦な使用面(b)を造ることから、「張り出し部」などの名称で報告される例も目立つ。その形状から竪穴建物と重複した土坑や、掘り込みの深い竪穴建物に切られた浅い竪穴建物跡の壁と床面の一部などと誤認される場合も多い［拙稿2000a］。竪穴本体に伴う棚状施設か、重複する別の遺構なのかを識別するにあたっては、竪穴部本体との土層堆積関係を把握することが重要である［拙稿2000a］。
　武蔵国府関連遺跡府中東芝ビル地区M72—SI 5［文献東京29］は、火災に遭っており、「断面観察の結果も、同一の遺構と考えられる」だけでなく、竪穴「壁面が焼土化しており、これが棚状部分まで続く」［荒井健治1989：3］ことも一連のものである根拠として挙げられている。この棚状施設では、素掘りの平坦面上から「長さ(南北)121cm、幅(東西)40cm、厚さ1〜2cmの板材が検出され」［文献東京29：38］、その上部には完形の須恵器杯が逆位で置かれていた(第41図)。
　同じく、火災に遭った武田西塙遺跡第310号住居跡［文献茨城18］でも、素掘りの平坦面上でスギと同定された厚さ4〜5cmの板材が検出され、その上面に須恵器杯と土師器甕が遺棄されていた(第37図)。
　また、中堀遺跡SJ10［文献埼玉56］でも、棚状施設のb面上の一部に炭化材が図示されており、前2者と同様な板材の可能性がある。
　以上、検出された事例は少ないものの、素掘りの平坦面上に板を敷いて使用していたものがあることは注目される。
　インタイプの棚状施設は、竪穴掘削時に竈脇などの竪穴壁際の地山を掘り残すことから、竪穴建物

3. 棚状施設の構造　　　　　　　　　　　　　　　　　　　　　　27

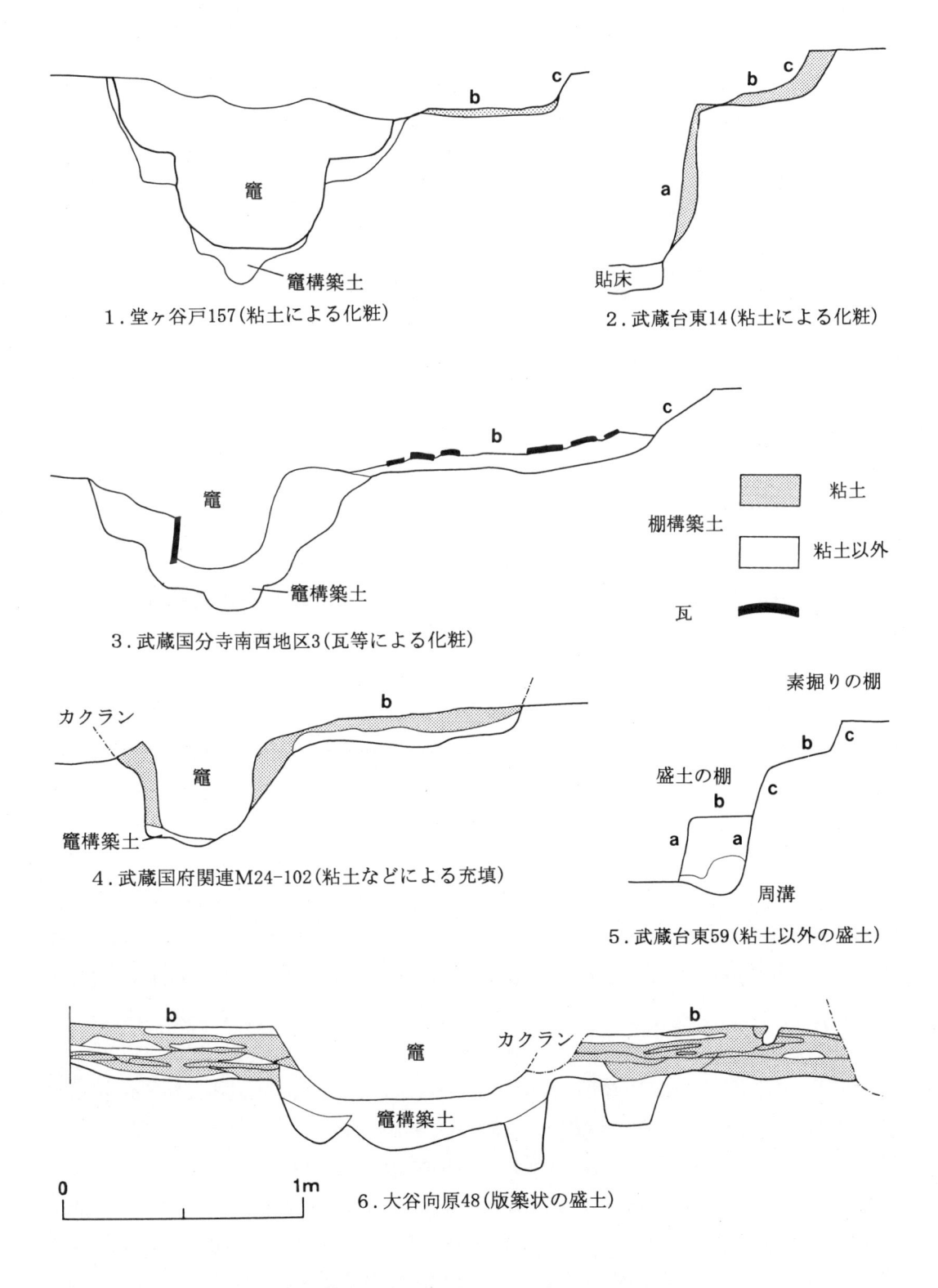

1. 堂ヶ谷戸157（粘土による化粧）

2. 武蔵台東14（粘土による化粧）

3. 武蔵国分寺南西地区3（瓦等による化粧）

棚構築土　　　■ 粘土
　　　　　　　□ 粘土以外
　　　　　　　■ 瓦

4. 武蔵国府関連M24-102（粘土などによる充填）

素掘りの棚

盛土の棚

周溝

5. 武蔵台東59（粘土以外の盛土）

6. 大谷向原48（版築状の盛土）

第10図　棚状施設の構築例［各報告書から加除作成］

構築にあたり、当初から設計に組み込まれていたことが明らかである。

b. ②化粧タイプ

②タイプの主体となるのは粘土を化粧するものであるが、粘土の代わりにロームを使うものや、瓦や礫などを使用した事例も僅かながら認められる。

最も事例の多いb面全体に粘土を施すものは、一見すると粘土を充塡してb面を構築する③タイプと紛らわしいが、③との違いは掘り形をもたないことで、素掘りされた構築面の全体あるいは一部に粘土を薄く貼って化粧を施した使用面を造る。貼り付けられる粘土の厚さは1～10 cmほどで、特に2～3 cmのものが多いようである（第10図1）。

粘土を化粧する部位はb面だけでなく、aの壁面やcの立ち上がりにも施されるものがある（同図2）。a～cの部位と、粘土を全面に施したもの＝○、粘土を一部に施したもの＝△の組み合わせは16通りを数える（第4表上）。このうち、b○が71例中27例（38％）と最も多く、次いでb△が13例（18％）となっている。粘土で化粧する部位は事例数こそ少ないものの、比較的バラエティーに富んだものと言える。ただし、a面に粘土が化粧される事例は、全て竈を有する壁面に限られることも大きな特徴である。

ここで注意しておきたいのは、b・c部分は素掘りのままで、aの壁面のみに粘土を貼り付けるa○・a△の存在である。前者は、沢幡遺跡第7号住居跡〔文献茨城1〕・中原遺跡第19号住居跡〔文献茨城13〕（第58図）・高岡大山遺跡629号住居址〔文献千葉15〕・武蔵国府関連遺跡日鋼地区M 25—SI 89〔文献東京25〕の4例、後者は、中原遺跡第8号住居跡〔文献茨城13〕（第58図）・武蔵国府関連遺跡日鋼地区M 35—80〔文献東京25〕の2例が挙げられる。これらと共に、第4表上に示したNo. 4・6・10・12・13・16・17・18などの組み合わせが認められることからも、棚状施設の存在が不明で、竈を有する竪穴壁面に粘土が施されている場合には、本来その壁面上に棚状施設があった蓋然性が高いものと考えて良いであろう。

例えば、高岡大山遺跡では先述した629号住居址を含めて4軒の棚状施設をもつ竪穴建物跡〔文献千葉15〕が報告されているが、さらに8軒の竪穴建物跡の竈をもつ壁面に粘土が貼られている。小稿では、このような事例は棚状施設としては認定していないが、その可能性があるものとして注意する必要があろう。

なお、岩井安町遺跡011号跡〔文献千葉35〕（第11図）や、武蔵国府関連遺跡日鋼地区M35—51〔文献東京25〕（同図）では、cの立ち上がり部分の上端のさらに外側に沿って10 cmほどの幅で粘土が貼られており、棚状施設の造作がcの上端で完結していないことを示している。

②タイプの特異な事例としては、瓦や礫などでa・bの部位を化粧するものがある。

武蔵国分寺南西地区SI—3竪穴住居跡〔文献東京45〕（第10図3）は、素掘りしたb面に厚さ4～9 cmの褐色土を貼り、「その上に男・女瓦、須恵器甕の破片を平らに敷いている」〔文献東京45：93〕。武蔵台東遺跡54号住居跡〔文献東京44〕では、素掘りの使用面に瓦片が食い込んでいることから、意図的に敷かれたものと見なされる。

岩井安町011

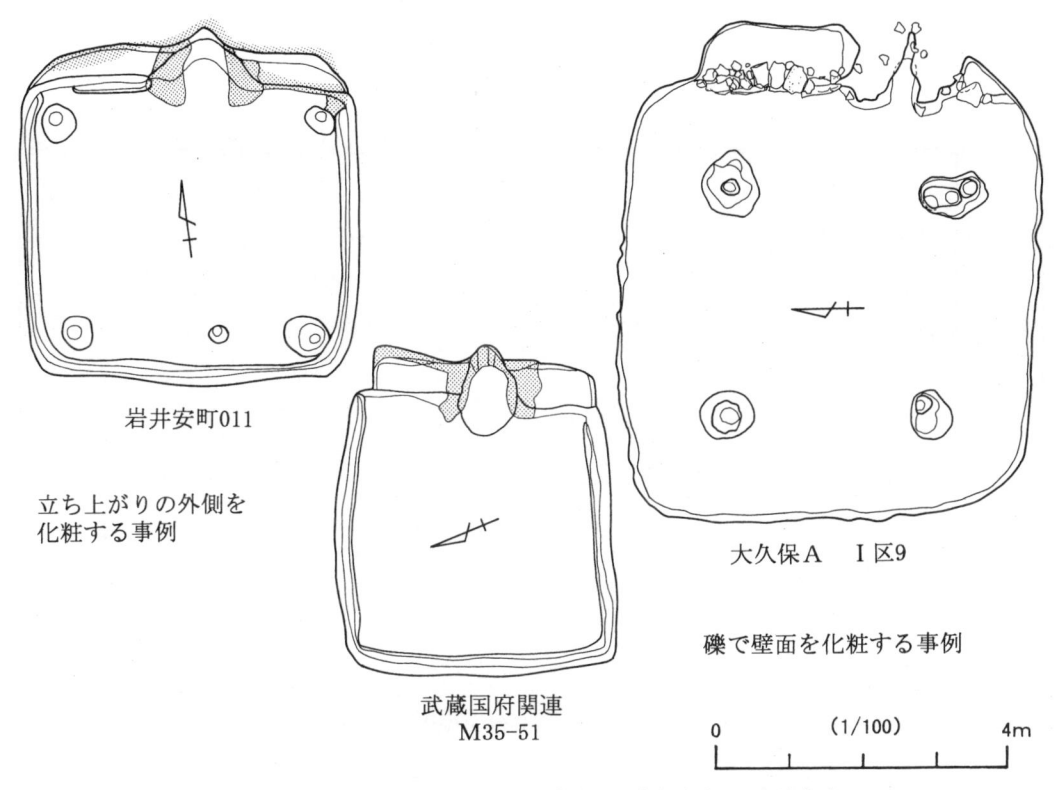

立ち上がりの外側を
化粧する事例

武蔵国府関連
M35-51

大久保A　I区9

礫で壁面を化粧する事例

0　　　　（1/100）　　　　4m

第11図　報告例の少ない棚状施設の化粧例［各報告書から加除作成］

　大久保A遺跡I区9号住居跡［文献群馬55］（第11図）では、aの壁面に「硬質安山岩の角礫大小を混じえて2〜3段に積まれ」［文献群馬55：52］た石積みの外側に、素掘りの棚状施設（b・c）が造られている[註1]。

c. ③充塡タイプ

　③タイプは、掘り形に構築土を充塡して使用面を造るもので、粘土を主体とした構築土を使用する事例が121例中96例（79%）を占めている。掘り形の深さは5〜30cm程度である。東京都調布市下石原遺跡第37地点（その2）SI 05のように、竪穴壁際の内側に設けられたインタイプの低い棚では、掘り形が竪穴床面よりも下部に及ぶものも認められる［有村ほか2003］。

　②タイプでは、使用面の全面に粘土を施すものが、71例中40例（56%）と半数強であるのに対して、③タイプでは96例中88例（92%）（第4表下）と9割を越えている。

　充塡土の堆積を観察すると、第10図4のように、掘り形下部にロームや黒土など粘土以外の構築土を充塡してから、その上部を粘土で覆って使用面を造るものも認められる。

　また、同図でもみられるように、棚状施設を構築する粘土が竈の構築材につながっている場合が多く、竪穴建物を造るにあたって竈と棚状施設が一体的に設計されていたことがわかる。

　ちなみに、棚状施設に粘土を施す効用としては、湿気防止や、ミミズ・モグラなどの生物が土中から侵入することを防ぐことなどが考えられる。

粘土による化粧の施される部位とその数

部位 No.	a	b	c	千葉県	茨城県	栃木県	群馬県	埼玉県	東京都	神奈川県	佐賀県	計
1	○			1	2				1			4
2		○		1	6		3	2	14	1		27
3			○		1			1				2
4	○	○		2								2
5		○	○		1				2	1		4
6	○	○	○	3					1			4
7	△				1				1			2
8		△			3				9	1		13
9			△					1	1			2
10	△	△							1			1
11		△	△						4			4
12	△	△	△						2			2
13	△	○		1								1
14		○	△									0
15	○	○	△									0
16	△	○	○						1			1
17	△	○	△						1			1
18	△	△	○	1								1
計				9	14	0	3	4	38	3	0	71

粘土による化粧の施される部位とその数

粘土が充填される部位とその数

部位 No.	a	b	c	千葉県	茨城県	栃木県	群馬県	埼玉県	東京都	神奈川県	佐賀県	計
1	○											0
2		○		8	6	1	3	2	34	6	1	61
3			○									0
4	○	○		6	4			1	7			18
5		○	○						1			1
6	○	○	○		1				2			3
7	△			1								1
8		△					3		2			5
9			△									0
10	△	△										0
11		△	△						1			1
12	△	△	△						1			1
13	△	○							1			1
14		○	△						1			1
15	○	○	△						1			1
16	△	○	○									0
17	△	○	△						2			2
18	△	△	○									0
計				15	11	1	6	3	53	6	1	96

粘土が充填される部位とその数

○ 粘土を全面に施したもの
△ 粘土を一部に施したもの

第4表 粘土を化粧・充填する部位と事例数

3. 棚状施設の構造

　武蔵台東遺跡 60 号住居跡［文献東京 44］（第 76 図 1）では、平坦に掘削された掘り形面の上に 18 cm にわたり、数種類の粘土を版築状に施しており（同図 2）、c の壁側では粘土を縦方向に垂直に重ねている。調査を総括した早川泉は、この棚状施設について「複数の種類を違えた粘土が巧みに重ね塗りされており、一番外側の面には白色の化粧粘土まで用いられていた。このことからかなりの左官技術を持った工人がこの建物の造作に係わっていたことが知れる」［早川 1999：292］としている。

　同遺跡 12 号住居跡［文献東京 44］では、主に褐色土などの構築土を掘り形に充填した後に、a の壁面から b 面の手前側にかけて男瓦・女瓦で化粧する（同図 2）。竪穴床面に接した部分では瓦を垂直に立てており、その上部に水平にした瓦を 3 段分並べている。

　また、武蔵台遺跡 57 号住居跡［文献東京 41］では、粘土を含む構築土を充填した b 面の一部に、瓦片 2 枚が敷かれたような状態で検出されている。

　上記 2 例と、先述した②タイプに分類される武蔵国分寺南西地区 SI－3［文献東京 45］と武蔵台東遺跡 54 号住居跡［文献東京 44］は、棚状施設自体の構築方法は異なるものの、瓦をその構築材に転用している点では共通するものである。

　このような事例は、武蔵国分寺南西地区・武蔵台遺跡・武蔵台東遺跡と、いずれも武蔵国分二寺と関連した工人集団の工房群と考えられる遺跡に限られている。瓦の入手が容易な土地柄と言ってしまえばそれまでだが、他国の国分寺周辺では同様な事例が認められない点については注意しておきたい。

　なお、棚状施設の存在がほとんど認識されていなかった昭和 45（1970）年に発掘調査が行われ、翌々年に報告された神明上遺跡第 13 号住居跡［文献東京 63］では、竈右脇の竪穴壁の外側に厚さ 10 cm の粘土が座布団状に残されていたが、これは掘り形に充填されていた粘土部分だけを掘り残したものである。同様な事例は、大袋腰巻遺跡 56 号住居跡［文献千葉 12］・白幡前遺跡 D 024［文献千葉 25］（第 61 図）・青山中峰遺跡 SI－17［文献千葉 32］などでもみられ、南八王子地区 No. 16 遺跡 H－16 号住居址［文献東京 13］では、「あらかじめ備えつけられた一種の粘土置き場」［文献東京 13：34］という珍解釈まで登場している。

　これらの報告例に共通するのは、調査報告者に棚状施設を検出したという自覚症状がないことだが、逆に考えれば、粘土を使用した事例はそれだけ見つかりやすいということでもある。これが c の立ち上がりが検出できなければ、その存在自体を知る手掛かりが失われてしまう①タイプや、③タイプでも粘土以外の構築土を使用しているものとの大きな違いであろう。

　③タイプの 121 例中 25 例（21%）は、竪穴覆土と同じような黒色土やロームを構築土として充填するものだが、遺構検出時に判別が容易な粘土に比べて、その存在に気づかずに使用面を掘り飛ばしてしまい、掘り形面を露呈している報告例も散見される。これらは主に遺構写真から判別することができるが、遺構平面図に凹凸を書き込んでいるものは、使用面に設けられているピットなどの付帯施設と紛らわしく見える。

　田名稲荷山遺跡第 9 号住居跡［文献神奈川 12］（第 14 図）では、竈に向かって左側の b 面は素掘りで、右側の b 面にのみロームを充填している。これは、竪穴床面からの高さが、前者では 50 cm を測るのに対し、後者は高さ 37 cm の掘り形底面から厚さ 10 cm ほどの構築土を充填することにより、両者の

高さを揃える目的があったものと思われる。

いずれにしろ、平坦な使用面が検出できない場合には、棚構築土を除去してしまっている恐れがあるので注意が必要である。

d. ④盛土タイプ

④タイプの事例は、インタイプのものにほぼ限られる。唯一例外の若葉台遺跡5号住居址［文献埼玉30］は、竈右脇の竪穴床面上に黒土とロームの混合土を25cmほど積み上げ、その上面に6〜8cmの粘土を敷き詰めて使用面を造るアウトタイプのもので、竈右壁部分の構築土と連続している。ちょうど、この位置に古い竪穴建物跡が重複し、地山が軟弱化しているため、盛土により補強されたものと考えられる。

大谷向原遺跡第48号住居址［文献神奈川30］は、竈の両脇部分の床面上に白色粘土を主体とする複数の粘土などで版築状に盛土したもの（第10図6）で、使用面までの高さは20cmを測る。cの壁際では粘土を縦方向に重ねて貼っている。掘り形の有無は異なるものの、版築手法で構築された棚状施設は、先に紹介した武蔵台東遺跡60号住居跡（第10図2）と、今回の集成データには含まれていないが、下石原遺跡第37地点（その2）SI06［有村ほか2003］の3例しか知られていない。

武蔵台東遺跡59号住居跡［文献東京44］では、竪穴壁を挟んで外側に①タイプの棚状施設、その内側に盛土による棚状施設が二段に設けられている（第10図5）。竪穴構築当初に前者が設けられ、途中で後者に造り替えられたものと思われる。後者の構築土は、暗黄褐色土上に暗褐色土を積んでおり、このような事例は、粘土を使用したものとは異なり、棚構築土と竪穴覆土との判別がつきにくいため、竪穴壁際に盛土されたステップや階段などの出入口施設などと同様、発掘調査時に見逃されやすい［拙稿1998b］。

竈をもつ竪穴建物跡の場合、竈の主軸線に沿ったラインと、これに直交する竪穴中央付近に設けられたセクションベルトを十字に残しながら、床面から壁面に向かって平面的に追いかけていく発掘方法が一般的に採用されているが、この方法では粘土以外の構築土を用いて盛土するものを知らないうちに掘り飛ばしてしまう危険性が大きい。

その打開策としては、予め竈のある竪穴壁に直交した竈の両側をトレンチ状に掘り下げ、竪穴床面や竪穴壁などを把握してから、これらとの位置関係を念頭に置いて土層断面を観察しながら棚状施設の存在を確認した後に、平面的に追いかけていくことが効果的［拙稿1998b］・［高橋泰子2003］である。これは、もともと土層の識別が難しい沖積地の発掘調査のために篠崎譲治が提唱した調査方法［篠崎1991・2000］であり、実際にこのような手法により検出された棚状施設も少しずつではあるが、報告されるようになってきている［拙稿1998b］。

「手探り・勘に頼る調査ではなく、構造を前もって把握したうえで調査を行う」［篠崎1991：116］といった「竪穴壁際に注意を払った取り組みこそが、従来見逃されがちであった客土された『低い棚』の報告事例を増加させる」［拙稿1998a：63］ことを肝に命じるべきである。

e. 竈袖延長タイプ（第12図）

　棚状施設は、竈をもつ竪穴壁面に接して設けられるものが顕著(第12表)で、アウトタイプでは棚状施設を構築する粘土が竈の構築材につながっている構造を示す事例(第10図4)が目立つが、インタイプでも第12図のような特徴的な事例が散見されるようになってきた。これらは、竈袖部の外側に接して両側あるいは片側に竈と同様な構築土により使用面を造る「竈袖延長タイプ」と呼べるものである。

　これらの構築方法としては、掘り形をもつ③タイプと、掘り形をもたず竪穴床面上に盛土する④タイプ、地山を掘り残す①タイプが認められる。

　竈袖延長タイプは、平成14(2002)年12月までの小稿の集成データ以降も、東京都北区田端不動坂遺跡第35号住居址［新井悟2003］、東京都調布市下布田遺跡第54地点竪穴住居SI 03［坂本一男2003］、同市下石原遺跡第37地点（その2）SI 06・SI 11（第79図）［有村ほか2003］、神奈川県茅ヶ崎市下寺尾西方A遺跡H1・H5・H12・H13号竪穴住居［村上吉正2003］などで報告されており、事例は確実に増加している。

　いずれも、竈とその周囲の詳細な調査と報告の賜物と言えるが、この種の施設は、従来竈粘土の流出などと誤認され、竈袖部の外側を定形的に掘り上げてしまったために検出されなかったものも、少なからず存在していたのではなかろうか。

　せっかく検出された当該施設が、その知名度の低さからか、「この粘土はカマド構築材と同様のものであるが、カマドから流出したものではなく、本址廃絶の際に人為的に置かれたもの」［村上吉正2003：121］といった、かなり無理な解釈をしている報告もみられる現状にあって、竈袖部と連続する「低い棚」の存在も念頭に置いた調査が必要である。

B. 棚状施設の規模

　以下では、棚状施設の規模を考えるうえで、竪穴床面から使用面までの高さ、使用面の幅（奥行き）、竪穴検出面から使用面までの深さについて検討する。

a. 竪穴床面から使用面までの高さ（第5表）

　竪穴床面から棚状施設の使用面(b)までの高さ、すなわちaの壁面の高さについては、この部分の断面図や記述がない報告書も多く、遺構写真から割り出したものを含んでいる。今後の報告にあたっては、くれぐれも遺漏のないように願いたいものである。

　各計測データは、四捨五入により5cm単位で整理しているが、第5表の棒グラフでは繁雑になるため10cmごとにまとめている（第6表のb面の幅についても同様である）。

　データ総数783例のうち、アウトタイプは600例(76.6%)、インタイプは183例(23.4%)を数える。

　最も高さのあるものは、武蔵台東遺跡38号住居跡［文献東京44］と同遺跡68号住居跡［文献東京44］の90cmで、いずれも斜面に位置しており、遺構検出面から竪穴床面までの深度も105～110cmとかなりの深さをもっている。

34　　　　　　　　　　　　　　　　　II. 棚状施設の様相

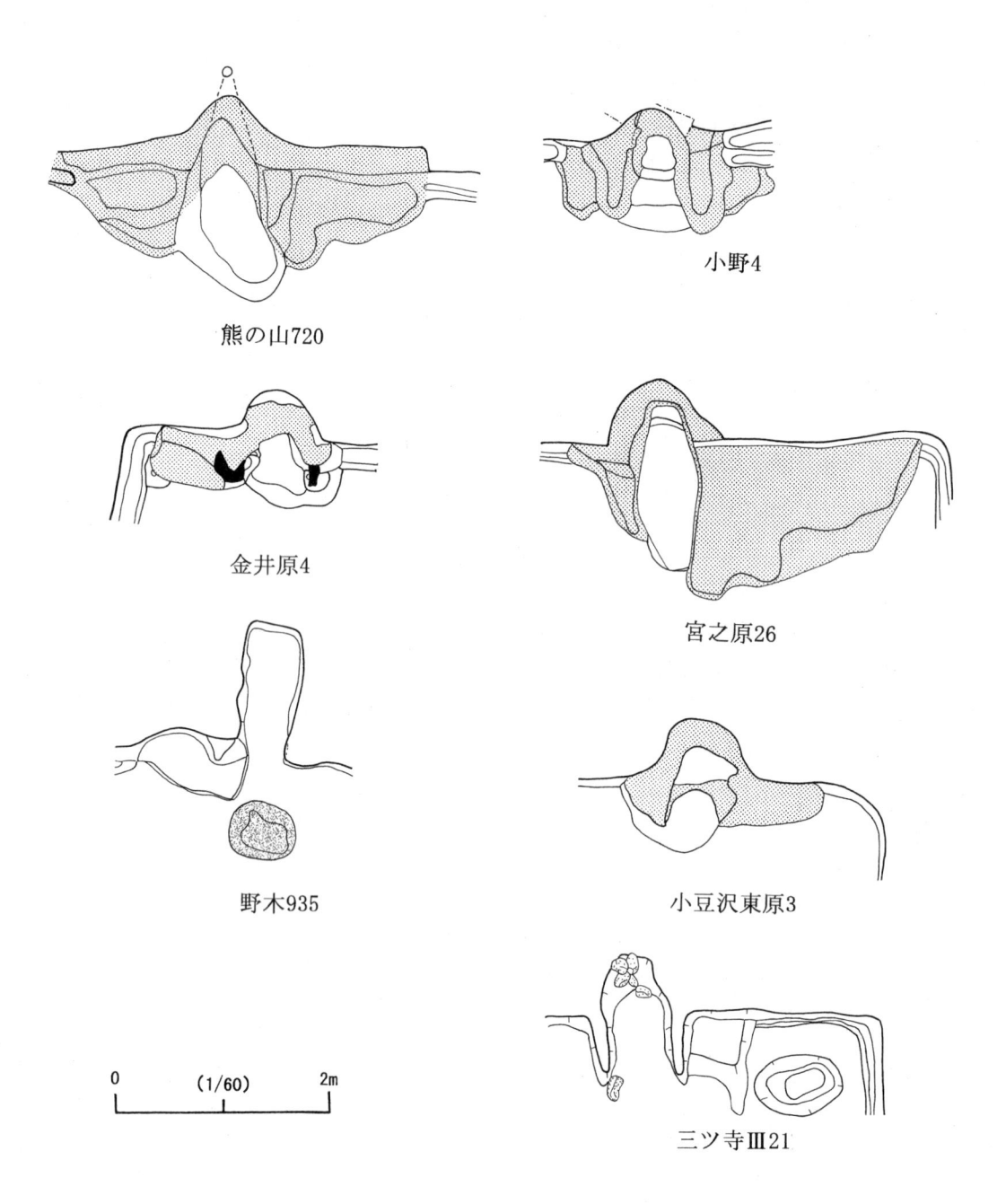

熊の山720

小野4

金井原4

宮之原26

野木935

小豆沢東原3

三ツ寺Ⅲ21

0　　(1/60)　　2m

第12図　竈袖延長タイプの棚状施設〔各報告書から加除作成〕

3. 棚状施設の構造

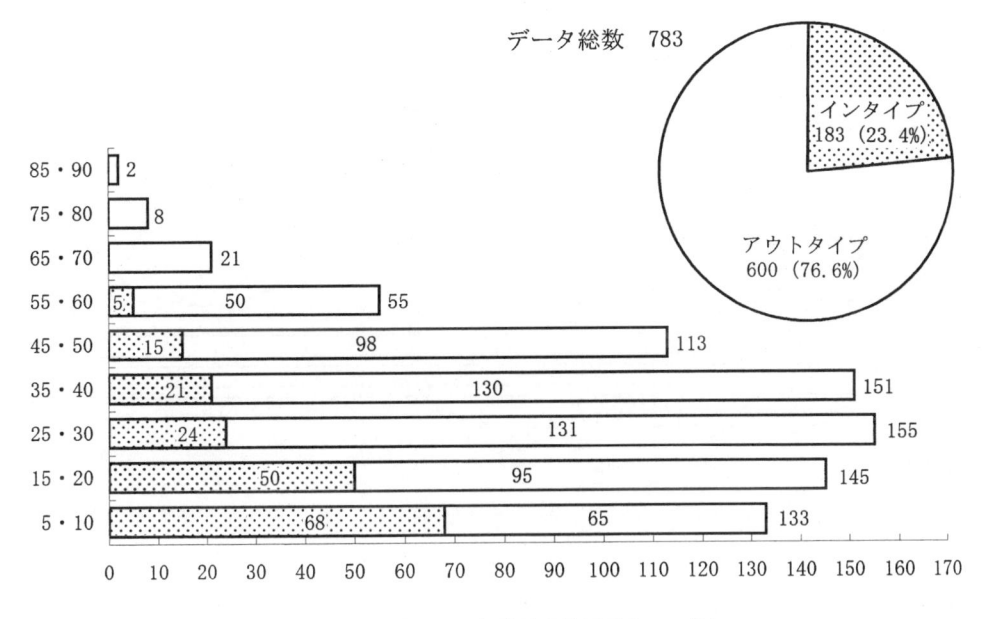

第5表 竪穴床面から棚状施設使用面までの高さ

アウトタイプでは、15～50cm台のものが600例中454例(75.6%)と全体の約3/4を占めている。各々90例以上と安定した数値を示しており、特に25～40cm台でピークを迎えるが、55cm以上になると事例数が減っていく。これは高い棚ほど攪乱を受けやすい点も作用しているものと思われる。

インタイプでは、5～20cm台が183例中118例(64.5%)と全体の2/3近くを占めている。5～10cmのものが最も多く、60cm台まで数値が大きくなるにつれ徐々に事例が少なくなることがわかる。

竪穴壁上端を挟んで外側と内側に分けられるアウトタイプとインタイプは、「高い棚」と「低い棚」という名称に呼びかえられる［拙稿1997b］が、これらの計測値からも両者の差異が如実に表れていることが確認できる。

b. 使用面の幅（第6表）

棚状施設の使用面の幅が最も広い事例は、荒川附遺跡6号住居址［文献埼玉27］の145cmだが、1mを越えるものは僅かで、むしろ例外的な存在と言える。

データ総数838例のうち、25～50cmのものが588例(70%)と突出しており、これらが棚状施設の使用面の幅としては一般的なものと見なすことができる。

なお、竪穴建物の大きさと棚状施設の割合については、竪穴本体部と使用面の幅を比較する限り、例えば竪穴の径が大きいと幅が広く、小さいと狭いというような明らかな対応関係は認められないようである。

ちなみに、茨城県では棚状施設の使用面の面積を提示している文献がみられる［川津1994・1999・2001］・［文献茨城17］。基礎的データのひとつとして、今後多くの報告書に掲載されることを望むものである。

第6表　棚状施設の使用面の幅

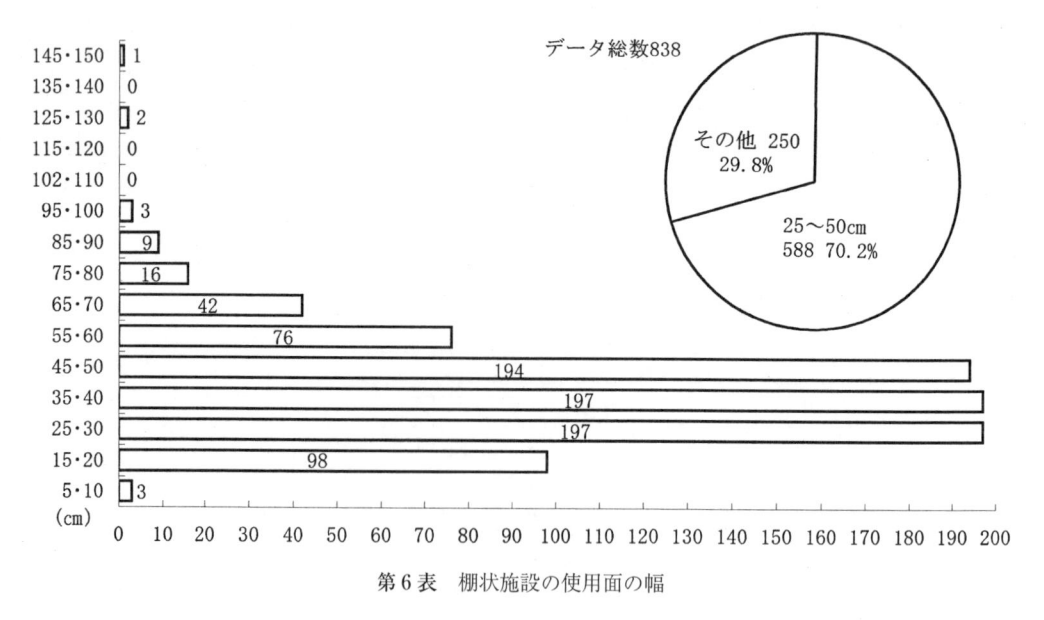

c. 竪穴検出面から使用面までの深さ （第7表）

　発掘調査で検出される竪穴建物跡は、その上部が後世の耕作などにより失われてしまっている場合が多いものと思われる。竪穴建物本来の壁高を知ることは難しいが、樋ノ下遺跡第14・15・18号住居跡［文献埼玉69］（第110図）は、竪穴壁と竪穴外柱穴に囲まれた竪穴外屋内空間から硬化面が検出されており、当時の生活面そのものを把握することができる良好な事例として注目される。

　これらの竪穴壁は、構築当時の高さを留めているものと理解されるが、各遺構の壁高は、第14号住居跡で44 cm・第15号住居跡で40 cm・第18号住居跡で36 cm を測る。3軒の平均値は40 cm となり、竪穴の掘り込みがそれほど深くなかったことがわかる。これらの遺構で検出された棚状施設の立ち上がり(c)の高さは5～10 cm と浅いものである。

　また、岩井安町遺跡011号［文献千葉35］も、ｃの外側に貼られている粘土の存在（第11図）から、当時の生活面が残されているものと思われるが、やはりｃの立ち上がりは10 cm と浅い。

　第7表は、遺構検出面から棚状施設の使用面までの深さ、つまりｃの立ち上がりの深さを四捨五入により5 cm 単位にまとめたものである。ａの場合と同様に、この部分の計測値が不明な文献については写真判定を行っている。

　同図中で0 cm とあるのは、ｃの部位が失われているもので、粘土を化粧・充塡・盛土して使用面を構築するものに限られる。これらは、たとえｃの立ち上がりが検出されなくても棚状施設の存在を知ることができるのに対して、①素掘りタイプの事例はｃの部位が発見できなければ、その存在を知る手掛かりが失われてしまうことから、より見つかりにくいものと言える。

　ｃの深さは、10 cm 台が808例中212例(26.2%)と突出しており、0～20 cm までの事例が650例と全体の80%を占めている。

　最も深さがあるものは、斜面部に構築された鳥打沢A遺跡4号住居跡［文献福島7］（第22図）で、インタイプの高さ10 cm を測る「低い棚」の使用面までの深さは90 cm にもおよぶ。

データ総数808

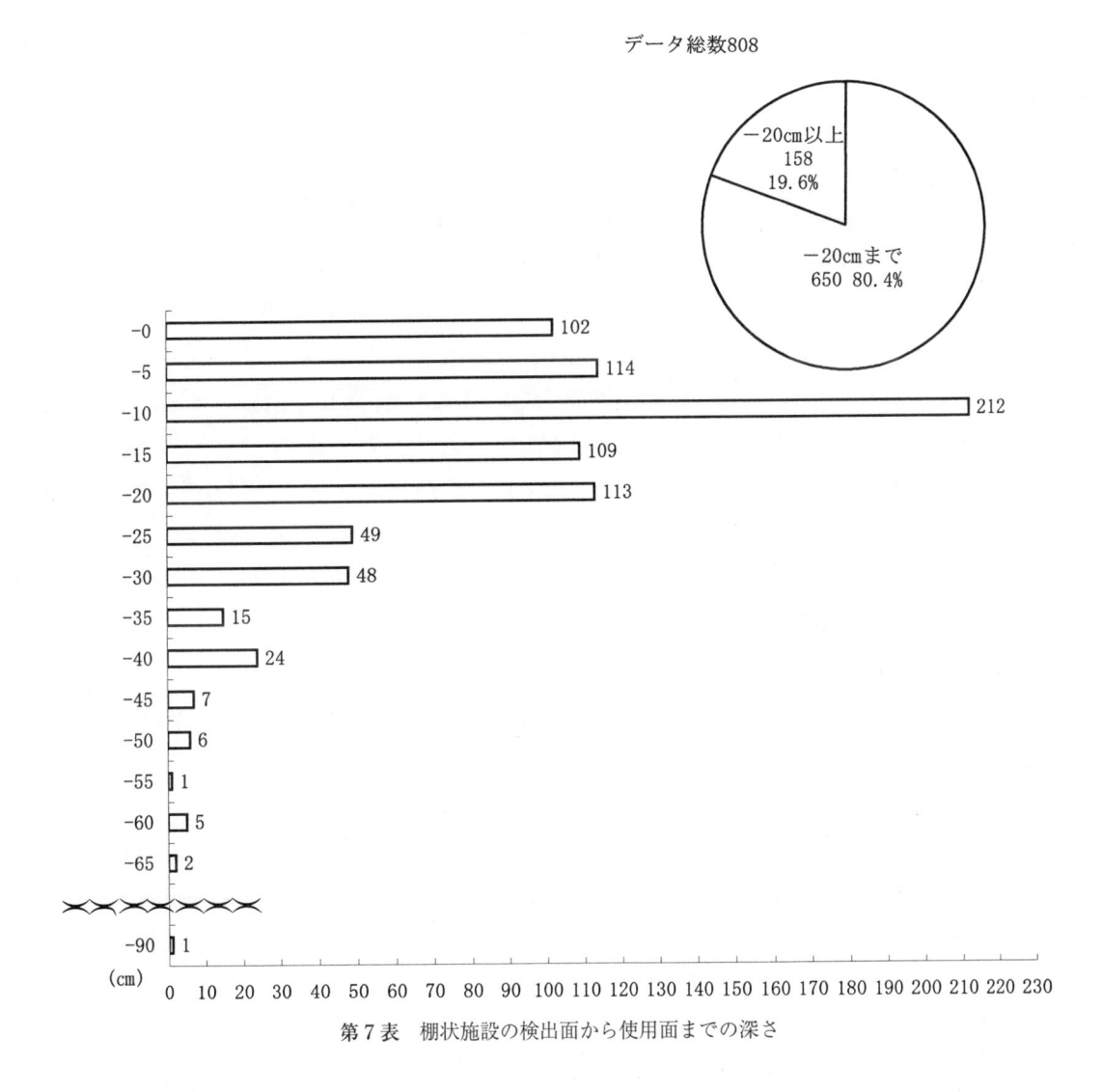

―20cm以上 158 19.6%
―20cmまで 650 80.4%

深さ(cm)	数
-0	102
-5	114
-10	212
-15	109
-20	113
-25	49
-30	48
-35	15
-40	24
-45	7
-50	6
-55	1
-60	5
-65	2
-90	1

第7表　棚状施設の検出面から使用面までの深さ

　武蔵台東遺跡では「掘り込みの深い棚をもつ住居跡は全て斜面に配されている」〔文献東京44：162〕という指摘がみられる。

　ちなみに、群馬県では①素掘りタイプの事例が最も多い(第11表)が、これは竪穴建物跡の検出面から竪穴床面までの壁高が、他都県の事例と比べると総じて深いこととも関係しているものと思われる。

C. 棚状施設の付属施設

　棚状施設は、竪穴壁に接して段差を設け、モノを置くための平坦面を確保するという単純な構造のためか、ピットや周溝などの付属施設がみられる事例はあまり多くない。また本項では、いわゆる「貯蔵穴」との位置関係についても検討を加えることにしたい。

a. ピ ッ ト

　第13図の3軒は、竪穴床面にある主柱穴との対応関係から、棚状施設の使用面上に主柱穴を構成するピットが設けられたものと思われる。このうち、森下中田遺跡9—8号住居跡［文献群馬66］は、竪穴床面と棚状施設の使用面上を結ぶ主柱により棟桁を支える切妻伏屋構造の上屋が復元できる。これら3軒の事例は、厳密には棚状施設の付属施設ではなく、棚状施設が占有する空間の一部に竪穴建物を構成するうえで異なる役割を担った施設が進出しているものと捉えられる。

　喜多見中通遺跡3号住居址［文献東京6］（第40図）では、棚状施設の両端とほぼ中央に3口のピットがあるが、いずれも使用面から掘り込まれておらず、上面には粘土による棚構築土が充塡されていたことから柱穴とは考えにくい。竈を含む棚状施設を構築する際に設けられた土留め、あるいは施工の目安にするための杭を据えたピットなどの可能性がある。

　棚状施設の使用面に穿たれたピットで目立つのは、柱穴とは断定できないピットが1〜2口みられる事例である（第15図）。

　南広間地遺跡431号住居［文献東京68］では、「他の柱穴との規則性はなく、用途は不明」［文献東京68：65］とあり、国府台遺跡SI 3［文献千葉3］でも「その用途は不明」［文献千葉3：17］としている。

　このような事例の中にあって、大宮越遺跡SI 01［文献千葉4］は注目に値する。棚状施設の立ち上がり際、竈を挟んだ両脇に径20 cmのピットが1口ずつみられ、このうち竈に向かって右側のピット内には、口縁部から体部の約2/3を欠いたロクロ土師器杯3が正位で埋納されていた。この個体の体部外面から底部にかけては「万生」の墨書が施されている。棚上のピットに土器類が埋納された唯一の報告例である。さらに、この遺構の竈内や覆土中から、杯3と同様に「万生」と見なされる墨書を施した土器類が7個体ほど発見されている（第45図）が、詳細については第III章第1節で検討する。

　また、白銀町遺跡1号住居跡［文献東京4］では、竈に向かって右側、床面から40 cmの高さに設けられた棚状施設の使用面上に不整円形を呈する径50 cm・深さ45 cmのピットが掘られているが、このピットは、上面に粘土が貼ってあることから、常に開口していたのではなく、今日までに残らない有機質の何かを封じ込めたものと考えられる。大宮越遺跡例とともに儀礼的な背景が窺われる報告例である。

　以上の2例は、第15図に示した他のピットの性格を考えるうえで示唆的なものと言えそうである。大宮越遺跡例のように器を埋納する事例が存在するということは、他の同様なピットにも木製の器などが埋められていたと考えることもできるのではなかろうか。

　ただし、棚状施設の使用面上にピットが設けられている事例は全体の2%にも満たない点から、そもそも普遍的なものとは言い難いことも確かである。

b. 周　　溝

　ひとくちに周溝と言っても、その役割は千差万別であり、およそ以下のような場合が想定される。

　1. 床面の湿気抜きや、浸透水の排水のための溝。
　2. 竪穴壁を保護する板材や板壁を支えるための掘り形。

3. 棚状施設の構造

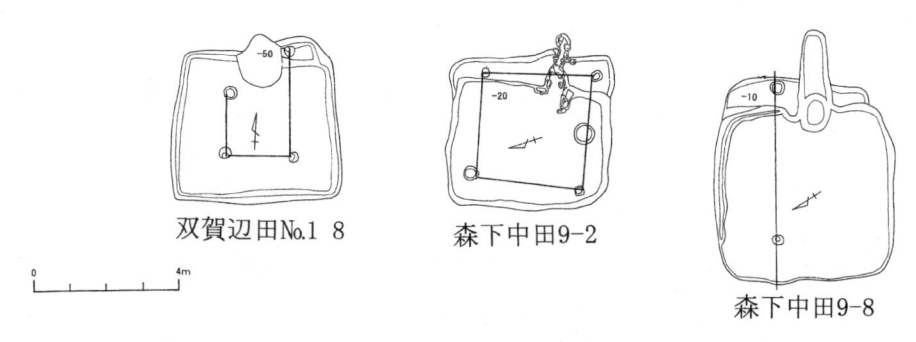

双賀辺田No.1 8　　森下中田9-2　　森下中田9-8

第13図　棚状施設の使用面に主柱穴がある事例〔各報告書から加除作成〕

多摩ニュータウンNo.5 4　　東台27　　多摩ニュータウンNo.5 3

東耕地8　　田名塩田原12　　樋ノ下19

中ノ原4　　田名稲荷山9

第14図　周溝のある棚状施設〔各報告書から加除作成〕

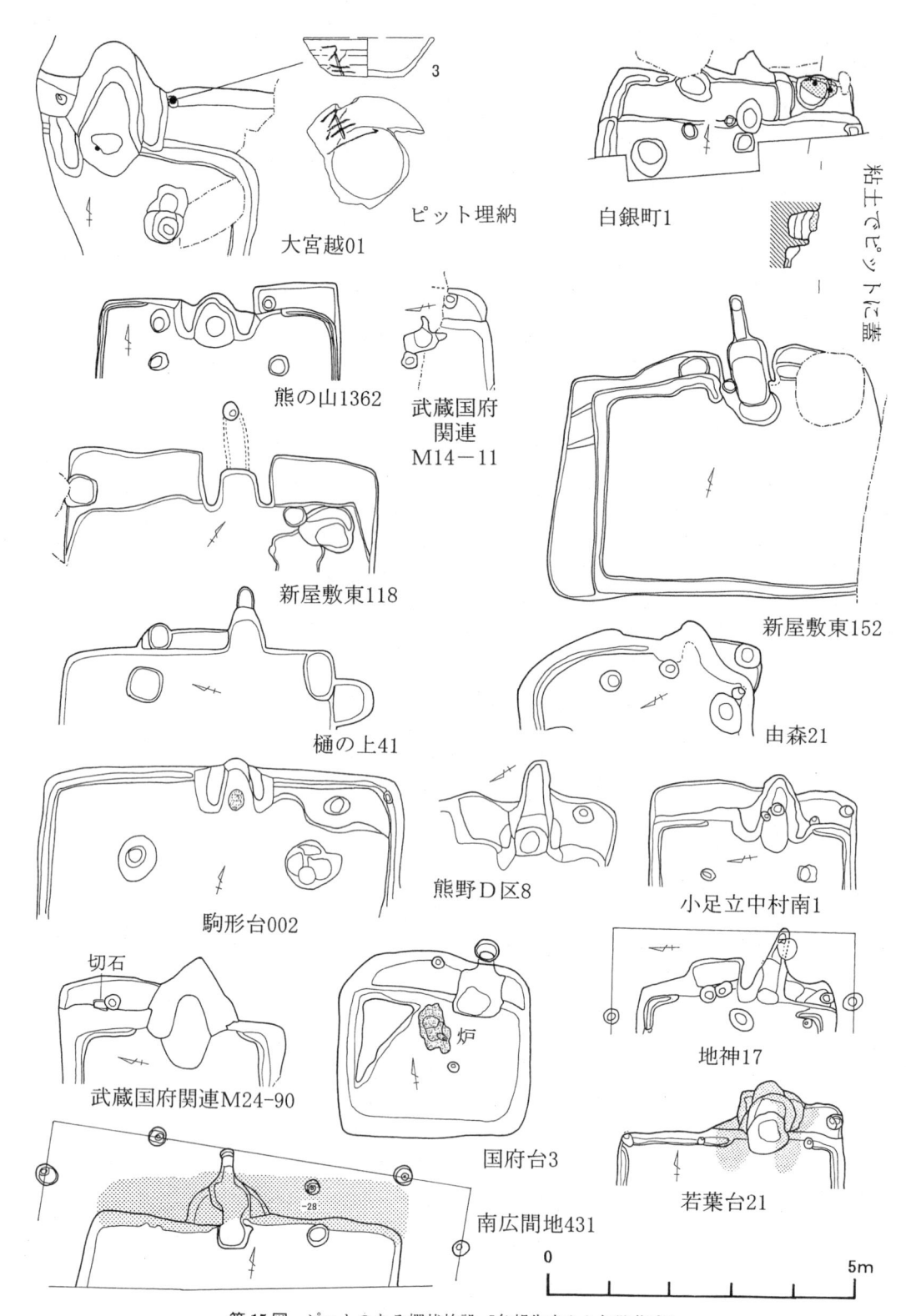

第15図　ピットのある棚状施設［各報告書から加除作成］

3. 竪穴壁構築土下部(床面下)の掘り形［多ケ谷 2000］。
4. 竪穴掘削時に「竪穴プラン」の目印として掘削されたもの［青木 2000］。
5. 塵やゴミを掃き溜めるための溝［多ケ谷 2001］。

　周溝は、竪穴建物の使用段階で露出しているものと、埋まっているものに大別される。*1* と *5* は前者、*2*〜*4* は後者に当たる。

　棚状施設の立ち上がりの壁際に周溝が設けられる事例は少なく、840 例中 12 例(1.4%)に過ぎない。そのほとんどは *2* に該当するものと思われる。

　東耕地遺跡第 8 号住居跡［文献神奈川 1］(第 14 図)は斜面部に構築されており、棚状施設の立ち上がりは 50 cm と高く、使用面に近い下部は垂直に掘削されているが、途中から大きく抉れて立ち上がっている。この部分は本来垂直に掘られていた地山のロームが崩落した可能性もあるが、むしろ壁構築土[註2]を除去した掘り形面が露出しているものと見なすことができる。この遺構は、斜面を深く掘り込んでいることから、壁構築土をさらに板材の擁壁で固定するために周溝を設けたものと考えるのが妥当であろう。

　田名稲荷山遺跡第 9 号住居跡［文献神奈川 12］(同図)では、使用面の片側だけに周溝が認められる。周溝のない側(AL 側)は地山を素掘りしているのに対して、周溝をもつ側(AR 側)は AL 側との高さを揃えるためにロームを充填して使用面を造っていることから、地山をそのまま利用した側よりも脆弱な使用面を保護するために擁壁を設けたものと考えられる。

　樋ノ下遺跡第 19 号住居跡［文献埼玉 69］(第 110 図)は、他の事例とは異なるもので、報告者は使用面の両端にある「深さ 4 cm ほどの溝」を「木製棚等の上部構造の反映であろう」［文献埼玉 69：345］としている。

c. いわゆる「貯蔵穴」との位置関係 (第 16 図)

　棚状施設をもつ竪穴建物跡で、古墳時代後期に特徴的な竈の対辺に張り出したいわゆる「貯蔵穴」がみられるのは、中田遺跡 C 地区 13 号住居址［文献東京 12］(写真 1)だけである。ここでは、この形態のものを除き、竪穴床面に「貯蔵穴」が設けられている事例と棚状施設の位置関係について検討する。

　いわゆる「貯蔵穴」の機能・用途に関しては諸説あるが、筆者は、群馬県渋川市中筋遺跡 1 号竪穴式住居で確認された木枠の痕跡［渋川市教育委員会 1992］や、火災に遭った複数の竪穴建物跡で検出された炭化した木製の蓋の存在［井上悦子 2000］から、このような穴の内部に木枠が嵌め込まれていて、上面に木製の蓋をする「水溜」の役割を果たしていたものと考えている。

　これは、この種の施設が古墳時代後期では顕著に認められるものの「奈良時代には類例が減少の一途をたどって、平安時代にはほとんど存在しなくなる」［拙稿 1984：227］背景に、貯蔵形態の須恵器大甕(水瓶)の出現と普及が「貯蔵穴」の消滅原因とする佐々木達夫の説［佐々木達夫 1974］を考え合わせることでも、合理的な説明がつくものと思われる。

　ただし、群馬県を中心とする北関東方面では、平安時代になっても「貯蔵穴」の事例が比較的目立っており、その衰退に関しては地域差が認められるようである。

イ．糸井宮前19　　　　堀谷戸39

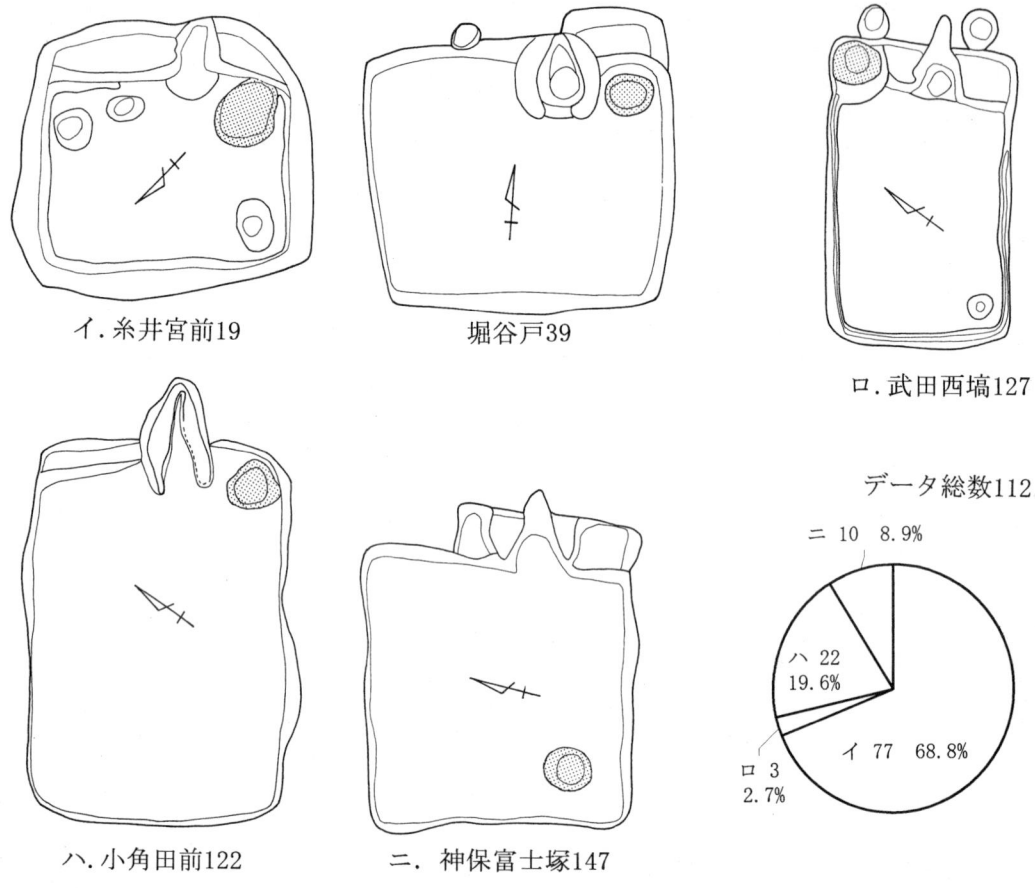

ロ．武田西塙127

ハ．小角田前122　　　ニ．神保富士塚147

データ総数112
ニ　10　8.9%
ハ　22　19.6%
ロ　3　2.7%
イ　77　68.8%

イ．棚状施設の前面に「貯蔵穴」を設けるもの
ロ．棚状施設と「貯蔵穴」が並ぶもの
ハ．棚状施設と「貯蔵穴」を棚を挟んで反対側に設けるもの
ニ．棚状施設を持つ辺と反対側の壁際に「貯蔵穴」を設けるもの

(1/100)

第16図　棚状施設と「貯蔵穴」の位置関係［各報告書から加除作成］

　また、多ケ谷香理は、古代の浅い「貯蔵穴」が水瓶などを据えるための「支持ピット」［多ケ谷2002・2003］であるという見解を示しており、従来、一様に「貯蔵穴」という用語で括られてきたものが、木製の水溜の掘り形から水瓶を据えるための掘り形へと変化することも明らかになってきたのである。

　荒井健治は「武蔵国府集落の段階では、貯蔵穴と呼ばれる落ち込みが検出される例は、ほとんどない」［荒井健治1991：96］としていたが、手工業生産に携わっていたと考えられる地区の竪穴建物群で、この種の施設が比較的検出されることから、単なる「貯蔵に関わるものではなく、手工業生産に関わる遺構の可能性が高い」［文献東京32：41］という傾聴すべき見解を示している。

　いずれにしろ、「貯蔵穴」は竪穴建物の具体的な役割を考えるうえで、重要な検討材料のひとつと言えよう。

　さて、棚状施設と「貯蔵穴」の位置関係については、およそ以下のように整理することができる

3. 棚状施設の構造

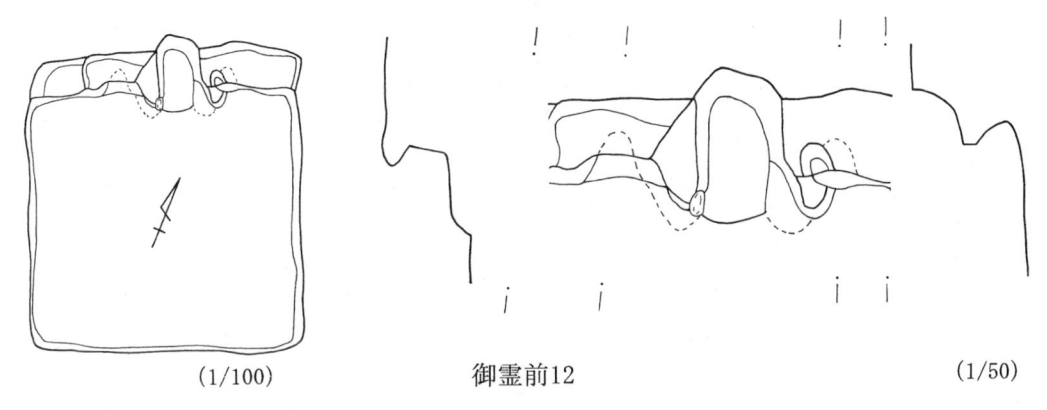

(1/100)　　　　　　　御霊前12　　　　　　　(1/50)

第17図　横穴のある棚状施設［報告書から加除作成］

(第16図)。

　イ．棚状施設の前面に「貯蔵穴」を設けるもの
　ロ．棚状施設と「貯蔵穴」が並ぶもの
　ハ．棚状施設と「貯蔵穴」を竈を挟んで反対側に設けるもの
　ニ．棚状施設をもつ辺と反対側の壁際に「貯蔵穴」を設けるもの

　データ総数112例のうち、イが77例(68.8％)と際立っており、ロ(3例＝2.7％)とハ(22例＝19.6％)を合わせると、約91％までが棚状施設の設置された壁側に「貯蔵穴」を設けている。一方、棚状施設をもつ辺と反対側の壁際に「貯蔵穴」を設けるニは10例(8.9％)に留まっている。

　これは、竈脇が「貯蔵穴」の設置場所として普遍的なことにもよるが、棚状施設の前面に「貯蔵穴」のあるものが目立つ点は注意を要するだろう。棚状施設の前面を塞ぐような場所に掘られている「貯蔵穴」の存在は、一見不便さを感じさせるが、両者を間近にしても支障を来さない、否むしろ機能的であるからこそ、このような位置を選択した竪穴建物が多いのではなかろうか。

　竪穴床面を掘り込む「貯蔵穴」と、床面よりも高い位置に設けられた棚状施設は、構造的に正反対であることから、この両者が器や食料などを収納するといった全く同じ役割をもっていたとは考えにくく、むしろ補完関係にあったものと捉えられる。

　なお、「貯蔵穴」とは異なるが、御霊前遺跡SI—12［文献栃木11］(第17図)では、棚状施設壁面(a)の竈を挟んだ両側に奥行15cmほどの「横穴」が掘られている。竈に向かって右側の横穴内からは甕の胴部破片が出土しており、一種の収納スペースと考えられる。この種の竪穴壁面を穿った横穴は、群馬県などで僅かながらみられる[註3]が、棚状施設の壁面に設けられたものとしては唯一の報告例である。

註

1　このような竪穴壁面に石垣を設ける事例は、群馬県に散見されるもので、渋川市半田中原遺跡42号住居跡［文献群馬27］では「石積壁」と呼ばれる石垣が竪穴壁の四面に築かれている。同県では石組み竈の事例

も多く、竪穴建物における石材の多用は地域性を反映しているものと思われる。
2　壁構築土とは、竪穴部の形成にあたって、まず地山を不整形に掘削した掘り形を設けてから、そこに粘土・シルト・砂質シルト・ロームなど粘性のある土を充填・突き固めて竪穴壁を構築するもので、その役割としては脆弱な地山の保護や防湿などが考えられる。竪穴壁面に更に板材などで押さえる場合には「裏込め」とも呼べるが、壁構築土の表面をそのまま竪穴壁として使用する場合には「貼壁」という名称がわかりやすい。しかし、実際は板材等の壁体が使用されていたかどうかを知ることが難しいので「壁構築土」という呼称で統一しておくことが妥当と思われる。
3　棚状施設をもつ竪穴建物跡で、同様な「横穴」がある例としては、八寸大道上遺跡042遺構［文献群馬68］が挙げられるが、これは棚状施設の設けられた竈側とは斜め反対側の壁面に横穴が掘られているものである。

3. 棚状施設の構造　　　　　　　　　　　　　　　　　　　　　　　45

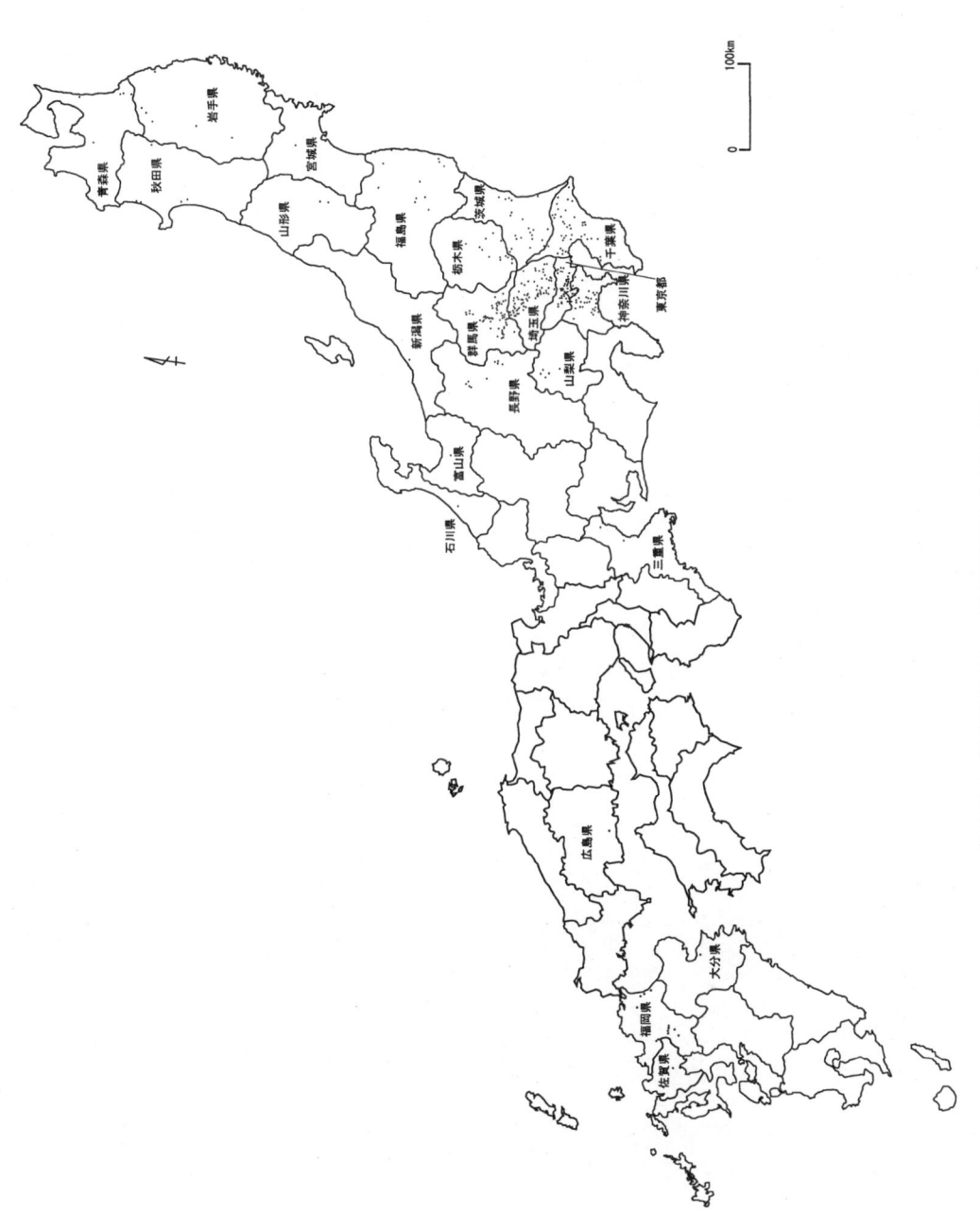

第 18 図　棚状施設をもつ竪穴建物跡の遺跡分布図

4. 棚状施設の地理的分布

　ここでは、棚状施設をもつ竪穴建物跡が報告されている遺跡とその軒数、構築方法や平面タイプにみられる地域性などについて検討する。

　小稿で事例集成の対象にしたエリアは、北海道を除く、東北・関東・中部(北陸・東海を含む)・近畿・中国・四国・九州地方である。

A. 棚状施設の事例数

　今回の分析に使用する棚状施設の都県別事例数は以下のとおりである。なお「平均検出軒数」とは、棚状施設をもつ竪穴建物跡÷遺跡数から得られた数値を示している。

青森県　(	2市　　2村)	5遺跡	9軒	平均検出軒数 1.8軒
岩手県　(	4市　1町　)	6遺跡	6軒	1.0軒
宮城県　(	1市　　　　)	1遺跡	1軒	1.0軒
秋田県　(	3市　　1村)	5遺跡	5軒	1.0軒
山形県　(	1市　1町　)	2遺跡	2軒	1.0軒
福島県　(	5市　1町　2村)	11遺跡	11軒	1.0軒
東北地方(	16市　3町　5村)	30遺跡	34軒　34例	1.1軒
茨城県　(	9市　5町　)	23遺跡	68軒	2.9軒
栃木県　(	3市　6町　)	13遺跡	17軒	1.3軒
群馬県　(	9市　11町　3村)	66遺跡	168軒	2.5軒
埼玉県　(	16市　12町　)	67遺跡	135軒　137例	2.0軒
千葉県　(	15市　7町　)	40遺跡	65軒	1.6軒
東京都　(4区　12市　)		49遺跡	224軒　233例	4.6軒
神奈川県(	10市　3町　1村)	30遺跡	58軒	1.9軒
関東地方(4区　74市　44町　4村)		288遺跡	735軒　746例	2.6軒
新潟県　(	1町　)	1遺跡	1軒	1.0軒
富山県　(	1市　　　　)	1遺跡	1軒	1.0軒
石川県　(	1市　　　　)	1遺跡	1軒	1.0軒
山梨県　(	2市　2町　2村)	6遺跡	16軒	2.7軒
長野県　(	4市　　　　)	10遺跡	21軒　22例	2.1軒
三重県　(	1市　1町　)	2遺跡	2軒	1.0軒

中部地方（	9市 4町 2村）	21遺跡	42軒 43例	2.0軒
広島県　（	1市　　　　）	1遺跡	1軒	1.0軒
中国地方（	1市　　　　）	1遺跡	1軒 1例	1.0軒
福岡県　（	5市 5町　　）	12遺跡	16軒	1.3軒
佐賀県　（	1市　　　　）	1遺跡	1軒	1.0軒
大分県　（	1市　　　　）	1遺跡	1軒	1.0軒
九州地方（	7市 5町　　）	14遺跡	18軒 18例	1.3軒
合計	（4区107市56町11村）	354遺跡	830軒 842例	2.3軒

（平成14(2002)年末までの事例）[註1]

a. 分布の特徴

　まず、地方別にみると、関東地方が全体の81.4%を占めており、東北地方の8.5%・中部地方の5.9%・九州地方の4.0%・中国地方の0.2%などを凌駕している（第8表円グラフ）。

　東日本では、関東地方に接する福島・長野・山梨の各県で二桁の軒数が報告されているが、新潟県では1軒、静岡県では未発見である。これは、前者が竪穴建物の普及している地域であるのに対して、後者は竪穴建物自体があまり多くない地域であることとも一致しており、やはり報告例が1軒ずつの宮城・富山・石川各県も同様である。

　西日本の事例は総じて少なく、全830軒中19軒(2.3%)に留まっている。中国地方の1軒と九州地方の18軒のみであり、近畿地方・四国地方では今のところ報告例が認められない。九州地方では福岡県が突出しており、佐賀県と大分県を含め、北部九州に集中している。

　都県別の遺跡数では、埼玉県の67遺跡が最も多く、群馬県の66遺跡がこれに迫るが、軒数では東京都が224軒で、平均検出軒数も4.6軒と突出している。関東地方では、栃木県が遺跡数・軒数・平均検出軒数のいずれも他都県と比べて明らかに数値が低く、むしろ隣の福島県に近いデータを示している。

　第8表は、旧国別の遺跡数と軒数のグラフである。武蔵国が119遺跡363軒で群を抜いており、66遺跡168軒の上野国がこれに次ぐ。この両者を合計すると、287遺跡531軒となり、遺跡数では全体の8割強の81%、軒数では2/3に近い64%を占めている。

　武蔵国と上野国の上位グループに続くのが、約20遺跡50軒を越える下総・常陸・相模国の中位グループと、4遺跡4軒以上の陸奥・信濃・下野・上総・筑前・出羽・甲斐・豊前国の下位グループで、遺跡数軒数ともに1〜2例の伊勢・越後・越中・加賀・安芸・筑後・豊後・肥前国を最下位グループとして括ることができる。

　日本海側と東海を中心とする地域および西日本の多くでは、報告例がみられない旧国も目立つが、これは竪穴建物跡の報告例自体が少ないためだろう。安房国は、関東地方では唯一事例が認められな

II. 棚状施設の様相

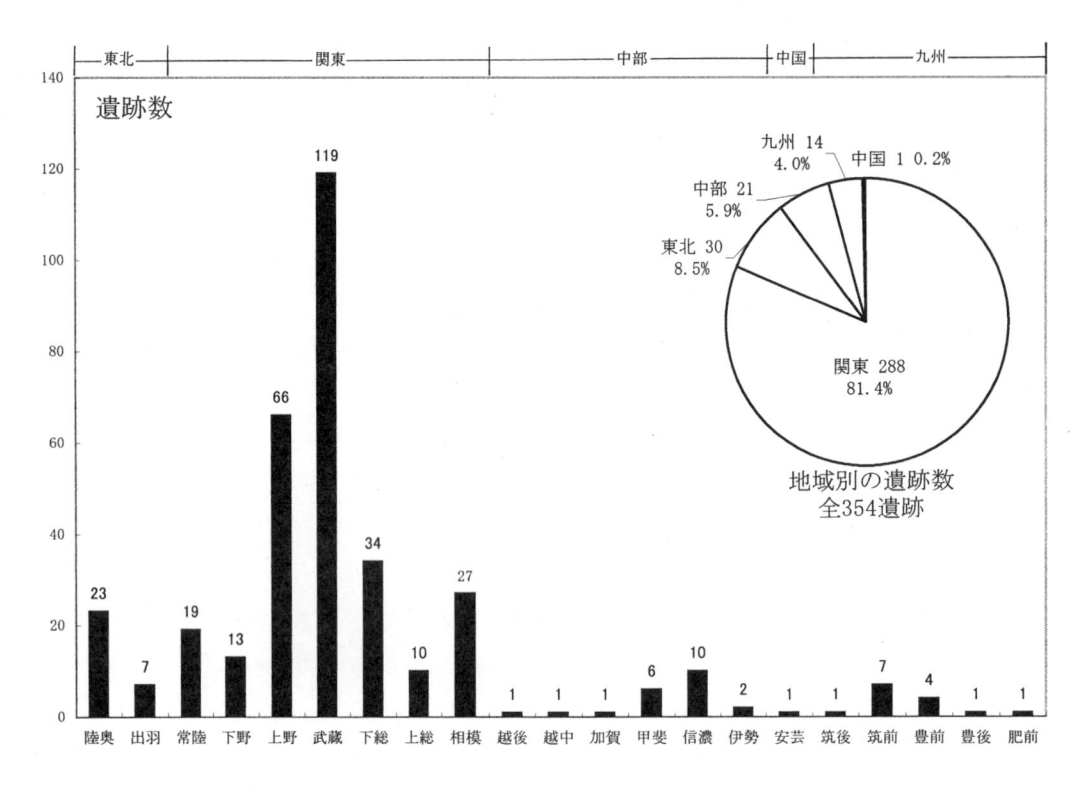

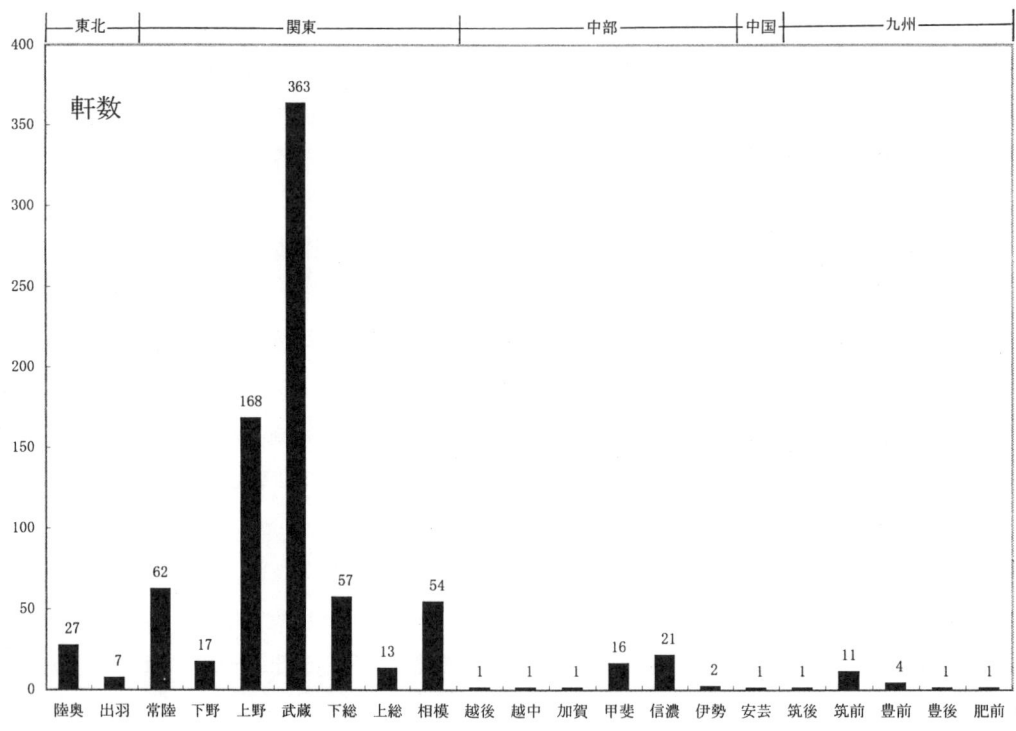

第8表 旧国別における棚状施設をもつ竪穴建物跡の遺跡数と軒数

いが、開発に伴う発掘調査があまり顕著ではない土地柄とも関係していると思われる。福島県では「浜通り」と「中通り」で報告例がみられるが、「会津」方面では未発見である。

以上のように、棚状施設をもつ竪穴建物の分布の中心地は、武蔵国から上野国にかけてであり、武蔵国に接する下総国と相模国や常陸国がこれに次ぎ、関東地方の下野国と上総国、東北地方の陸奥・出羽の両国、中部地方の信濃国と甲斐国までが当該遺構の散見される範囲と捉えられそうである。北陸方面では事例が僅かながら認められるものの、東海方面ではほとんど報告例がみられない。ただし、伊勢国では2遺跡2軒が報告されている。

西日本では、安芸国の1遺跡1軒を除き、福岡県を中心とする北部九州地方に集中していることが大きな特徴である［拙稿2005a］。

b. 一遺跡からの検出軒数

第9表は、ひとつの遺跡から棚状施設をもつ竪穴建物跡が何軒検出（報告）されているか、軒数ごとの遺跡数を比較したものである。

まず、ひとつの遺跡で1軒のみの報告例が、354遺跡中244遺跡(68.9%)と全体の約2/3を越えていることが指摘できる。

東光寺裏山遺跡［文献東京5］H1号竪穴住居跡のように、検出された唯一の竪穴建物跡に棚状施設がみられる場合を除き、軒数の多寡はあるものの、複数報告された竈を有する竪穴建物跡の中で棚状施設をもつ事例が1軒だけというケースが最も多いということは、それだけ目立たない存在であり、衆人の棚状施設に対する理解を何かと阻害してきた要因にもなっていたのではなかろうか。

ちなみに、一遺跡で棚状施設をもつ竪穴建物跡が1軒しか認められない青柳寄居遺跡では、この遺構が「特殊な性格を持つことも考えられる」［文献群馬1：48］という見解も示されている。

一遺跡で棚状施設をもつ竪穴建物跡が2軒検出された遺跡は41遺跡(11.6%)と激減し、3軒が21遺跡(5.9%)、4軒が20遺跡(5.7%)、5軒が9遺跡(2.6%)、6軒が3遺跡(0.8%)と更に少なくなる。7軒以上の事例(16遺跡―合計4.5%)については第10表に示したが、7軒が2遺跡(0.6%)、8軒が4遺跡(1.1%)、9軒以上は各1遺跡(0.3%)ずつとなっている。

棚状施設をもつ竪穴建物跡の軒数が最も多いのは武蔵国府関連遺跡［文献東京19～38］で、27地区（第10表）から88軒が報告されている。このうち、遺跡内で最大規模の58,031㎡が発掘調査され、359軒の竪穴建物跡が検出された日鋼地区では、全体の13%にあたる46軒で棚状施設が認められる［文献東京25］。

次に軒数が多いのは、武蔵国府関連遺跡とは至近距離にある武蔵国分寺跡（第72図）で、西方地区（武蔵台遺跡・武蔵台東遺跡）・南西地区・北方地区などの8調査地区［文献東京39～45・76～79］で41軒が報告されている。このうち、17,175㎡が発掘調査された武蔵台東遺跡（第74図）では、81軒中21軒(26.3%)の竪穴建物跡で棚状施設が検出されている［文献東京44］。

武蔵国府関連遺跡と武蔵国分寺跡の両者を合計すると129軒になるが、これは東京都の事例224軒の58%、全事例830軒中でも15.5%を占めている。

	1軒	2軒	3軒	4軒	5軒	6軒	7軒以上	遺跡数
陸奥	21	1		1				23
出羽	7							7
常陸	11	1	3	1	1		2	19
下野	11	1		1				13
上野	41	9	6	4			6	66
武蔵	76	16	8	9	2	2	6	119
下総	25	3	1	2	3			34
上総	8	1	1					10
相模	15	7	1	1	2		1	27
越後	1							1
越中	1							1
加賀	1							1
甲斐	4			1			1	6
信濃	8				1	1		10
伊勢	2							2
安芸	1							1
筑後	1							1
筑前	4	2	1					7
豊前	4							4
豊後	1							1
肥前	1							1
合計	244	41	21	20	9	3	16	354
％	68.9	11.6	5.9	5.7	2.6	0.8	4.5	100

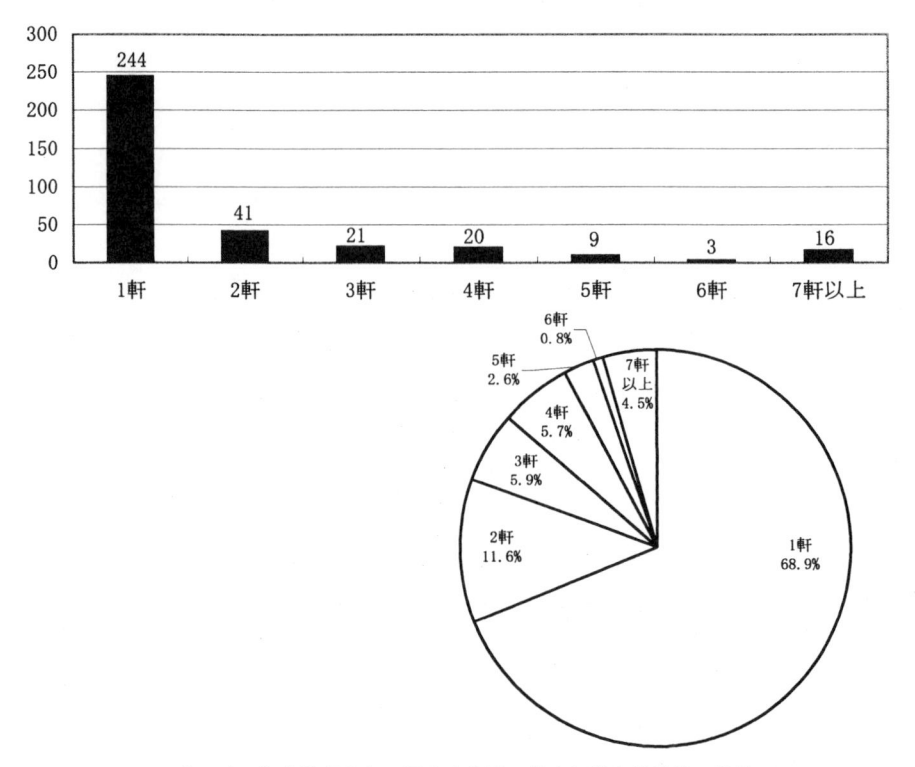

第9表 棚状施設をもつ竪穴建物跡の検出軒数と遺跡数の比較

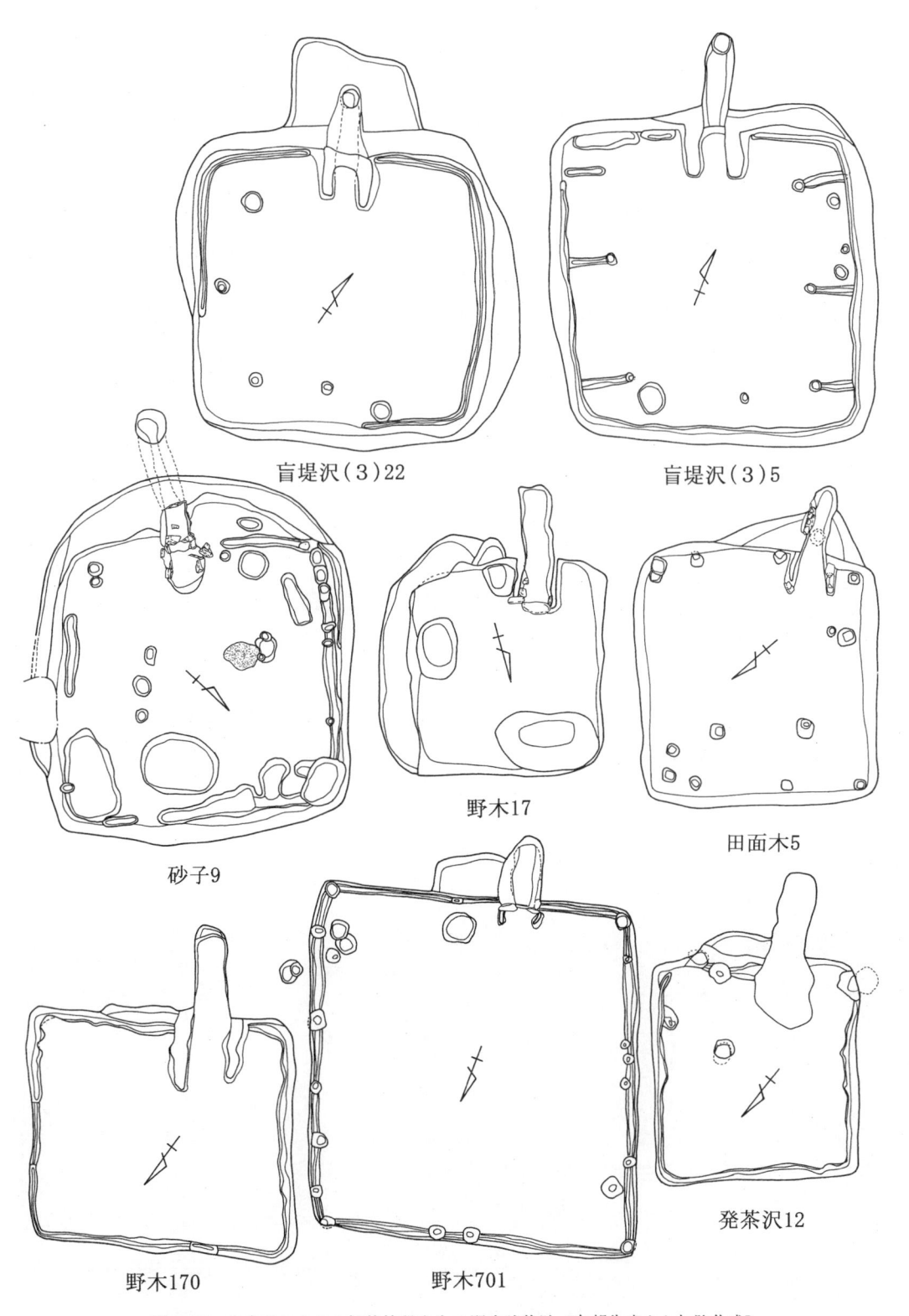

4. 棚状施設の地理的分布　　　51

盲堤沢(3)22　　　盲堤沢(3)5

砂子9　　　野木17　　　田面木5

野木170　　　野木701　　　発茶沢12

第19図　青森県における棚状施設をもつ竪穴建物跡［各報告書から加除作成］

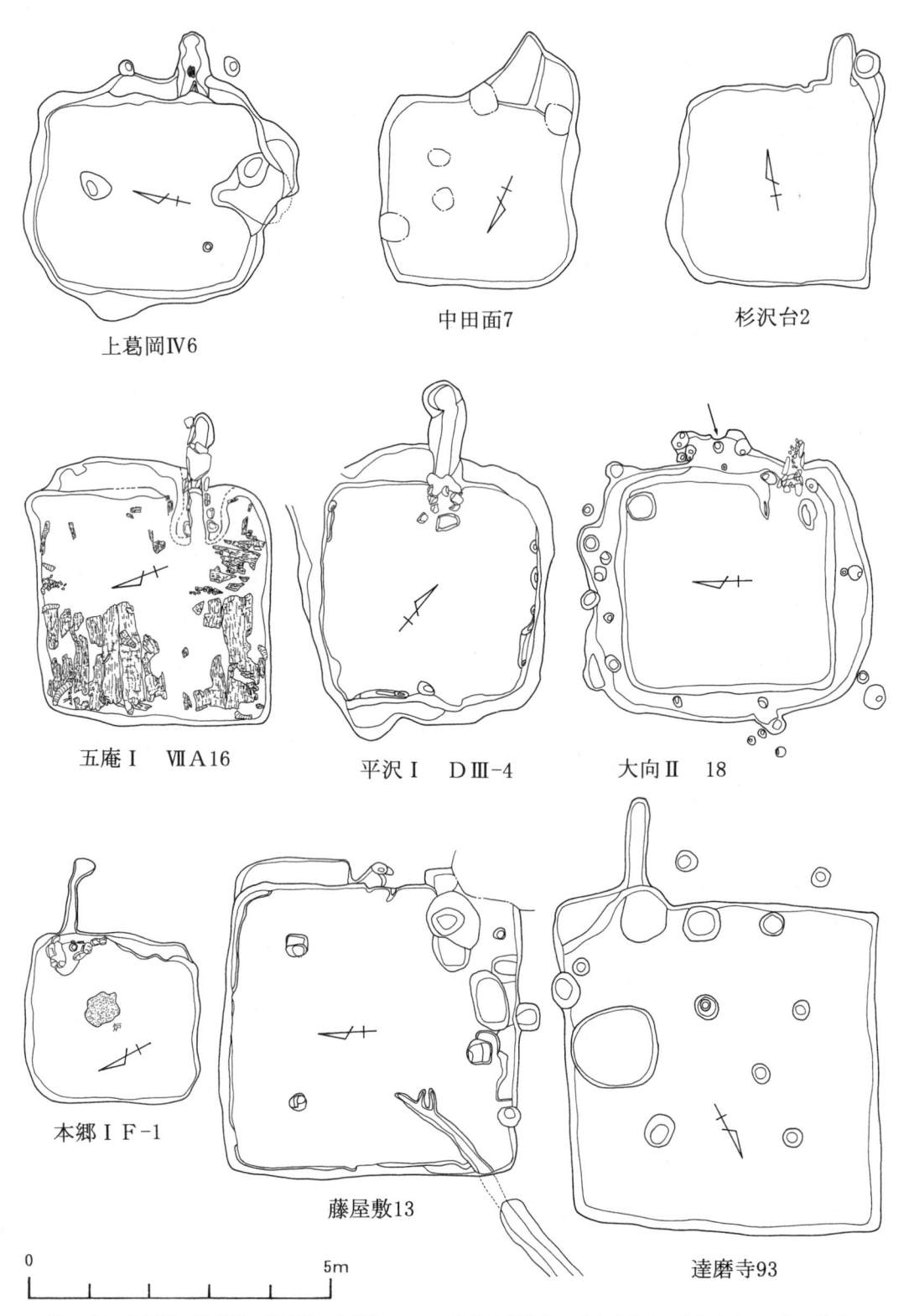

52　　　　　　　　　　　　　　　　II. 棚状施設の様相

上葛岡IV6　　　　　中田面7　　　　　杉沢台2

五庵I　VIIA16　　　平沢I　DIII-4　　　大向II　18

本郷I F-1　　　　藤屋敷13　　　　　達磨寺93

0　　　　　5m

第20図　秋田県・岩手県・宮城県・山形県における棚状施設をもつ竪穴建物跡〔各報告書から加除作成〕

4. 棚状施設の地理的分布

秋田城跡782　　　　志波城跡425

第21図　城柵遺跡における棚状施設をもつ竪穴建物跡
〔各報告書から加除作成〕

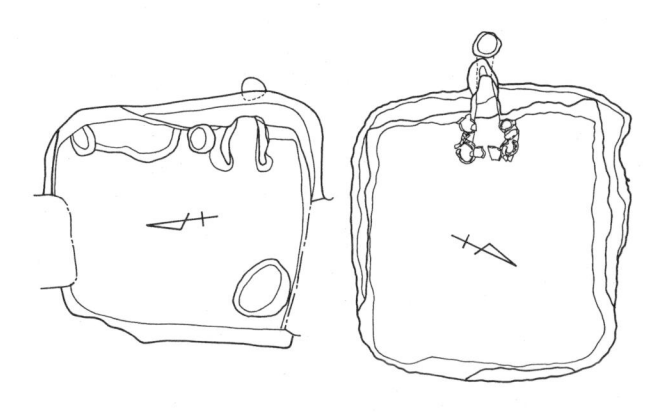

順位	遺跡名	旧国名	報告区数	軒数	時期	備考
1	武蔵国府関連	武蔵	27	88	8C前葉～10C中葉	
2	武蔵国分寺	武蔵	8	41	8CⅢ～10CⅢ	
3	中原	常陸	3	24	8C中葉～10CⅠ	郡衙関連
4	戸神諏訪	上野	4	20	9CⅡ～10CⅢ	「宮田寺」関連
5	芳賀東部団地	上野	2	17	8C後葉～10C前半	郷家関連
6	南広間地	武蔵	4	15	8CⅡ～10CⅢ	
7	和田西	武蔵	1	12	8CⅡ～9C後半	
8	森下中田	上野	1	11	8CⅡ～10C前半	
9	稲荷屋敷	上野	1	10	10C～11C	製鉄関連
10	神保富士塚	上野	1	9	9C前半～10C	
11	糸井宮前	上野	1	8	6C前半・9C中葉～10C前半	
11	本郷	相模	5	8	8C前半～10C前半	郡衙関連
11	樋ノ下	武蔵	1	8	9C末～10C前葉	
11	石原田北	甲斐	1	8	10C前半～11C後半	
12	武田西塙	常陸	1	7	9CⅡ～10CⅣ	
12	中堀	武蔵	1	7	9CⅢ～10CⅢ	「勅旨田」の現地管理施設

第10表　棚状施設をもつ竪穴建物跡の報告軒数が多い遺跡

続いて、第3位は中原遺跡の24軒［文献茨城13～15］、第4位は戸神諏訪遺跡（戸神諏訪・戸神諏訪Ⅱ～Ⅳ遺跡）の20軒［文献群馬21～24］、以下第10表のとおりとなっているが、これらの遺跡については、第Ⅳ章で具体的に検討を加えたい。

c．一遺跡における検出率

次に、一遺跡で発見された竈を有する竪穴建物跡のうち、棚状施設が検出された事例の占める割合を、竪穴建物跡の総数が二桁台で、棚状施設が5軒以上みられる遺跡で見てみよう。

54   II. 棚状施設の様相

清水29

正直C6

北大久保B・C6

関林G2

西前坂4

本飯豊2

タタラ山Ⅰ区7

岩下D7

鳥打沢A4

岩崎町21

大久保F6

0　　　　　　　5m

第22図　福島県における棚状施設をもつ竪穴建物跡［各報告書から加除作成］

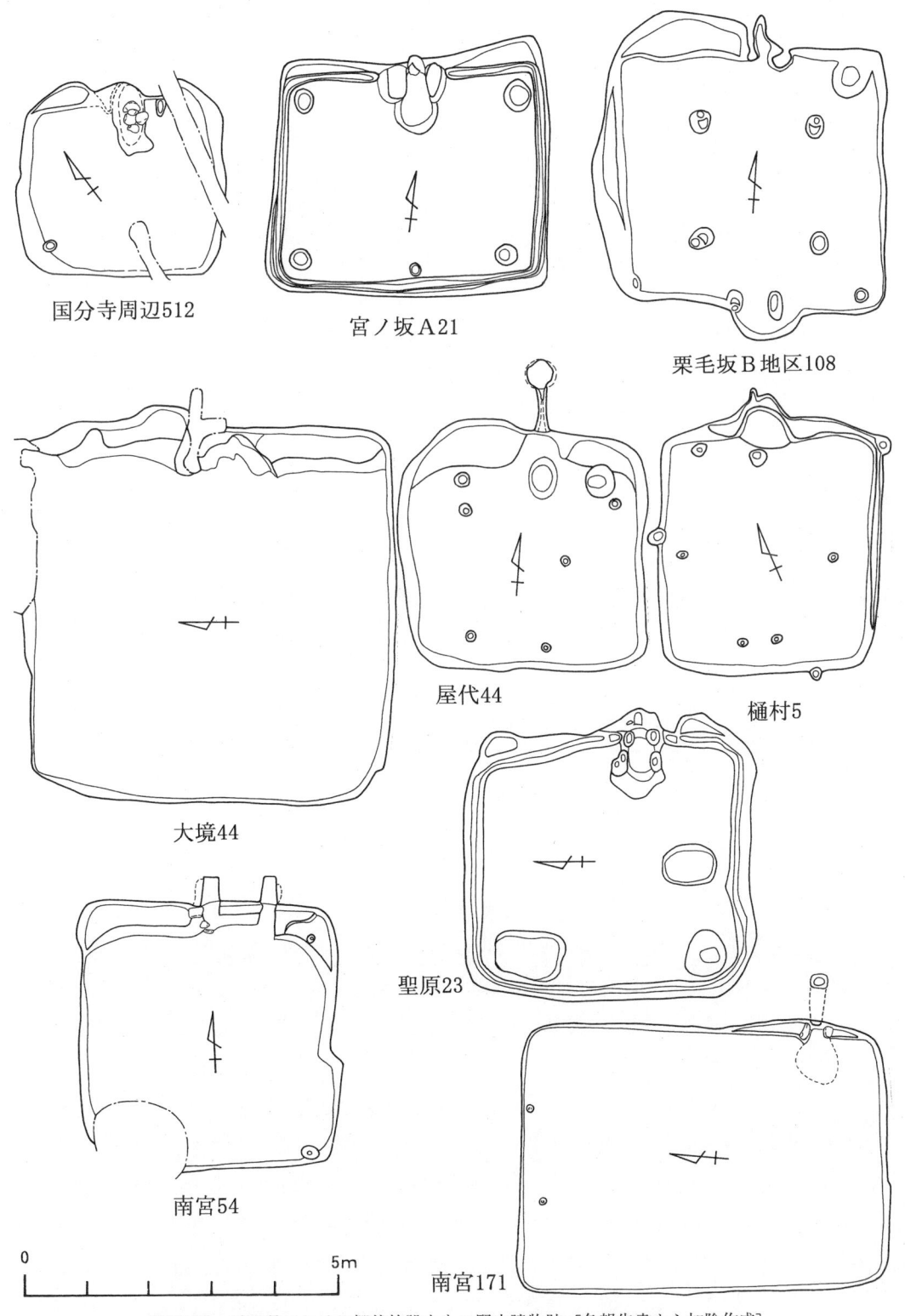

4. 棚状施設の地理的分布

国分寺周辺512

宮ノ坂A21

栗毛坂B地区108

大境44

屋代44

樋村5

聖原23

南宮54

南宮171

0　　　　　5m

第23図　長野県における棚状施設をもつ竪穴建物跡［各報告書から加除作成］

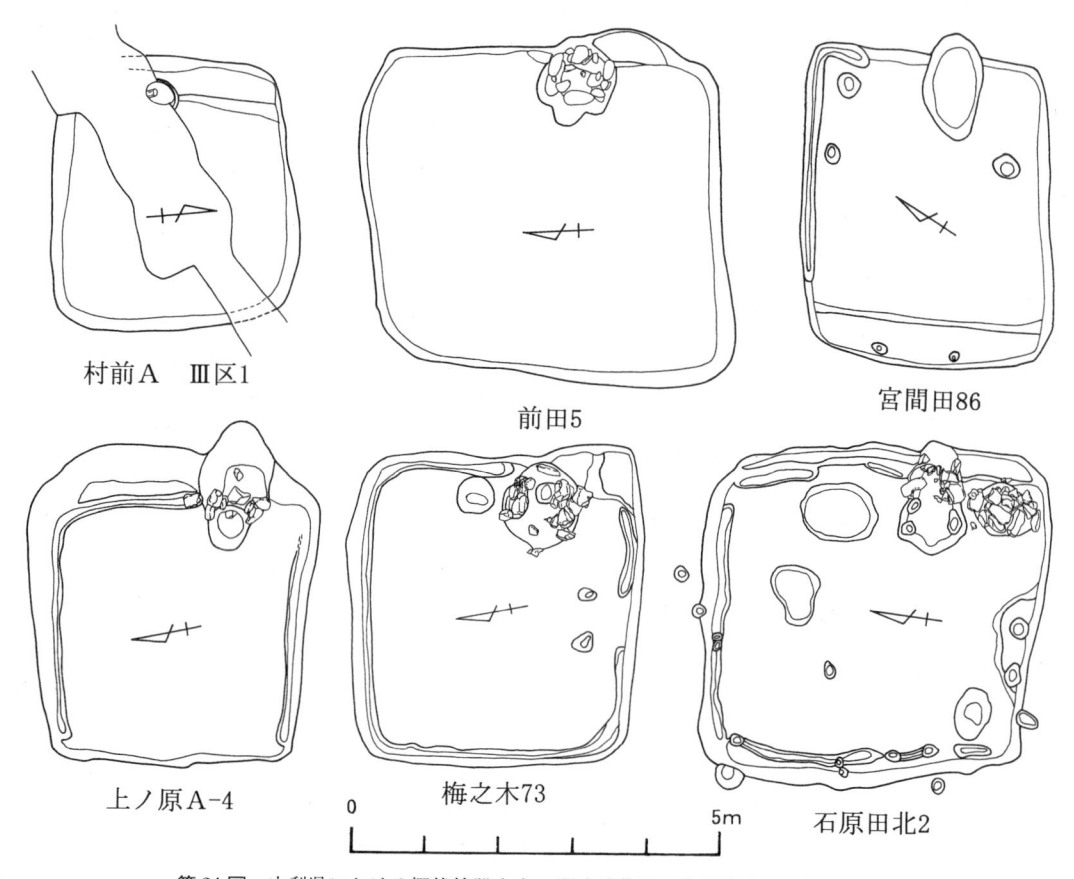

第24図　山梨県における棚状施設をもつ竪穴建物跡〔各報告書から加除作成〕

棚状施設をもつ竪穴建物跡の検出率が高い遺跡としては、次のようなものが挙げられる。

　　石原田北遺跡　　　　——17軒中　8軒〔文献山梨 4〕(47%)
　　樋ノ下遺跡　　　　　——19軒中　8軒〔文献埼玉 69〕(42%)
　　双賀辺田No.1遺跡——17軒中　5軒〔文献千葉 27〕(29%)
　　糸井宮前遺跡　　　　——26軒中　7軒〔文献群馬 64〕(27%)——平安時代に限る
　　森下中田遺跡　　　　——63軒中11軒〔文献群馬 66〕(17%)——古代に限る

　このうち樋ノ下遺跡は、発掘調査以前には工場として土地利用されていたことから、攪乱を受けている箇所も目立つ。棚状施設が検出されなかった11軒のうち8軒までが、棚状施設の設置される部位としては95%におよぶ(第12表右下円グラフ)竈を有する壁面部分が破壊されていることも勘案すると、本来は棚状施設をもつ竪穴建物跡の占める割合がさらに高かったものと考えられる。

　樋ノ下遺跡は、後世の攪乱が目立つものの、洪水で埋まった竪穴建物跡もあり、棚状施設以外にも竪穴外柱穴や竪穴外に延びる階段タイプの出入口施設が検出され、さらに竪穴外屋内空間から硬化面も確認されている(第110図)など、当時の生活面が良好な状態で残されていたことがわかる。

　当時の生活面が洪水などによる堆積物でパックされ地中に遺されている可能性もある低地の遺跡に対して、丘陵や台地上の遺跡では古代の生活面そのものは既に失われている場合が多く、「遺構確認

4. 棚状施設の地理的分布　　57

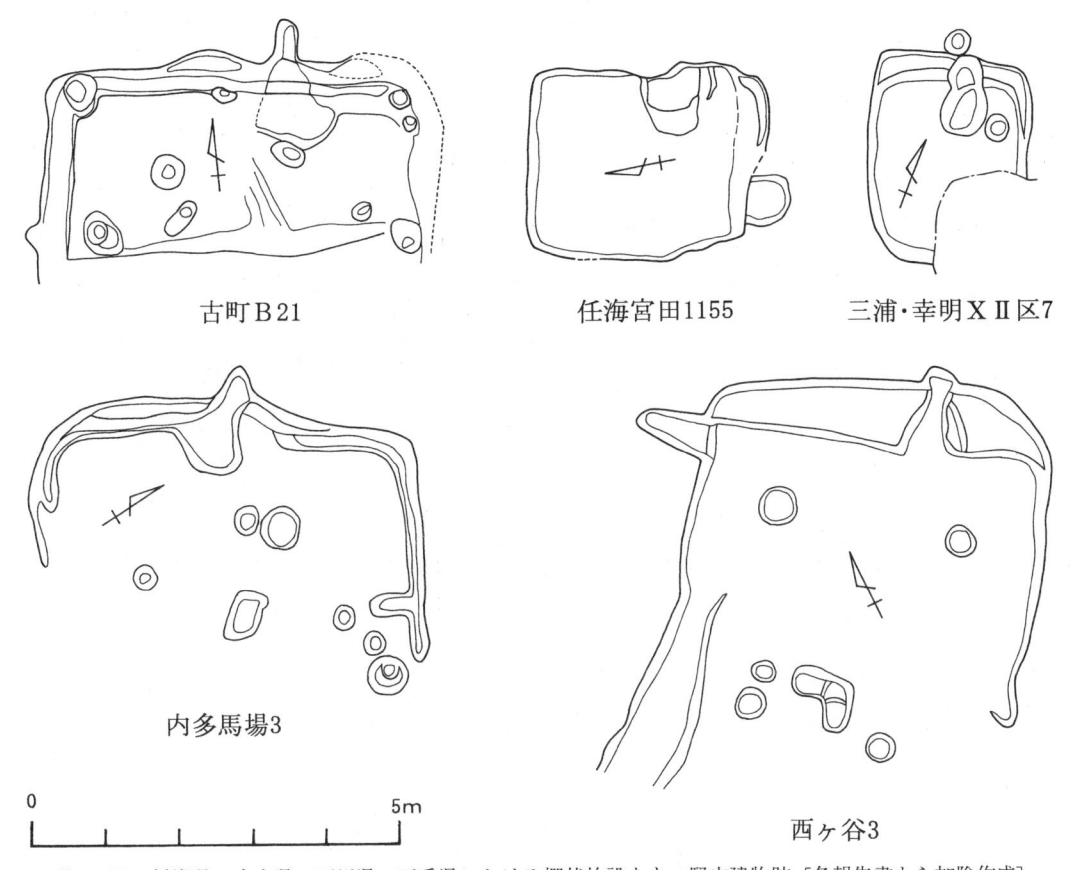

古町B21　　　　　　　　任海宮田1155　　　　三浦・幸明XⅡ区7

内多馬場3

0　　　　　　　5m

西ヶ谷3

第25図　新潟県・富山県・石川県・三重県における棚状施設をもつ竪穴建物跡〔各報告書から加除作成〕

面があと10cm低ければ検出できない」〔文献埼玉1：282〕、「もう20cm削平されていたら検出することができなかった」〔文献埼玉24：60〕という点なども考慮する必要があろう。

　棚状施設は、後世の土地利用による遺構面の削平や、自然営力による遺跡堆積土層の流出などの不可抗力はもとより、遺構の検出方法や調査者の認識度などにも左右されやすいものであるから、発掘調査で検出できた軒数と本来存在していた軒数の間にはある程度の開きがあるものと捉えざるを得ない。その検出率を実態に近づけるためにも、発掘調査におけるより一層の注意や取り組みが必要となるであろう。

　ところで、一遺跡内の調査地区における当該遺構の検出率としては、先述した武蔵国分寺西方地区武蔵台東遺跡の26.3％や、武蔵国府関連遺跡日鋼地区の13％などが高い数値を示すが、今回の集成データ以降に報告された下石原遺跡第37地点（第78図）では、14軒のうち半数の7軒(50％)で棚状施設が検出されている〔有村ほか2003〕・〔今野2002〕。このような報告例からは、ひとつの遺跡内でも棚状施設をもつ竪穴建物がまとまって分布するエリアが存在することを裏付けるものと理解できる。神保富士塚遺跡（第80図）・戸神諏訪Ⅳ遺跡（第88図）・中原遺跡（第57図）などでも同様な事例が認められるが、詳しくは第Ⅳ章で検討したい。

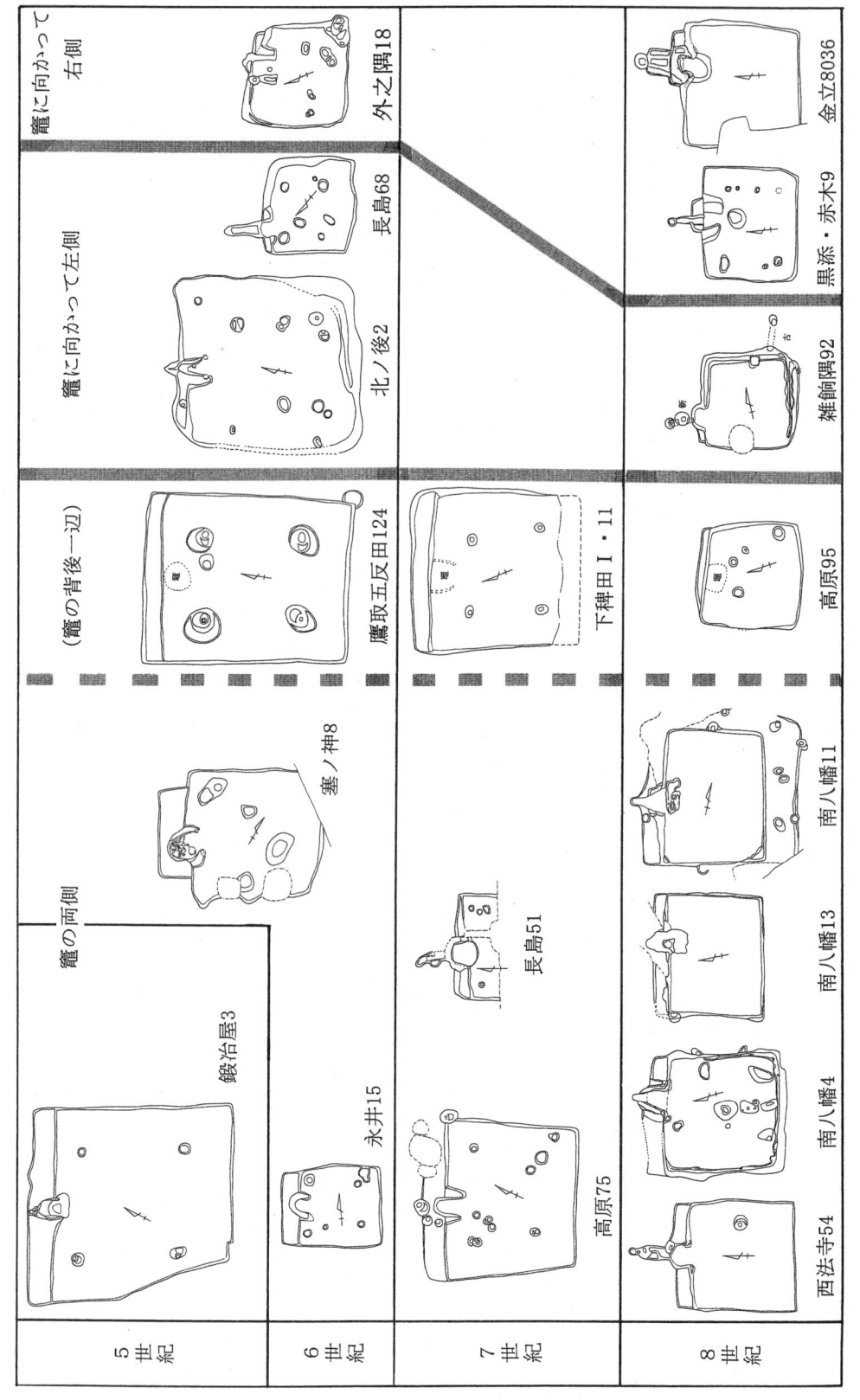

第 26 図　九州地方における棚状施設をもつ竪穴建物跡 (1/200) ［拙稿 2005a：第 1 図を転載］

B. 構築方法にみられる地域性

　棚状施設の構築方法としては、先述したように①～④タイプに分類が可能である。これらを第11表に示した表と円グラフで地方別・都県別に比較してみよう。

　まず、事例全体でみると、①素掘りタイプが73％で全体の3/4近くを占めており、以下③充塡タイプ―15％、②化粧タイプ―9％、④盛土タイプ―3％となっている。

　地方別に比較すると、関東地方以外では①素掘りタイプが9割を越えているのに対して、関東地方では71％に留まっており、②化粧タイプと③充塡タイプの両者で26％を占めている。関東地方以外では②の事例は発見されておらず、①素掘りタイプのものが中心となるのに対して、関東地方では約1/4が②・③で占められている点が異なっている。

　また、東北・中部地方で3例しかない③の報告例は粘土を使用しておらず、粘土を化粧する棚状施設は、今のところ関東地方に限られている。粘土を充塡するものも関東地方にほぼ限られるが、佐賀県金立遺跡 SH 8036 竪穴住居［文献佐賀1］は、関東地方以外で唯一粘土を使用する③タイプの事例である。

　なお、④盛土タイプについては、東日本の各地方では3％ずつ、西日本では認められないが、その事例の少なさは竪穴覆土と棚構築土の判別が難解な点に起因しており、竪穴建物跡の発掘調査方法自体の改善が必要である。

　次に、関東地方の都県別で比較すると、栃木・群馬・埼玉の3県では①素掘りタイプが90％台であるのに対して、茨城・千葉両県と東京都では①が50％台に留まっており、②と③を合計した数値は、東京都43％・千葉県42％・茨城県38％と高い数値を示している。②と③は構築方法としては区別されるが、関東圏ではいずれも粘土を用いることが一般的で、棚状施設の使用面に粘土を露呈するという外見上からは同一視できるものと言える。

　以上のように、関東地方では棚状施設の構築方法から、地域的に明確な二極化が認められるが、これは、構築土として粘土を使用するものの多寡を反映しており、栃木・群馬・埼玉の3県を「素掘り中心地域」、東京都と千葉・茨城の両県を「粘土多用地域」と呼ぶことができる。この両者とは中間的なデータを示す神奈川県は、②の事例こそ少ないものの③の19％は茨城県の18％とほぼ同じことから、後者の様相に近いものと理解される。

　ちなみに、千葉県では粘土を使用する事例は下総国に属する遺跡がほとんどで、上総国に属するものは猪ケ崎遺跡 H―019 と H―061［文献千葉36］の2例だけである。したがって「粘土多用地域」を旧国でみると、武蔵国の南側と下総・常陸両国ということになる。同じ武蔵国であっても、南武蔵（東京都と神奈川県川崎・横浜両市）と北武蔵（埼玉県）では様相が異なる点について、特に注意しておきたい。

　栃木県では常陸国と下総国に接する南端の乙女不動原北浦遺跡 H 24 号住居跡［文献栃木2］1例だけで、これよりも北側には①素掘りタイプのものしか認められない。県内の事例数の少なさも相俟って、下野国における棚状施設の在り方は「関東的」というよりは、むしろ福島県に近い「東北的」な様相が窺える。

都県名	①素掘りタイプ	②化粧タイプ	③充填タイプ	④盛土タイプ	データ数
青森	9 (100%)	0	0	0	9
岩手	6 (100%)	0	0	0	6
宮城	1 (100%)	0	0	0	1
秋田	5 (100%)	0	0	0	5
山形	2 (100%)	0	0	0	2
福島	9 (82%)	0	1 (9%)	1 (9%)	11
(東北)	(32) (94%)	0	(1) (3%)	(1) (3%)	(34)
茨城	38 (56%)	14 (20%)	12 (18%)	4 (6%)	68
栃木	16 (94%)	0	1 (6%)	0	17
群馬	151 (90%)	5 (3%)	11 (7%)	0	167
埼玉	125 (92%)	4 (3%)	5 (4%)	2 (1%)	136
千葉	36 (55%)	9 (14%)	18 (28%)	2 (3%)	65
東京	119 (52%)	41 (18%)	59 (25%)	12 (5%)	231
神奈川	41 (71%)	3 (5%)	11 (19%)	3 (5%)	58
(関東)	(526) (71%)	(76) (10%)	(117) (16%)	(23) (3%)	(742)
新潟	1 (100%)	0	0	0	1
富山	1 (100%)	0	0	0	1
石川	1 (100%)	0	0	0	1
山梨	15 (94%)	0	0	1 (6%)	16
長野	19 (86%)	0	2 (10%)	1 (4%)	22
三重	2 (100%)	0	0	0	2
(中部)	(39) (90%)	0	(2) (5%)	(2) (5%)	(43)
広島	1 (100%)	0	0	0	1
(中国)	(1) (100%)	0	0	0	(1)
福岡	16 (100%)	0	0	0	16
佐賀	0	0	1 (100%)	0	1
大分	1 (100%)	0	0	0	1
(九州)	(17) (94%)	0	(1) (6%)	0	(18)
全体	615 (73%)	76 (9%)	121 (15%)	26 (3%)	838

第11-1表 棚状施設の構造分類分布表

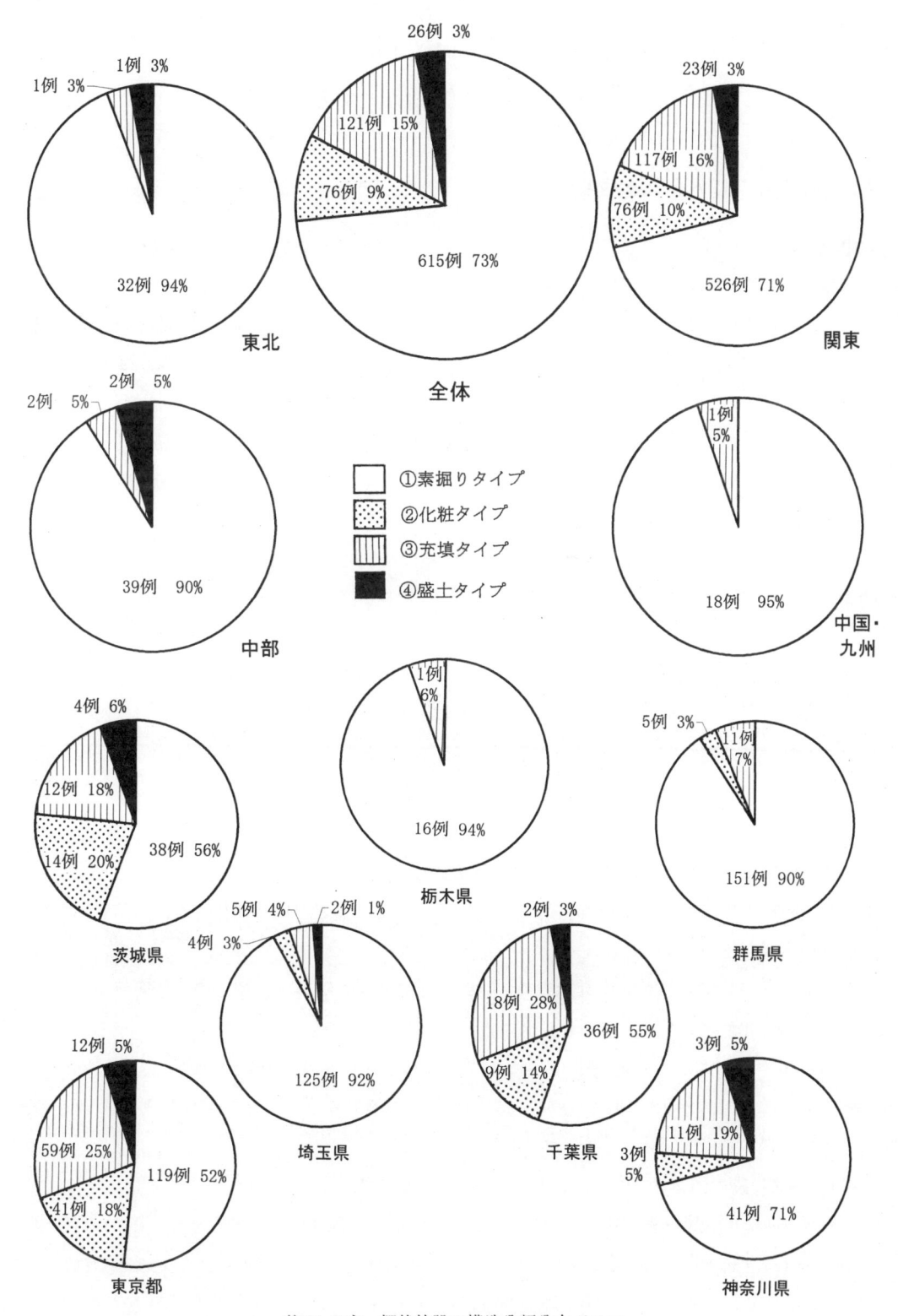

4. 棚状施設の地理的分布　　　　61

東北
- 1例 3%
- 1例 3%
- 32例 94%

全体
- 26例 3%
- 121例 15%
- 76例 9%
- 615例 73%

関東
- 23例 3%
- 117例 16%
- 76例 10%
- 526例 71%

中部
- 2例 5%
- 2例 5%
- 39例 90%

凡例:
- ①素掘りタイプ
- ②化粧タイプ
- ③充填タイプ
- ④盛土タイプ

中国・九州
- 1例 5%
- 18例 95%

茨城県
- 4例 6%
- 12例 18%
- 14例 20%
- 38例 56%

栃木県
- 1例 6%
- 16例 94%

群馬県
- 5例 3%
- 11例 7%
- 151例 90%

埼玉県
- 5例 4%
- 2例 1%
- 4例 3%
- 125例 92%

千葉県
- 2例 3%
- 18例 28%
- 9例 14%
- 36例 55%

東京都
- 12例 5%
- 59例 25%
- 41例 18%
- 119例 52%

神奈川県
- 3例 5%
- 11例 19%
- 3例 5%
- 41例 71%

第11-2表　棚状施設の構造分類分布グラフ

以上、棚状施設の構築方法からみた地域性としては、関東地方以外では①素掘りタイプのものがほとんどであるのに対して、関東地方では粘土を使用した事例も目立つこと、さらに関東圏では、②化粧タイプと③充塡タイプの多寡により、「素掘り中心地域」と「粘土多用地域」に分けることができる。

C. 平面タイプにみられる地域性

棚状施設の平面タイプの分類については先述した。第12・13表に都県別の事例数を示したが、最初に群類別の比較について説明しておきたい。

まず、全840例中818例(97.4%)までが竪穴壁の中央あるいは、いずれか片側に寄った位置に竈を設ける一般的な竪穴建物跡のⅠ群で占められており、Ⅱ群の隅竈をもつ竪穴建物跡は22例(2.6%)と少ない。

Ⅰ群では、棚状施設が竪穴壁の一辺に設けられた1類が763例(全体の90.9%)と圧倒的に多い。二辺に設けられた2類になると44例(5.2%)と激減し、三辺に設けられた3類は5例(0.6%)、四辺に設けられた4類は6例(0.7%)と僅かである。

Ⅱ群では、一辺に設けられた1類と、二辺に設けられた2類がそれぞれ11例(1.3%)ずつとなっている。

竈をもたない面に設けられたもの、つまりA面以外にあるものは、Ⅰ群1類が35例(4.2%)、2類が5例、3類が1例、Ⅱ群では1類のKC・Kcタイプ(第9図)が各1例ずつで、都合43例(5%)に留まっている。

逆に、全体の約95%にあたる797例が竈と関係のある位置に設けられたもの(第12表右下円グラフ)で、改めて棚状施設が竈と密接な関係をもっていることを確認できる。

a. 竈をもつ面に設けられたⅠ群1類Aタイプの比較

Ⅰ群の全818例中728例(86.7%)を占める1類Aタイプは、竈との位置関係などから第8図にみられるような多種多様なタイプが存在する。

ここでは、主に事例数が多い関東地方のⅠ群1類Aタイプについて、竈との位置関係にみられる地域性について比較する。

まず、関東地方全体では、竈を挟んで両側に棚状施設をもつものが291例(44.7%)、竈に向かって左側に設けられたものが120例(18.5%)、竈に向かって右側にみられるものが240例(36.8%)を数える。右側：左側の割合は、2：1となっている。

第14表の都県別の円グラフから、およそ次のような地域性を抽出できる。

 ア．千葉県・茨城県・神奈川県・群馬県では、竈を挟んだ両側に棚状施設をもつものが目立つ。
 イ．埼玉県・栃木県では、竈に向かって右側に棚状施設をもつものが目立つ。埼玉県では、特にARインタイプのものが19例で最も多い。
 ウ．東京都では、やはり竈に向かって右側に棚状施設をもつものが多いが、竈の両側に棚をもつ

4. 棚状施設の地理的分布

群 類説明 都県名	I：一辺の中央または、いずれか片側によった位置に竈をもつもの						II：隅竈をもつもの				合計
	1 一辺に設けられたもの		2 二辺に設けられたもの	3 三辺に設けられたもの	4 四辺に設けられたもの	小計	1 一辺に設けられたもの	2 二辺に設けられたもの	小計	
	竈をもつ面に設けられたもの	竈をもたない面に設けられたもの								
青森	7	0	2	0	0	9	0	0	0	9
岩手	4	0	0	(1) 2	0	6	0	0	0	6
宮城	1	0	0	0	0	1	0	0	0	1
秋田	3	0	2	0	0	5	0	0	0	5
山形	2	0	0	0	0	2	0	0	0	2
福島	8	1	1	0	1	11	0	0	0	11
茨城	63	3	0	0	0	66	2	0	2	68
栃木	12	3	(1) 1	0	0	16	(1) 1	0	1	17
群馬	124	7	(1) 17	1	4	153	(1) 7	6	13	166
埼玉	121	9	(1) 7	0	0	137	0	0	0	137
千葉	61	1	3	0	0	65	0	0	0	65
東京	216	6	(2) 8	2	0	232	0	1	1	233
神奈川	54	2	0	0	1	57	1	0	1	58
新潟	1	0	0	0	0	1	0	0	0	1
富山	0	1	0	0	0	1	0	0	0	1
石川	0	0	1	0	0	1	0	0	0	1
山梨	10	2	1	0	0	13	0	3	3	16
長野	20	0	1	0	0	21	0	1	1	22
三重	2	0	0	0	0	2	0	0	0	2
広島	1	0	0	0	0	1	0	0	0	1
福岡	16	0	0	0	0	16	0	0	0	16
佐賀	1	0	0	0	0	1	0	0	0	1
大分	1	0	0	0	0	1	0	0	0	1
合計	728	35	(5) 44	(1) 5	6	818	(2) 11	11	22	840
(%)	86.7	4.2	5.2	0.6	0.7	97.4	1.3	1.3	2.6	100

註　(No.) 竈をもたない面に設けられたものの内数

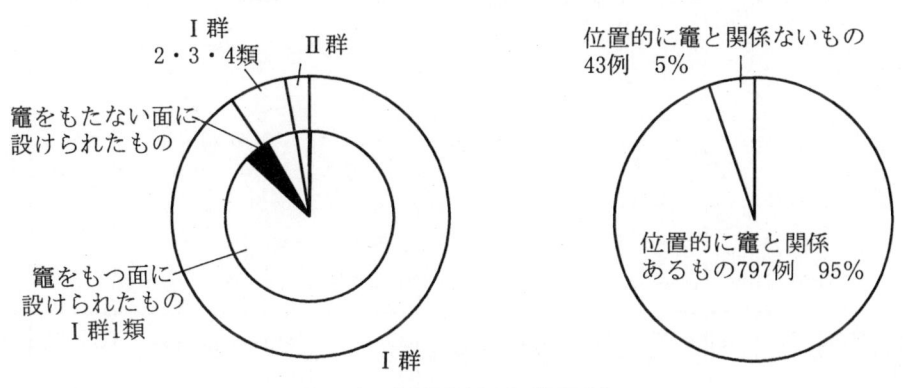

第12表　棚状施設の平面位置分布

64 II. 棚状施設の様相

第13表 棚状施設の平面分類分布表

4. 棚状施設の地理的分布　　　　　　　　65

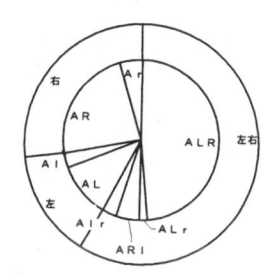

茨城		64
	事例数	
ALR	31	
ALr	1	37
ARl	3	
Alr	2	
AL	7	9
Al	2	
AR	15	18
Ar	3	

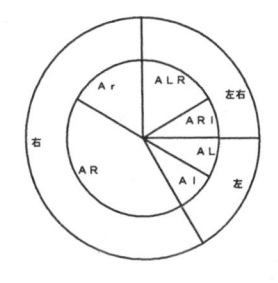

栃木		12
	事例数	
ALR	2	
ALr	0	3
ARl	1	
Alr	0	
AL	1	2
Al	1	
AR	5	7
Ar	2	

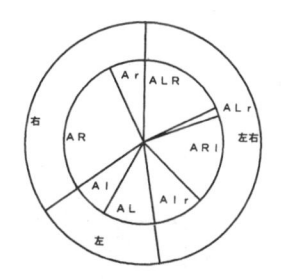

群馬		124
	事例数	
ALR	22	
ALr	2	59
ARl	22	
Alr	13	
AL	13	22
Al	9	
AR	34	43
Ar	9	

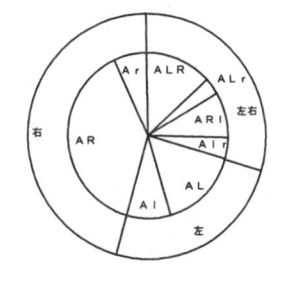

埼玉		121
	事例数	
ALR	16	
ALr	4	36
ARl	11	
Alr	5	
AL	19	30
Al	11	
AR	47	55
Ar	8	

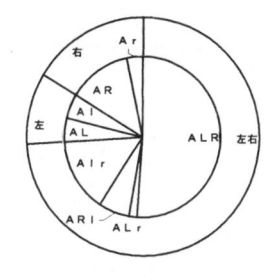

千葉		61
	事例数	
ALR	31	
ALr	1	45
ARl	4	
Alr	9	
AL	3	6
Al	3	
AR	8	10
Ar	2	

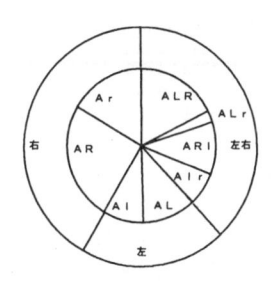

東京		216
	事例数	
ALR	38	
ALr	5	82
ARl	24	
Alr	15	
AL	25	44
Al	19	
AR	54	90
Ar	36	

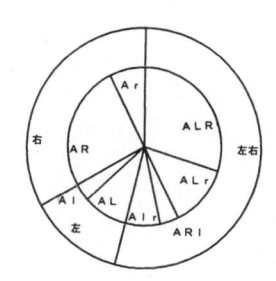

神奈川		54
	事例数	
ALR	16	
ALr	7	29
ARl	2	
Alr	4	
AL	5	7
Al	2	
AR	14	18
Ar	4	

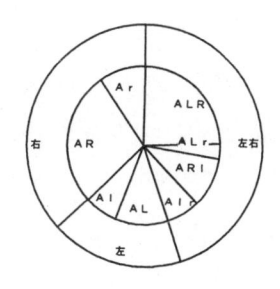

関東地方全体		
	%	
ALR	24	
ALr	3	44
ARl	10	
Alr	7	
AL	11	19
Al	8	
AR	27	37
Ar	10	

第14表　棚状施設の平面分類分布グラフ

ものとの差は小さく、右側：両側＝90例(41.6%)：82例(37.9%)と近似した数値を示している。
　なお、棚状施設の報告例が突出している東京都では、ALRアウト・ALRイン・ARlアウト・Alrアウト・ALアウト・Alアウト・ARアウト・Arアウト・Arインの9タイプまでが、都県別で最多の事例数を誇っている(第13表)。東京以外では、ALrアウトタイプは神奈川県の7例、ARインタイプは先述した埼玉県の19例が最も多い。
　上記ア〜ウをまとめると、以下のような捉え方が可能である。
　　ア．千葉県・茨城県・神奈川県・群馬県——「ALR代表地域」
　　イ．埼玉県・栃木県　　　　　　　　——「AR代表地域」
　　ウ．東京都　　　　　　　　　　　　——「AR追従ALR地域」
　ちなみに、第27〜29図はALR・AR・ALタイプの事例をマッピングしたものである。一見して似たような分布を示しているが、ALRタイプとARタイプで比較すると、埼玉・千葉・茨城県などでは両者の多寡を読みとることができる。
　ALRタイプは、青森県から福岡県まで最も広範囲に分布している。ALタイプは、ALR・AR両タイプの分布とほぼ重なっており、両者の客体的な存在であったことが窺える。
　九州地方では、18軒中12軒(66%)が竈の両側に棚状施設をもつもの(第26図)で、12軒のうち11軒までがALRタイプの事例で占められている。

b．その他事例にみられる地域性

　関林G遺跡2号住居跡［文献福島8］は、ALrインタイプの唯一の事例である(第22図)。群馬県では、二辺に設けられたI群2類の44例中17例(39%)、四辺に設けられたI群4類の6例中4例(66%)、隅竈をもつII群でも22例中13例(59%)と突出した数値を示している。

註

1　昨今は「平成の大合併」と呼ばれるように、各地で市町村合併が盛んに行われているが、小稿では、平成13年度時点での行政区分［市町村自治研究会2001］に従っている。

4. 棚状施設の地理的分布　　　　　　　　　　　　　　　　　67

第27図　ALRタイプの棚状施設の分布

第 28 図　AR タイプの棚状施設の分布

4. 棚状施設の地理的分布

第29図 ALタイプの棚状施設の分布

II. 棚状施設の様相

第15表　棚状施設の時期別・地域別分布表

都県名	遺跡数	5c	古墳時代後期 6c	7c	8c	古代 9c	10c	11c	軒数計
青森	5			2		1	6		9
岩手	6				2		2	2	6
宮城	1						1		1
秋田	5				1	1	3		5
山形	2		1				1		2
福島	11			3	1	6	1		11
(東北)	30		(5)	(4)	(8)	(14)	(2)		(34)
茨城	23			1	8	2/43	14		66
栃木	13		1	1	2	1/11	1		17
群馬	66		3	8	30	5/62	46	14	168
埼玉	67		1/3	5	42	1/64	19		135
千葉	41		1/1	6	9	1/42	5		65
東京	49		1/1	5	59	13/100	44	1	224
神奈川	30			1	8	1/27	21		58
(関東)	288		(3)(9)	(27)	(158)	(24)(349)	(150)	(15)	(735)
新潟	1				1				1
富山	1					1			1
石川	1					1			1
山梨	6					7	6	3	16
長野	10		1	1	4	6/7	1	1	21
三重	2				2				2
(中部)	21		(1)		(3)	(5)(15)	(8)	(4)	(42)
広島	1			1					1
(中国)	1			(1)					(1)
福岡	12		1	5	3	7			16
佐賀	1					1			1
大分	1			1					1
(九州)	14		(1)	(6)	(3)	(8)			(18)
合計	355	2	3/16	39	175	30/372	172	21	830

都県名	遺跡数	5c	古墳時代後期 6c	7c	8c	古代 9c	10c	11c	軒数計
陸奥	23			5	3	7	10	2	27
出羽	7		1		1	1	4		7
常陸	19			1	7	2/40	12		62
下野	13		1	1	2	1/11	1		17
上野	66		3	8	30	5/62	46	14	168
武蔵	119		2/4	10	102	14/164	66	1	363
下総	34			2	8	1/41	6		58
上総	10		1/1	4	2	4	1		13
相模	27			1	7	1/27	18		54
越後	1				1				1
越中	1					1			1
加賀	1					1			1
甲斐	6				7	6	3		16
信濃	10		1	1	4	6/7	1	1	21
伊勢	2				2				2
安芸	1			1					1
筑後	1		1						1
筑前	7		3	2	6				11
豊前	4			2	1	1			4
豊後	1			1					1
肥前	1					1			1
合計	355	2	3/16	39	175	30/372	172	21	830

5. 棚状施設の時期的分布

ここでは、棚状施設をもつ竪穴建物跡の時期的分布について検討する。

各事例の時期については、基本的には各出典に依拠しているが、具体的な記載のないものや疑義がもたれるものについては、先行研究を参考にして筆者が想定したものと、池田敏宏・神谷佳明・山中雄志の各位から御教示いただいたものが含まれている。

なお、帰属時期が「9世紀末～10世紀初頭」などと二世紀に跨がっているものは新しい方をとって集計している。

A. 時期別遺跡数・軒数の比較

棚状施設をもつ竪穴建物跡が存在する時期別の遺跡については都県別の地図(第30～36図)に、時期別の軒数に関しては第15表に都県別・旧国別の内訳を示した。以下では、これらを参考にしながら説明を加えたい。

a. 5 世 紀

竪穴建物に竈が導入されるようになる5世紀の事例は、福岡県と長野県で1軒ずつの都合2軒である(第30図)。

福岡県八女市(筑後国)鍛冶屋遺跡3号竪穴住居[文献福岡1]は、5世紀後半の所産で、棚状施設をもつ竪穴建物跡としては最古のものと思われる。竪穴の規模(棚状施設部分を含む、以下同じ)は径6.4m×5.8mを測る。棚状施設は、ALRイン・①素掘りタイプで、竪穴床面からの高さ10cm、使用面の幅70cm、遺構検出面からの深さは5cmである。

長野県上田市国分寺周辺遺跡群512号住居跡[文献長野3]は、5世紀後葉のもので、竪穴の規模は3.2×3.0mを測る。棚状施設は、ALアウト・①素掘りタイプで、竪穴床面からの高さ15cm、使用面の幅25cm、遺構検出面からの深さは10cmである。

b. 6 世 紀

全国的にみても竪穴建物に竈が普及するようになる6世紀の事例は、16遺跡16軒を数えるが、1遺跡で1軒の報告例に留まっている。

九州地方の2県で6軒、関東地方の1都4県で9軒、東北地方で1軒となっている(第31図)。全事例830軒中で占める割合は約2%である(第16表)。埼玉県北部から群馬県の6遺跡が中心となる。各事例は次のとおりである。

永井遺跡15号住居跡[文献福岡2]、塞ノ神遺跡8号住居跡[文献福岡3]、鷹取五反田遺跡124号住居跡[文献福岡4]、長島遺跡68号竪穴住居[文献福岡5]、外之隅遺跡18号住居跡[文献福岡6]、北ノ後遺跡2号竪穴住居跡[文献大分1]、大力遺跡8号住居址[文献栃木13]、三ツ子沢中遺跡7号住居[文献群馬

II. 棚状施設の様相

国分寺周辺512

鍛冶屋3

第30図 5世紀の棚状施設をもつ竪穴建物跡の分布

5. 棚状施設の時期的分布　　　　　　　　　　　　　　73

一の坪24

第31図　6世紀の棚状施設をもつ竪穴建物跡の分布

46]、糸井宮前遺跡第120号住居址［文献群馬64］、小角田前遺跡122号住居跡［文献群馬72］、樋の上遺跡41号住居跡［文献埼玉3］、新屋敷東遺跡第44号住居跡［文献埼玉18］、広木上宿遺跡第69号住居跡［文献埼玉51］、中永谷遺跡124号住居跡［文献千葉23］、中田遺跡C地区13号住居址［文献東京12］、一ノ坪遺跡SI 24［文献山形2］。

　これらのうち、ひとつの都県で軒数が最も多いのは福岡県の5軒で、群馬県や埼玉県の3軒を上回っている点は注目して良いだろう。群馬県や埼玉県で検出されている6世紀代の竪穴建物跡の総数自体が福岡県のものより遥かに多いことからも、その出現率の高さが説明できるものと思われる。

　平面タイプは、いずれもⅠ群1類で、竈の両側に設けられているものが5軒、竈に向かって左側が7軒、竈に向かって右側が4軒となっており、ほぼ拮抗している。

　構築方法としては、①素掘りタイプのものが目立つが、6世紀後半になると③充填タイプのものも登場する。

　竪穴建物の平面規模は、径8m台以上の大形のものが2軒、5〜6m台が8軒、2〜4m台が5軒となっており、まとまりは認められない。

c. 7　世　紀

　7世紀になると、報告例は1都12県の36遺跡39軒に増加する。全事例中で占める割合は4.9%である。群馬県の7遺跡8軒が最も多く、関東地方が中心となるが、東北地方（陸奥国）の北側と南側にあたる青森・福島両県や、三重県（伊勢国）でも事例が認められるようになる。西日本では、福岡県で引き続き報告例があり、中国地方でも広島県（安芸国）で唯一の事例が登場するなど、各時期を通じて分布範囲が最も拡大する（第32図）。

　6世紀と同様に1遺跡1軒の事例が大部分であるが、盲堤沢(3)遺跡［文献青森4］（第19図）・南蛇井増光寺遺跡［文献群馬39・40］、マミヤク遺跡［文献千葉6］の3遺跡では2軒の報告例がみられるようになる。

　該期には、Ⅰ群1類でも竈をもたない辺に棚状施設を設けたものや、二辺に設けられたⅠ群2類の報告例も認められるようになる。

　構築方法としては、①素掘りタイプと③充填タイプの他に、④盛土タイプのものも登場し、金井原遺跡群第6地点4号住居址［文献東京56］のように、粘土を構築土として使用する事例もみられるようになる。

　棚状施設をもつ竪穴建物の規模としては、径8mに近いものから3m台までの事例がみられ、6世紀の報告例と同様に竪穴規模による当該施設の偏在性などは認められない。

d. 8　世　紀

　8世紀では、1都13県の103遺跡で175軒が報告されている。都県数では7世紀よりも1県多いだけだが、遺跡数では約3倍に増えている。全事例中で占める割合は22%で、7世紀の約4.5倍の軒数を数え、明らかな増加現象が認められる。

5. 棚状施設の時期的分布　　75

第32図　7世紀の棚状施設をもつ竪穴建物跡の分布

志村4

76 II. 棚状施設の様相

第33図 8世紀の棚状施設をもつ竪穴建物跡の分布

埼玉県の28遺跡を筆頭に、群馬県と東京都の1都2県では二桁台の遺跡がみられ、分布の中心となっている。軒数では、東京都の59軒・埼玉県の42軒・群馬県の30軒が二桁台を数えるが、旧国別でみると武蔵国が102軒と突出している。

日本海側でも、秋田県(出羽国)と新潟県(越後国)で事例が認められるようになり(第33図)、東北地方では、志波城跡[文献岩手1]と、秋田城跡[文献秋田1]の城柵遺跡でも事例がみられる(第21図)。九州地方では、6遺跡で8軒が認められる(第26図)が、この数字は関東地方に次ぐものである。

また、7世紀末～8世紀初頭の南広間地遺跡519号住居[文献東京69]は、隅竈をもつII群としては最古の報告例である。

構築方法としては、7世紀まではみられなかった②化粧タイプのものも登場する。8世紀以降の関東圏では、③充填タイプとともに比較的目立つようになる。

棚状施設をもつ竪穴建物の規模としては、径10mに近いものから2m台までの事例がみられる。

e. 9 世 紀

9世紀は、棚状施設をもつ竪穴建物の最盛期である(第34図)。1都12県164遺跡で372軒が報告されている。都県数では8世紀よりも1県多いだけで、遺跡数も7世紀から8世紀の約3倍にはおよばないが、8世紀の1.6倍、軒数では2.1倍、全事例中で占める割合は実に46.7%と顕著な数値を示している(第16表)。このような事例の多さが影響していたのか、棚状施設の「出現は9世紀中ごろと思われる」[白石1994：107]という、今となっては誤った見解もみられる。

遺跡数では、8世紀と同様に埼玉県が38遺跡で最も多く、栃木県を除く関東地方では二桁台を数えるようになる。茨城県では8世紀の4遺跡から17遺跡、同じく千葉県では9遺跡から21遺跡、神奈川県では7遺跡から16遺跡と遺跡数の増加が著しい。報告例こそ少ないものの、栃木県と福島県では、8世紀には1遺跡ずつであったものが、それぞれ8遺跡と6遺跡に増えている。棚状施設をもつ竪穴建物が、8世紀における分布の中心地であった武蔵・上野両国の周囲に広がっていることを読みとることができる。

また、西日本では9世紀になると棚状施設をもつ竪穴建物跡の報告例が認められなくなるが、これは竪穴建物自体がほとんど造られなくなることに起因している。

軒数では、東京都の100軒を筆頭に、関東地方の6県すべてで二桁台の報告例がみられるが、旧国別では8世紀に続き武蔵国が164軒と突出している(第16表)。

9世紀になると、すべての平面タイプも出揃う。

棚状施設をもつ竪穴建物の規模としては、径11mを越えるものから2m台までの事例がみられる。

f. 10 世 紀

10世紀の遺跡は、最多の1都15県に分布する(第35図)。東北地方では6県すべてで報告例がみられるようになるが、福島県では9世紀の8遺跡から1遺跡に減っている。

該期の特徴は、事例が各地に拡散するものの、遺跡数は9世紀の半数にあたる82遺跡、軒数も

II. 棚状施設の様相

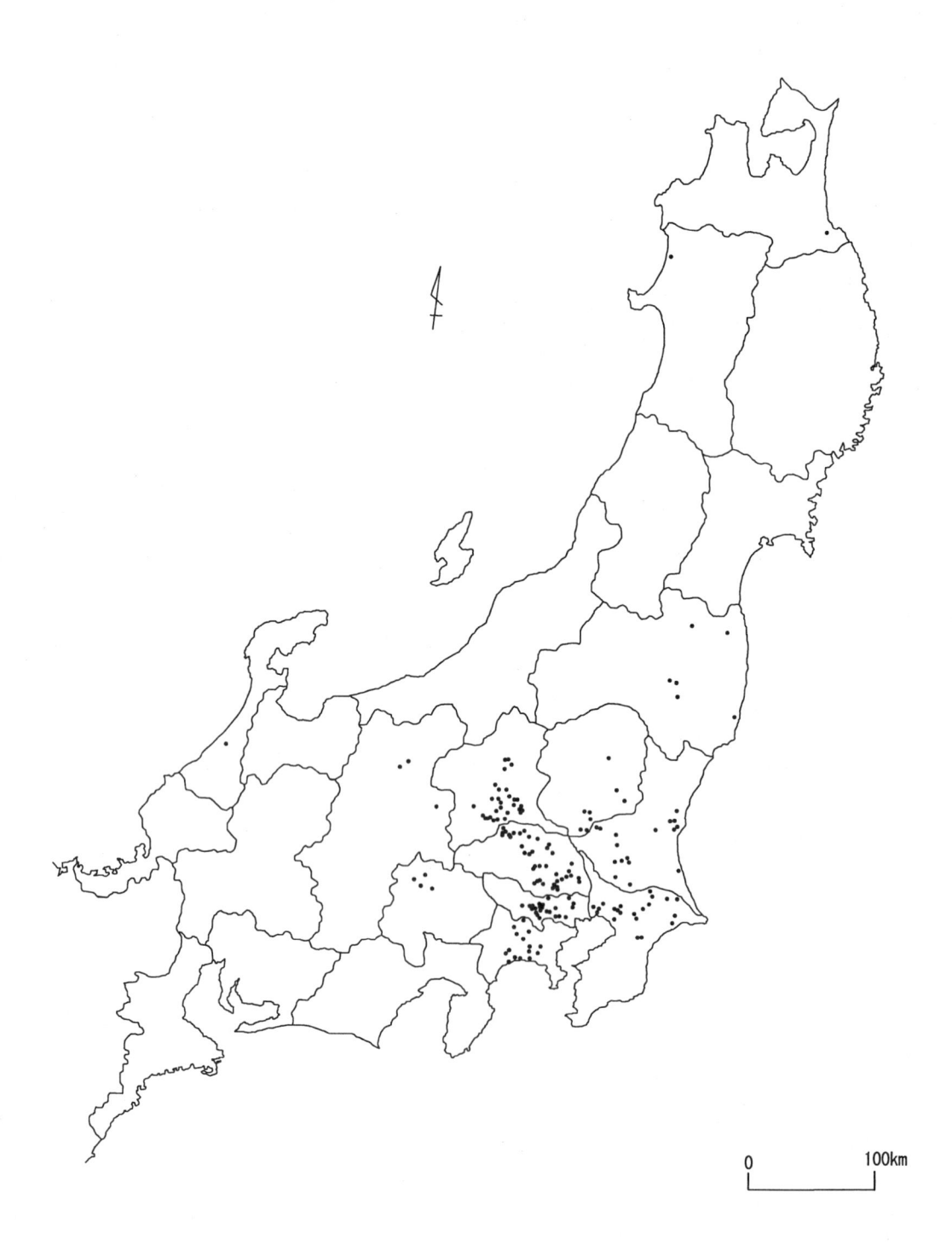

第 34 図　9 世紀の棚状施設をもつ竪穴建物跡の分布

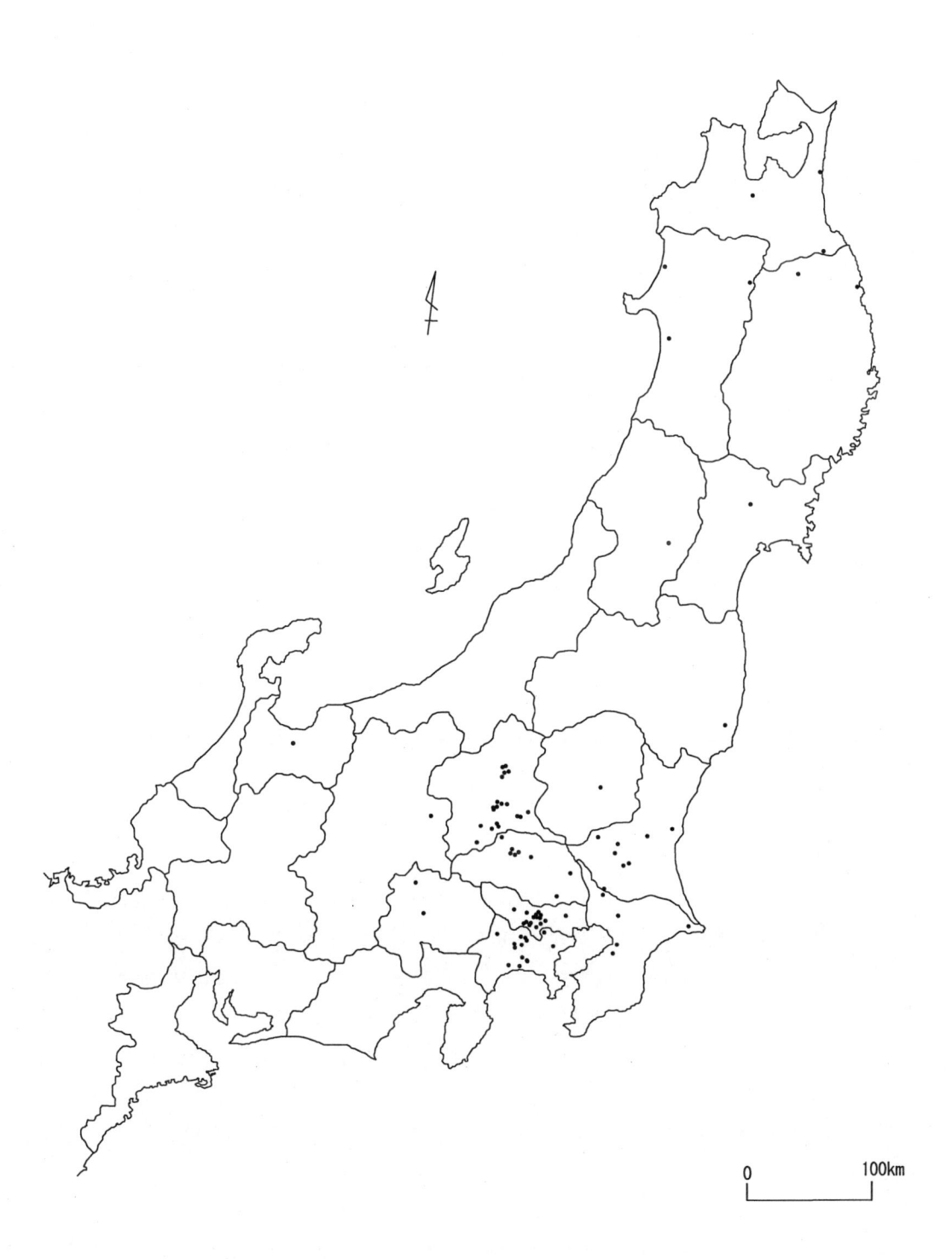

5. 棚状施設の時期的分布　　　　　　　　　　　79

第35図　10世紀の棚状施設をもつ竪穴建物跡の分布

172軒と前代の46.2%に、全事例中で占める割合も21.6%とピークの9世紀から大きく減らしており、8世紀の175軒よりも3軒下回る軒数にまで落ち込んでいる。

8～9世紀に遺跡数が最も多かった埼玉県は、前代の38遺跡から8遺跡に激減しており、19遺跡の群馬県が最多となるが、9世紀と比べると関東地方では軒並み遺跡数を減らしている。

軒数でも、群馬県の46軒が東京都の44軒を凌いでトップになっている。旧国別にみた場合は、武蔵国が66軒で、上野国は46軒となるが、8世紀の武蔵国：上野国＝102遺跡：30遺跡、同じく9世紀の163遺跡：62遺跡と比較した場合、明らかに両者の開きが狭まっていることがわかる（第12表）。

棚状施設をもつ竪穴建物の規模としては、径8mに近いものから3m台までの事例がみられる。

g. 11 世 紀

11世紀になると、棚状施設をもつ竪穴建物は1都4県の11遺跡21軒となり、減少が顕著である。これは、単に当該施設をもつ竪穴建物に留まらず、該期の竪穴建物自体の検出例の少なさにも起因しているものと思われる。

10世紀と比較した場合、都県数は約1/3、遺跡数と軒数は約1/8にまで落ち込んでおり、全事例中で占める割合も2.6%に過ぎない。

報告例のみられる岩手県・群馬県・東京都・長野県・山梨県（第36図）のうち、群馬県の6遺跡（55%）14軒（66%）が中心となっている（第15表）。

該期の大きな特徴としては、隅竈をもつII群の事例が21軒中12軒（57%）と目立つことである。II群の竪穴建物跡は総数22軒しかなく、主に9世紀以降散見されるが、このうちの12軒（55%）までが11世紀に属している。ひとつの遺跡で複数の事例が報告されている西善鍛冶屋遺跡［文献群馬6］と稲荷屋敷遺跡［文献群馬36］では、I群とII群が混在しているが、石原田北遺跡［文献山梨4］ではII群のみとなっている。

南広間地遺跡で該期の隅竈をもつ竪穴建物跡の分析を行った篠崎譲治によれば、この種の遺構の確認面から竪穴床面までの深さは「最小約10cmから最大約20cm、平均約14.5cm」［篠崎1996：177］であり、I群の竪穴建物跡と比較した場合、明らかに浅いことから発見されにくいという点も事例の少なさの要因になっているものと思われる。ちなみに、該期のII群の竪穴床面までの深さはいずれも30cm以上であることから、群馬県を中心とする地域では、竪穴建物の掘り込みが他の都県よりも深い傾向が窺える。したがって、11世紀における棚状施設をもつ竪穴建物が僅少な理由のひとつとして、竪穴の掘り込みが総じて浅くなることも関係しているものと推測される。

棚状施設をもつ竪穴建物の規模としては、径6m台から2m台までの事例がみられる。各時期を通じて、棚状施設が設けられる竪穴建物の大きさに明らかな偏りを認めることはできない。

以上、5世紀から11世紀にわたる棚状施設をもつ竪穴建物の時間的・空間的な分布を概観した。5～7世紀を「古墳時代」、8～11世紀を「古代」と区分した場合、前者の事例は60軒（7.2%）に対して、後者は770軒（92.8%）（第16表右下円グラフ）となり、棚状施設をもつ竪穴建物が古代になって普遍

5. 棚状施設の時期的分布

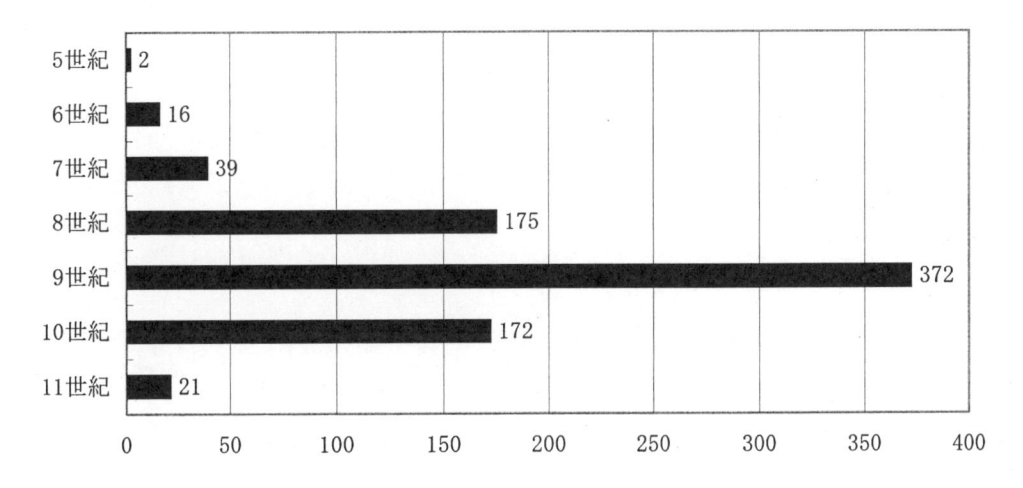

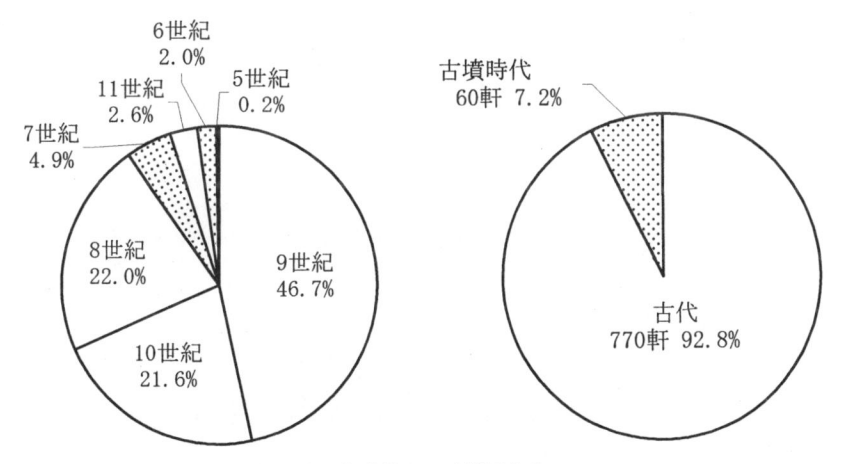

世紀	数
5世紀	2
6世紀	16
7世紀	39
8世紀	175
9世紀	372
10世紀	172
11世紀	21

円グラフ(左):
- 5世紀 0.2%
- 6世紀 2.0%
- 7世紀 4.9%
- 8世紀 22.0%
- 9世紀 46.7%
- 10世紀 21.6%
- 11世紀 2.6%

円グラフ(右):
- 古墳時代 60軒 7.2%
- 古代 770軒 92.8%

第16表　棚状施設の時期別分布グラフ

的な存在となるのである。

82　　　　　　　　　　　　　　　　II. 棚状施設の様相

第36図　11世紀の棚状施設をもつ竪穴建物跡の分布

III. 棚状施設の役割

1. 遺棄遺物の検討

　ここでは、棚状施設の使用面上や、竪穴床面上に遺棄された遺物について検討する。

　縄文時代から平安時代までの長きにわたり利用されてきた竪穴建物には、炉と竈の違いなどが認められるものの、文字どおり地下を掘り込んだ「竪穴」という構造を第一義的に考えた場合、そこからの遺物出土状態を現象的にみる分類基準は、時代区分とは関係なく、時代の枠を越えた総体的な捉え方が必要であると考える。

　筆者は、竪穴建物跡における遺物出土状態の分類基準としては、基本的には遺棄・廃棄・流入に大別できるものと考えている。

　遺棄は、廃絶時の竪穴建物に「残された」か「残った」と認定できるもの。

　廃棄は、廃絶後の竪穴建物に捨てられたと認定できるもの。

　流入は、建物跡の周辺に散乱していた遺物が、自然営力や埋め戻し、あるいは屋内施設構築の際に竪穴内に入り込んだものである[拙稿1995b]。

A. 棚状施設の使用面に遺棄された遺物

　棚状施設の使用面上に遺棄された遺物は、第17表および第37～43図に示したように、1都6県の43遺跡64軒で認められる。今回の分析データに使用する354遺跡830軒中で占める割合は、全遺跡の12%・全軒数の7.7%となっている。

　発掘調査により検出される竪穴建物跡の多くは、人間の意志によって放棄された「自然廃屋」[拙稿1996c：17]であり、引っ越しの際に必要な道具類は持ち出されたものと考えるのが妥当であろう。竪穴床面をはじめ、棚状施設の使用面や竪穴外屋内空間などの「生活面」に遺棄された遺物が認められない竪穴建物跡が圧倒的に多いという事実は、このことを裏付けているものと言える。生活面に「残された」と認定できる遺物は、総じて個体数も少なく、一般的には竪穴建物の使用者などにより不要品として選択され、置き去りにされたものと捉えられる。

　したがって、上記の数値が決して高くないことも納得できるが、竪穴建物跡に伴う遺物＝床面上に残されたものという認識が支配的で、棚状施設の使用面上に遺棄された遺物は、床面から浮いて出土したものとして処理されてしまうこともあるようである。また、遺構内における遺物出土状態の記録が掲載されていない発掘調査報告書も少なくないことから、棚上の遺物は本来的にはもう少し存在していたはずである。

a. 棚上に遺棄された遺物の様相

まず、棚上に遺棄された遺物と棚状施設の平面タイプの関係をみると、64軒中63軒(98％)までがI群に属している。広町B遺跡第2号住居跡［文献埼玉50］（第39図）だけが二辺に設けられた2類で、残りの62軒は一辺に設けられた1類の事例である。このうち、揚櫨木遺跡第17号住居跡［文献埼玉13］のみが、竈をもたない壁面に設けられたBタイプに属する。石原田北遺跡18号竪穴建物［文献山梨4］（第43図）は、隅竈をもつII群唯一の報告例である。

今回の集成データでは古墳時代のものはみられないが、その後報告された7世紀第IV四半期の下寺尾西方A遺跡H5号竪穴住居では、ARインタイプの粘土で盛土された高さ10cmの棚上から土師器甕2個体が発見されている［村上吉正2003］。

遺物の材質では、土師器・須恵器の土器類が大多数を占めるが、瓦や石の報告例もみられる。なお、糸井宮前遺跡第29号住居址［文献群馬64］では棚上から刀子が出土しているが、刀子や紡錘車などは小形で移動しやすい遺物であるため、今回の分析からは除外している。

火災に遭遇した武蔵国府関連遺跡府中東芝ビル地区M72—SI5［文献東京29］（第41図）では、素掘りの使用面上に敷かれていた板材上面から「炭化した穀物（米か）塊」［文献東京29：39］が発見されており、食料が置かれていた場合もあることを示している。

最も多い土器類は64軒中60軒(94％)で報告されており、総個体数は99個体を数える。1軒あたりの平均個体数は約1.7個体となる。竪穴建物跡ごとの個体数は、1個体が36軒(60％)・2個体が16軒(27％)・3個体が5軒(8％)・4個体が2軒(3％)で、最多は広町B遺跡第2号住居跡［文献埼玉50］（第39図）の8個体である。この遺跡は、武蔵四大窯跡群のひとつである鳩山窯跡群内に位置する工人集落で、火災に遭った当該遺構では、床面上と棚上を含めて都合84個体もの須恵器杯が遺棄されており、製品の保管などに利用されていたものと考えられる。

竪穴建物の屋内空間に土器が置かれていたのは棚状施設だけではないことや、建物廃絶時に必要な道具類は搬出されることも勘案すると、あくまでも限定的ではあるが、棚状施設の使用面上に置かれていた土器は、後述する棚上から転落した個体の存在も考慮すると、一般的には多くても5個体程度であったことが窺える。

土器類の器種としては、杯・椀・皿・蓋などの食器類が78個体(78.8％)と全体の8割近くを占めている。土師器・須恵器の別については、時期的・地域的な利用頻度を反映しているだけなので、ここでは特に問題としない。

杯類の出土状況としては、正位と逆位が認められ、二枚重ねで置かれたもの——武蔵国府関連遺跡日鋼地区M23—SI90［文献東京25］（第41図）や、二枚重ねがズレたもの——武蔵国分寺北方地区SI37住居跡［文献東京76］（第42図）もみられる。また、大沼遺跡第2号住居跡［文献埼玉45］（第39図）では、須恵器蓋と椀を組み合わせて、蓋のつまみが最下部、椀の底部が最上部になった状態で発見されており、両者は法量的にもセット関係を示している。

光山遺跡群4号住居跡［文献埼玉1］（第38図）の須恵器杯3の内面には漆が付着しており、「漆パレット」［玉田1995：344］に転用されたものと思われる。

1. 遺棄遺物の検討

梶内73A

下り松14

中原8

中原16

中原185

中原305

明石155

炭化板材

武田西塙310

芳賀東部団地273

芳賀東部団地192

村主26

書上上原之城41

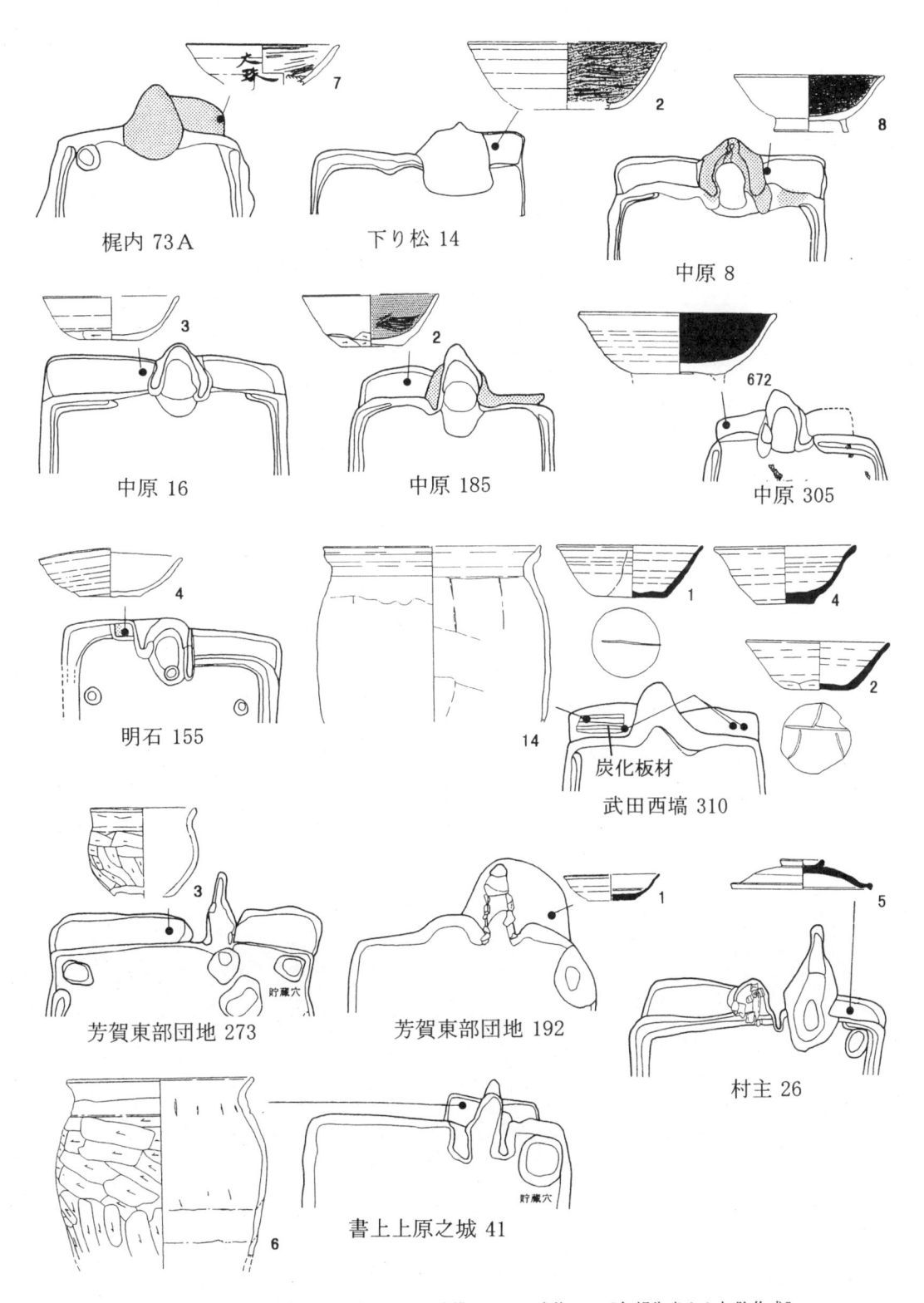

第37図　棚上に遺棄された遺物(1)―遺構1/100・遺物1/6［各報告書から加除作成］

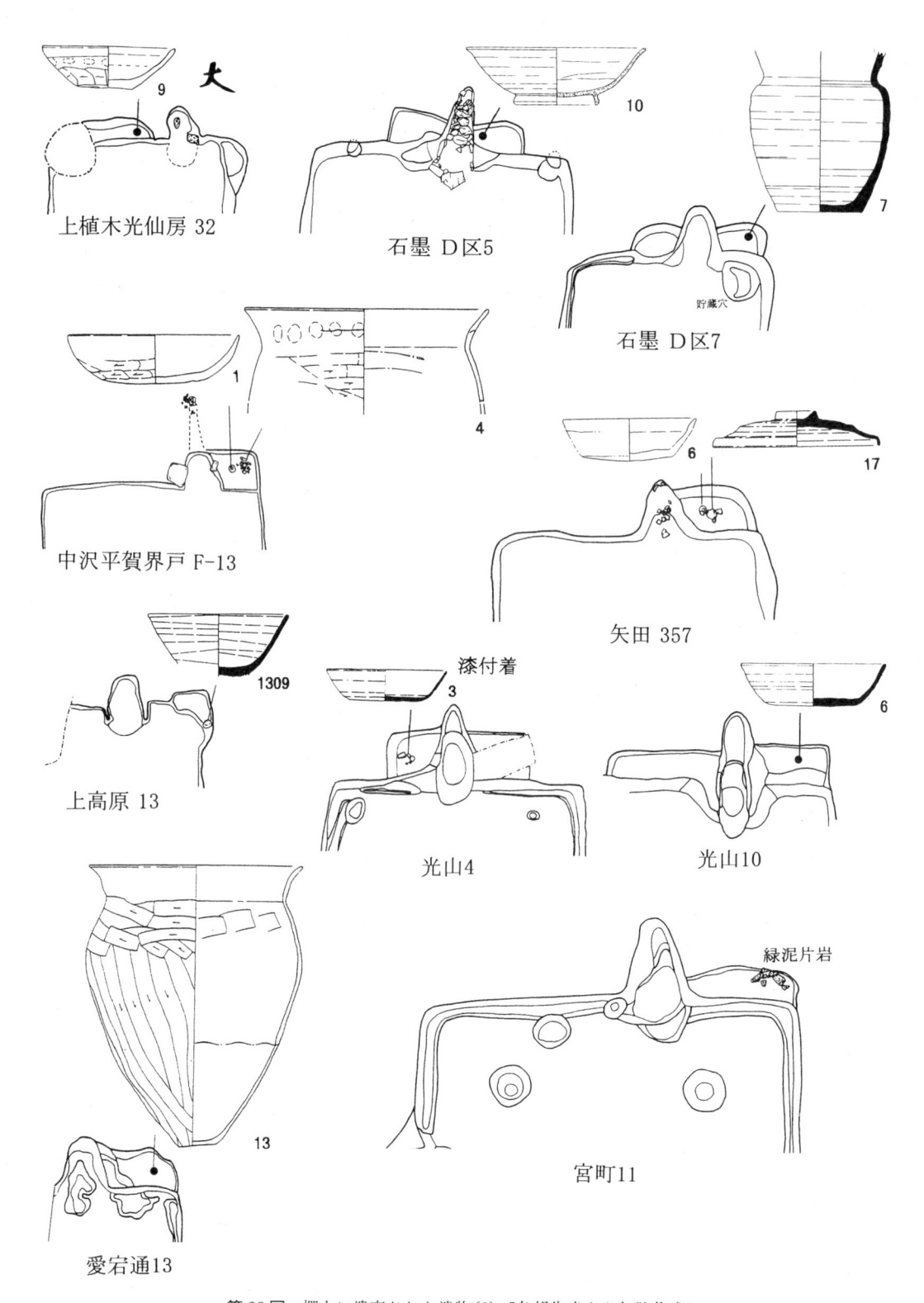

86　　　　　　　　　　　　　　　　Ⅲ. 棚状施設の役割

上植木光仙房 32

石墨 D区5

石墨 D区7

中沢平賀界戸 F-13

矢田 357

上高原 13

光山4

光山10

愛宕通13

宮町11

第 38 図　棚上に遺棄された遺物 (2)　[各報告書から加除作成]

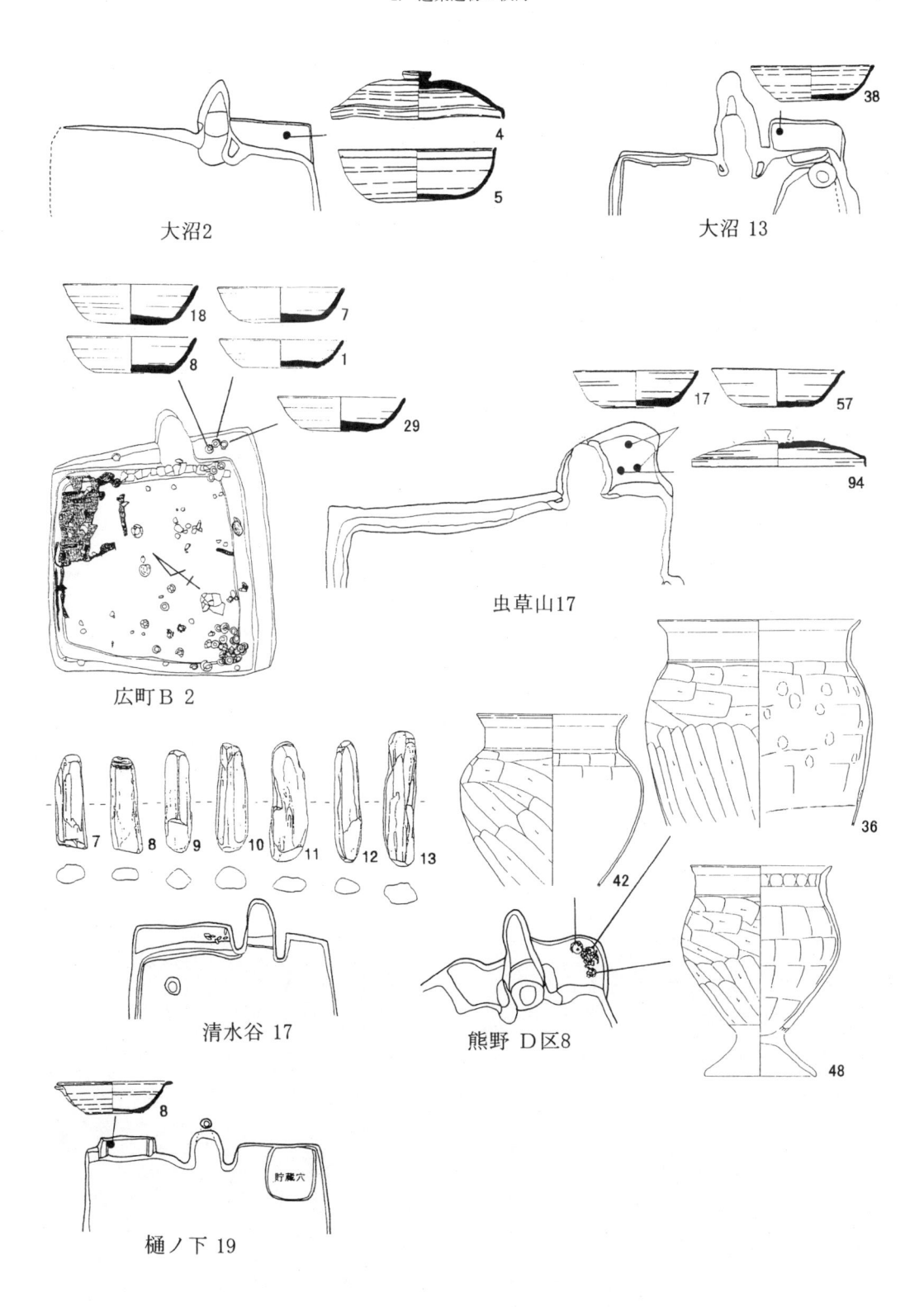

1. 遺棄遺物の検討

大沼2

大沼13

広町B2

虫草山17

清水谷17

熊野D区8

樋ノ下19

第39図 棚上に遺棄された遺物(3)〔各報告書から加除作成〕

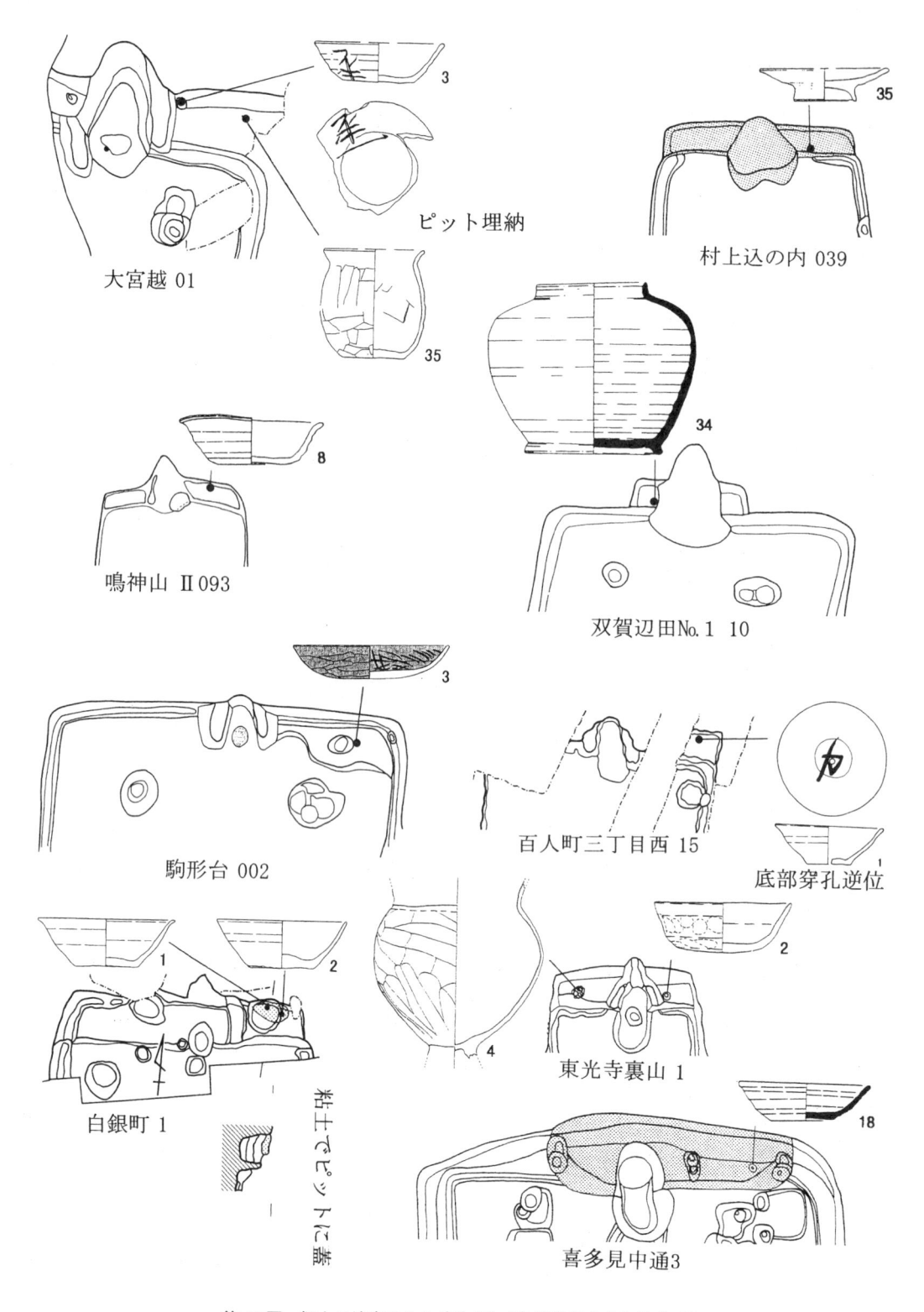

88   III. 棚状施設の役割

大宮越 01
ピット埋納
村上込の内 039
鳴神山Ⅱ093
双賀辺田№.1 10
駒形台 002
百人町三丁目西 15
底部穿孔逆位
白銀町 1
粘土でピットに蓋
東光寺裏山 1
喜多見中通 3

第 40 図　棚上に遺棄された遺物 (4)［各報告書から加除作成］

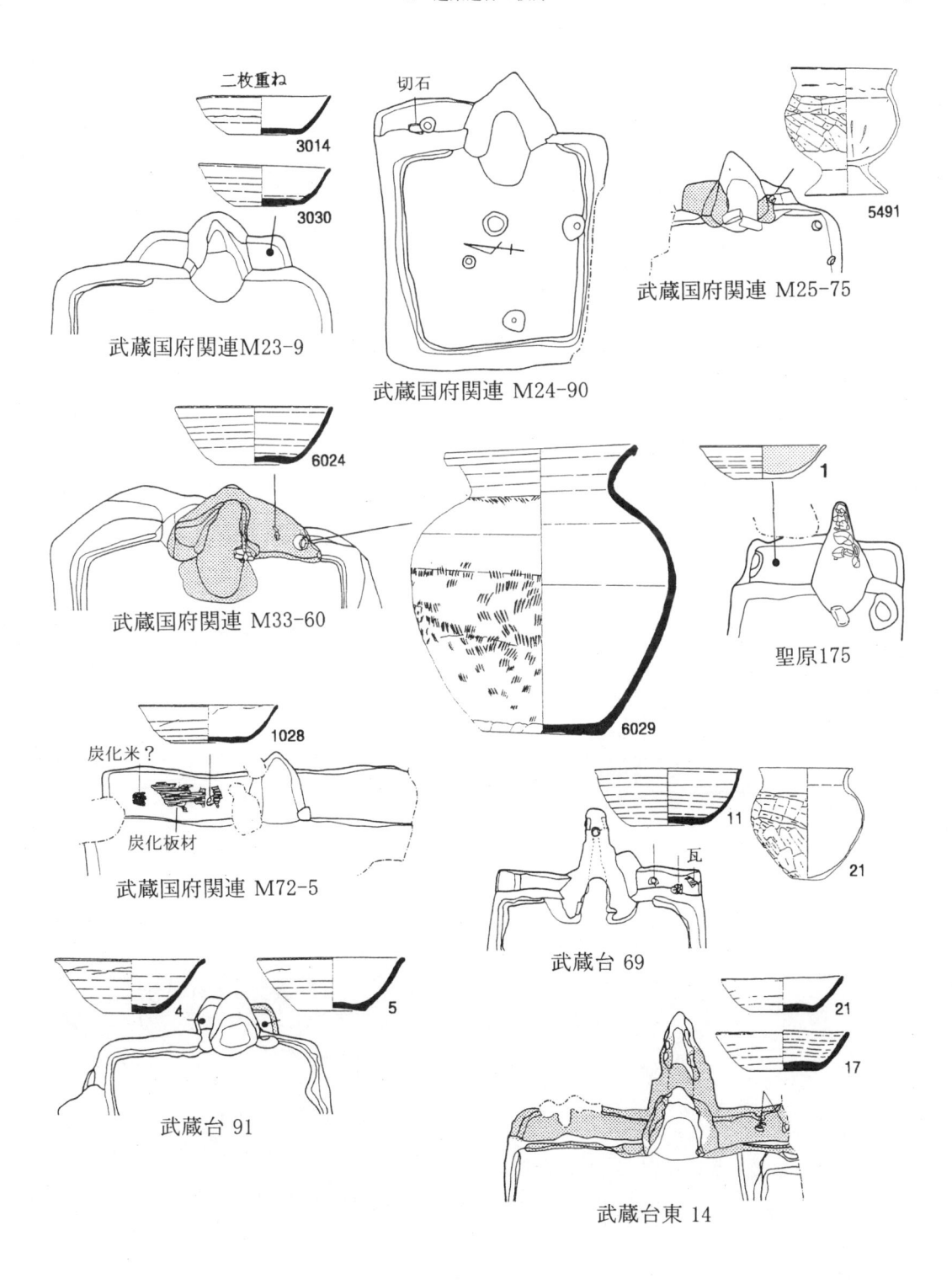

1. 遺棄遺物の検討

第41図 棚上に遺棄された遺物(5)〔各報告書から加除作成〕

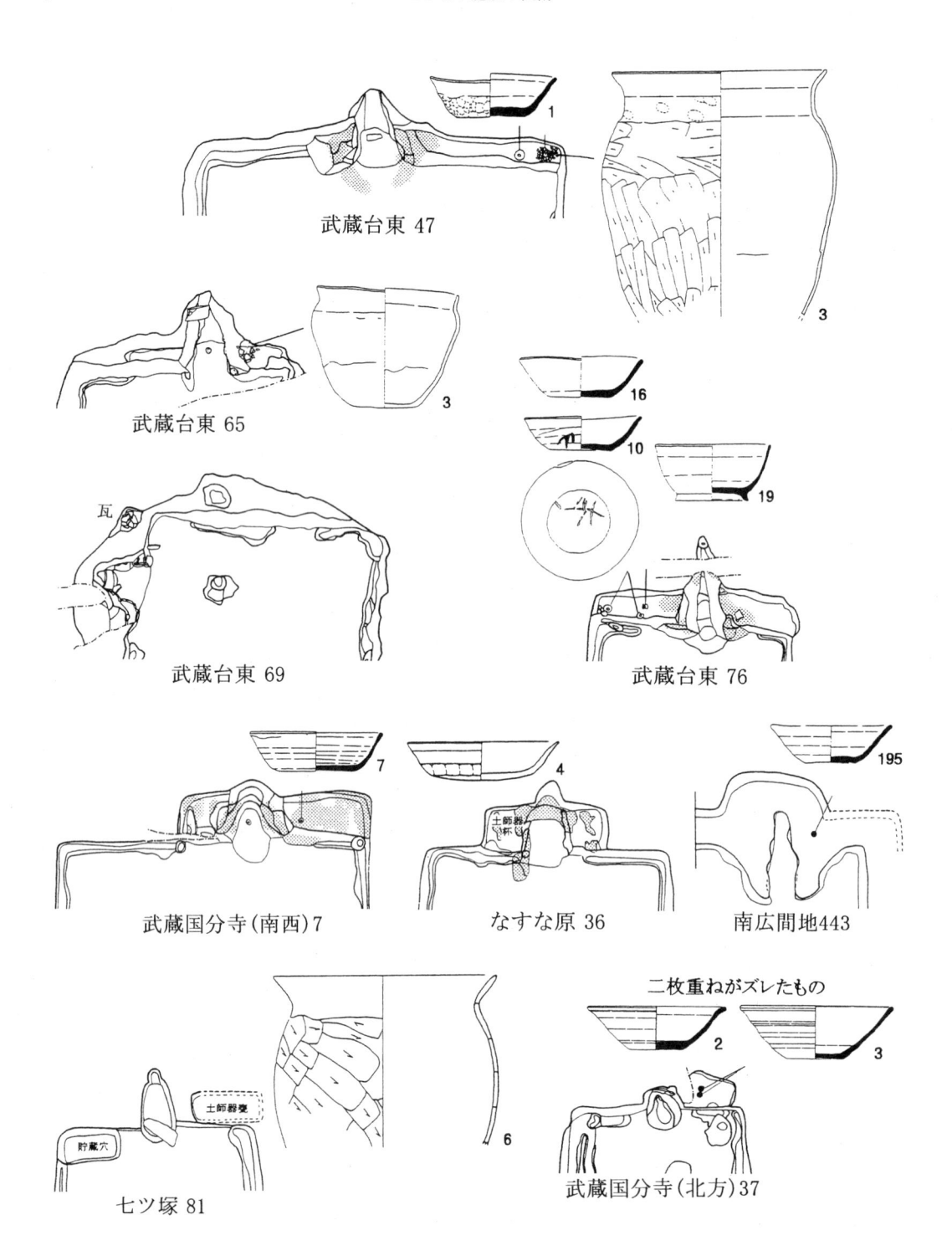

90　　　　　　　　　　　　　　　　Ⅲ. 棚状施設の役割

武蔵台東 47

武蔵台東 65

武蔵台東 69

武蔵台東 76

武蔵国分寺(南西)7　　なすな原 36　　南広間地443

二枚重ねがズレたもの

七ツ塚 81　　　　　武蔵国分寺(北方)37

第42図　棚上に遺棄された遺物(6)〔各報告書から加除作成〕

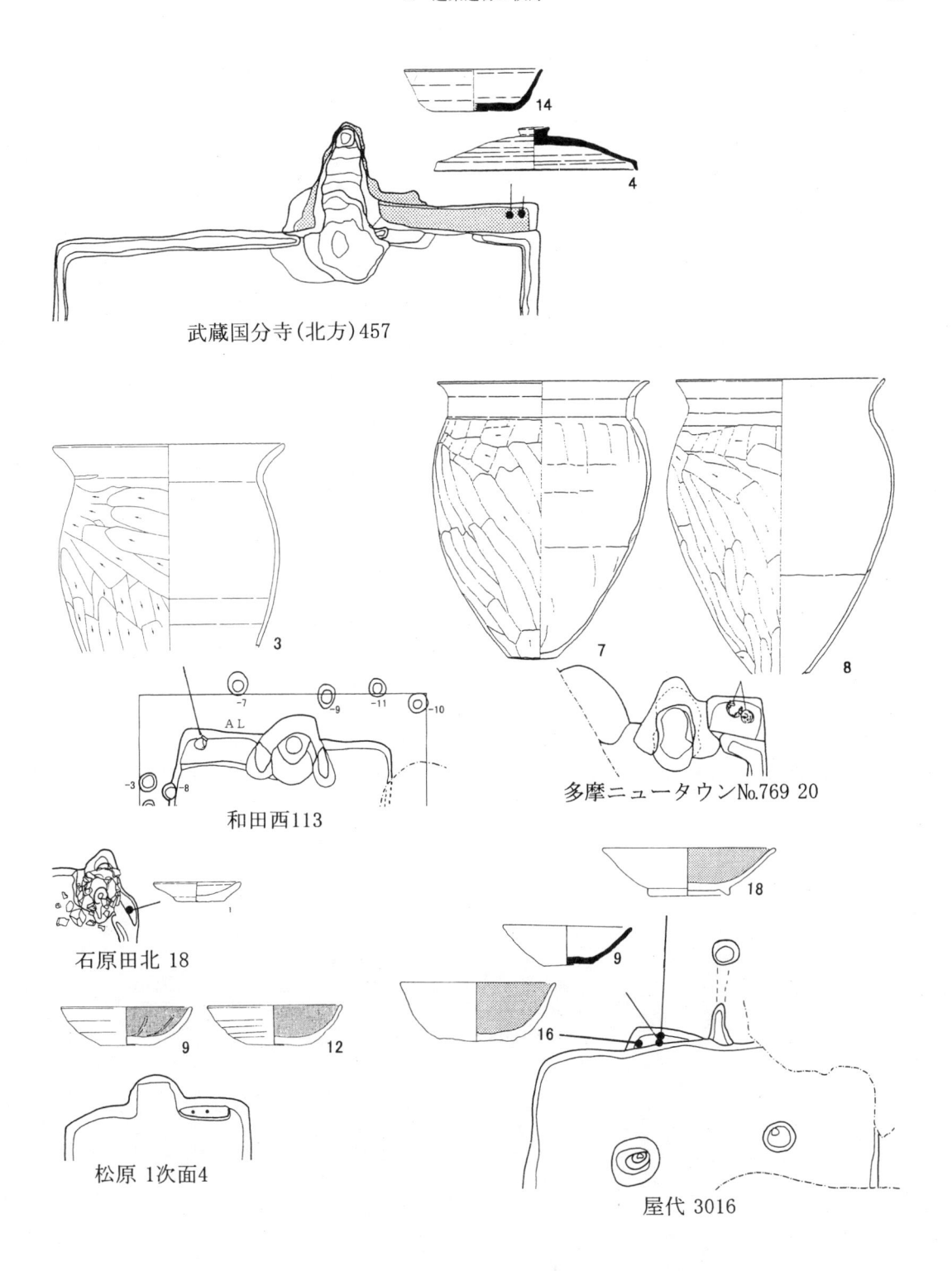

1. 遺棄遺物の検討

武蔵国分寺（北方）457

和田西113

多摩ニュータウンNo.769 20

石原田北 18

松原 1次面4

屋代 3016

第43図　棚上に遺棄された遺物(7)〔各報告書から加除作成〕

第 17 表 棚上施設に遺棄された遺物 (1)

No.	都県名	遺跡名	遺構No.	時期	土師器 甕	台付甕	杯	椀	皿	須恵器 甕	壺	杯	椀	蓋	瓦	石	備考	文献No.
1	茨城	梶内	73A	9cⅡ			1										「文珠」墨書	2
2	茨城	下り松	14	9c中葉			1											6
3	茨城	中原	8	9c後葉					1									13
4	茨城	中原	16	9c後葉			1											13
5	茨城	中原	185	9c後葉			1											14
6	茨城	中原	305	10c前半			1											15
7	茨城	明石	155	10c前半			1											17
8	茨城	武田西端	310	9cⅡ	1							3					火災、炭化板材	18
9	群馬	芳賀東部団地	273	10c前半		1												2
10	群馬	芳賀東部団地	192	9c後葉								1						3
11	群馬	村主	26	9c中葉〜後葉										1				10
12	群馬	書上上原之仙房	41	9c後葉	1													16
13	群馬	上植木光仙房	32	10cⅠ			1										「大」墨書	17
14	群馬	石鐙	D区5	10c前半									1				灰釉	20
15	群馬	石鐙	D区7	10c後半														20
16	群馬	中沢平賀界戸	F-13	8c中葉	1						1							42
17	群馬	矢田	357	9c前半			1											56
18	群馬	上高原	13	9cⅢ										1			棚から転落あり	60
19	埼玉	光山	4	8c前葉								1					内面漆付着	1
20	埼玉	光山	10	8c後葉								1						1
21	埼玉	愛宕通	13	9c中葉	1													7
22	埼玉	揚櫨木	17	9c前葉								4					実測図と照合不可	13
23	埼玉	宮町	11	8c後半									1			緑泥片岩片		32
24	埼玉	大沼	2	9c前半								1						45
25	埼玉	大沼	13	9c中葉								8		1			火災	45
26	埼玉	広町B	2	8cⅢ								2					重ね置き	50
27	埼玉	虫草山	17	8c後葉														50
28	埼玉	清水谷	17	9c中葉												編物石?		58
29	埼玉	熊野	D区8	9cⅡ後半〜Ⅳ	2	1												62
30	埼玉	樋ノ下	19	10c中葉								1						69
31	千葉	大宮殿	01	9c後半	1								1				杯に「万生」墨書、ピット埋納	4
32	千葉	村上込の内	039	9cⅢ					1									24
33	千葉	双賀辺田No.1	10	9c前半						1								27

1. 遺棄遺物の検討

No.	都県名	遺跡名	遺構No.	時期	土師器 甕	台付甕	杯	椀	皿	須恵器 甕	壺	杯	椀	蓋	瓦	石	備考	文献No.
34	千葉	鳴神山	Ⅱ093	9cIV〜10c前半			1											千葉	29
35	千葉	駒形台	002	8c前半			1											千葉	38
36	東京	百人町三丁目西	15	10c前半			1										「万」墨書 底部穿孔	東京	2
37	東京	台銀町	1	9c後半			2										杯下部にピット、粘土で蓋	東京	4
38	東京	東光寺裏山	1	9c前葉〜中葉		1	1					1					火災	東京	5
39	東京	喜多見中通	3	10cⅡ														東京	6
40	東京	武蔵国府関連	M23-9	9c前葉								2					二枚重ね	東京	25
41	東京	武蔵国府関連	M24-90	8c末〜9c初頭		1										切石1		東京	25
42	東京	武蔵国府関連	M25-75	8c末〜9c初頭														東京	25
43	東京	武蔵国府関連	M33-60	8cIV〜9c初頭						1		1					火災、炭化板材、炭化米	東京	29
44	東京	武蔵国府関連	M72-5	9c中葉								3						東京	38
45	東京	武蔵国府関連	N41-148	9c前葉〜中葉	1												棚から転落あり	東京	40
46	東京	武蔵台	69	9cⅡ									1		瓦1			東京	43
47	東京	武蔵台	91	10cⅠ〜Ⅲ								2						東京	44
48	東京	武蔵台東	14	9cⅢ		1	1					2						東京	44
49	東京	武蔵台東	47	9cⅡ		1												東京	44
50	東京	武蔵台東	65	9cⅢ														東京	44
51	東京	武蔵台東	69	9cⅢ														東京	44
52	東京	武蔵台東	76	9cⅡ								2	1				杯1個体には墨書・刻書あり	東京	45
53	東京	武蔵国分寺（南西）	7	8c末〜9c初頭								1						東京	45
54	東京	なすな原	36	8c中葉														東京	58
55	東京	南広間地	443	10cⅠ								1			瓦片6			東京	68
56	東京	七ツ塚	81	9c前半	1													東京	74
57	東京	武蔵国分寺（北方）	37	9c後葉			2					2					二枚重ねがズレたもの	東京	76
58	東京	武蔵国分寺（北方）	457	8c中葉			2							1		礫9		東京	77
59	東京	多摩ニュータウンNo.769	20	9c前葉	2													東京	83
60	東京	和田西	113	8c中葉	1													東京	84
61	山梨	石原田北	18	11c後半					1									山梨	4
62	長野	松原	1次面4	9c中葉〜後半			2											長野	1
63	長野	屋代	3016	9c前半			2					1						長野	5
64	長野	聖原	176	9c前半			1											長野	5
合計 1都6県		43遺跡	64軒		14	4	23	1	2	2	41	6	5						

第17表　棚上施設に遺棄された遺物（2）

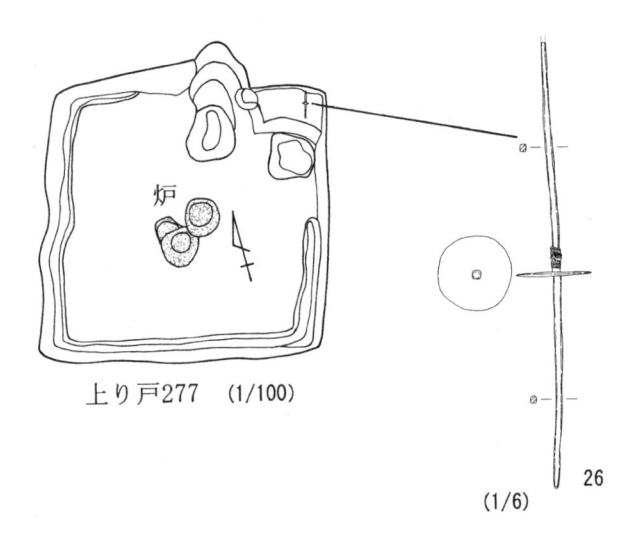

第44図　棚上に遺棄された紡錘車［報告書から加除作成］

棚状施設に遺棄された杯類の中には、祭祀的な墨書土器などが特異な出土状況を示す事例も僅かながら認められるが、これらについては後述したい。

　食器類に次ぐのが、調理具である土師器甕・台付甕の17個体(17%)で、貯蔵具の須恵器甕(水瓶)が2個体、須恵器短頸壺と土師器小形甕が各1個体となっている。

　土師器甕類は、各報告書の記録・記述などから安定性を考慮して口縁部を下に伏せて収納されていたことが窺える。

　特に、土師器甕2個体が並んで逆位に置かれていた多摩ニュータウンNo.769遺跡20号住居跡［文献東京83］(第43図)は、詳細な出土状況の図面と写真が掲載されており、棚状施設の使用面上に遺棄された遺物の代表例とでも言うべき事例である。

　土器以外では、石器類として清水谷遺跡17号住居跡［文献埼玉58］から「2個一対として複数単位の縦糸をもつ編物を編むのに用いられた錘具と考えられる」［佐々木克典1981：345］編物石が挙げられる(第39図)が、切石や緑泥片岩片など用途不明のものもみられる。

　武蔵台東遺跡69号住居跡［文献東京44］(第42図)では、竪穴コーナー付近に設けられた小規模な棚状施設から瓦片6点が、使用面を埋め尽くすような状態で出土しており、あたかも、竪穴建物の廃絶時に竈を土器や礫などにより封じる行為［堤1995］に通じるような背景が窺えるものかもしれない。

　今回の集成データ以外で注目される遺物としては、栃木県芳賀郡芳賀町上り戸遺跡SI 277の棚上に遺棄されていた鉄製紡錘車(第44図)が挙げられる。「上部先端が欠損している以外は完存し、車輪部の上面には撚った状態の糸が残存」［安藤2005：36］している。この遺構からは、車輪部のみであるが土製紡錘車3点も出土しており、竪穴床面には炉が設けられている(本章次節参照)など「作業場的な性格」［安藤2005：97］が指摘されている。

　以上のように、棚状施設の使用面に遺棄された遺物には、食生活に関係したものが目立つものの、「漆パレット」や編物石・鉄製紡錘車など手工業に係わるものや、祭祀的な墨書土器などもみられ、一様ではない在り方が看取される。

b. 特異な出土状態を示す報告例

　棚状施設の使用面上に遺棄された土器類の中には、日常什器とは考えにくい墨書が施されたり、特異な出土状態を示す報告例が僅かではあるが認められるので、検討を加えることにしたい。

1. 遺棄遺物の検討

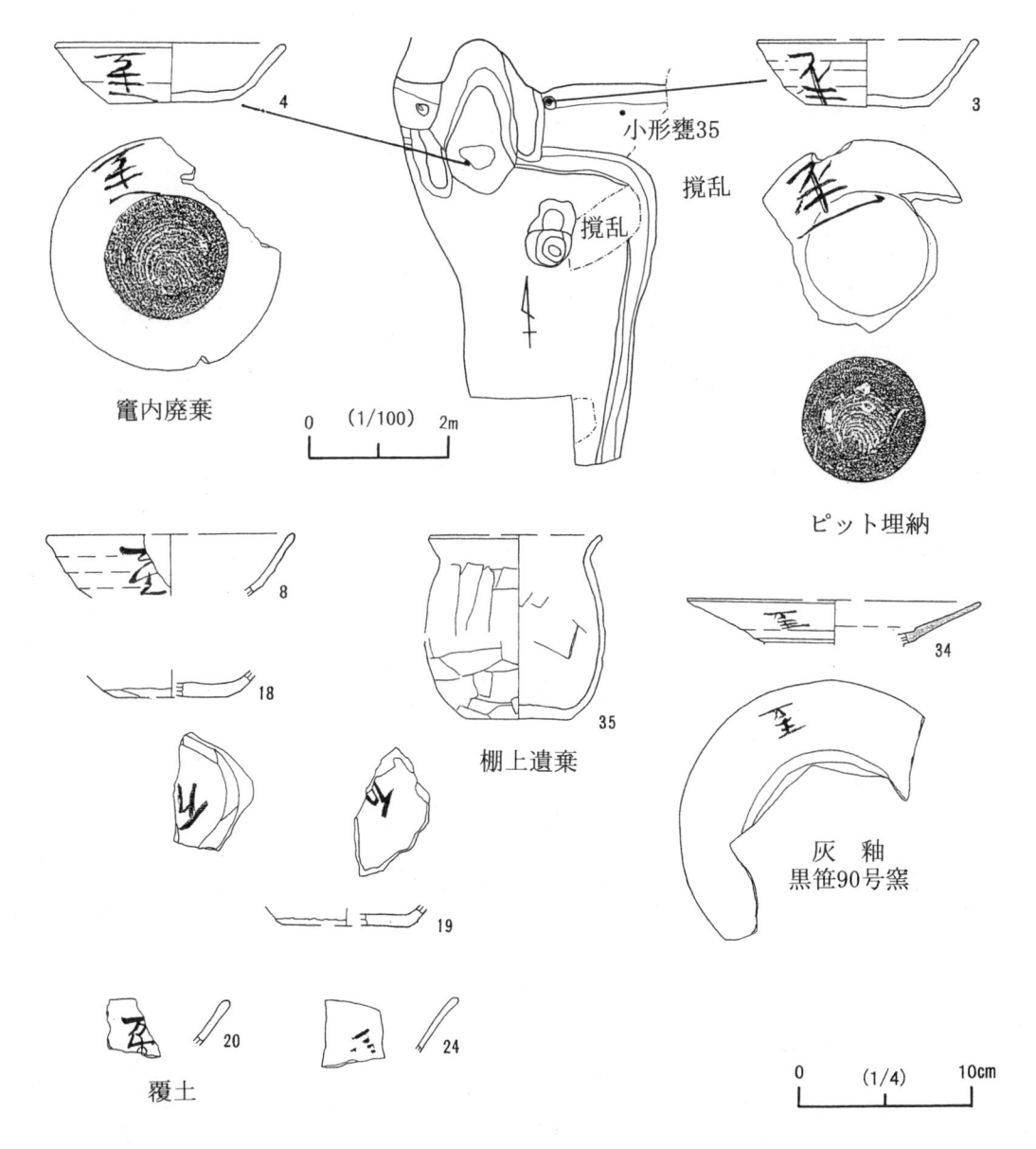

第45図 大宮越遺跡の「万生」墨書土器等出土例

(1). 大宮越遺跡 SI 01

　下総国分寺跡の東方約4kmに位置する。平成11(1999)年に共同住宅建設に伴い発掘調査が行われた第5地点で検出された9世紀後半の遺構である［文献千葉4］。熨斗瓦が竈の支脚に転用されているほか、男瓦・女瓦が複数出土していることなどから、下総国分寺との関係が窺える。

　SI 01(第45図)の棚状施設の立ち上がり際、竈を挟んだ両脇には径20cmのピットがみられるが、このうち竈に向かって右側のピット内には、口縁部から体部の約2/3を欠いたロクロ土師器杯3が正位で埋納されていた。この個体の体部外面から底部にかけては「万生」墨書が施されている。なお、土器埋納ピットのある竈に向かって右側の棚上(床面からの高さ40cm)には、土師器小形甕35が遺棄さ

れていた。

　本遺構で注目されるのは、棚状施設のピットに埋納されたロクロ土師器3と同様に「万生」と見なされる墨書が施されたロクロ土師器6個体(4・8・18〜20・24)と灰釉段皿34の都合7個体が出土していることである。4は竈内、それ以外は出土位置が不明だが覆土中と思われる。19は文字が書かれる部位としては事例が少ない器内面に墨書されている。これらの墨書を観察すると、すべての筆跡が異なるものであることがわかる。また、20・34では「万」と「生」の文字が個別に書かれているが、3・4・8では「二文字をあたかも一文字のように密着させて書く字形"合わせ文字"」〔平川2000：272〕となっている。

(2). 百人町三丁目西遺跡第15号住居跡

　平成11(1999)年に都営住宅改築に伴い発掘調査が行われたC区から検出された10世紀前半の遺構である〔文献東京2〕。

　竈に向かって右側、床面から40cmの高さに設けられた棚状施設上に完形のロクロ土師器が逆位で発見された。器内面には「力」墨書が施され、墨書後に底部の中心が穿孔されている（第40図）。

　先述したように、器内面に墨書される事例が珍しいことに加え、底部穿孔がなされ、しかも伏せ置かれていた状況からは、単なる日常什器の置き去りとは明らかに異なる背景が窺える。

(3). 白銀町遺跡1号住居跡

　平成13(2001)年に土地開発に伴い発掘調査が行われた第1次調査で検出された9世紀後半の遺構である〔文献東京4〕。

　竈に向かって右側、床面から40cmの高さに設けられた棚状施設上には不整円形を呈する径50cm・深さ45cmのピットが掘られている。ピットの上面には粘土が貼ってあり、その上面に口縁部から体部の一部を欠いたロクロ土師器杯2個体が遺棄されていた（同図）。

　ピット上の粘土がいつの時点で施されたかは判然としないものの、最終的にはピットが塞がれたわけであるから、このピットは常に開けることができたのではなく、内部に有機質の物体を封じ込めたものと考えることができる。さらに、粘土上から出土している2個体の杯は、ピットに供えられたものと捉えることも可能であろう。

(4). 梶内遺跡第73A号住居跡

　平成5(1993)年に国道改築に伴う発掘調査で検出された9世紀第Ⅱ四半期の遺構である〔文献茨城2〕。

　竈に向かって右側、床面から50cmの高さに設けられた棚状施設上で口縁部から体部の一部と底部を欠く内面黒色処理の土師器高台付杯7が逆位で発見された。体部外面には「文殊」墨書が施されている（第37図）。報告者は「竈祭祀の可能性」〔文献茨城2：208〕を指摘している。

1. 遺棄遺物の検討　　　　　　　　　　　　　　　97

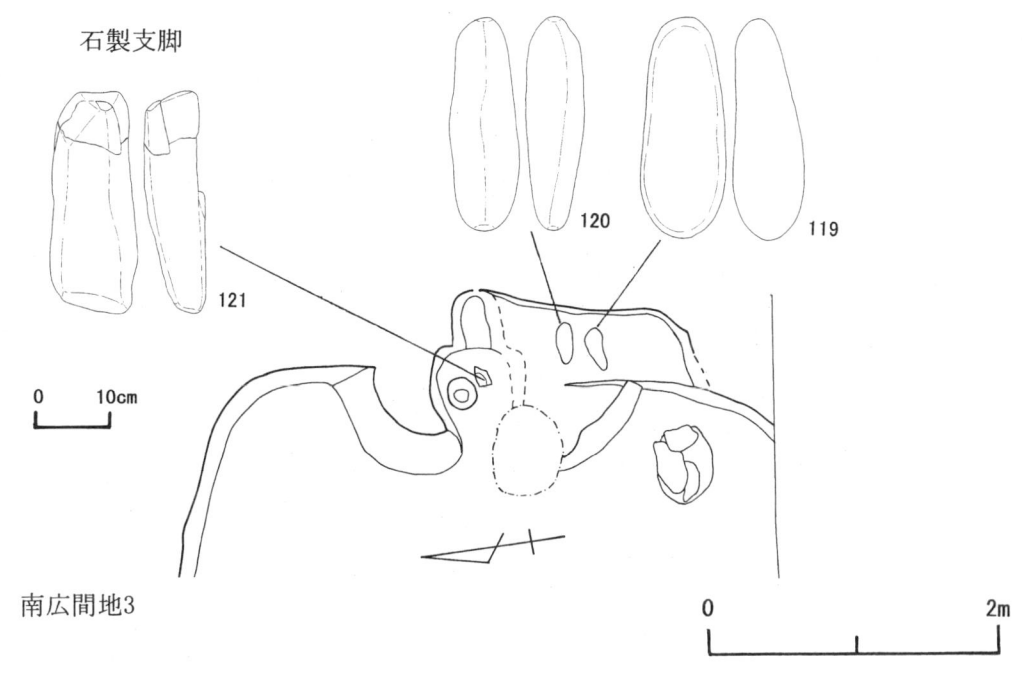

石製支脚

120　119

121

0　10cm

南広間地3

0　　　2m

第46図　支脚に関する祭祀痕跡を示すと思われる事例［報告書から加除作成］

(5). 上植木光仙房遺跡第32号住居跡

昭和58～59(1983～1984)年に国道改築に伴う発掘調査で検出された10世紀第Ⅰ四半期の遺構である［文献群馬17］。

竈に向かって左側、床面から20cmの高さに設けられた棚状施設使用面の竈に近い側から「大」墨書を施した完形の土師器杯9が「被せられた状態で出土」［文献群馬17：129］している（第38図）。竈内から竈前面付近にかけては完形の杯・椀類が13個体ほど発見されており、「大」墨書を施した土師器杯がもう1個体みられる。

(6). 南広間地遺跡3号住居

今回の集成データ以降に報告されたものであるが、興味深い遺物出土状態を示すことから紹介したい。

平成16(2004)年に共同住宅建設に伴う発掘調査で検出された9世紀初頭～前半の遺構（第46図）である［田中美千代ほか2004］。

竈に向かって右側、床面から30cmの高さに設けられた棚状施設の使用面上から長さ30cm弱の礫2点（第46図119・120）が並んで置かれていた。この遺構の竈内からは礫を転用した支脚（同図121）が設置された状態で検出されている。これら3点の礫の形状が似ていることなどから、報告者は棚上の2点の礫を「支脚転用礫のスペア」［田中美千代ほか2004：47］と見なしているが、2点もの「支脚の予備」［田中美千代ほか2004：59］が生活時にずっと置かれていたと考えるのは不自然ではなかろうか。

棚状施設の使用面に置かれていた2点の礫は、竈焚口天井部あるいは煙道部天井部の補強材に使用

されていたものが、住居廃絶時の竈解体［堤1995］に伴い棚上に移動された結果を示すとも考えたが、119と120の礫は「赤変・黒変、あるいは白化といった被熱の痕跡は現状では認められない」［田中美千代ほか2004：47］ことから、その可能性は低い。

支脚は「竈神が憑依する」［内田2004：75］依り代であったことも勘案すれば、この竪穴建物の竈で使用されていた石製支脚121と似ている礫を選択して来て、棚上付近で何らかの祭祀行為が行われた結果を示しているものと考えておきたい。

(7). 出土墨書土器などからの検討

以上僅か6例ではあるが、棚状施設にみられる特異な出土状態を示す報告例を概観した。ここでは、まず上記の墨書土器について考えてみたい。

梶内遺跡の「文殊」は文殊菩薩を指しているものと考えられる。大宮越遺跡の「万」と「生」、百人町三丁目西遺跡の「力」、上植木光仙房遺跡の「大」について、平川南は、「生」を「生産・集積（動詞的）」、「万」「力」「大」を「良好な状態（名詞）」を意味する語としている［平川2000：265］。「万」は「吉祥を表わし」［平川2000：315］、2文字あるいは3文字で組み合わせて使用する場合が多く、その組み合わせはおよそ40通りにもおよんでいる［平川2000：272］・［平野卓治2003］。ただし、「生万」という事例は他遺跡でも散見されるものの、「万生」は管見には触れていない。

次に出土状態についてみると、大宮越遺跡では、棚状施設の立ち上がり際竈脇に設けられたピット内に口縁部から体部の一部を欠いた土器を埋納しており、百人町三丁目西遺跡では、完形の個体が選ばれているものの、墨書を施した後に底部の中心を穿孔して逆位に伏せ置く。梶内遺跡では、後世の攪乱により底部が失われた可能性もあるが、口縁部から体部の一部を欠いているので、破損した個体を逆位に置いたものと思われる。以上の3例は、最終的には日常什器としての役割を喪失している点で共通しているが、上植木光仙房遺跡では、完形個体が逆位に置かれている。当該遺構の場合は、竈付近から完形の土器群がまとまって出土していることを考え合わせると、いわゆる「竈祭祀」［堤1995］との関連で捉えることができるものかもしれない。

大宮越遺跡では、ピットに埋納されたものと同じ「万生」墨書を施したと思われる土器が7個体も出土している点が注意される。ロクロ土師器杯3がいつの時点でピットに埋められたかは判然としないが、他の墨書土器は建物廃絶時に竪穴内に廃棄されたものと考えられる。この場合、これらの土器類は近隣の竪穴建物から単なる不用品としてSI 01の凹地に投棄されたものではなく、この竪穴建物で保有されていた個体を建物廃絶時に竪穴内へ「もどす・送る」廃棄［拙稿1987：10～11］が行われたか、あるいは、SI 01に縁のある人々によって同一文字の施された複数個体が投げ込まれた儀礼的行為の結果を示すものと考えることができる。前者の場合、都合8個体の墨書土器はすべて筆跡が異なっているので、複数の書き手による同一文字を施した複数個体が1軒の竪穴建物で保有されていたことになり、やや無理があろう。「万生」墨書を「同族集団の護符的性格と理解」［平川2000：317］して、後者のような解釈が妥当なものと思われる。

いずれにしても、上記4遺跡の墨書土器は「古代の村落内の神仏に対する祭祀・儀礼形態を物語る

側面が強」[平川2000：317]いものであると理解できる。

　遺構面から指摘すると、大宮越遺跡SI 01は棚状施設上のピットに土器類が埋納された唯一の報告例である。棚上にピットが設けられた事例は他の遺跡でもみられるが、その多くは性格不明のものである（第15図）。大宮越遺跡のような器を埋納する事例が存在するということは、これらのピットの中にも、有機質の器類などが埋められていた可能性があることを否定できないものと思われる。

　白銀町遺跡の粘土で蓋をした径50 cmのピットは、棚上に掘られたピットとしては最も大きな部類に属しており、棚状施設の使用面の半分以上を占用する。その形状・規模は、竈脇などの竪穴床面に認められる、いわゆる「貯蔵穴」と類似しているが、上面を粘土で塞いでいる点で、桶状の容器などを埋め込んで水溜として利用されていた「貯蔵穴」とは異なるものであろう。先述したとおり、今日までに残らない有機質の何かを封じ込めたものと考えられ、儀礼的な背景が窺われる。

　このように、遺構・遺物の関係的側面から、日常什器類を収納した事例とは明らかに異なる状況を示す報告例がみられることは、棚状施設の機能・用途を考えるうえで重要なポイントになることは間違いない。

c．転落遺棄遺物との関係

　竪穴建物跡の壁際付近で、床面よりも浮いた位置から、完形の杯などが出土している様子を見かけることがある。これらは、竪穴床面上に置いてあった、あるいは置いてあったものが横転したとみられる出土状態＝「放置遺棄」[拙稿1984：223]とは明らかに異なっているが、いずれも使用可能な個体であり、放置遺棄された個体数と平面的に混在する例が散見されることなどから、単に竪穴建物外から廃棄されたものとは考えにくい。

　これらは、竪穴壁面上の屋内空間に置き去りにされた道具類が、建物廃絶後の竪穴埋没過程で壁際の流入土と共に竪穴内に転落したもの＝転落遺棄[拙稿1984：223]と見なされる（第47図左上）。このような事例については、別稿で検討を加えたことがある[拙稿1995a]が、竪穴廃絶時に棚状施設の使用面上に置き去りにされていた遺物が、竪穴内に転落したと思われるものも認められる。武蔵台遺跡69号住居跡[文献東京40]は、その好例である（第48図）。

　竪穴床面からの高さ50 cmを測る棚状施設の使用面上からは、完形に近い須恵器椀11と土師器甕21が出土している。後者は、横転して使用面の端から個体の一部が飛び出しており、あたかも転落寸前の位置を留めていた。

　その他の土器類では、出土位置や個体の傾き具合などの検出状況[文献東京40：巻頭カラー写真]から、須恵器高台付杯9・須恵器蓋12・土師器台付甕23の3個体は、本来棚状施設に置いてあったものが竪穴内に転落したことがわかる。須恵器蓋12は、棚上の須恵器椀11と法量的にも一致しており、この点からもセット関係にあったことが窺える。これらの3個体を加えた合計5個体の土器類が、本来は棚状施設に置かれていたことになる。

　第48図中に示した残りの杯3個体（3・5・17）は、出土位置や個体の傾き具合などからみて、棚状施設から転落したのではなく、南側の竪穴外屋内空間に置かれていたものと捉えられる。

100   III. 棚状施設の役割

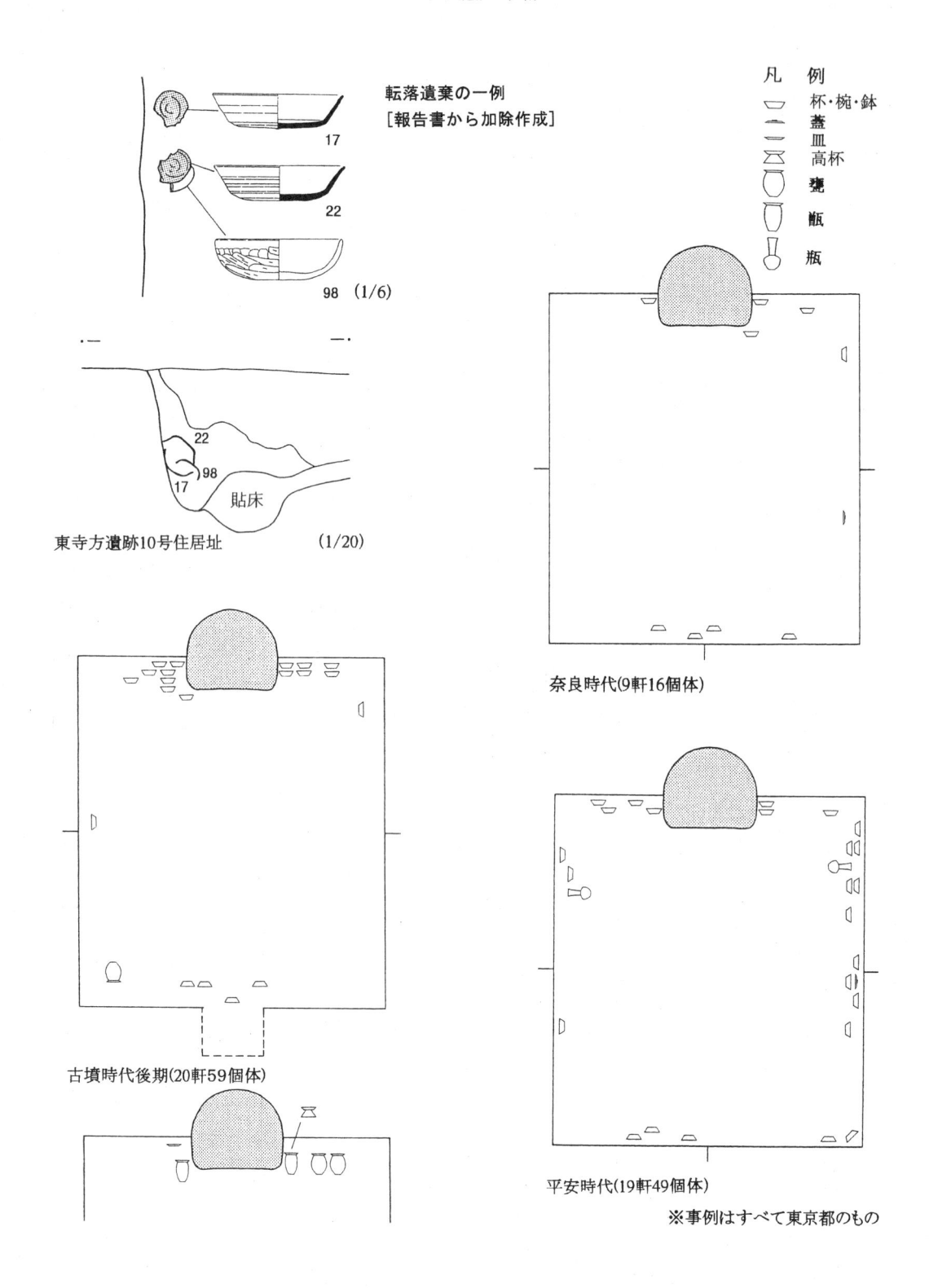

転落遺棄の一例
［報告書から加除作成］

凡　例
　杯・椀・鉢
　蓋
　皿
　高杯
　甕
　甑
　瓶

東寺方遺跡10号住居址　（1/20）

奈良時代(9軒16個体)

古墳時代後期(20軒59個体)

平安時代(19軒49個体)

※事例はすべて東京都のもの

第47図　転落遺棄遺物の出土位置［拙稿1995a：第1・2図から加除作成］と出土状態例

1. 遺棄遺物の検討

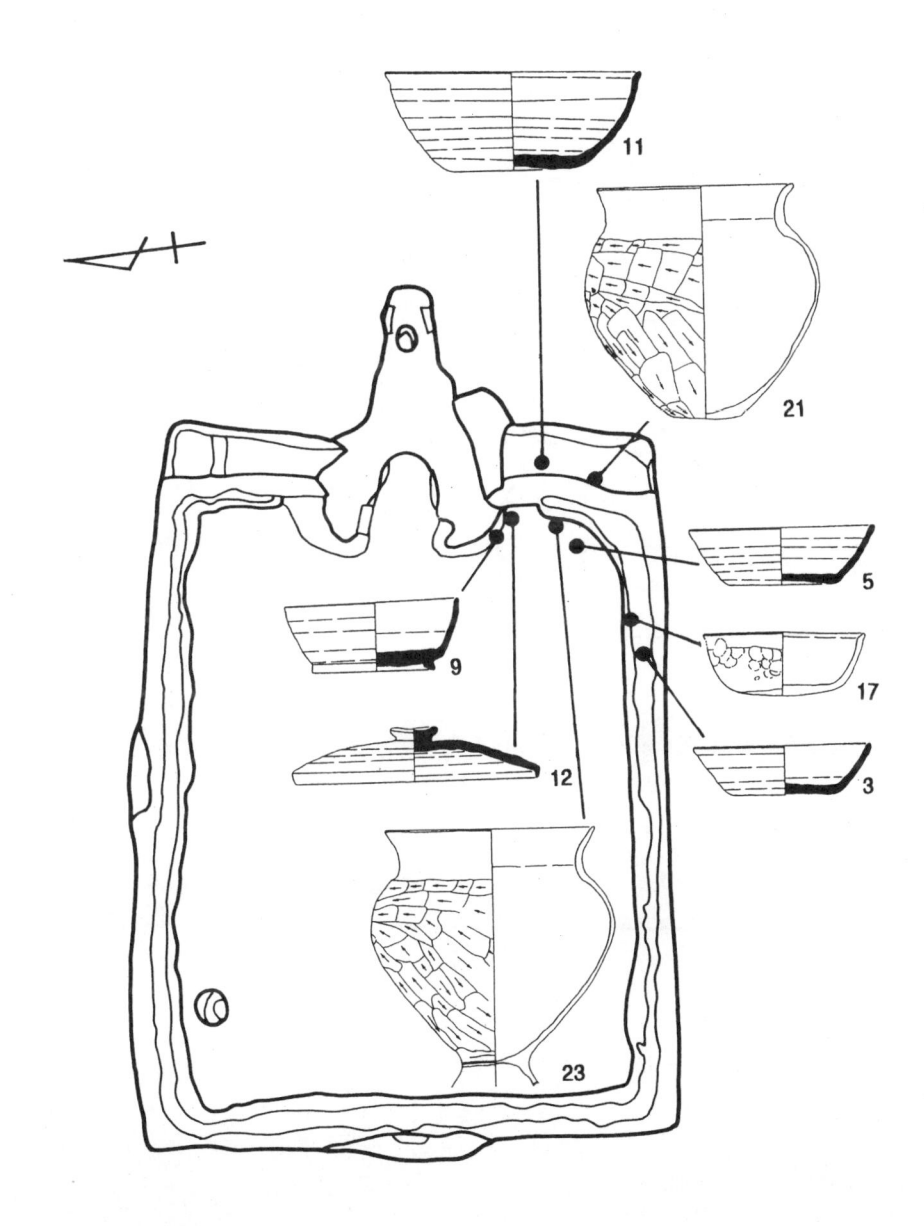

11・21＝棚上遺棄
9・12・23＝棚上からの転落
3・5・17＝竪穴外屋内空間からの転落

武蔵台69
遺構1/50・遺物1/5

第48図　棚状施設と転落遺棄遺物の関係を示す一例〔報告書から加除作成〕

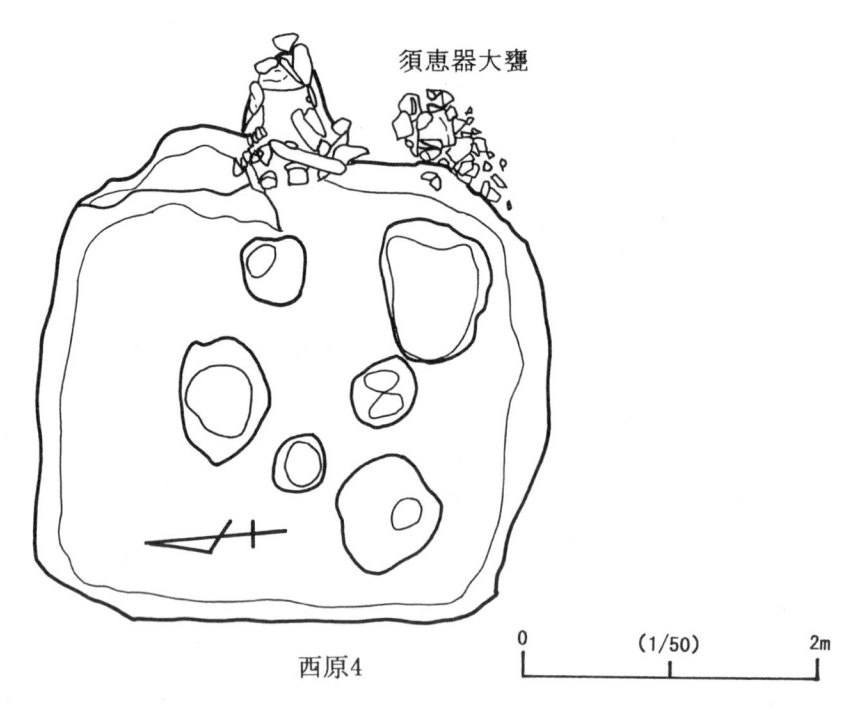

第49図　棚状施設をもつ竪穴建物跡の竪穴外屋内空間における遺棄遺物例［報告書から加除作成］

　西原遺跡4号住居跡［文献群馬63］でも、ALインタイプの棚状施設とは竈を挟んだ反対側の竪穴外屋内空間から須恵器大甕(水瓶)が出土しており(第49図)、棚状施設以外の屋内空間も家財道具の収納スペースとして利用されていたことが窺える。
　第47図は、転落遺棄と見なされる土器類の竪穴内での出土位置を模式化したもので、竈をもつ辺だけでなく、竈をもたない辺の竪穴壁面上にも土器類が置かれていたことを読みとることができる。これら土器類の収納スペースとしては、棚状施設だけでなく、造作を伴わない竪穴外屋内空間も利用されていたものと理解できるのである。

B.「物置・収納説」と「神棚説」

　棚状施設の機能・用途に関する従来の指摘としては、「物置・収納説」と「神棚説」が挙げられる。

a.「物置・収納説」に関する指摘

　昭和54(1979)年に刊行された武蔵国分寺跡(北方地区)第3次調査の報告で、SI 37［文献東京76］の棚上に遺棄された2個体の須恵器杯(第42図)の存在から、報告者の有吉重蔵は「完形杯2個体が出土していることと、カマドに隣接すること等から、一種の食器棚的な性格をもつ施設と考えられる」［文献東京76：30］という指摘を行っている。棚状施設の具体的な役割に触れた文献としては最初のものであろう。
　平成6(1994)年に刊行された樋ノ下遺跡の報告書では、第19号住居跡［文献埼玉69］の棚上に遺棄さ

れた須恵器杯(第39図)や、『東京の遺跡No.25』[荒井健治1989]誌上で紹介されていた武蔵国府関連遺跡府中東芝ビル地区 M72—SI 5[文献東京29](第41図)の事例から、報告者の岩田明広は「食器類を保管した可能性を認めておきたい」[文献埼玉69：425]と指摘している。

　筆者は、平成7(1995)年に、竃をもつ竪穴建物跡の壁際覆土中から出土する完形の杯類などの出土状態から、竪穴壁上の屋内空間に置いてあった道具類が建物跡の埋没過程で壁際の流入堆積土と共に転落したものと捉え、その具体的な根拠として、上記の武蔵国府関連遺跡府中東芝ビル地区の事例や、土師器甕2個体が棚上に倒置された多摩ニュータウン No.769 遺跡20号住居跡[文献東京83](第43図)などの事例を提示した[拙稿1995a]。

　さらに翌年には、東京都と埼玉県における棚上遺棄遺物の集成分析を行い、その遺物出土状況などから「食生活に関係した道具類を中心とした収納スペースとしての役割をもっていた」[拙稿1996a：22]ものと想定した。

　この筆者の指摘は「『棚状施設』は桐生の指摘したとおり、日常生活における収納スペースである」[米沢2000：32]というように、そこそこの支持を得ているものと認識している。

b. 「神棚説」に関する指摘

　昭和61(1986)年に刊行された大久保A遺跡の報告書では、I区9号住居跡で検出された石垣を伴う棚状施設[文献群馬55](第11図)について、報告者の小林敏夫は「単なる物置のための棚であったか、それとも祭祀のための神棚的なものであったのか明らかにし得なかった」[文献群馬55：52]と述べている。棚状施設と神棚の関係に初めて触れた文献と思われる。

　井上尚明は、平成6(1994)年に刊行された光山遺跡群の報告書で、4号住居跡[文献埼玉1]の棚上に遺棄された須恵器杯(第38図)の存在から、棚状施設は「機能的には物置・収納スペースであったと考えることが妥当であろう」としながらも、「しかし、構造的にも作業工程的にも簡単な施設であるにも関わらず、集落の7％程度の竪穴住居跡にしか付設されない点は、制限や規制が皆無であったとは言い切れない。逆説的には、棚状施設は特定の竪穴住居跡に付設されるもので、単なる物置ではなく例えば神棚的な機能も具備していたとは考えられないであろうか」[井上尚明1994：282]と指摘して、「物置・収納説」と「神棚説」を同時に提示した。

　田中信は、平成8(1996)年に刊行された『川越市文化財保護年報』の平成7年度版に掲載された天王遺跡第14次調査の概要で、1号竪穴建物跡[文献埼玉2]のARアウトタイプの棚状施設について、「この施設の機能としては食器や調理具を置く棚という意見があるが、その位置からして竃神を祀る場所であった可能性も考えてよいであろう」[田中信1996：54]と指摘した。

　井上尚明は、平成13(2001)年に発表した「古代神社遺構の再検討」で、各地の竪穴建物跡から出土している「神」関連の墨書土器の出土状況に着目し、高岡大山遺跡390号住居址や、大袋腰巻遺跡4号住居跡のような竃脇からの出土例を、本来は竃脇にあった棚状施設に置かれていた個体が床面側に転落したものと捉え、「棚状施設は、『竃神』を祀る性格も具備した屋内施設」[井上尚明2001：33]であることを改めて指摘している。

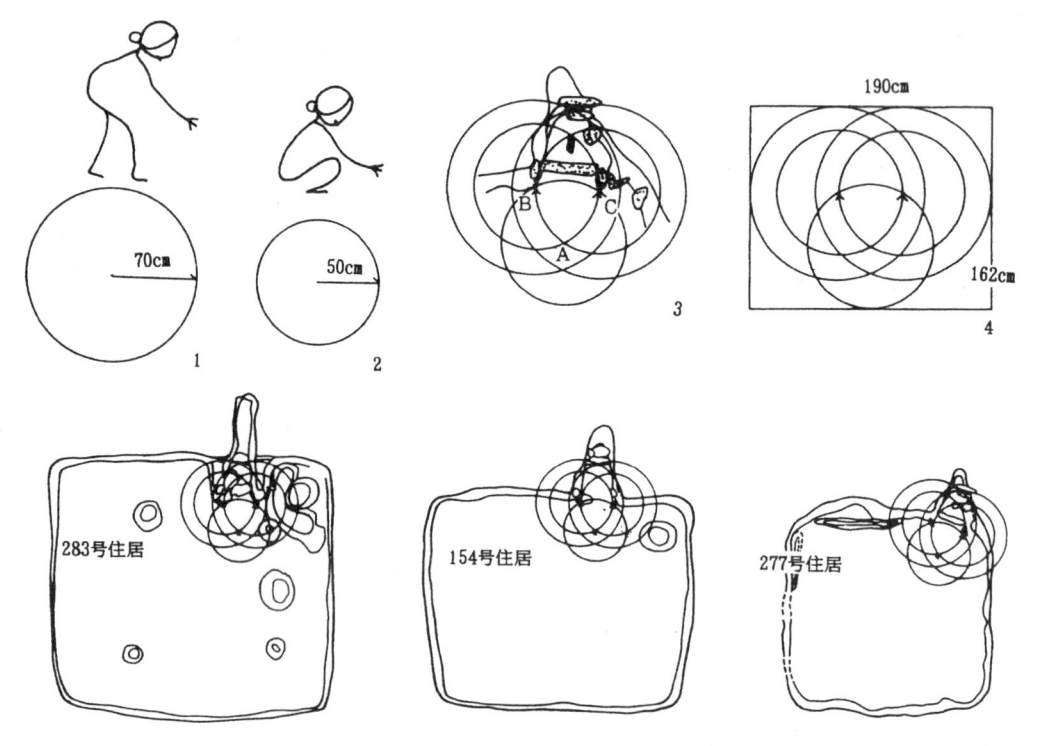

第50図　外山政子による「カマド作業円」の想定 [外山1998：第10図を一部転載]

上記遺跡をはじめ、この他にも溜ノ台遺跡[文献栃木3]や、羽折遺跡[文献埼玉37]では、ほぼ同時期の竪穴建物跡で実際に棚状施設が検出されていることなどからも、井上の指摘は蓋然性が高いものと言えよう。

c.「物置・収納説」の妥当性

このことについては、以下のような点から説明できるものと考えられる。

1. 棚状施設の使用面に遺棄された遺物(第37～43図)が認められる竪穴建物跡63軒のうち59軒(94％)で土器類がみられ、食器と調理具が全個体中の96％を占めることや、棚上に米と思われる食料が置かれていた事例も報告されている。

2. 棚状施設の平面タイプをみると、全840例中797例(95％)までが竈と接した位置に設けられたものである(第12表)。

3. 棚状施設を充塡・化粧・盛土する粘土が、そのまま隣接する竈袖部などの構築材となってつながっており(第10図)、竈と一体化した構造を示す「システムキッチン」[拙稿1999a：13]的な事例が目立つ。

4. 外山政子が指摘する、竈を中心とする厨房空間の調理作業時に想定される「カマド作業円」[外山1998：56](第50図)の範囲内に、棚状施設の高さと幅が合致している[註1]。

5. 竈をもつ壁面に設けられた棚状施設に接して、屋内の貯水施設と考えられる「貯蔵穴」が設けられる事例が目立ち(第16図)、両者が厨房空間における補完関係にあったものと捉えられる。

棚状施設が竪穴建物内における日常生活のうち、特に食生活に関係した施設であることを改めて確認することができる。

d.「神棚説」をめぐって

「神棚説」を提示した井上尚明も指摘するように、主に上記 1 の状況からは、棚状施設が神棚を祀るためにだけ設けられたものとは考えにくい。ここで問題となるのは、「物置・収納スペース」という機能以外に、神棚的な役割をもっていたかどうかという点であろう。

棚状施設に神棚が設けられていたとすると、田中信も指摘するように、上記 2・3 などの点から竈神を祀ったものと考えるのが妥当だろう。

棚状施設上に竈神を祀る神棚が設けられていたかどうかという問題を検証するには、純粋に考古資料のみを扱った分析だけでは限界がある。

古代の竈神信仰については、712 年の編纂とされる『古事記』をはじめとして複数の文献に記載がみられる [堤 1991]。

出土文字資料としては、8 世紀前半と考えられる庄作遺跡 58 号住居跡出土の「竈神」墨書をもつ土師器赤彩杯 [山武考古学研究所 1990] などが知られているが、屋代遺跡群出土の四号木簡 [平川ほか 1996] の存在から、少なくとも 7 世紀後半頃まで溯ることが可能である。

民俗事例からみると、「竈近くに神棚を設けて神符や幣束を納めて祀ったりするのが一般的」[河西英津子 1996：93～95] なようだが、これらとは別に、東北地方では木製・土製の仮面を竈付近の柱や壁に掛ける事例がみられる。仮面の竈神は、菅江真澄(1754～1829) の紀行文『続・はしわの若葉』中に、天明 6(1786)年に、現在の宮城県河南町で「此のあたりのいえの、かまどの柱に、土をつかねて眼には貝をこみて、いかる人のつらを作りたり。これを『かまおとこ』といひて」とあり、今から 200 年前までは溯ることができるという [東北歴史資料館 1988]。ただし、これら仮面の分布範囲は「ほぼ旧仙台藩領に相当する」[東北歴史資料館 1988：2] ことから、古代にまで溯れるかどうかは疑問である。

ちなみに、日本民俗学会会員でもある漫画家水木しげるの原画中にも仮面の「かまど神」の姿が描かれている [水木 1998]。

日本の土俗信仰は、気候・風土などにより形を変えることが多いが、少なくとも竈神の存在については、7 世紀後半頃から今日に至るまで続いているものと言える。したがって、竈付近に何らかの形で竈神が祀られていたことは確かであろう。

古代の竪穴建物と近世以降の民家建築は、一見すると建築の系譜上つながらず、両者の間は断絶しているようにもみえるが、筆者は、古代竪穴建物の竪穴壁の上端よりも外側の平地部分である「竪穴外屋内空間」(第 4 図) の発展した形が、民家建築につながっていくという篠崎譲治の見解 [篠崎 1996] に賛同するものである。古代の竪穴建物でも、民家建築でも竈の設けられている空間が土間であるという点は共通しており、祀られる竈神の在り方も全く無関係とは言い難い。

棚状施設の使用面上に木製の箱宮(祠)形の神棚があったかどうかは定かではないが、神符や幣束については、日本古来の形態を伝えているものと考えられることから、古代においても存在していた

見なすことは不自然ではなかろう。

　そもそも、竪穴床面以外に家財道具類を置くのであれば、わざわざ棚状施設を造らなくても竪穴壁上端よりも外側の造作を伴わない平坦面である「竪穴外屋内空間」を利用すれば済むわけであり、単なる収納スペース以外の役割が加味されていたものと考えることは、あながち無理な解釈とは言えないだろう。報告例は少ないものの、先述した大宮越遺跡を始めとした日常什器の置き去りとは明らかに区別できるような事例の存在は、竈神そのものを祀っていたかどうかは別としても、棚状施設が祭祀や儀礼に関係した空間としても利用されていた場合があることを明確に示しているものと理解できる。

　以上のように、棚状施設上には祭祀や儀礼に関係したスペースが存在していた可能性があることを指摘できそうだが、ALRタイプのように竈をもつ辺全体に設けられた棚状施設の使用面をすべて占有していたとは考えにくい。したがって、

　　ⅰ．家財道具を収納する空間の一部を区切って使用する。
　　ⅱ．竈を挟んで両側に設けられた棚状施設のうち、片側の狭い部分を使用する。
　　ⅲ．竈の脇に設けられた小規模な棚状施設を占有する。

というような使い方を想定することができるが、実際上の識別は難しい。

　棚上から信仰に伴うと思われる墨書土器などの出土例が僅少な背景には、特別な個体ゆえに引っ越しに際して持ち出されることが一般的であったとは考えられないであろうか。

　また、棚上に残された杯類は二枚重ねで発見され、明らかに食器収納時の状態を示しているものもみられるが、単品で発見された場合などは日常什器の置き去りなのか、神棚に供えられた器なのかを識別することは難しい。実は気付いていないだけで、後者の事例が存在している可能性もあることを念頭に入れておく必要があろう。

　棚状施設は、井上尚明が指摘するように、「『竈神』を祀る性格も具備した屋内施設」［井上尚明2001：33］という見解が大筋では妥当であると考える。先述した上植木光仙房遺跡例(第41図)や、南広間地遺跡例(第46図)は、このような性格を反映したものと見なすことができる。

　しかしながら、棚状施設から得られる各種情報が、すべて「竈神」に関係しているものと明確に説明できない点もあることから、ここでは広義の「祭祀や儀礼に関係した空間としても利用された」ものと理解しておきたい。

C. 竪穴床面上に遺棄された遺物

　棚状施設をもつ竪穴建物の床面上などに遺棄された遺物から、その建物の性格を知ることができる事例がみられる(第51図)ので、以下で取り上げることにしたい。

a. 中山遺跡第7号竪穴住居跡

　この遺構［文献埼玉71］は火災に遭っており、南壁中央壁際の床面上から鞴の羽口(第51図1)が出土している。報告者によると「金属成分の癒着した上端部は、送風口に向かって円錐形に窄まっており、

また上端部の金属成分癒着状態から、一部の欠損後にも使用したことが窺える」［文献埼玉71：42］と言う。

　本遺跡では、鉄滓の出土はもとより、他の竪穴建物跡の床面に炉が設けられているものや、竈の構築材に製鉄炉の炉壁片が使用されているもの、屋外鍛冶炉と思われる遺構なども検出されており、金属類の分析結果から「鋼造りを一義とした精錬、精錬鍛冶、鍛練鍛冶の一環体制」［文献埼玉71：123～124］による製鉄・鍛冶遺跡であることが指摘される。

b. 武蔵国府関連遺跡（556次）M 34—SI 43

　この遺構［文献東京32］は、当該遺跡内でも特に棚状施設をもつ竪穴建物跡の検出例が目立つ「工房ブロック」と呼ばれる地域（第64図）にあり、「南西隅部床面直上」［文献東京32：33］から、鍛冶工具である完形の鉄鉗（第51図2）が出土している。詳細については第IV章第2節で検討を加えるが、この竪穴建物は製鉄・鍛冶に携わった工人が使用していたことが窺える。

c. 中堀遺跡第72号住居跡

　この遺構［文献埼玉56］の床面南西隅にある径22cmのピット内から、大工道具のヤリカンナ（第51図3）が出土している。

　本遺跡の性格に関して、報告者の田中広明は「天長6・7（829・830）年に武蔵国に設置された『勅旨田』の現地管理施設（『庄』と呼ぶか『佃』）と仮定した。そこでは、在地で経営に直接当たり、中央の天皇家や王臣と在地を結んだ者（『王親佃使』や『家令』等）の存在や、各種手工業集団を抱え込み、在地の農業労働力の確保・集住、さらに彼らを繋ぎ止めておくべき精神的な紐帯としての寺院などが、区画ごとに存在し、類い稀な経営体として、王朝国家の強力な梃子入れのものに成立した遺跡であろう」［文献埼玉56：1367］と結論付けている。

　この竪穴建物は、上記の「各種手工業集団」に属する大工が使用していたものと思われる。

d. 梅之木遺跡73号住居

　この遺構［文献山梨6］の竈脇の床面からは、「完形の鉄製紡錘具1点が出土」［文献山梨6：42］しており（第51図4）、この竪穴建物で紡績が行われていた可能性がある。

e. 双賀辺田No.1遺跡3号住居跡

　この遺構［文献千葉27］からは、「滑石と台石、ハンマーにしたような礫が出土し、滑石は大きく7個に割ってあり、その中にはこれからさらに加工可能なものもある。これらの組成から滑石の紡錘車を製作する場であったかもしれない」［文献千葉27：65］と報告者は指摘している。第51図5に滑石紡錘車の未製品を示した。この竪穴建物跡からは86点もの土玉も出土しており、玉造り工人が使用していたものとみられる。なお、遺跡の詳細については第IV章第5節で検討する。

108　　　　　　　　　　　　　　　　Ⅲ. 棚状施設の役割

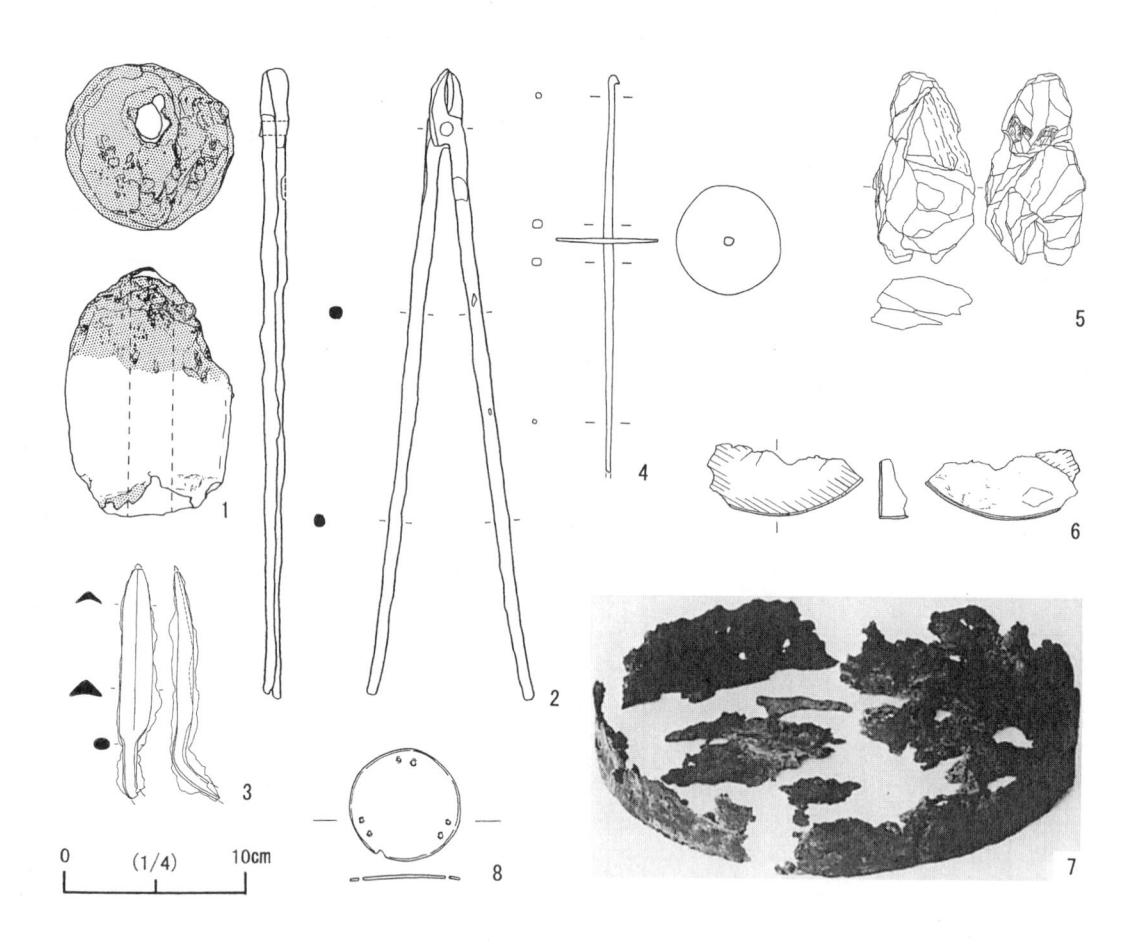

No.	遺跡遺構番号等		遺棄遺物の種類	竪穴建物の性格
1	中山7	（埼玉）	羽口	製鉄・鍛冶
2	武蔵国府関連(556次)M34-43	（東京）	鉄鉗	製鉄・鍛冶
3	中堀72	（埼玉）	鉇	建築
4	梅之木	（山梨）	鉄製紡垂車	紡績
5	双賀辺田No.1　3	（千葉）	滑石製紡錘車未製品	紡錘車製作(玉造)
6	岩崎町21	（福島）	曲物(漆付着)	漆工・木工
7	中原47	（茨城）	曲物(漆皮膜と漆紙)	漆工・木工
8	森下中田8-3	（群馬）	金銅製飾り金具	金工

第51図　棚状施設をもつ竪穴建物跡に遺棄された特徴的な遺物［各報告書から転載］

f. 岩崎町遺跡 21 号住居跡

この遺構［文献福島1］の床面からは、「漆の付着している曲物の底部」(第51図6)が出土しており、推定底径は13cmを測る［文献福島1］。この曲物は漆容器として使用されていたものと捉えるのが妥当であろう。漆工は曲物や木工挽物と密接な関係をもっており［飯塚2000］、この竪穴建物は漆職人あるいは木地師が使用していたものと考えられる。

本遺跡については「灰釉陶器や円面硯、仏具、瓦などの出土から一般の集落ではなく、阿武隈川の交通の要衝に位置する有力な集落であろう」［宮田2003：105］という指摘がみられる。

g. 中原遺跡第 47 号住居跡

この遺構［文献茨城13］の西側の壁際床面上(第58図)から、漆容器が発見された(第51図7)。これは、径14cm・高さ2.8cmほどの曲物に詰められていた漆の皮膜と、曲物の蓋として転用されていた漆紙が残存していたものである。岩崎町遺跡例と同様に漆工あるいは木工に係わった職人が使用していた竪穴建物と見なされる。なお、遺跡の詳細については第Ⅳ章第1節で検討を加える。

h. 森下中田遺跡 8―3 号住居跡

この遺構［文献群馬66］の西側床面上に置かれた「工作台」とされる台石付近から「金銅製の円形をした飾り金具」(第51図8)が出土しており、報告者は「住居よりも工房的な施設である」［文献群馬66：230］と指摘している。金工に携わった職人の使用していた竪穴建物であろうか。

ちなみに、この竪穴建物跡は径6.0×5.5mを測り、隅竈をもつⅡ群の中では最大規模を誇る。また、棚状施設に粘土を使用したものでは最新(11世紀)の報告例でもある。なお、遺跡の詳細については第Ⅳ章第4節で取り上げる。

以上の事例からは、棚状施設をもつ竪穴建物が、製鉄・鍛冶、建築、紡績、紡錘車製作(玉造)、漆工・木工、金工などの各種手工業生産に関係したものであることを指摘することができる。この点に関しては、次章でも主要遺跡ごとの検証を行いたい。

なお、具体的な報告例は省略するが、棚状施設をもつ竪穴建物跡からは刀子や砥石類が出土する事例が比較的目立つことも、何らかの手工業生産との係わりを暗示しているものと思われる。

註

1 外山政子は、筆者が指摘した棚状施設の壁面(a)・使用面(b)の数値［拙稿1997a：8］が、竈を中心とする厨房空間における調理作業の際に「しゃがんだ姿勢で自然に手の届く高さ」であり、「カマド作業円」の「半径とほぼ一致」するという卓見を示しており、「この様に生活に密着した施設には使い易い広さや配置を配慮した設計が為されている」［外山1998：56］ものと捉えている。

2. 炉をもつ竪穴建物跡の存在

　ここでは、棚状施設を有する竪穴建物跡のうち炉をもつ事例について検討し、その性格を探りたい。
　縄文時代から連綿と続いてきた炉をもつ竪穴建物の伝統を大きく変えたのが竈の出現である。竈は須恵器生産などとともに朝鮮半島から伝来したもので、北九州では5世紀初頭頃に登場するが、関東地方では5世紀後半頃に導入され、古墳時代後期の6世紀以降普遍化する。竈導入以降も竪穴建物内に炉が設けられる事例が散見される。
　炉をもつ竪穴建物に関しては、山間部に位置する神奈川県愛甲郡清川村宮ケ瀬遺跡群の事例から「冬場においては寒さの厳しい地域として知られており、住居内の暖をとるための施設として機能していた」［中田2000：156］という見解もみられるが、この考え方では寒冷地の竪穴建物のほとんどに炉がなければならないことになり、不自然である。これらは暖房の目的ではなく、以下の事例のように火を使った各種生産活動に用いられたものと考えるのが妥当であろう。

A. 棚状施設をもつ竪穴建物跡に炉が設けられた事例

　棚状施設をもつ竪穴建物跡に炉が設けられた事例としては、第18表に示したように18遺跡30軒が挙げられる。全事例830軒中で占める割合は3.6％となる。
　このうち、国府台遺跡は下総国府の国衙の一部であり、SI 3［文献千葉3］の炉からは鞴の羽口が突き刺さったような状態で検出され、覆土のウォーターセパレーションにより、鍛造剝片約300点や、粒状滓約400点などが発見されている［文献千葉3］。この竪穴建物跡は、国衙施設の区画溝（SD 11）外側にある官営工房＝国衙曹司を構成する鍛冶工房のうちの1軒にあたる［駒見1999］。
　上野国分二寺中間地域B区40号住居跡［文献群馬50］は、炉内から鞴の羽口や鉄滓が多数出土しており、鍛冶工房と考えられる。
　武蔵国府関連遺跡日鋼地区M 23—SI 35［文献東京25］は、竈のない楕円形の竪穴内に炉を設けた鍛冶専用工房と同じ白色砂質粘土を用いた炉がみられることから、鍛冶工房と考えられる［深澤2003］。同じく、武蔵国府関連遺跡（414次）M 40—SI 39［文献東京26］では、竪穴内から鉄滓が出土している。
　以上の4軒を除く残りの26軒については、鍛冶炉の可能性を示す証拠は見当たらないが、炉や竪穴床面などの清掃が行き届いた状態で建物が廃絶された場合には、その手掛かりが失われてしまうため判然としない部分もある。深澤靖幸は「鍛冶以外にも炉を必要とする手工業生産も想定できる」［深澤2003：5］ものとして、「熱処理技術に伴う冷間鍛造技術（いわゆる鍛金）や、膠の採取、漆の精製、金属製品への漆の固着などが想定される」［深澤2003：21註25］としている。
　武蔵国府関連遺跡の東側、府中崖線に沿って列状に並ぶ飛田給遺跡・下石原遺跡・小島町遺跡・上布田遺跡・下布田遺跡などは国府集落の続きと見なすことができる。
　このうち、小島町遺跡では「官衙に関連する遺跡の性格」［文献東京53：28］も指摘されている。第6地点で検出された3軒の棚状施設をもつ竪穴建物跡について、紀野自由は「炉内からは鍛冶関連遺

2. 炉をもつ竪穴建物跡の存在

No.	都県名	遺跡名	遺構No.	時期	棚平面タイプ	備考	文献No.
1	青森	砂子	9	9c後半〜10c前半	A－dアウト		青森 6
2	岩手	本郷	1F-1	11c	ARイン		岩手 2
3	群馬	西善鍛冶屋	15	11c前半	Kaアウト	炉3箇所	群馬 6
4	群馬	緑埜押出シB	1	7c後半	Alアウト		群馬 38
5	群馬	上野国分二寺中間	B区40	10c後半	ALアウト	小鍛冶	群馬 50
6	埼玉	仲道柴山	1	8cⅡ	Dイン		埼玉 38
7	埼玉	仲道柴山	2	8cⅡ	ALイン	他に床面3箇所が焼土化	埼玉 38
8	埼玉	氷川神社東	34	9c中葉	Arアウト	炉2箇所	埼玉 42
9	千葉	国府台	3	8c末〜9c前半	ALRアウト	鍛冶工房	千葉 3
10	千葉	村上込の内	039	9cⅢ	ALRアウト		千葉 24
11	千葉	村上込の内	093	9cⅢ	ALRアウト		千葉 24
12	千葉	鳴神山	I 041	9c前半	ALRアウト		千葉 29
13	東京	多摩ニュータウンNo.125	38	10c前半	ALRアウト		東京 17
14	東京	武蔵国府関連(163次)	M50-35	10c前葉	ALRアウト		東京 24
15	東京	武蔵国府関連(日鋼)	M23-35	9c中葉	AlRアウト	鍛冶工房	東京 25
16	東京	武蔵国府関連(日鋼)	M35-45	8c末〜9c初頭	Arアウト		東京 25
17	東京	武蔵国府関連(日鋼)	M35-80	8c末〜9c初頭	(AR)アウト		東京 25
18	東京	武蔵国府関連(414次)	M40-39	9c中葉	Alrアウト	炉2箇所	東京 26
19	東京	武蔵国府関連(490次)	M34-24	10c中葉	Arアウト		東京 31
20	東京	武蔵台東	30	9cⅡ	ALアウト		東京 44
21	東京	武蔵国分寺(南西地区)	7	8c末〜9c初頭	AR1アウト		東京 45
22	東京	武蔵国分寺(南西地区)	12	8c末〜9c初頭	Arアウト		東京 45
23	東京	小島町(第6地点)	01	古代	Alアウト		東京 53
24	東京	小島町(第6地点)	02	古代	AR1アウト		東京 53
25	東京	小島町(第6地点)	03	古代	Alアウト		東京 53
26	東京	多摩ニュータウンNo.247	1	10c後半〜11c前半	ALイン	石囲炉?	東京 62
27	東京	神明上(2次)	13	8c後半	ARアウト		東京 63
28	東京	南広間地(9次41地点)	459	10cⅡ〜Ⅲ	A－b・dアウト		東京 68
29	神奈川	北原	3	10c前半	Cアウト		神奈川 34
30	神奈川	北原	6	9c前半	ARアウト		神奈川 34

第18表 棚状施設をもつ竪穴建物跡に炉が設けられている事例

物の出土がみられないことから、鍛冶工房の可能性は低い」〔文献東京53：28〕としながらも「カマド脇に、カマドの構築材と同様な粘土を貼り付けた棚状の施設をもち、床面には炉を有することから、一般的な住居というよりも、工房の一種と推定される」〔紀野1999：2〕として、炉の存在などから棚状施設と工房の関係を指摘している。

このように、棚状施設をもつ竪穴建物跡に炉が設けられた事例は、遺跡や調査区単位での性格付けが不明確な場合でも、遺構面から何らかの工房の役割を知ることができる点で非常に重宝なものと言える。

また、棚状施設をもつ竪穴建物跡の近くに、時期的に関係のみられる炉をもつ竪穴建物跡が存在する場合も、間接的ではあるが棚をもつ竪穴建物の性格を探るうえでの参考となろう。

なお、30軒の事例のうち、村上込の内遺跡と鳴神山遺跡・武蔵国府関連遺跡・武蔵国分寺跡については、第Ⅳ章第2・3節で具体的に検討を加えたい。

3. 遺跡の性格からの検討

ここでは、棚状施設をもつ竪穴建物跡が検出された遺跡の性格から検討を加える。

A. 生産関連遺跡

棚状施設をもつ竪穴建物跡が検出された生産関連遺跡としては、製鉄・鍛冶、須恵器・土師器生産などに係わるものがある。

a. 製鉄・鍛冶関連遺跡

まず、比較的大規模な鉄生産遺跡としては、鳥打沢A遺跡・金山遺跡・稲荷屋敷遺跡などが挙げられる。

鳥打沢A遺跡は、福島県の「浜通り」にある一大製鉄エリアに位置する［文献福島7］。廃滓場から出土した鉄滓の重量は120トンを越えており、その操業規模が窺える。7世紀の棚状施設をもつ4号住居跡［文献福島7］の床面には「まな板状」の砥石が置かれており（第22図）、研ぎや仕立て作業の行われた工房として使用されていたものと考えられる。

金山遺跡は、9世紀中葉に「これまでの谷戸田開発を行う農耕集落から一変し、鉄生産を行う手工業生産集落へと変化」したことから、「鍛冶工人を集住させて鉄生産にあたらせた」［文献栃木6：444・451］ものと考えられている。この時期になって、棚状施設をもつ竪穴建物跡がみられるようになる（第96図）ことも暗示的である。

ちなみに、調査者の津野仁は「金山遺跡では、鍛冶工房のまとまり（単位工房）ごとの独自の経営方式をとっていたことが明らかになっており、それを集約した私的経営がなされていたとみられる」として「私的経営を行う層が政治・経済の支配機構の中に参画するようになり、村支配を行うようになってくる」［津野1996：120］と評価している。

稲荷屋敷遺跡では、10世紀後半から11世紀にかけて3基の製鉄炉が操業していた。本遺跡では、10～11世紀の棚状施設をもつ竪穴建物跡10軒［文献群馬36］が検出されており、CH―17号住居跡では、鍛冶作業が行われていた可能性も指摘されている［文献群馬36］。

この他に製鉄遺跡としては、先述した中山遺跡［文献埼玉71］や、椿山遺跡［文献埼玉29］がある。椿山遺跡では、9世紀後半～10世紀前半の平地式の製鉄炉や、鍛冶工房と思われる竪穴建物跡が検出されている。第59号住居跡は「鉄製錬あるいは小鍛冶に使用したとみられる2基のピット」があり「溶けて薄い板状になった鋳鉄が床面に貼り付いていた」［文献埼玉29：202～203］ことなどから工房と考えられる。第26号住居跡と、第27号住居跡からも鉄滓や鞴の羽口片などが出土しており、鉄生産との係わりが窺える。

福島県では、鳥打沢A遺跡以外にも、鍛冶関連遺跡から棚状施設をもつ竪穴建物跡が発見される事例が比較的目立つ。

正直 C 遺跡 X 地点［文献福島 3］では、奈良時代末から平安時代の竪穴建物跡 37 軒のうち、10 軒が「鍛冶操業に関係する住居跡」で「集落全体が鍛冶操業に関わる有識集団であった」［文献福島 3：203］と指摘されており、9 世紀後半の 6 号住居跡(第 22 図)で棚状施設が検出されている。

岩下 D 遺跡［文献福島 11］は、火災に遭って同時に廃絶したと思われる 9 世紀後葉の竪穴建物跡 2 軒からなる。7 号住居跡(同図)で棚状施設がみられ、もう 1 軒の竪穴建物跡は鍛冶炉をもつ工房である。本遺跡の「周辺に同時期の集落や大規模な鉄生産遺跡が見られない」ことから「所謂『離れ国分』的な有り方」［文献福島 11：329］を示している。

関林 G 遺跡 2 号住居跡［文献福島 8］(同図)も火災に遭っており、床面から加熱された礫が多量に出土している。隣接する関林 D 遺跡では同時期(9 世紀後半)の鍛冶工房跡が存在し、同様な特徴をもつ礫が出土する該期の竪穴建物跡もみられることなどから「鍛冶作業と何らかの関連がある」［文献福島 8：168］ものと考えられる。

福島県以外の鍛冶関連遺跡としては、次のようなものが挙げられる。

多摩ニュータウン No. 5 遺跡［文献東京 87］では、10 世紀代を中心とした竪穴式の鍛冶工房が 6 軒検出されており、3 号工房跡と 4 号工房跡に棚状施設が設けられている(第 14 図)。前者の棚状施設に接する土坑内からは砥石に転用された須恵器片と椀形鉄滓が出土しており、床面上からは鉄製紡錘車が軸棒に付いた状態で発見された。これは再生のために回収されたものと考えられる。4 号工房跡では棚状施設付近から鉄滓が出土している。

喜多見中通遺跡 3 号住居址［文献東京 6］(第 40 図)は、「鉄滓等の出土はないものの、壁柱をもって四面の棟高を上げていること、大規模で、片袖部が台状に延びる(棚状施設を指す—筆者註)特殊構造のカマドをもち、カマドから延びる溝が切られており、その周辺の床面が強く被熱していることなどから、鍛冶工房の可能性が極めて高い」［文献東京 6：86］ものと指摘されている。

及川天台遺跡第 10 区［文献神奈川 21］では、9 世紀前半の第 11 号住居址と掘立柱建物跡 1 棟が対になっており、平地式の鍛冶炉とも関係する可能性がある。棚状施設をもつ第 11 号住居址の覆土中からは鞴の羽口や鉄滓が出土している。

杉沢台遺跡 SI 02［文献秋田 3］(第 20 図)では、棚状施設脇の竈構築材に「石と鉄滓を底部に溶融させたスサ入り粘土」［文献秋田 3］が使用されており、竈付近から鞴の羽口片が出土していることから、鍛冶作業に何らかの係わりのある竪穴建物と思われる[註1]。

この他に、棚状施設をもつ竪穴建物跡から出土した鍛冶関連遺物としては、7 世紀中葉の引切塚遺跡 13 A 号住居址［文献群馬 5］と宮町遺跡第 3 号住居跡［文献埼玉 32］から鞴の羽口と鉄滓、堤上遺跡 H—46 号住居跡［文献群馬 54］と松葉慈学寺遺跡 51 号住居跡［文献群馬 63］から鉄滓、地神遺跡第 17 号住居跡［文献埼玉 11］から椀形滓、水判土堀の内遺跡第 16 号住居跡［文献埼玉 43］から火打金の出土が報告されている。

これらは、遺物出土状態が不明確なことから、各竪穴建物が直接鍛冶に関係していたとは断言できないが、棚状施設をもつ竪穴建物と鍛冶集団とのつながりの一端を示すものと捉えられる。

なお、大志白遺跡 SI—10［文献栃木 9］と古町 B 遺跡 21 号住居［文献新潟 1］では遺跡内で鍛冶工房が、

羽折遺跡1号住居跡・2号住居跡［文献埼玉37］では遺跡内で製鉄炉が検出されているが、これらの遺構と竪穴建物跡との時期的関係については不明確である。

いずれにしても、棚状施設をもつ竪穴建物跡と製鉄・鍛冶に携わった遺跡との関係を示す報告例が目立つことは明らかである。

b. 土器生産関連遺跡

まず、須恵器生産遺跡としては、次のようなものが挙げられる。

広町B遺跡第2号住居跡と虫草山遺跡第17号住居跡［文献埼玉50］(第39図)は、鳩山窯跡群の工人集落内にあり、いずれも製品の選別や保管などに利用されていたものと思われる。

樋ノ下遺跡では、棚状施設をもつ竪穴建物跡が8軒［文献埼玉69］検出されており、2kmほどの距離にある末野窯跡群との関係が深い集落遺跡である。

タタラ山遺跡では、9世紀前半の棚状施設をもつI区7号住居跡［文献福島4］(第22図)が、同時期のロクロピットと粘土貯蔵施設をもつ「須恵器生産工房」［文献福島4：192］と隣接しており、両者の関連性が指摘されている。本遺跡では、鉄製錬の燃料を生産するための木炭窯も検出されており、9世紀には須恵器生産と鉄生産が併行して行われていたことも指摘されている［文献福島4］。

内多馬場遺跡では、6世紀末から7世紀前半の棚状施設をもつSH3［文献三重2］(第25図)を含む7軒の竪穴建物跡が検出されたが、遺構内外からの出土遺物に溶着した須恵器や、生焼けの須恵器がみられることから、「付近に当該期の須恵器の窯跡が存在しこの場所で生産され」［文献三重2：23］た可能性が指摘されている。

西ケ谷遺跡では、7世紀第II四半期の棚状施設をもつSB3［文献三重1］(同図)を含む3軒の竪穴建物跡が検出されたが、報告者は「隣接する西ケ谷古窯跡群と時期的に重なり、出土した須恵器の中にも焼き歪みが著しいものが目立ち、SB1からは粘土塊が出土するなど、当集落の住民は須恵器生産工人である可能性が考えられる」［文献三重1：74］としている。遺跡内では同時期の土師器窯も検出されており、土師器生産も行われていた。

土師器生産遺跡としては、次のようなものが挙げられる。

大久保F遺跡では、10世紀第I四半期の棚状施設をもつ6号住居跡［文献福島5］(第22図)と当該期の土師器窯が隣接している。6号住居跡の床面からは「敲打痕のある握り槌状の石製道具が出土しており、内部で粘土素地製作が行われた可能性」［文献福島5：186］も指摘されている。同時期の遺構としては、他に総柱の掘立柱建物(倉庫)や、須恵器窯・木炭窯も検出されている。

水深遺跡では、8世紀第I四半期の棚状施設をもつ第3号住居址［文献埼玉10］を含む49軒の竪穴建物跡と65基もの土師器窯が検出されており、土師器生産遺跡と位置付けられる。

古墳時代の棚状施設をもつ竪穴建物跡は、その報告例の少なさ(第16表)ゆえ具体的な性格を探る手掛かりが限られている中で、鳥打沢A遺跡や引切塚遺跡の製鉄・鍛冶、内多馬場遺跡や西ヶ谷遺跡の須恵器生産に携わったと思われる事例は、重要な知見となるであろう。

B. 国府・国分寺関連遺跡

　国府・国分寺の関連遺跡は、次章で具体的に検討を加えるものが多いため、これらについては概要のみに留めたい。

a. 国府関連遺跡

　棚状施設をもつ竪穴建物跡の報告例が最も多いのは武蔵国府関連遺跡で、27地区から88軒が発見されている。平成14(2002)年7月現在、1,200次調査を越える[荒井健治2002b：10]本遺跡では、未報告の事例も相当数存在するものと思われる。

　このうち、遺跡内で最大規模の発掘調査が行われ、棚状施設をもつ竪穴建物跡が46軒発見された日鋼地区は、「国府集落北西周辺部(d地域)」(第64図)の「比較的まとまった工房群」[江口1999：122]＝工房ブロックに該当する。さらに、「近年、それ以外の地域にも工房群の存在が認められており、武蔵国府は常陸国府のような『大規模集約工房(鹿の子C遺跡)』ではなく、『小規模散在型工房』と呼ぶべき性格を有している」[江口1999：122]ことも明らかになってきており、「鉄滓・銅滓の出土、漆付着土器」[文献東京29：127]などが認められる府中東芝ビル地区(第70図)も工房ブロックと捉えられる。また、古沢ビル地区(163次)と、京王府中一丁目ビル地区(414次)のように、遺跡内では棚状施設をもつ竪穴建物跡があまり発見されていない地域で、炉をもつ事例(第18表)がみられる点も、工人集団との係わりを示しているものと言えよう。

　小野遺跡第11地点[文献千葉8]では、竈袖延長タイプの棚状施設をもつ4号住居跡(第12図)が検出されているが、第1地点では南方約4kmに位置する下総国府へ「出仕した官人の腰帯を補修した工房」[田中広明2003：44]と考えられる竪穴建物跡が発見されており、国府外周に位置する工人集落と推定される。

　双賀辺田No.1遺跡(第99図)では、滑石製紡錘車の製作が行われたと思われる竪穴建物跡をはじめ、棚状施設をもつ竪穴建物跡5軒[文献千葉27]が検出されており、地理的に下総国府との関係が想定される「工業団地」的な遺跡と考えられる。

　国府台遺跡SI3[文献千葉3]は、下総国府の国衙施設外側にある官営工房＝国衙曹司を構成する鍛冶工房跡のうちの1軒である。

　同じく、神明久保遺跡は、相模国府(大住国府)域内の官営鍛冶工房＝国衙曹司のひとつ[明石2003]であり、棚状施設をもつ竪穴建物跡は、第1地区で1軒[文献神奈川5]、第9地区(第71図)で4軒[文献神奈川6]が検出されている。本遺跡以外の相模国府域における棚状施設をもつ竪穴建物跡の報告例は、山王B遺跡第12地区1号住居跡[明石2003]のみであるが、この遺跡も官営鍛冶工房のひとつであることは注意して良いであろう。相模国府の西方約7kmに位置する向原遺跡も、相模国衙工房のひとつと推定されており[奈良国立文化財研究所2000]、棚状施設をもつ竪穴建物跡が2軒[文献神奈川4]検出されている。

　泉台遺跡は、「曹司」墨書土器や鍛冶関連遺物・漆付着土器などの存在から、常陸国府に関連した

工房群のひとつと考えられる。棚状施設をもつ竪穴建物跡が1軒［文献茨城5］検出されている。

b. 国分寺関連遺跡

武蔵国分寺跡では、西方地区（武蔵台遺跡・武蔵台東遺跡）・南西地区・北方地区などの8地区から、合計41軒の棚状施設をもつ竪穴建物跡が報告されており、至近距離にある武蔵国府関連遺跡に次いで事例が多いエリアとして注目される。国分二寺の造営や再建、営繕などに携わった各種工人集団が営んだものと見なされる。

上野国分二寺中間地域では、先述したように鍛冶工房として利用されたB区40号住居跡［文献群馬49］は国分二寺との関連で捉えられると思われるが、D区22号住居跡［文献群馬50］の営まれた11世紀中葉には、国分僧寺の主要伽藍は荒廃していた［前沢1999］ことから、直接的な関係があったかどうかは微妙である。

下野国分二寺の南面に隣接する山海道遺跡［文献栃木14］と新開遺跡［文献栃木15］からは、それぞれ棚状施設をもつ竪穴建物跡が1軒ずつ検出されている。山海道遺跡の報告では「国分二寺の改修に関わった可能性」［文献栃木14：225］が指摘されている。

C. 地方官衙関連遺跡

地方官衙関連遺跡としては、郡衙関連・駅家関連・牧関連などの遺跡が挙げられる。

a. 郡衙関連遺跡

十三宝塚遺跡は、溝・土塁・柵列（回廊）で囲まれた区画内に版築基壇をもつ礎石建物があり、上野国佐位郡衙に隣接する郡寺と推定されている。棚状施設をもつ竪穴建物跡4軒［文献群馬70］を含む区画外側にみられる竪穴建物群は「工人や施設の維持管理に携わった人たちの住居」［井上唯雄1999：179］と指摘されている。

上西原遺跡も、十三宝塚遺跡と類似した方形区画内に基壇建物がみられ、出土遺物などからも寺院と見なされる。その北側には、溝で画された掘立柱建物群のブロックが存在し「郡司ら在地豪族の居館あるいは郡衙の一部である館や厨家の可能性」［松田1999：90〜91］が指摘されており、勢多郡衙・郡寺に比定される。棚状施設をもつ竪穴建物跡1軒［文献群馬8］が検出されている。

中原遺跡は、隣接する河内郡衙（金田西・金田西坪B遺跡）や郡寺（九重東岡廃寺）と関連した「工業団地」的な遺跡（第52図）で、武蔵国府関連遺跡・武蔵国分寺跡に次ぐ24軒の棚状施設をもつ竪穴建物跡［文献茨城13〜15］（第57・58図）が報告されている。

b. 駅家関連遺跡

宮町遺跡［文献埼玉32］の棚状施設をもつ第11号住居跡では、「路家」と墨書された須恵器杯が遺棄されており、「『日本書紀』大化2(646)年3月甲申詔に登場する『路頭之家』との関連性」から「主要交通路と密接に関わった公的施設・機関」［文献埼玉32：101］＝駅家の存在が想定される。駅家関連

遺跡の実態は不明な点も多いが、同じく棚状施設をもつ第3号住居跡からは、先述したように鞴の羽口や鉄滓が出土しており、遺跡内に鍛冶工房を取り込んでいたものと推定される。

c. 牧関連遺跡

　半田中原遺跡［文献群馬27］は、6世紀の榛名山の噴火により形成された扇状地に位置するため、水田や畑作経営には適しておらず、6万㎡以上を取り囲む広大な区画溝の存在などから、『延喜式』にみられる「上野国御牧」中の「有馬島牧」に比定される。掘立柱建物群のうち四面廂をもつものは「牧長生活地兼職務地」［大塚1999：314］であり、小形の竪穴建物群などが「牧で直接作業に従事していた人達の生活空間」［文献群馬27：796］と捉えられている。棚状施設をもつ竪穴建物跡は2軒検出されている。

　以上のように、遺跡の性格などからみても、棚状施設をもつ竪穴建物跡が工房あるいは工人集団と関係している事例が目立つのである。

註

1　本遺跡と1.4kmほど離れた竹生遺跡からは、同時期と思われる鍛冶工房が検出されており、本遺構と関連をもつ可能性もある［文献秋田3］。

IV. 棚状施設をもつ竪穴建物の集団関係

1. 伝統的集落と「工業団地」

　ここでは、棚状施設をもつ竪穴建物跡が検出される遺跡の性格を探るうえで、熊の山遺跡と中原遺跡の比較を行う。両遺跡は、同じ常陸国河内郡内にあり(第52図)、広範囲の発掘調査が同一機関により、ほぼ同時期に行われた点などで格好の比較材料と言える。

A. 熊の山遺跡における棚状施設をもつ竪穴建物跡

　熊の山遺跡は、茨城県つくば市大字島名字香取前に所在する古墳時代から古代にかけての集落遺跡で、常陸国河内郡島名郷に属していた。

　都市基盤整備公団(旧「住宅・都市整備公団」)の土地区画整理事業に伴い、財団法人茨城県教育財団が、平成7(1995)年度から平成11(1999)年度までの5年間にわたって発掘調査を行い、6冊の報告書が刊行されている[茨城県教育財団1997・1998]・[文献茨城9～12][註1]。

　地理的には、常総台地の一部である筑波・稲敷台地に位置し、筑波山南西麓に広がる中小河川により開析された台地のひとつ、東谷田川右岸の舌状台地上に存在する。

　9万㎡を越える発掘区(第53図など)は、東西約300m・南北約470mにもおよび、地形的に見ても東谷田川に面する台地縁辺部付近の面的なまとまりを持っている。「発掘区は、各時代の土地利用痕跡である『遺跡』をのぞく窓だということができる。その窓はなるべくなら大きいことがのぞましい」[渋江1987：1]のである。

　熊の山遺跡で検出された竪穴建物跡の総数は1,331軒にもおよぶ。古墳時代前期と中期には空白期がみられるものの、4世紀中葉から11世紀前葉まで700年間近く、ほぼ継続的に営まれていた集落遺跡である。

　稲田義弘は、出土土器の編年観をもとに第1期から第18期に分けて集落遺跡の変遷を捉えている[稲田2002]が、小稿でもこの区分に従い検討を加えることにしたい。なお、各時期における竪穴建物跡の軒数と掘立柱建物跡の棟数などについては第19表に示した。

a. 遺跡と棚状施設をもつ竪穴建物跡の様相

　熊の山遺跡の古墳時代集落は、前期(第1期)・中期(第2期)には、東谷田川に沿った台地東側縁辺部のみに立地することから、「台地裾の自然湧水を利用した小規模な谷津田を生業の基盤としていた」[稲田2002：336]ものと捉えられるが、6世紀中葉(第4期)以降、竪穴建物の分布が台地全体に拡大す

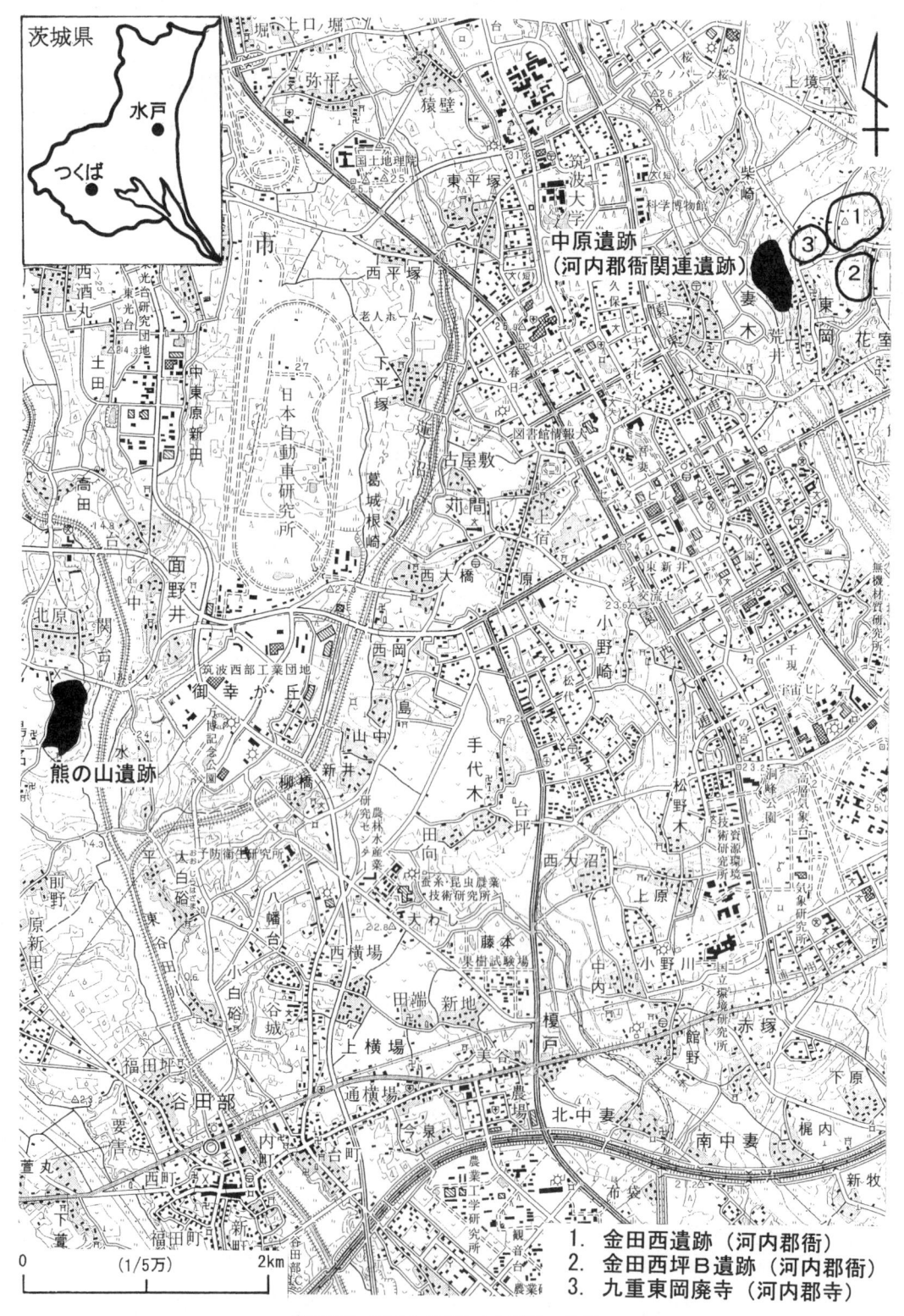

1. 金田西遺跡（河内郡衙）
2. 金田西坪B遺跡（河内郡衙）
3. 九重東岡廃寺（河内郡寺）

第52図　熊の山遺跡と中原遺跡の位置

1. 伝統的集落と「工業団地」

7世紀中葉（1/200）

竪穴建物跡 56軒

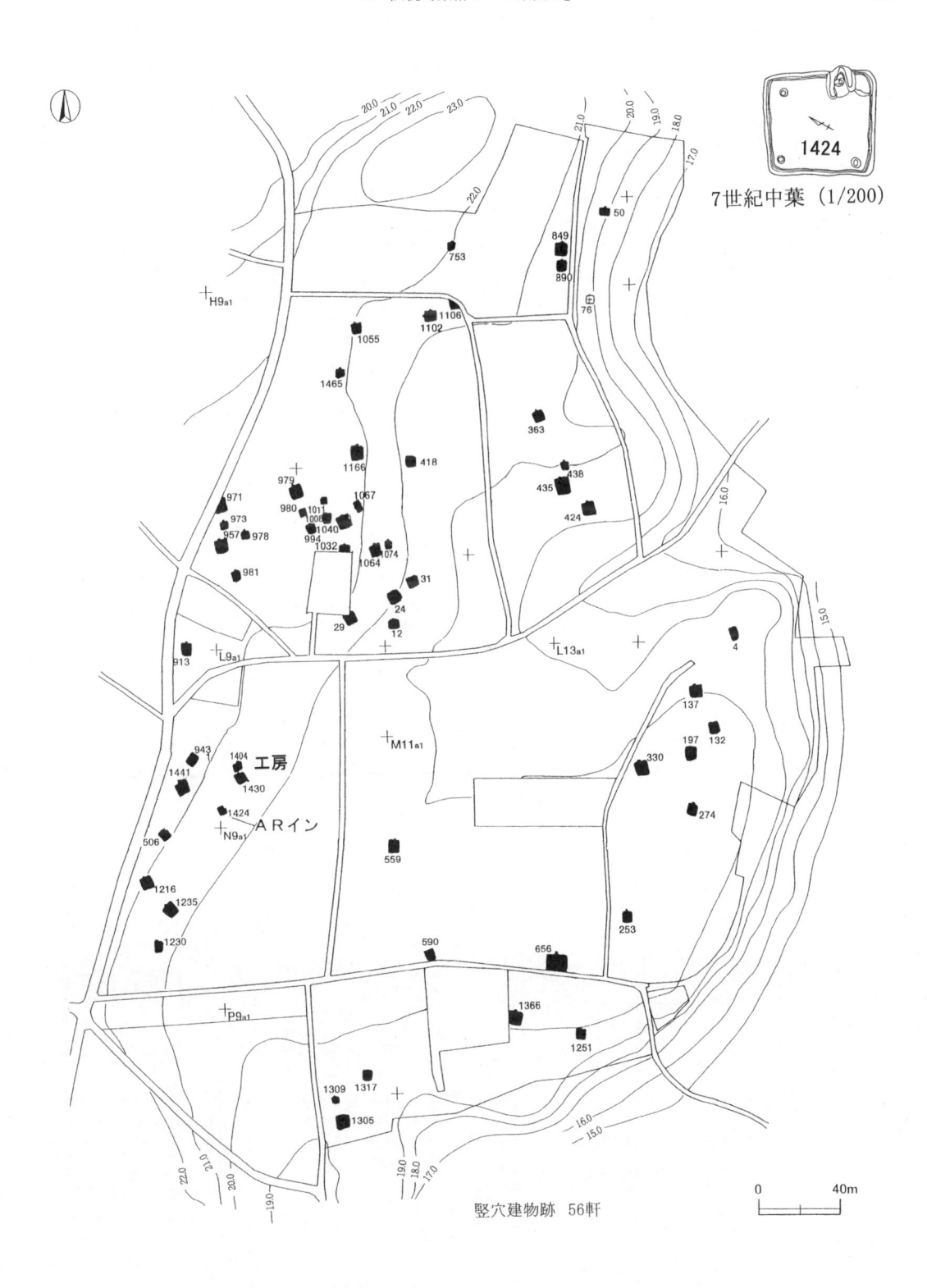

第53図 熊の山遺跡の時期別遺構分布と棚状施設をもつ竪穴建物跡(1)［報告書から加除作成］

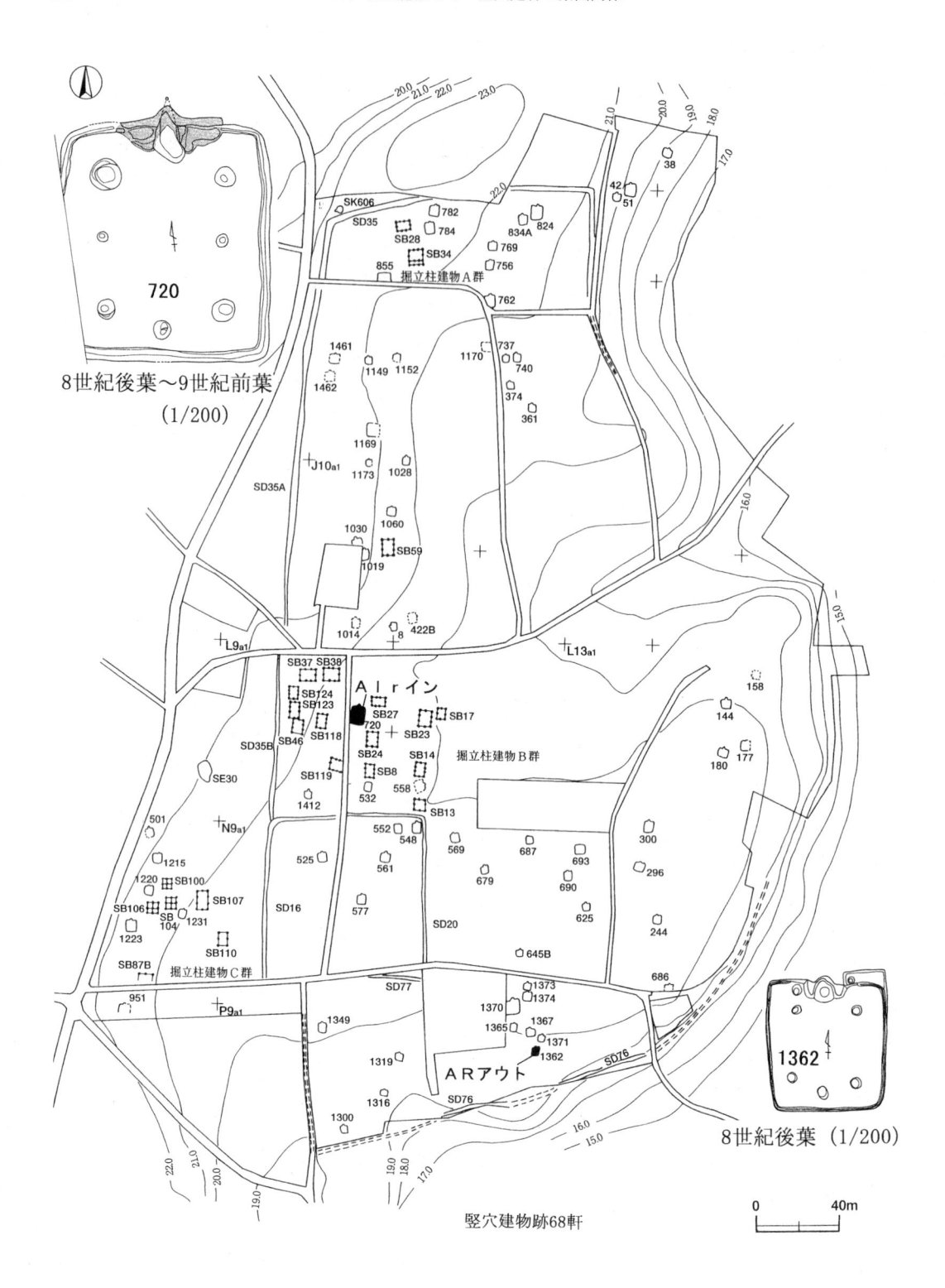

第54図　熊の山遺跡の時期別遺構分布と棚状施設をもつ竪穴建物跡(2)〔報告書から加除作成〕

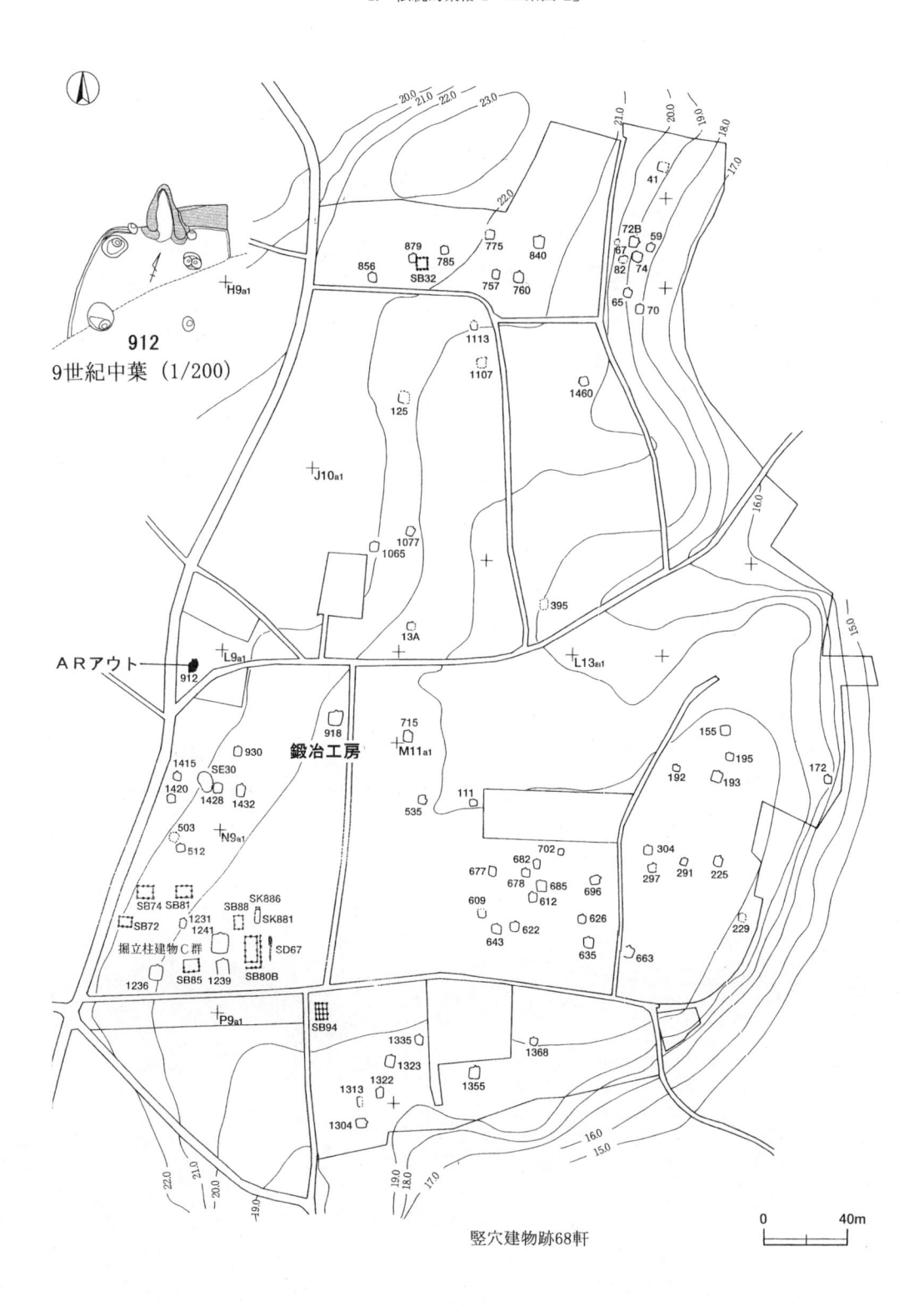

1. 伝統的集落と「工業団地」

第55図 熊の山遺跡の時期別遺構分布と棚状施設をもつ竪穴建物跡(3) 〔報告書から加除作成〕

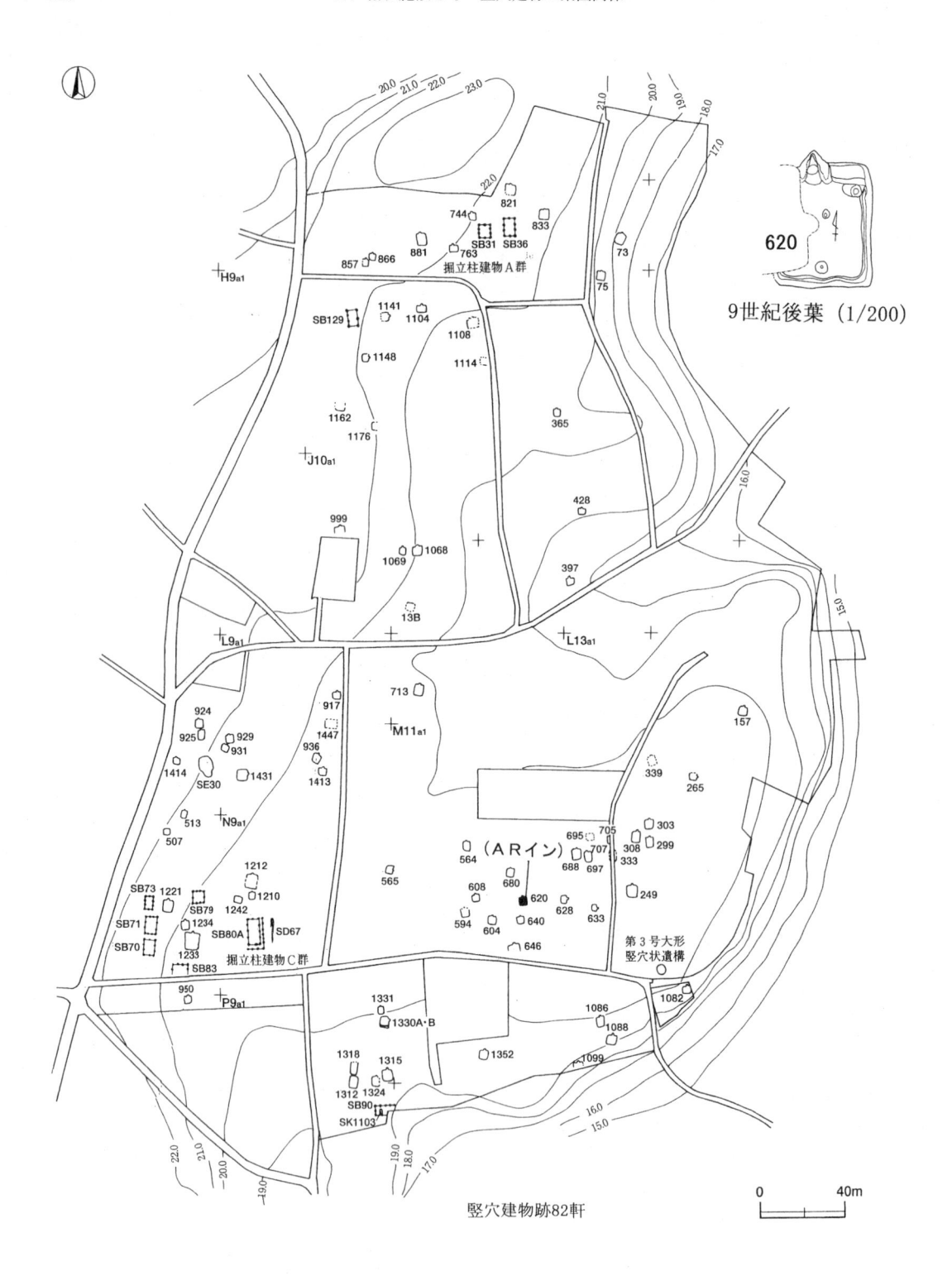

第56図　熊の山遺跡の時期別遺構分布と棚状施設をもつ竪穴建物跡(4)［報告書から加除作成］

ることなどから、「純然たる低湿地農耕から乾田・畑を含む農耕への飛躍を示唆する」［稲田2002：341］と評価している。いずれにしろ、本遺跡は農耕集落として発展していくが、7世紀前葉（第6期）には台地南西部で「鍛冶関連の手工業が開始」［稲田2002：342］される。

熊の山遺跡では、7世紀中葉（第7期）に棚状施設をもつ竪穴建物跡が登場する（第53図）が、この第1424号住居跡［文献茨城11］が位置する台地南西部は、第6期に鍛冶関連の竪穴建物跡がみられるエリアであり、隣接する第1404号住居跡では「床面中央にはピット2か所が掘り込まれ、その周囲が特に踏み固められていることから、報告者は何らかの道具を設置したピットの可能性を指摘し、ベンガラの出土と併せて工房的な施設を想定している」［稲田2002：344］。遺跡の「南西部に位置する一群は手工業に関わる工房的な要素の強い集団」［稲田2002：344］であると指摘されている中に、棚状施設をもつ竪穴建物が存在する点は注目して良いだろう。

8世紀中葉（第10期）になると、台地を取り囲むように総延長1kmを越える区画溝が設けられ、官衙風の掘立柱建物群が整然と配置されるようになり「以後、第14期（9世紀後葉）まで大型の竪穴住居と掘立柱建物跡が配置される官的な様相を示す集落構成が踏襲される」［白田2003：303］。なお、第10期には台地南東部で「紡績・漆関連の手工業」［稲田2002：348］も行われるようになる。

8世紀後葉（第11期）には、第720号住居跡［文献茨城9］と第1362号住居跡［文献茨城12］で棚状施設がみられる（第54図）。

前者は、掘立柱建物群に取り囲まれるように位置する長径8.5mの大形竪穴建物で、袖延長タイプの棚状施設をもつ。この建物は、改築の痕跡が認められることや、出土遺物などから9世紀前葉まで存続していたものと考えられるが、その性格については、厨あるいは「有力者層の館的施設」［稲田2002：352］と推定されている。

後者は、第10期に紡績・漆関連の手工業が行われていた台地南東部のエリアに存在し、覆土中からは鉄滓が出土している。

9世紀中葉（第13期）には、台地西側の第912号住居跡［文献茨城10］で棚状施設がみられる（第55図）。その東側に位置する第918号住居跡は床面に炉をもつ鍛冶工房である。

9世紀後葉（第14期）には、台地南側の第620号住居跡［文献茨城9］で棚状施設がみられる（第56図）。棚上からは鬥と鉄釘が出土しているが、いずれも破損品なので再生のためにストックされていた可能性がある。本遺跡では、該期で棚状施設をもつ竪穴建物は姿を消す。

10世紀になると、熊の山遺跡は「それまでの官的様相とは一変し、一般集落の姿」［白田2003：303］に回帰して、11世紀前葉（第18期）に集落の終焉を迎える。

b. 棚状施設をもつ竪穴建物跡の特徴

熊の山遺跡では、7世紀中葉の古墳時代後期と8世紀後葉から9世紀後葉にかけての棚状施設をもつ竪穴建物跡が都合5軒報告されたが、8世紀後葉の2軒を除いて、各時期1軒ずつの検出に留まっている。本遺跡の竈をもつ竪穴建物跡1,276軒中で占める割合は僅か0.4％、古代の竪穴建物跡728軒中でも0.5％に過ぎない。

遺跡	熊の山遺跡				中原遺跡			
世紀	時期	竪穴数	掘立数	棚数	時期	竪穴数	掘立数	棚数
4世紀	第1期	45						
5世紀	第2期	10				5		
6世紀	第3期	2						
	第4期	31				1		
	第5期	101	2					
7世紀	第6期	116	2					
	第7期	56		①				
	第8期	32	3					
8世紀	第9期	84	4		第Ⅰ期	31	14	
	第10期	85	19		第Ⅱ期	67	34	②
	第11期	68	23	①①	第Ⅲ期	61	21	③
9世紀	第12期	60	23		第Ⅳ期	54	20	①
	第13期	68	7	①	第Ⅴ期	63	5	⑤
	第14期	82	11	①	第Ⅵ期	120	17	⑩
10世紀	第15期	59	4		第Ⅶ期	39	5	③
	第16期	86	1					
	第17期	94	1					
11世紀	第18期	42						

第19表　熊の山遺跡と中原遺跡における遺構数の時期別比較

　大形の竪穴建物である第720号住居跡を除く4軒は、他の竪穴建物跡との位置関係や出土遺物などから、鍛冶集団との関係が想定できるものである。いずれも、集落内の外れに近い場所に位置していることは特徴的である。

　これら4軒の平面タイプは、事例数が少ないものの、竈に向かって右側に設けられたARタイプと思われる点も共通している。

B. 中原遺跡における棚状施設をもつ竪穴建物跡

　中原遺跡[註2]は、茨城県つくば市大字東岡字中原に所在する古代を中心とする集落遺跡で、常陸国河内郡菅田郷に属していた。熊の山遺跡の東北約6.5kmに所在する。

　熊の山遺跡の調査と同様に、都市基盤整備公団の土地区画整理事業に伴い、財団法人茨城県教育財団が、平成9(1997)年度から平成11(1999)年度までの3年間にわたって発掘調査を行い、3冊の報告書が刊行されている[文献茨城13～15]。

　地理的には、熊の山遺跡と同じ筑波・稲敷台地に位置し、花室川左岸の北から南に細長く延びた舌

状台地の先端付近に存在する(第52図)。

　37,714 m²におよぶ発掘区(第57図)は、南北約950mの長さをもつ台地の南側およそ1/3にあたる。一方、発掘区の東西方向は両側斜面の落ち際までおよんでおり、最大幅で220mを測る。つまり、舌状台地の南側先端部付近から北方1/3にかけての平坦面は、ほぼ全面発掘されたものと見なすことが可能である。もちろん、今回の発掘区よりも更に北側の台地上や、西側斜面の一部には古代の遺構が続いているものと予想されるが、地形と検出された遺構の配置などから、この遺跡の主要な部分が明らかになったことは確かであろう。

　中原遺跡のある舌状台地東側の谷津を隔てた台地上には、河内郡衙の「郡庁院・館・居宅等」に比定される金田西遺跡、同じく河内郡衙正倉院である金田西坪B遺跡、河内郡寺である九重東岡廃寺が存在する(第52図)。これらの遺跡群と中原遺跡は、遺構・遺物の在り方などから、密接不離な関係にあることが窺える。

　中原遺跡で検出された竪穴建物跡は507軒を数えるが、縄文時代の4軒と古墳時代の6軒を除く497軒が古代に属しており、8世紀前葉から10世紀前葉まで約200年間継続的に営まれていたものと考えられる。

　白田正子は、出土土器の編年観をもとに1世紀を前葉・中葉・後葉の3期に分割し、第I期から第VII期に分けて集落遺跡の変遷を捉えている[白田2001]が、小稿でもこの区分に従い検討を加えることにしたい。なお、各時期における竪穴建物跡の軒数と掘立柱建物跡の軒数などについては、熊の山遺跡と同様に第19表に示した。

a. 遺跡と棚状施設をもつ竪穴建物跡の様相

(1). 第 I 期

　古代の中原遺跡が出現する8世紀前葉(第I期)は、発掘区北側から、区画溝を伴う掘立柱建物の倉庫群(A群)と、明らかな空白帯を挟んで竪穴建物群、さらにその南に4棟の掘立柱建物跡が軸線方向を揃えて並んでいる。

　報告者の白田正子は、かかる計画的な建物配置や、金田西坪B遺跡との関係などから、倉庫群が筑波郡を分割して成立した河内郡の郡衙正倉院が整備されるまでの間、その機能の一旦を担っていたものと捉えている[白田2001]。

　ちなみに、該期よりも溯る土地利用痕跡で最も時間的に近いものは、100年以上離れた6世紀後葉の竪穴建物跡1軒だけであり、第I期の遺構群とは直接の繋がりをもっていない。古代の中原遺跡は、郡衙関連の倉庫群の造営という極めて官的な背景により、空白の台地上に突然成立したことが理解されるのである。

　第I期では、棚状施設をもつ竪穴建物跡は検出されていない。

(2). 第 II 期

　8世紀中葉(第II期)になっても、A群は第I期に引き続き郡衙関係の倉庫群として機能し続けてお

り、報告者は河内郡衙の正倉院が成立した後も、その補完的な役割を担っていたものと考えている[白田2001]。竪穴建物跡からは、鉈尾や鉸具が出土しており、官人をはじめとする律令位階の保有者層の存在が窺える。

　反面、床面に3基の炉をもつ竪穴建物跡や、鉄床と金槌が出土した竪穴建物跡、紡錘車などもみられるようになることから、該期では第Ⅰ期に引き続き官的な性格が認められると共に、鉄や繊維関係などの手工業生産も開始されるようになることが大きな特徴である。さらに、鎌の存在などから農業経営の側面も窺えるものの、あくまでも主体となっていたのは、郡衙関連の倉庫群の管理運営と、郡衙・郡寺を背景とした各種生産活動であったものと推測される。

　さて、該期で注目される遺物としては、人面墨書土器が挙げられる。土師器甕の外面に「常陸国河内郡真幡郷　戸主刑部歌人」とあり、本遺跡が河内郡菅田郷に属することから、この人物の本貫地が記されているものと考えられる[注3]。人面墨書土器が出土したSK1588は、径4.33m・深さ2.33mを測る大型の土坑で、報告書ではその性格については触れられていないが、形状・規模や立地などから、中山晋が指摘するように「氷室」[中山晋1996]と考えられるものである。本遺跡からは、これと同様のものが第Ⅳ期と第Ⅴ期でそれぞれ1基ずつ検出されており、氷生産の存在を具体的に示す事例として興味深い。

　第Ⅱ期には、各種生産活動の開始と連動するかのように、棚状施設をもつ竪穴建物跡が2軒登場する(第58図)。これらは、郡衙関連の倉庫群の西側に位置する東西に隣接する竪穴建物の小ブロック[注4]中に1軒ずつ認められる(第57図)。

(3). 第 Ⅲ 期

　8世紀後葉(第Ⅲ期)になると、第Ⅱ期までの官的な様相はほとんど認められなくなる。一方、鍛冶工房の存在をはじめ、鍛冶関連の遺物や紡錘車は第Ⅱ期よりも増加していることから、鉄や繊維関連などの生産活動が活発化したことを窺わせる。

　第Ⅲ期には、棚状施設をもつ竪穴建物跡が3軒検出されている(第58図)。うち2軒は調査区北側で約30mの距離を置いて並んでおり、もう1軒は調査区南側に位置する(第57図)。3軒ともにALアウトタイプの棚をもつ。

(4). 第 Ⅳ 期

　9世紀前葉(第Ⅳ期)に入ると、桁行5間×梁行2間で南面に廂をもつ総面積約80㎡の大規模な建物と、2棟の付属倉庫と考えられる建物が出現する(第57図)。これは、前代までに行われた生産活動によって得られた経済的基盤を基に登場した有力者層の居宅地と考えられる。

　該期で注目される遺物としては、第263号住居跡から出土した漆書土器2個体が挙げられる。いずれも須恵器杯の底部外面に漆で文字が書かれており、1個体は判読不能だが、もう1個体は「十」と記されている。本遺構は火災に遭っており、2個体とも完形で竈に向かって右側の竪穴外屋内空間から転落遺棄されたものと見なされる。これらの遺物の存在には漆職人の関与が必要であり、遺跡内で

1. 伝統的集落と「工業団地」　　129

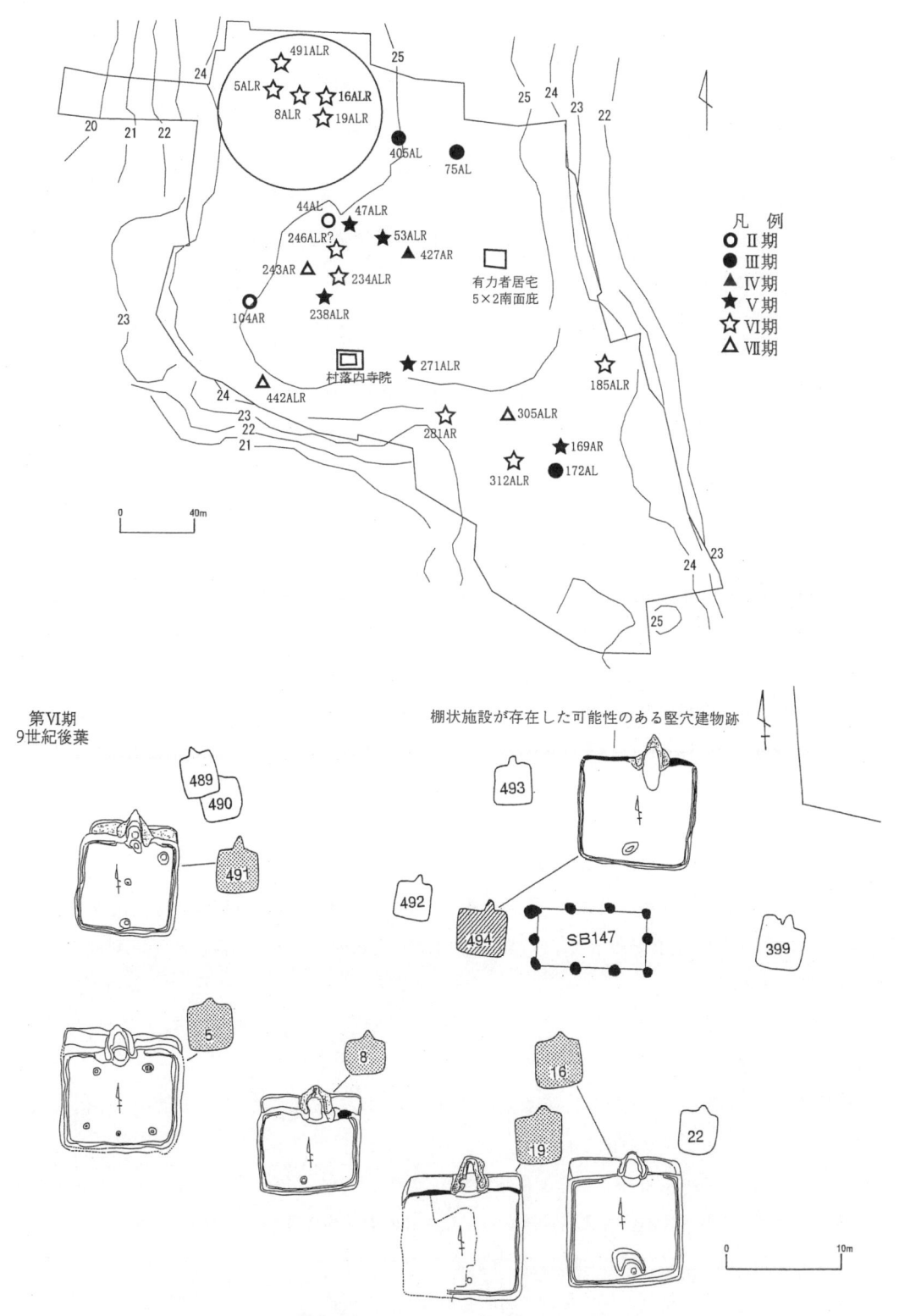

第57図　中原遺跡の棚状施設をもつ竪穴建物跡の位置〔報告書から加除作成〕

この種の手工業も行われていたことを暗示している。

また、第Ⅱ期に次いで氷室と推定される径4.20 m・深さ2.64 mの大型土坑がみられる。

第Ⅳ期では、棚状施設をもつ竪穴建物跡が有力者居宅西側に存在する竪穴建物小ブロック中に1軒だけ検出されている（第57図）。

(5). 第 Ⅴ 期

9世紀中葉（第Ⅴ期）でも、炉をもつ竪穴建物跡の存在や、生産関係遺物類の出土などから、第Ⅱ期以来行われてきた手工業生産活動が継続していることを確認できる。

第Ⅱ期・第Ⅳ期と同様に、該期でも氷室と思われる径4.42 m・深さ2.40 mの大型土坑がみられるが、前二者が台地西側の斜面際に構築されたのに対して、本遺構はこれらとは反対側にあたる台地東側の斜面際に位置している。いずれの斜面下にも展開する沖積低地には「製氷用水田」［清野1996：52］の存在が想定され、比較的至近の河内郡衙・郡寺などに供給されたものと考えるのが妥当であろう。

従来「円形有段遺構」あるいは「特殊土坑」などと、その性格付けが曖昧であったこの種の遺構を、文献史料や遺構覆土の珪藻分析結果などと考え合わせて氷室であることを明確にした中山晋［中山晋1996］や、その成果を基に東京都日野市の事例分析を行った篠崎譲治［篠崎2001］は、氷室が同時期の集落遺跡とは距離を置いている傾向にあると捉えているが、本遺跡の場合は3例いずれも同時期の竪穴建物や掘立柱建物と極端には離れていないことが指摘できそうである。

いずれにしても、台地下の製氷用水田から氷室のある高さまで切り出した氷を引き上げて貯蔵する作業や、供給地までの運搬には、それ相応の労力と技術が必要であり、季節限定ではあるものの、集落内における確立した産業のひとつであるという点を明確に認識すべきであろう。

第Ⅴ期では、棚状施設をもつ竪穴建物跡が5軒検出されている（第58図）が、第47号住居跡からは漆容器が発見されており（第51図7）、漆工・木工職人の存在が想定される点は注目される。第57図で5軒の分布をみると、調査区南側に1軒だけ離れている第169号竪穴住居跡だけがARアウトタイプの棚で、他の4軒はALRアウトタイプのものである。このタイプの棚状施設が、第Ⅴ期以降、本遺跡では主体となる。

(6). 第 Ⅵ 期

9世紀後葉（第Ⅵ期）の竪穴建物は、第Ⅴ期の63軒から120軒とほぼ倍増し、第Ⅰ～Ⅶ期中で最も軒数が多くなることが大きな特徴である。

炉をもつ竪穴建物跡の存在や、生産関係遺物類の増加などから、第Ⅴ期よりも明らかに活発な手工業生産活動が窺える。反面、竪穴建物跡から発見される農具類は鎌が2点のみであることなどから、該期になって57軒もの竪穴建物が増加した背景を開墾や農業生産に求めることには無理があろう。

該期には、桁行3間×桁行2間の身舎に四面廂が付く総面積約112 m²もの掘立柱建物が存在し、いわゆる「村落内寺院」と考えられる（第57図）。この建物は焼失しており、北廂部分に掘られた廃棄坑

1. 伝統的集落と「工業団地」　　　131

中原遺跡

II期＝8世紀中葉

III期＝8世紀後葉

IV期＝9世紀前葉

V期＝9世紀中葉

VI期＝9世紀後葉

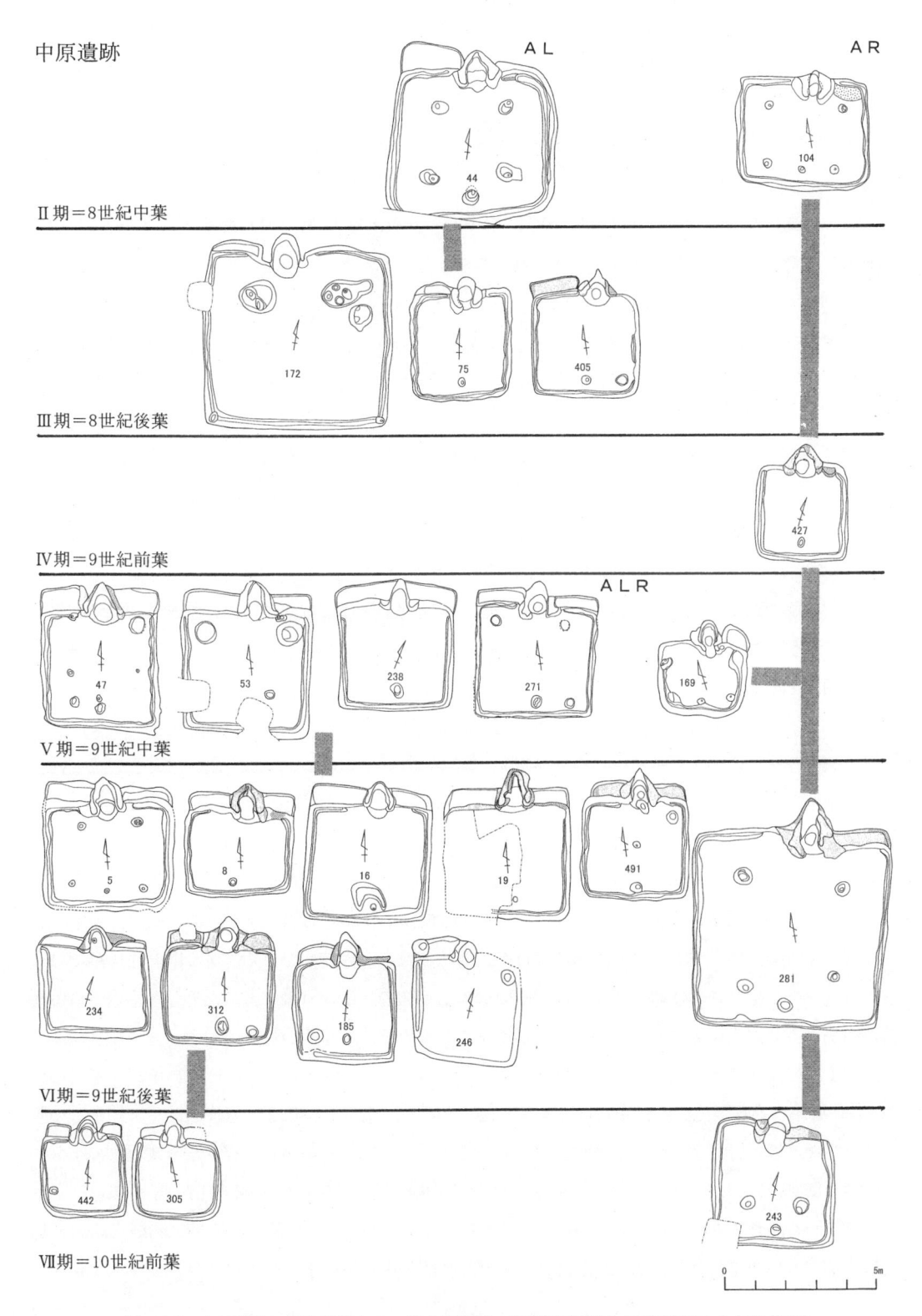

VII期＝10世紀前葉

第58図　中原遺跡の棚状施設をもつ竪穴建物跡の時期別系統図［各報告書から加除作成］

から、多量の灰釉陶器・緑釉陶器や越州窯系青磁などの高級品が出土している。集落内に、このような堂宇が出現する要因としては、郡寺の衰退(第20表)と共に「有力富豪層の成長と、中原集落の自立的活動、集落の強い結びつき」[白田2001：1036]が指摘されている。

第Ⅵ期では、集落規模の拡大に伴うかのように、棚状施設をもつ竪穴建物跡は最多の10軒を数えるようになる(第58図)。

特に、発掘区北西部分の掘立柱建物SB147を中心に分布する14軒の竪穴建物群(第57図)では、棚状施設をもつ5軒と、竈をもつ竪穴壁面に施された化粧粘土がみられることから、棚状施設が存在した可能性のある1軒の都合6軒がまとまっており注目される(第57図)。いずれも、ALRアウトタイプの棚をもつだけでなく、竪穴建物の規模や主軸方向、1口の梯子穴ピットによる出入口施設の構造と位置、竪穴床面から棚の使用面までの高さが26～36cmと比較的まとまっていることなど類似点も多い。

この他、第234号住居跡と第246号住居跡は、「村落内寺院」よりも北西側にまとまってみられる竪穴建物群の東外れに南北に並んでいる。調査区南東側にある竪穴建物群では、最も東側に第185号住居跡が、その南西側に第312号住居跡が位置している(第57図)。

第Ⅵ期で唯一ALRアウトタイプではない第281号住居跡は長径6.8mを測り、該期としては大形の竪穴建物である。調査区南西の斜面際に位置しており、3棟の掘立柱建物に囲まれている。竈に向かって右側に棚をもつグループは、第Ⅴ期と同様に竈の両側に棚をもつグループよりも南側に分布する傾向を読みとることができる(第57図)。

(7). 第 Ⅶ 期

10世紀前葉(第Ⅶ期)になると、竪穴建物と掘立柱建物は第Ⅵ期のおよそ1/3にまで数を減らし、手工業生産活動が盛んとなる第Ⅱ期以降、50軒以上で推移してきた竪穴建物数(第19表)も40軒を下回るなど、最も繁栄した第Ⅵ期とは対照的に衰退の一途をたどる。炉をもつ竪穴建物跡の存在や、生産関係遺物類も第Ⅵ期の数字は下回っているものの、それなりの出土量が認められる点から、該期でも鉄や繊維関係を中心とする生産活動は継続していたことが確認できる。第249号住居跡では、ロクロピットが検出されており、土師器あるいは木工挽物の生産が行われていたものと想定されるが、遺跡内から土師器窯が発見されていないことから、後者の可能性が高いと思われる。

第Ⅶ期では、棚状施設をもつ竪穴建物跡が3軒検出されている(第58図)が、ARインタイプの第243号住居跡がある竪穴建物群中には、先述したロクロピットをもつ第259号住居跡や、炉をもつ竪穴建物跡などの工房と思われる遺構が存在している。これらよりも南側に点在する竪穴建物の小ブロックの2箇所に、ALRアウトタイプの棚をもつ竪穴建物跡2軒がみられる(第57図)。

中原遺跡は、河内郡衙や郡寺が衰退した後の9世紀後葉(第Ⅵ期)に繁栄する(第20表)ものの、結局は律令国家の弱体化と共に10世紀前葉(第Ⅶ期)には集落の終焉を迎える。

1. 伝統的集落と「工業団地」

時期		I期	II期	III期	IV期	V期	VI期
年代		700					900
建物主軸		竪穴のみ N-10°-E	N-24°-E N-0°	N-2～4°-W	N-5～8°-W	N-10°以上-W	竪穴のみ
河内	郡庁		成立	A区 SB4.5.26.27 SD2	A区 SB1.2.3 SD2	A区 SBB21+?	?	集落化
	館	前身集落		C区 a期 SB71.72.75 SI258 b期 SB53.54.73.95 SE2	B区 SB12.13.16 SI97	B区 a期 SB8.10.11.33.34 b期 基壇1.SB7.9.15	?	
	居宅			D区 SB86.90	D区 SB46.85.87.107 SI3.4	D区 SB83.92.108.109 SI300.308	D区 SB68.69.96.100	
	正倉	SD3		?	SB1.2.3	礎石1～7 SD1	?	
九重東岡廃寺			成立	基壇1 SB4.5	?			衰退
中原遺跡		出現 (前身集落から移動?)	集落成長	自立化			集落繁栄	衰退
		中原第I期 (成立期) SI32軒 SB14棟 郡衙関連の倉庫群	中原第II期 (成長期) 67軒 34棟 郡衙関連の倉庫群、氷室	中原第III期 (充実期) 61軒 21棟	中原第IV期 (縮小期) 54軒 20棟 有力者居宅 氷室	中原第V期 (再増大期) 63軒 5棟 氷室	中原第VI期 (最盛期) 120軒 17棟 村落内寺院	中原第VII期 (衰退期) 39軒 5棟

第20表 河内郡衙・郡寺と中原遺跡の時期別関係〔報告書から加除作成〕

b. 棚状施設をもつ竪穴建物跡の特徴

中原遺跡では、8世紀中葉から10世紀前葉にかけての棚状施設をもつ竪穴建物跡が合計24軒検出されているが、これは一遺跡の事例数としては、武蔵国府関連遺跡・武蔵国分寺跡に次いで第3位を誇る(第10表)。ちなみに、本遺跡の古代竪穴建物跡497軒中で占める割合は4.8%となっている。

棚状施設をもつ竪穴建物跡の分布(第57図)としては、同じ竪穴建物群や竪穴建物の小ブロック中にまとまって分布する傾向が看取される。特に、第VI期で発掘区北西部分にみられるまとまり(同図)は顕著である。これらのまとまりに存在する事例は、同一平面タイプのもので統一されており、異なる平面タイプのものは混在しない。

本遺跡では、棚状施設の平面タイプは主体となるものと客体的なものに二分され、両者は分布域を異にしている。主体となる平面タイプは、第II～III期はALアウトタイプであるが、第V期以降はALRアウトタイプが中心となる。また、各時期をほぼ通じてARインタイプのものが客体的に認められる(第58図)。

竪穴建物群や竪穴建物の小ブロックは「複数の住居(竪穴建物―筆者註)がまとまって一つの生活単位を構成」〔宮瀧1989：2〕するもので、「宅地」〔荒井2000：35〕として把握することができることから、同一平面タイプの棚状施設をもつ竪穴建物を使用する集団の共通性を想定することが可能であろう。

本遺跡は、第II期以降、鍛冶・紡績・漆工・木工・製氷などの各種手工業生産を中心として経営されていた「工業団地」的な性格が強く、第III章でも検討したように他遺跡の事例などからも、棚状施設をもつ竪穴建物は「非農業民」〔橋口1985：55〕が使用したものと理解できる。

中原遺跡における棚状施設をもつ竪穴建物の性格を考えるうえで、第V期の第47号住居跡の床面に遺棄されていた漆容器(第51図7)の存在は重要なポイントとなるものである。報告者は「郡衙の役

人との関係を強く感じさせる」［成島 2000：418］としているが、漆そのものを入れていた容器であることから、漆職人が保有していたものと考えることができるだろう。先述したように、第IV期では漆書土器が発見されていることからも、本遺跡内における漆工集団の存在することが可能であり、第47号住居跡もこのような工人が使用していたものと想定できよう。

　さらに注意すべき点としては、漆工は曲物や木工挽物などと密接な関係をもつことである。ロクロピットをもつ第240号住居跡の存在も土器生産というよりは、むしろ木工挽物のために使用されたものと捉え、113点出土している刀子類の多くが木器生産に使用されたと考えることは、あながち無理な解釈ではないと思われるが、如何であろうか。

　また、ロクロピットをもつ第240号住居跡に隣接する棚状施設をもつ第246号住居跡の床面に刀子が遺棄されていることや、この他にも刀子が6軒から6点、刀子類と不可欠な関係にある砥石が5軒から5点と比較的目立つことからも、棚状施設をもつ竪穴建物と木地師集団との関係を指摘することができるのではなかろうか。

　各種手工業生産が盛んであった中原遺跡において、漆工や木工がどの程度の規模で行われていたかを知ることは難しいが、第VI期の発掘区北西部にみられる棚状施設をもつ竪穴建物の集中ブロック（第57図）からは、第V期に63軒であった竪穴建物数が120軒にまで増大する背景のひとつとして、集落内に漆工・木工を生業とする集団の顕著な移入があったと推測できる。橋口定志は、平安時代の「小鍛冶集団が移動性を持っている」［橋口 1985：64］ものと指摘しているが、木地師集団なども同様な性格であったものと捉えられる。第VI期の棚状施設をもつ竪穴建物の集中ブロック（第57図）は、第VII期になると集団の移動性を反映するかのように、1軒の竪穴建物を残して明確な空白地に変貌している。

　ちなみに第57図をみると、各時期を通じて発掘区北東部付近には棚状施設をもつ竪穴建物跡が認められないことが注意される。このエリアには第IV期には有力者層の居宅が設けられるなど、第II期以降継続して鉄や繊維関連の手工業生産が行われていた区域と考えられる。この点からも、本遺跡の棚状施設をもつ竪穴建物を使用した集団が、鍛冶や紡績とは異なる業種に携わっていたことを暗示しているものと見なすことが可能であろう。

C．熊の山遺跡と中原遺跡における棚状施設をもつ竪穴建物跡の比較

　以上、常陸国河内郡内の二大集落遺跡を概観したが、両遺跡の棚状施設をもつ竪穴建物跡の様相は対照的なものと言える。

　両遺跡における集落の存続時期と各時期の遺構数などについては第19表に示したが、熊の山遺跡が4世紀中葉から11世紀前葉まで700年近く、ほぼ継続して営まれていたのに対して、中原遺跡は5世紀前葉と6世紀後葉に小規模な生活痕跡が認められるが、中心となるのは8世紀前葉から10世紀前葉までの約200年である。

　熊の山遺跡は、古墳時代に在地勢力により経営が開始され、8世紀に律令国家体制に組み込まれ、一部で官的な様相を示すものの、律令国家の弱体化などに伴い、在地有力者層の経営により存続して

いく。7世紀に鍛冶関連などの手工業も開始されるが、農業経営を基本としていた集落と捉えることが妥当である。

一方、古代の中原遺跡は、郡衙に関連する倉庫群を設置するために出現したもので、8世紀中葉までは官的な様相を呈しているが、同時に各種手工業生産が開始され、10世紀前葉まで継続して行われていたことが大きな特徴である。

これらの活動は、単なる集落内の自給自足的な量を越えており、至近にある郡衙や郡寺などとの密接不離な関係から発展していったものと理解される。その具体的な生産活動としては、遺構・遺物から比較的明らかな鉄・繊維関係以外にも、漆工・木工や製氷などが挙げられる。もちろん、遺跡の立地や鉄製農工具の存在などから農業経営の側面を否定するのは難しいが、あくまでも非農業的な要素が主体となって維持されていた「工業団地」のような役割をもっていた遺跡と捉えることが可能であろう。本遺跡が、熊の山遺跡よりも100年ほど前に衰退・消滅する大きな要因としては、郡衙・郡寺と一蓮托生の関係、今風に言えば「企業城下町」のような構造を呈していたものと考えられないであろうか。

さて、熊の山遺跡で検出された棚状施設をもつ竪穴建物跡は、古代においては全竪穴建物跡中で0.5％と僅少であり、ほぼ一時期1軒の割合に留まっている。

大形の竪穴建物である第720号住居跡(第54図)は、官衙風の掘立柱建物群に囲まれて位置することや、棚状施設が報告数の少ない袖延長タイプ(第12図)であることから、他の事例とは様相を異にしている。この他の4軒は、工房と思われる竪穴建物に近いことや、鉄関連の遺物が出土することなどから、鍛冶職人が使用していた可能性が高い。また、いずれも集落内の外れに近い場所に位置している点も注意して良いだろう(第53～56図)。

これらは、「村の鍛冶屋」のような農業経営を主体とする集落遺跡に職住を定めた工人が使用する竪穴建物と捉えることが可能であろう。一遺跡から検出される棚状施設をもつ竪穴建物跡が1軒だけという事例が全体の約2/3を占める(第9表)背景には、このような解釈が成り立つものも多いのではなかろうか。

一方、24軒もの棚状施設をもつ竪穴建物跡が検出された中原遺跡では、古代の全竪穴建物跡中で占める割合は4.8％となっており、熊の山遺跡と比べると明らかに顕著である。中原遺跡では、これらの他に竈をもつ竪穴壁面に粘土が施されていることから、棚状施設が存在した可能性のある竪穴建物跡が5軒発見されており[拙稿2002a]、本来は更に事例が多かったものと思われる。熊の山遺跡が一時期にほぼ1軒の事例に限られるのに対して、中原遺跡では各時期を通じて複数の軒数が存在し、集落が最も繁栄する9世紀後葉には、第57図に示したような6軒ものまとまりがみられる。これらは、棚状施設の平面タイプをはじめとして共通する要素も多く認められ、同一の血縁集団あるいは職業集団が一定の宅地を占用していたものと見なされる。中原遺跡の棚状施設をもつ竪穴建物を使用した集団は、先述したように漆容器の存在などから漆工・木工に携わったものと推測される。

なお、本章の次節以降でも検討するが、小稿では棚状施設の平面タイプにみられる共通性は同一系譜の集団関係を示しているという仮説に基づいて論を進めるものである。

古代の中原遺跡は、熊の山遺跡のような農業経営を基盤として代々継続してきた「伝統的集落」とは異なり、郡衙の整備に伴い無人の台地上に突然形成され、各種手工業生産により発展していく「工業団地」的な性格をもっていることから、工人集団が主体となって展開していたものと捉えられる。このような性格の遺跡に棚状施設をもつ竪穴建物跡が多く認められるということは、当該施設をもつ竪穴建物が「非農業民」である特定の工人集団との結びつきを示しているものと理解することができるだろう。

　僅か6.5kmしか離れておらず、立地的にも類似し、共に遺跡を覗く窓が大きい熊の山遺跡と中原遺跡を比較した結果、棚状施設をもつ竪穴建物跡の多寡が明確に認められ、その要因が農業生産と手工業生産という生活基盤の差によることが明らかとなった。

　両遺跡の棚状施設をもつ竪穴建物跡は、いずれも「非農業民」である工人集団とのつながりが窺えるものだが、熊の山遺跡では「村の鍛冶屋」的な単一的かつ小規模な存在であるのに対して、中原遺跡では集落内に職住を定めた多くの工人集団のうちの特定集団を表象しているものと考えられる。棚状施設の平面タイプからは、少なくとも主体と客体となる二つの集団の存在が垣間見える（第58図）。

註

1　熊の山遺跡では、小稿執筆後に7冊目の発掘調査報告書［茨城県教育財団2004］が刊行された。古墳時代後期から古代の竪穴建物跡175軒が報告され、竈をもつ竪穴建物跡は約1,500軒となったが、本書では棚状施設をもつ竪穴建物跡は報告されていない。

2　中原遺跡は、平成13(2001)年7月に「東岡中原遺跡」に名称変更された［茨城県教育財団2005］が、小稿では旧名称である「中原遺跡」を使用する。

3　『新編常陸國誌』によると、河内郡は、北は筑波郡、東は信太郡、南と西は下総国に接しており、中原遺跡のある菅田郷の他に、大村郷・島名郷・河内郷・八田部郷・大山郷・真幡郷の7郷からなる。真幡郷は牛久沼の西側、現在の茨城県筑波郡伊奈町と谷和原村付近にあたり、中原遺跡からは南西に15～20kmほど離れている［茨城県教育財団1999：表紙］。

4　複数の竪穴建物のまとまりを最小単位として視覚的に把握できるものを、便宜的に「竪穴建物の小ブロック」と呼称する。さらに複数の竪穴建物の小ブロックを括ることができる場合は「竪穴建物群」と呼び分けることにしたい。

2. 農村と都市の比較

　ここでは、農村の遺跡と都市の遺跡における棚状施設をもつ竪穴建物跡の様相を比較することによって、その背後にある集団関係などを探ることにしたい。
　広域の発掘調査が実施され「農業生産を主体とした開墾集落」［天野1995：327］が面的にまとまって把握できる下総国印旛郡村神郷付近の遺跡群を前者の代表例、棚状施設をもつ竪穴建物跡の報告例が最も多い武蔵国府関連遺跡を後者の代表例として検討するものである。

A. 農村の事例——下総国印旛郡村神郷・舩穂郷の遺跡群

　この地域(第59図)は、広域的な都市基盤整備に伴う大規模な発掘調査により、複数の遺跡に跨がって多数の竪穴建物跡や掘立柱建物跡が検出されており、古代の集落遺跡研究に格好の検討材料を提供している。特に、下総国印旛郡村神郷に比定される千葉県八千代市内の遺跡群を扱った論考は枚挙に暇がない。しかしながら、棚状施設をもつ竪穴建物を具体的な分析対象としているのは、平成7(1995)年の天野努による「古代東国村落と集落遺跡—下総国印旛郡村神郷の様相—」［天野1995］だけである。本項では、まず当該遺構が検出された各遺跡を概観してから、これらの相互関係などについて検討を加えたい。
　ここで対象とする遺跡は、下総国印旛郡村神郷にあたる八千代市村上込の内遺跡・白幡前遺跡・上の台遺跡と、同郡舩穂郷にあたる印西市鳴神山遺跡である。

a. 村上込の内遺跡

　日本住宅公団(当時)の団地建設に伴い、昭和48(1973)年度に発掘調査が行われた。台地上のおよそ2/3にあたる約60,000㎡から古代の竪穴建物跡155軒・掘立柱建物跡24棟などが検出された［文献千葉24］。建物群の分布範囲はA～E地区に大別される。
　本遺跡は、8世紀第Ⅱ四半期前半から9世紀第Ⅳ四半期まで営まれており、出土土器の編年観をもとに第Ⅰ期、第Ⅱ期、第Ⅲ期A期・同B期・同C期、第Ⅳ期、第Ⅴ期A期・同B期に区分されている［天野ほか1989］。
　棚状施設をもつ竪穴建物跡は5軒発見されている(第60図)が、この種の遺構の調査報告例としては初期のものである。これらのうち、C地区にある080遺構が第Ⅱ期(8世紀第Ⅱ四半期)の所産だが、他の4軒は第Ⅴ期A・B期に属している。
　第Ⅴ期A期(9世紀第Ⅲ四半期前半)に属するのは039遺構と093遺構の2軒である(第60図上)。前者はA地区、後者はD地区に位置するが、建物の主軸方向が近似することと、竪穴床面に炉が設けられている点が共通している。
　039遺構の棚状施設上からは土師器皿(第40図)が、竪穴壁際の床面からは丸鑿が出土している。いずれも完形品であり遺棄されたものと見なされる。

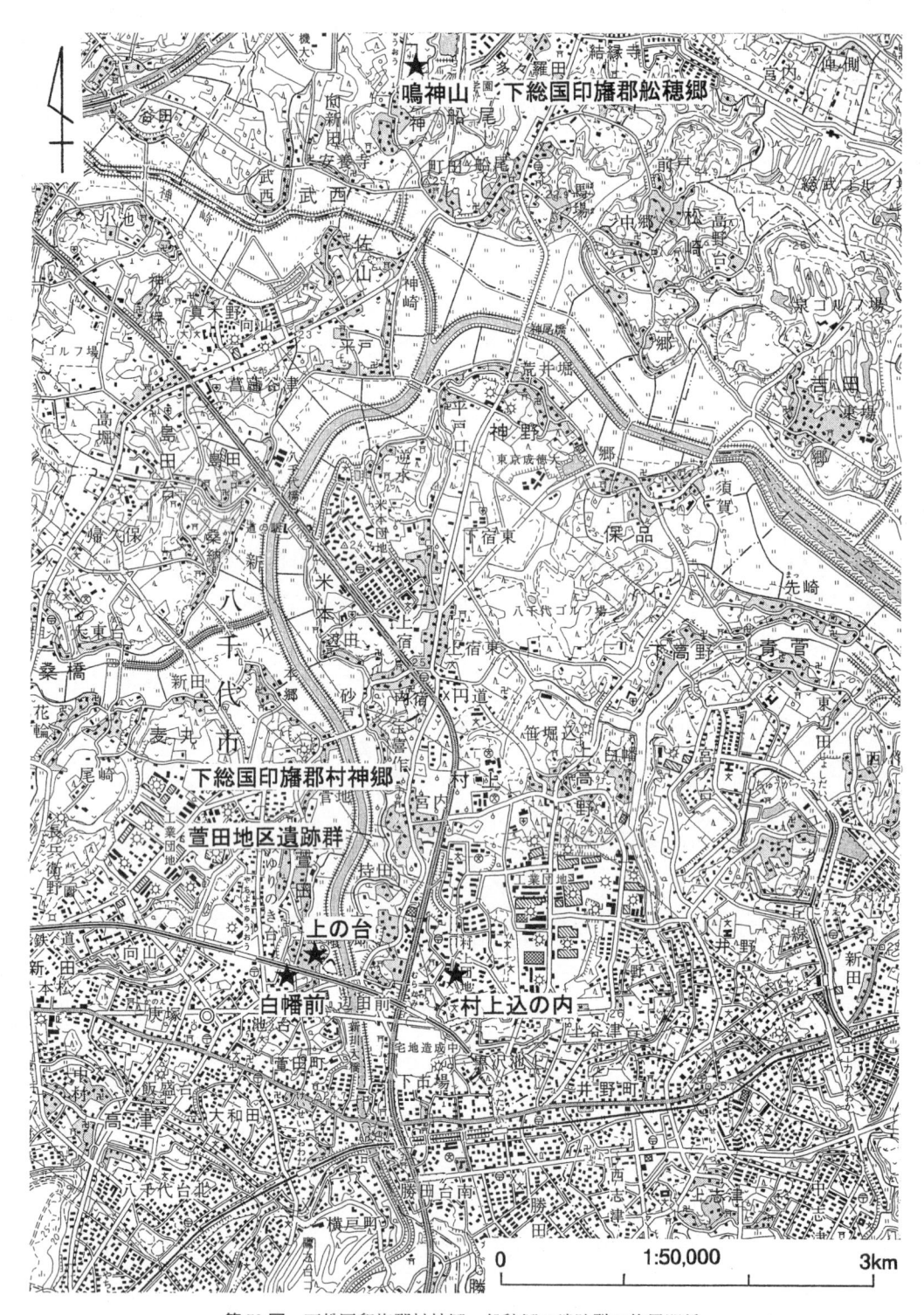

IV. 棚状施設をもつ竪穴建物の集団関係

第 59 図　下総国印旛郡村神郷・舩穂郷の遺跡群の位置関係

2. 農村と都市の比較　　139

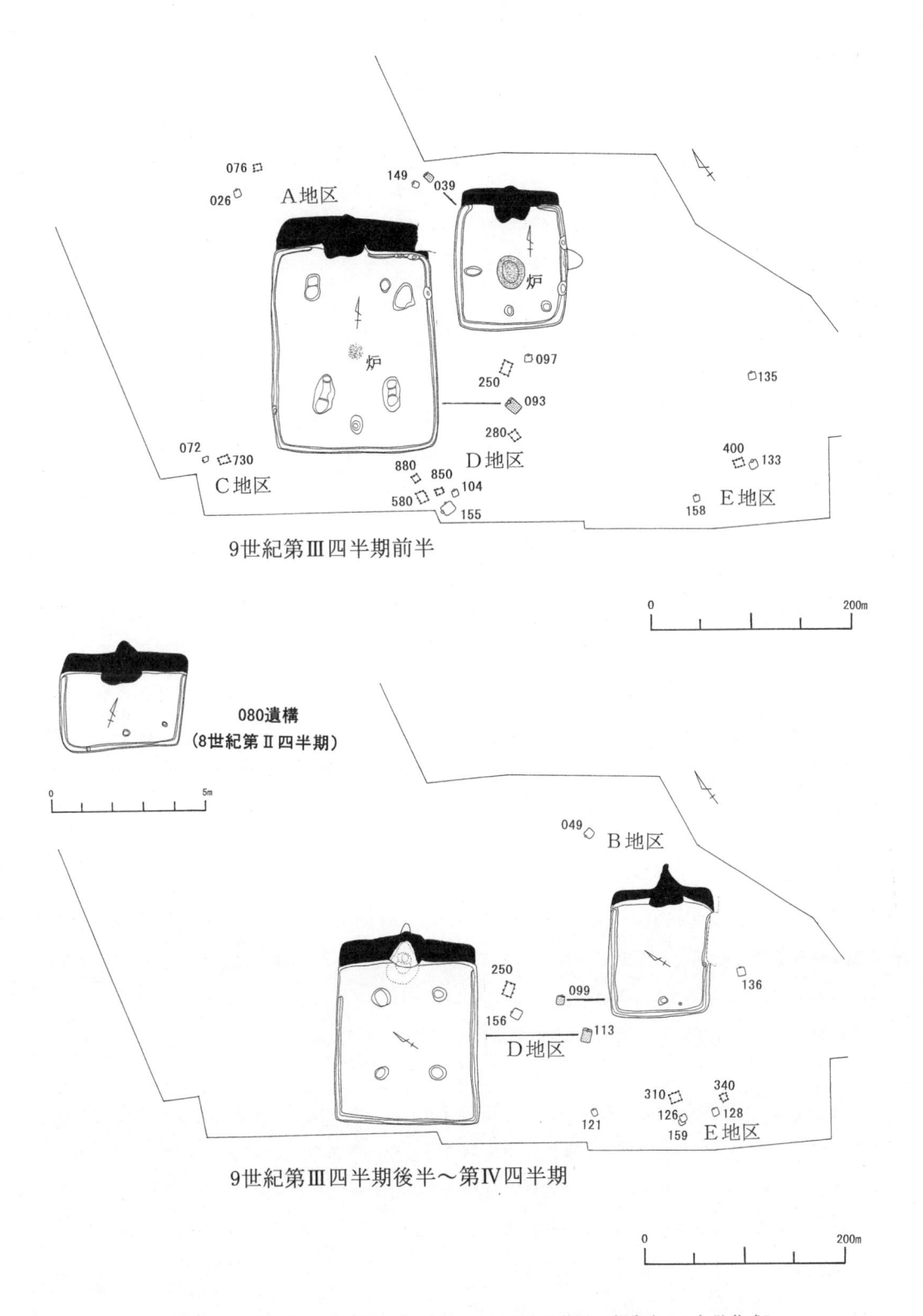

9世紀第Ⅲ四半期前半

080遺構
（8世紀第Ⅱ四半期）

9世紀第Ⅲ四半期後半〜第Ⅳ四半期

第60図　村上込の内遺跡の棚状施設をもつ竪穴建物跡〔報告書から加除作成〕

093遺構は、長径7.6m×短径5.35mを測り、この時期の竪穴建物としては大形である。さらに、土師器65個体(1,400点)・甑6個体(6点)・杯78個体(1,124点)・皿33個体(150点)、須恵器甕23個体(120点)・甑2個体(2点)・長頸瓶3個体(14点)・杯12個体(40点)、砥石1点、鉄製紡錘車1点と軸棒2点・刀子5点・鉄鏃1点、帯金具(鉈尾)1点などの大量の遺物が出土している。

これら遺物の出土状態［文献千葉24：3―251図］や、土器類だけでも222個体(2,860点)もの量であることから、高梨修が指摘するように、集落内で行われた饗宴に使用された大量の土器類などが一括廃棄されたもの［高梨1986］と捉えることが可能だろう。

この竪穴建物は大形であり、鉄器類の出土点数が多く、腰帯具がみられること、さらに同一文字「来」の墨書土器が32点と顕著なことなどから、有力者層の住居であるという説も提示されている［鬼頭1989］・［松村1991］。しかしながら、出土遺物の大部分はこの遺構に伴うものではなく廃棄されたものであることや、炉が設けられている点などから考えると、093遺構は鍛冶工房の可能性があり、竪穴規模が大きいのは作業空間を確保するためという解釈も成り立つのではなかろうか。

第Ⅴ期B期(9世紀第Ⅲ四半期後半〜第Ⅳ四半期)に属するのは、099遺構と113遺構の2軒である(第60図下)。D地区内で隣接しており、建物の主軸方向もほぼ一致している。

113遺構の竪穴壁際からは「鐙あるいは轡の連結に使用されたものと思われる」［文献千葉24：341］馬具の連結金具、床面付近から刀子が出土している。

以上5軒の竪穴建物跡にみられる棚状施設は、いずれもALRアウトタイプで、構築方法もすべて地山を粗掘りして掘り形を設けてから粘土などを充塡して使用面をつくる③充塡タイプとなっており、きわめて斉一性の強いものであることが指摘できる。

b. 白幡前遺跡

住宅・都市整備公団の土地区画整理事業に伴い、昭和54(1979)年度から昭和63(1988)年度まで発掘調査が行われた。村上込の内遺跡とは旧平戸川を隔てた対岸の台地上に位置し(第59図)、萱田地区遺跡群として括られた最も南側の遺跡にあたる(第63図)。約86,000㎡から、古代の竪穴建物跡279軒・掘立柱建物跡150棟などが検出された［文献千葉25］。建物群の分布範囲は、1群Aグループから3群の9グループに大別される(第61図)。

本遺跡は、8世紀初頭から10世紀初頭まで営まれており、0期から8期までに区分されている［文献千葉25］。

棚状施設をもつ竪穴建物跡は4軒検出された(第61図)。報告書では竪穴建物跡をA〜G型に類型化したうちの「C型 カマドを設置した壁に粘土を貼り付けたテラスをもつもの」［文献千葉25：252］として分類されている。これらが属する建物群と時期は次のとおりである。

　　D164＝1群Bグループ、5期(9世紀中葉)
　　D024＝2群Cグループ、4期(9世紀前半)
　　D073＝2群Eグループ、5期(9世紀中葉)
　　D074＝2群Eグループ、6期(9世紀後半)

2. 農村と都市の比較　　　141

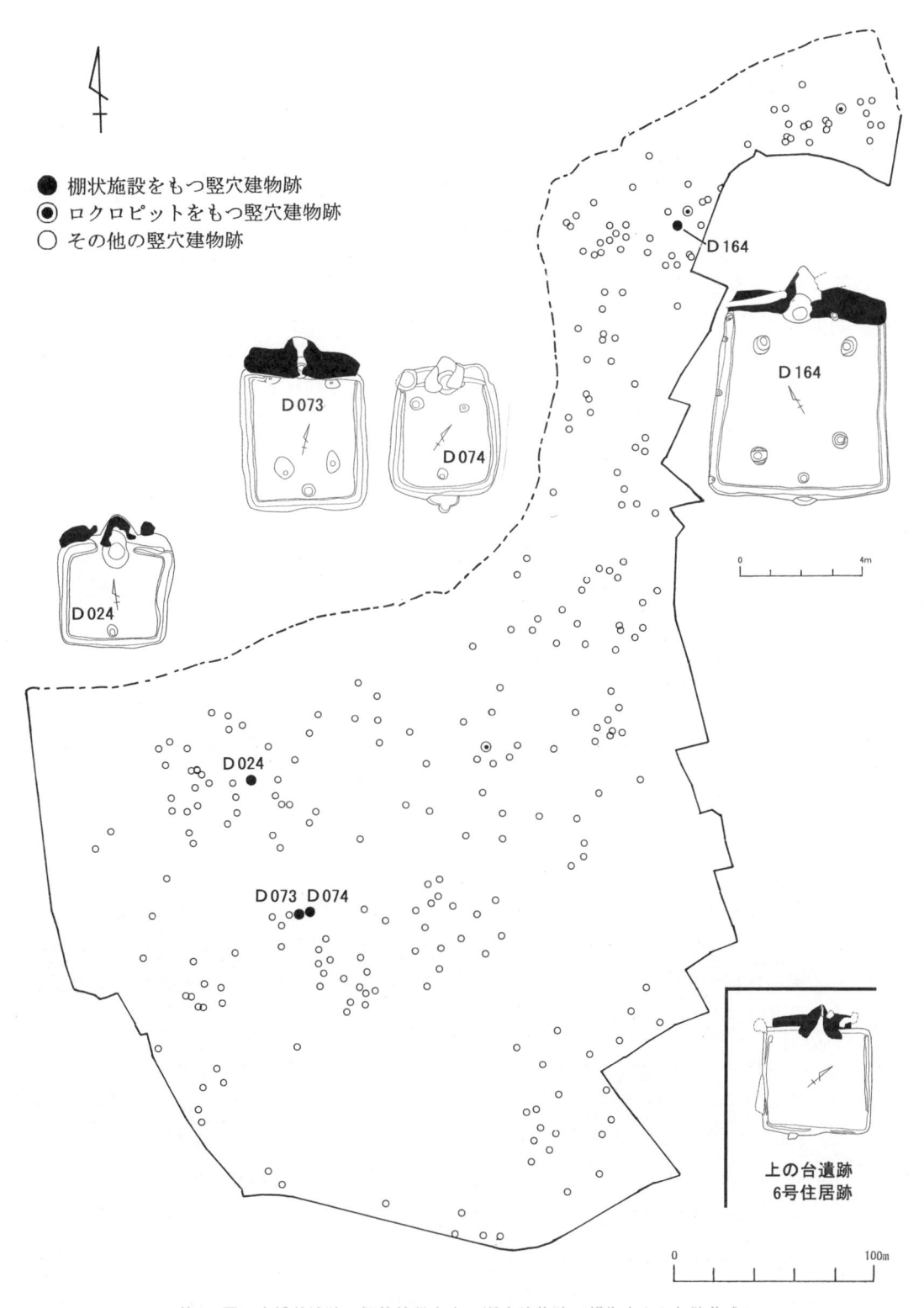

● 棚状施設をもつ竪穴建物跡
◉ ロクロピットをもつ竪穴建物跡
○ その他の竪穴建物跡

第61図　白幡前遺跡の棚状施設をもつ竪穴建物跡［報告書から加除作成］

このうち、D 073 と D 074 は隣接しており（第 61 図）、時期的にみて前者から後者への移動も想定できるかもしれない。

　4 軒の竪穴建物跡に遺棄された遺物はほとんど認められないが、D 164 では隣接する掘立柱建物から廃棄されたと考えられる大量の遺物が出土しており、火打金などが含まれている。また、D 164 に隣接する D 165（4 期＝9 世紀前葉）の床面にはロクロピットがみられる（第 61 図）。1 群 B グループでは紡錘具の出土も顕著［文献千葉 25］で、この建物群では手工業生産活動が活発だったことが窺える。2 群 C グループの D 024 に隣接した同時期の D 022 からは、鉄製鋏が出土している。

　以上 4 軒の竪穴建物跡にみられる棚状施設は、D 024 を除く 3 軒が ALR アウトタイプで、D 024 は ALr アウトタイプと考えられる。構築方法は、D 074 を除く 3 軒が素掘りした面に粘土を薄く貼って化粧を施した②化粧タイプで、D 074 は黒色土を構築土に使用した③充塡タイプとなっている。いずれも竈の両側に棚状施設を設けており、粘土を化粧するものが主体となる点で、斉一性が強いものと言える。

c．上の台遺跡

　日本鉄道建設公団の東葉高速鉄道建設に伴い、平成 2（1990）年度と平成 3（1991）年度に発掘調査が行われた。白幡前遺跡と同一台地の東側縁辺部にあたり（第 59 図）、本来は白幡前と同じ集落遺跡の一部と捉えることも可能である。2,027 ㎡から古代の竪穴建物跡 14 軒・掘立柱建物跡 1 棟などが検出された［文献千葉 26］。白幡前遺跡とほぼ同様の時期に営まれている。

　本遺跡では、9 世紀後半の 6 号住居跡で棚状施設が検出されている（第 61 図）。Alr アウトタイプのもので、竈に向かって右側が左側のほぼ半分の長さになっている。③充塡タイプで構築されている。竪穴壁際から摘鎌（半月形鉄製品）が出土しており、本遺構に伴う可能性がある。

d．鳴神山遺跡

　千葉県企業局による市街地造成整備事業に伴い、昭和 63（1988）年度から平成 4（1992）年度にかけて発掘調査が行われた。萱田地区遺跡群の北東約 6 km に位置（第 59 図）しており、台地上の 57,354 ㎡から古代の竪穴建物跡 202 軒・掘立柱建物跡 43 棟などが検出された。建物群の分布範囲は N 地点・I 地点・II 地点に大別される［文献千葉 26］。

　本遺跡は、8 世紀第 I 四半期から 10 世紀第 II 四半期まで営まれている［文献千葉 26］。

　棚状施設をもつ竪穴建物跡は 5 軒検出された（第 62 図）。I 地点では I 028 と I 041 が 9 世紀前半、I 033 が 9 世紀第 II 四半期～第 III 四半期、II 地点では II 084 が同じく 9 世紀第 II 四半期～第 III 四半期、II 093 が 9 世紀第 IV 四半期～10 世紀第 II 四半期の所産である。I 地点の 3 軒は竪穴建物の小ブロック単位で、それぞれ距離を置いて認められるが、II 地点の 2 軒は掘立柱建物に挟まれて隣接しており（第 59 図）、時期的にみて II 084 から II 093 への移動も想定できるかもしれない。

　これらの竪穴建物跡のうち、I 028 の壁際から出土している砥石が転落遺棄の可能性があり、遺棄遺物としては、I 033 床面の刀子と II 084 床面の鎌、II 093 棚上の土師器杯（第 40 図）が挙げられる。

2. 農村と都市の比較　　143

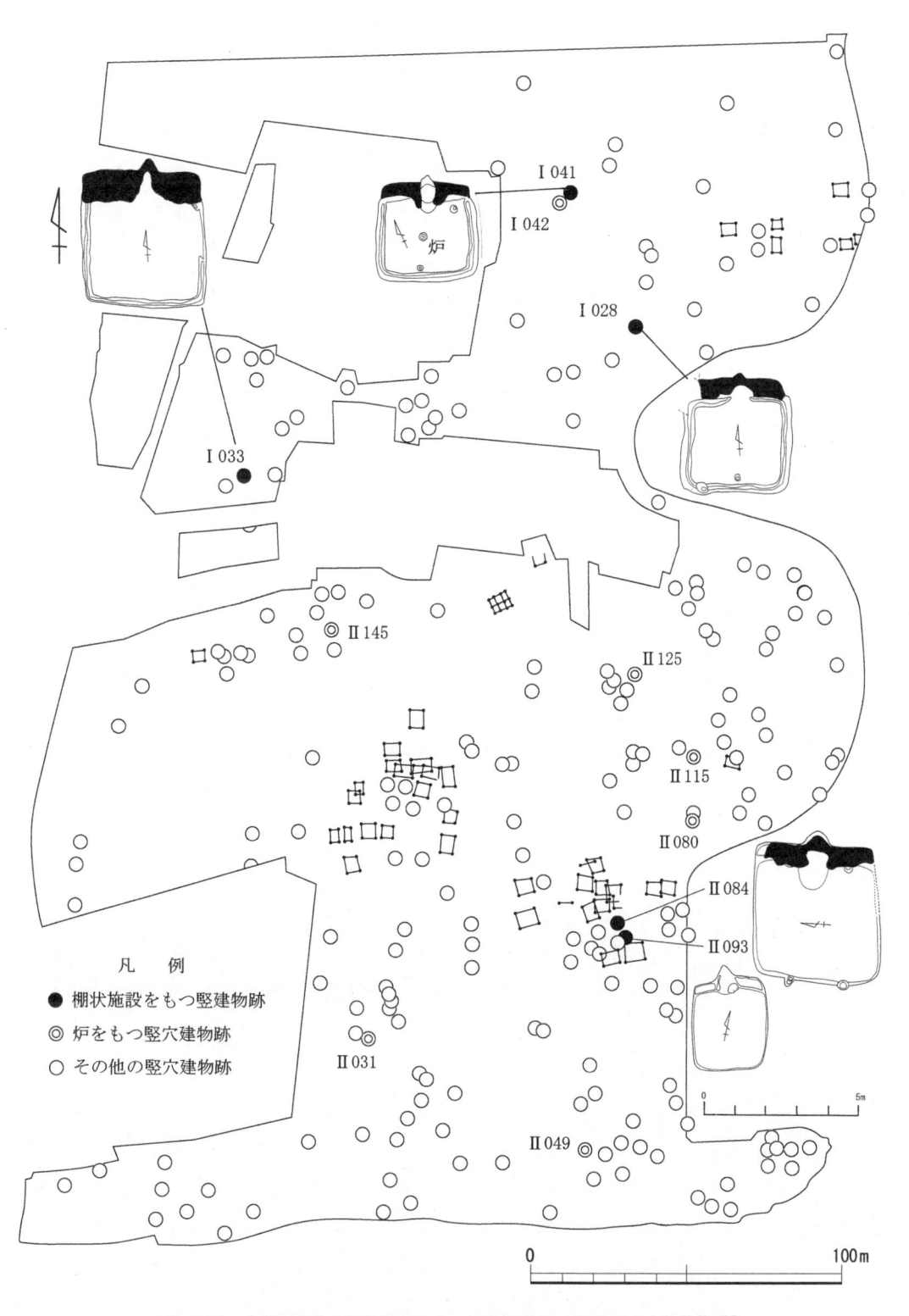

第 62 図　鳴神山遺跡の棚状施設をもつ竪穴建物跡〔報告書から加除作成〕

また、I 041 の床面には炉が設けられているが、隣接する竪穴建物跡 I 042（9 世紀第 II 四半期～第 III 四半期）も「床面中央が円形に被熱」［文献千葉 29：86］しており、時期的にみて I 041 → I 042 という移動が考えられる（第 62 図）。D 042 では棚状施設は検出されていないものの、両者の関連性が窺える。ちなみに、本遺跡では第 62 図中に示したように、炉をもつ竪穴建物が 9 軒ほど認められる。

　以上 5 軒の竪穴建物跡にみられる棚状施設は、全て ALR アウトタイプで、構築方法も①素掘りタイプの II 093 を除き、粘土で化粧（I 028・I 033・II 084）あるいは充填（I 041）したものであり、斉一性が強いものと言えよう。

e. 遺跡群の特徴

　以上のように、村上込の内遺跡・白幡前遺跡・上の台遺跡と鳴神山遺跡は、下総国印旛郡の隣接する二つの郷に分かれるものの、8 km ほどの範囲に収まっており（第 59 図）、古代集落遺跡のまとまった調査例となっている。

　特に、白幡前遺跡を含む萱田地区遺跡群では、第 63 図でみられるように井戸向遺跡（調査面積 120,000 ㎡）で 95 軒、北海道遺跡（調査面積 120,000 ㎡）で 114 軒、権現後遺跡（172,000 ㎡）で 65 軒の竪穴建物跡が検出されており、これらに棚状施設をもつ竪穴建物跡が存在する白幡前遺跡・上の台遺跡・村上込の内遺跡を合計すると、調査面積約 560,000 ㎡から 722 軒もの竪穴建物跡が発見されたことになる。古代の郷をこれだけ面的に広げた発掘調査は他に類を見ない。

　これらの遺跡は地形的に区分されているものの相互に関連しており、「いずれも基本的には農業生産を主体とした集落」［天野 1995：326］あるいは「典型的な開墾集落」［松村 1995：64］と評価されている。松村恵司は、各遺跡から発見された帯金具の位階や鉄器出土量などから、「発掘された村神郷は最有力者が居住する白幡前遺跡に続いて、権現後集落→村上込の内集落・井戸向遺跡集落→北海道集落という序列で、集落間格差が存在した」［松村 1995：64］ものと推測している。

　各遺跡で行われていたと考えられる手工業生産活動としては、紡績は村上込の内遺跡と白幡前遺跡、鍛冶関連遺物は北海道遺跡を除く各遺跡で認められるものの、確実に鍛冶が行われていたのは、やはりこの 2 遺跡である。また、白幡前遺跡ではロクロピットをもつ竪穴建物跡が 3 軒（第 62 図）、権現後遺跡では土師器窯が 7 基検出されていることなどから、土師器生産が行われていたことが指摘されている［天野 1995］。

　これらのうち、「集落を構成する建物群の数や規模が大きく、長期間継続的に営まれ、さらに、小鍛冶や土師器生産、糸の生産等生活に必要な手工業的な部門をも集落の中に集中的に保有している遺跡としては、萱田地区の白幡前遺跡、次いで村上地区の村上込の内遺跡があげられる」［天野 1995：328］という指摘は、ちょうど棚状施設をもつ竪穴建物が存在する遺跡とも符号しており注意を要する。

　鳴神山遺跡は、村神郷の隣郷にあたる「舩穂郷の中心的集落」［文献千葉 29：抄録］と考えられており、村神郷の遺跡群と同様に開墾集落と捉えることが可能であろう。調査面積に対する建物数や、時期的な継続性、さらに出土遺物や炉を設けた竪穴建物跡が散見される（第 62 図）点などから窺える手工業生産活動の在り方などは、村上込の内遺跡に比較的近いものと理解できそうである。

2. 農村と都市の比較

いずれにしても、これらの遺跡群の調査成果は、遺跡を覗く「窓はなるべくなら大きいことがのぞましい」[渋江1987：1]という条件を充分に満たしており、古代農村を検討する格好の材料を提供してくれることを改めて確認することができる。

f. 棚状施設をもつ竪穴建物跡の特徴

次に、村上込の内・白幡前・上の台・鳴神山の4遺跡で検出された15軒の棚状施設をもつ竪穴建物跡の特徴について検討したい。

(1). 平面タイプ

ALrアウトタイプの白幡前遺跡D 024(第61図)と、Alrアウトタイプの上の台遺跡6号住居跡(同図)を除く3遺跡13軒(87%)はALRアウトタイプであり、村上込の内遺跡(第60図)と鳴神山遺跡(第62図)では全ての事例が当該タイプで統一されている。

ちなみに、白幡前遺跡D 024(第61図)は棚状施設の立ち上がりが失われており、使用面の化粧粘土のみが検出されている。同様の構築方法で棚の立ち上がりが遺存している鳴神山遺跡II 084(第62図)では、粘土が貼られていない素掘りの部分が認められることから、白幡前遺跡D 024の竈に向かって右側の部分も本来は辺全体に棚の掘り込みが存在した、つまりALRアウトタイプであった可能性も否定することができない。

いずれにしても、ALRアウトタイプを中心として、竈の両側に棚状施設を設けている点が共通している。

(2). 構築方法

鳴神山遺跡II 093(第62図)のみが①素掘りタイプで、他の14軒は③充塡タイプと②化粧タイプで占められている。白幡前遺跡D 074(第61図)が黒色土を充塡する以外は、粘土を充塡あるいは化粧している点が大きな特徴である。その内訳は次のとおりである。

	充塡タイプ	化粧タイプ
村上込の内遺跡	080遺構・039遺構・093遺構・099遺構・133遺構	
白幡前遺跡		D 024・D 164・D 073
上の台遺跡	6号住居跡	
鳴神山遺跡	I 041	I 028・I 033・I 084
	—計7軒—	—計6軒—

両者の軒数はほぼ拮抗しているが、村上込の内遺跡では③充塡タイプ、白幡前遺跡では②化粧タイプというように、遺跡により異なる傾向を読み取ることができる。この両タイプは、掘り形を設けるか、掘り形を設けずに素掘りの構築面を造り出すという構造の違いこそ認められるものの、使用面を

粘土で仕上げるという点では共通しており、平面タイプと同様に斉一性の強いものと言える。

(3). 竪穴建物の付属施設

村上込の内遺跡039遺構と093遺構(第60図)、鳴神山遺跡Ⅰ041(第62図)の竪穴床面には炉が設けられている。村上込の内遺跡093遺構からは鉄滓が出土しており[文献千葉24]、「逆流入」[拙稿1984：235]の可能性もある。他の2軒では鍛冶関連の工具類や鉄滓などが発見されていないが、竪穴廃絶時の片付けが行き届いていた場合を想定すれば、これらの竪穴建物に設けられた炉は、最も可能性のあるものとして「鍛冶炉として理解できる」[橋口1985：55]であろう。

先述したように、鳴神山遺跡Ⅰ041に隣接するⅠ042の床面にも炉がみられ、竪穴建物の小ブロック単位内での移動が想定される(第62図)。

以上のように、炉の存在から鍛冶工房と考えられるものが認められることや、工房に隣接する事例が認められることは、再三指摘するが棚状施設をもつ竪穴建物跡の性格を考えるうえで重要である。

(4). 出土遺物

竪穴建物に伴うと思われる遺物は総じて少ない。

まず、棚状施設の使用面に置かれた事例としては、村上込の内遺跡039遺構の土師器皿と鳴神山遺跡Ⅱ093の土師器杯(第40図)が挙げられる。棚上に遺棄された遺物には食器と調理具が目立つことから、棚状施設は第一義的には食生活に関連した道具の収納スペースと考えられるが、第Ⅲ章第1節でも指摘したように、これらの個体が棚上に祀られていた神棚に供えられていた可能性も否定できない。

一方、竪穴床面に遺棄された遺物には、棚状施設をもつ竪穴建物自体の性格を反映しているものが含まれているはずである。

該当する遺物は少数ながら、丸鑿(村上込の内遺跡039遺構)・刀子(同遺跡113遺構・鳴神山遺跡Ⅱ028)・砥石(鳴神山遺跡Ⅰ028)などの工具類と、摘鎌(上の台遺跡6号住居跡)・鎌(鳴神山遺跡Ⅱ028)の農具類に大別される。この他、馬具の連結金具(村上込の内遺跡113遺構)は一部が破損していることから、修理などのために持ち込まれたものと考えることも可能であろう。

また、竪穴覆土中に廃棄された遺物は直接その竪穴建物に伴わないが、中には周囲の建物で行われていた手工業生産活動を暗示するものが含まれている。先述したように、村上込の内遺跡039遺構の紡錘具や刀子・砥石、白幡前遺跡のD164の火打金などが該当するだろう。後者が属する建物跡ではロクロピットをもつ竪穴建物の存在や、紡錘具の出土が顕著な点なども指摘されており、同一建物群内に複数の職種が混在する在り方も注意される。

いずれにしても、出土遺物からは手工業生産に携わった工人と関係深いものであることが窺えるが、具体的な職種として確実なところでは鍛冶が挙げられよう。ちなみに、他の遺跡では、第Ⅲ章でも述べたように、土木・建築、漆工・木工、金工、土器生産、滑石製紡錘車を製作していた事例もみられ、棚状施設をもつ竪穴建物に関係した集団は特定の職種に限定されるものではないようである。

本章第1節で取り挙げた中原遺跡では、曲物に漆を入れていた容器が発見されたことや、刀子・砥石が目立つこと、さらに棚をもつ竪穴建物が鍛冶や紡績関係の建物群と分布を異にする点などから、漆工・木工集団との関係を想定したが、今回の分析対象である4遺跡の事例も上記の工具類の存在などから、その可能性を否定することはできないだろう。白幡前遺跡のロクロピットをもつ竪穴建物は土師器生産用とされている［天野1995］が、木工挽物のために使用されたものと考えられるのではなかろうか。

なお、上記の農具類が遺棄されていた2軒の事例については、「農業から完全に分離しきっていない商工民の存在形態を示すもの」［橋口1985：63］と捉え、当該遺構は基本的に「非農業民」である工人集団との関係が窺えるものと理解しておきたい。

(5). 遺跡内での分布

各遺跡における棚状施設をもつ竪穴建物の分布は、およそ以下のように整理できる。

　イ．一時期における竪穴建物の小ブロックに1軒のみが認められる。

　ロ．一時期における竪穴建物の小ブロックに複数軒が認められる。

　ハ．一時期における複数の竪穴建物の小ブロック単位に1軒ずつ認められる。

この場合の「一時期」とは、あくまでも土器編年などを基に設定された「土器型式期」を指しており、実際に竪穴建物が同時存在した時期とは必ずしも一致しない［拙稿1984］。

イの事例としては、村上込の内遺跡080遺構（第60図）、白幡前遺跡D024・D074、上の台遺跡6号住居跡（第61図）、鳴神山遺跡Ⅱ093（第62図）が挙げられるが、白幡前遺跡と上の台遺跡は、地形的にみると同一集落遺跡と捉えることも可能であり、この場合は白幡前遺跡D024と上の台遺跡6号住居跡はハに該当することになる。

ロの事例は、村上込の内遺跡D地区の099遺構と113遺構（第60図）のみである。

ハの事例としては、村上込の内遺跡039遺構と093遺構（第60図）、白幡前遺跡D164とD073（第61図）、鳴神山遺跡Ⅰ028とⅠ041およびⅠ033とⅡ084（第62図）が挙げられる。

さらに、二時期に跨がり同一の竪穴建物の小ブロックに当該遺構が認められるものは3例あり、村上込の内遺跡D地区がハ→ロ、白幡前遺跡2Eグループがハ→イ（上の台遺跡を同一遺跡と捉えた場合はハ→ハ）、鳴神山遺跡Ⅱ地点がハ→イとなっている。このうち、白幡前遺跡と鳴神山遺跡では、時期的に先後関係にある棚状施設をもつ竪穴建物が隣接しており、前者ではD073からD074、後者ではⅡ084からⅡ093への建て替え、即ち単位集団（世帯共同体）［近藤1959］の移動などが行われた可能性も指摘できるだろう。

説明がやや繁雑になってしまったが、各遺跡における棚状施設をもつ竪穴建物の分布をまとめたものが第21表である。

竪穴建物の小ブロックは「宅地」として把握できることから、ロの場合や、二時期に跨がって同じ竪穴建物の小ブロック中に当該遺構が複数存在するケースは、これらの竪穴建物を使用する集団の共通性を示しているものと捉えることが可能であろう。

IV. 棚状施設をもつ竪穴建物の集団関係

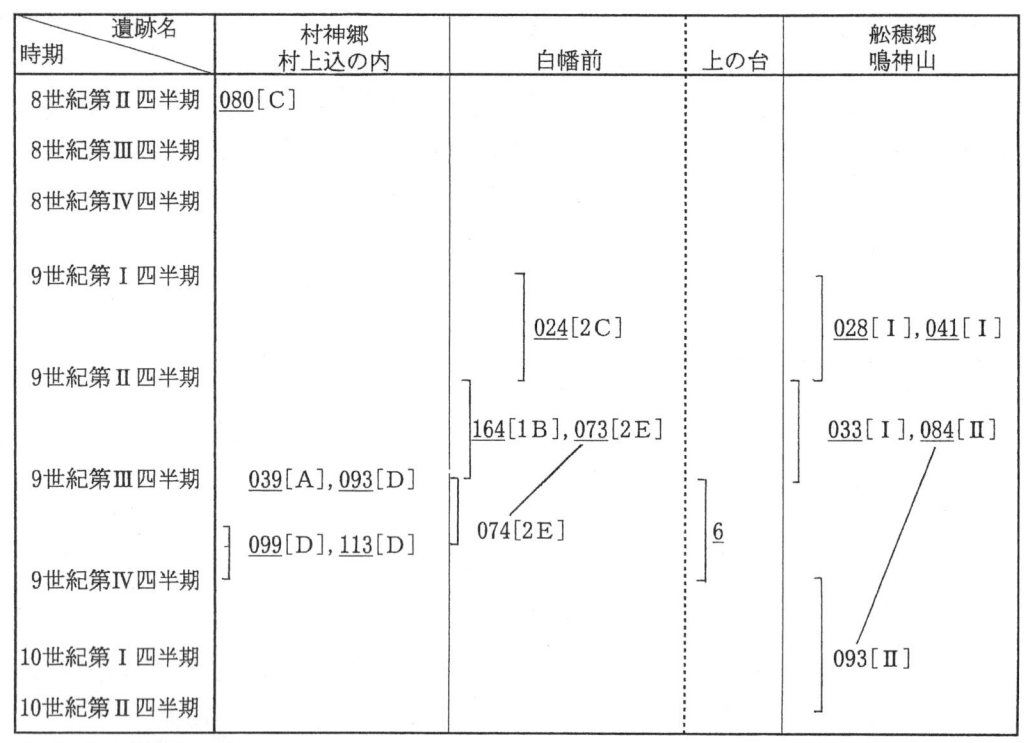

時期＼遺跡名	村神郷 村上込の内	白幡前	上の台	舩穂郷 鳴神山
8世紀第Ⅱ四半期	080[C]			
8世紀第Ⅲ四半期				
8世紀第Ⅳ四半期				
9世紀第Ⅰ四半期		024[2C]		028[Ⅰ], 041[Ⅰ]
9世紀第Ⅱ四半期		164[1B], 073[2E]		033[Ⅰ], 084[Ⅱ]
9世紀第Ⅲ四半期	039[A], 093[D]			
9世紀第Ⅳ四半期	099[D], 113[D]	074[2E]	6	
10世紀第Ⅰ四半期				093[Ⅱ]
10世紀第Ⅱ四半期				

註．[ ]は遺跡内のブロック表示、
――― は隣接する竪穴を示す。
遺構番号に付された下線は、粘土を充填・化粧したものを示す。

第21表 村神郷・舩穂郷における棚状施設をもつ竪穴建物の時期的関係

　また、異なる宅地に棚状施設をもつ竪穴建物が分散するハの場合も、先述したように棚状施設の平面タイプや構築方法に斉一性が認められることから、集団間の関連性を指摘することができる。

(6)．遺跡間の関係
　複数の遺跡に跨がって一定の時間帯で当該遺構が認められる事例は第21表に示したとおりである。個別の説明は繁雑になるため省略するが、白幡前と上の台を同一遺跡と捉えた場合、9世紀前半代は白幡前遺跡と鳴神山遺跡、9世紀後半代には村上込の内遺跡を加えた3遺跡で棚状施設をもつ竪穴建物が併存していたことがわかる。これらは各遺跡内で認められるハあるいはハ＋ロという在り方を遺跡間に拡げたものと見なすことも可能である。天野努は、同時期に存在し、類似点の多い当該遺構がみられる村上込の内遺跡と白幡前遺跡に関して「この形の竪穴住居は、村神郷内では、現在のところ、村上込の内遺跡と白幡前遺跡でのみ検出されており、房総地域の他の遺跡でも類例がない程であるところからすると、村上込の内遺跡のD群・B群(A群の誤り＝筆者註)と白幡前遺跡の1群B・2群Eとは、何らかの関連性があったのではないかと推測される」[天野1995：315]という指摘を行っている。棚状施設をもつ竪穴建物を集落遺跡研究の具体的な分析材料として扱った最初の発言として注目されるが、「房総地域の他の遺跡でも類例がない」という部分に関しては事実を誤認しているのが残念で

2. 農村と都市の比較

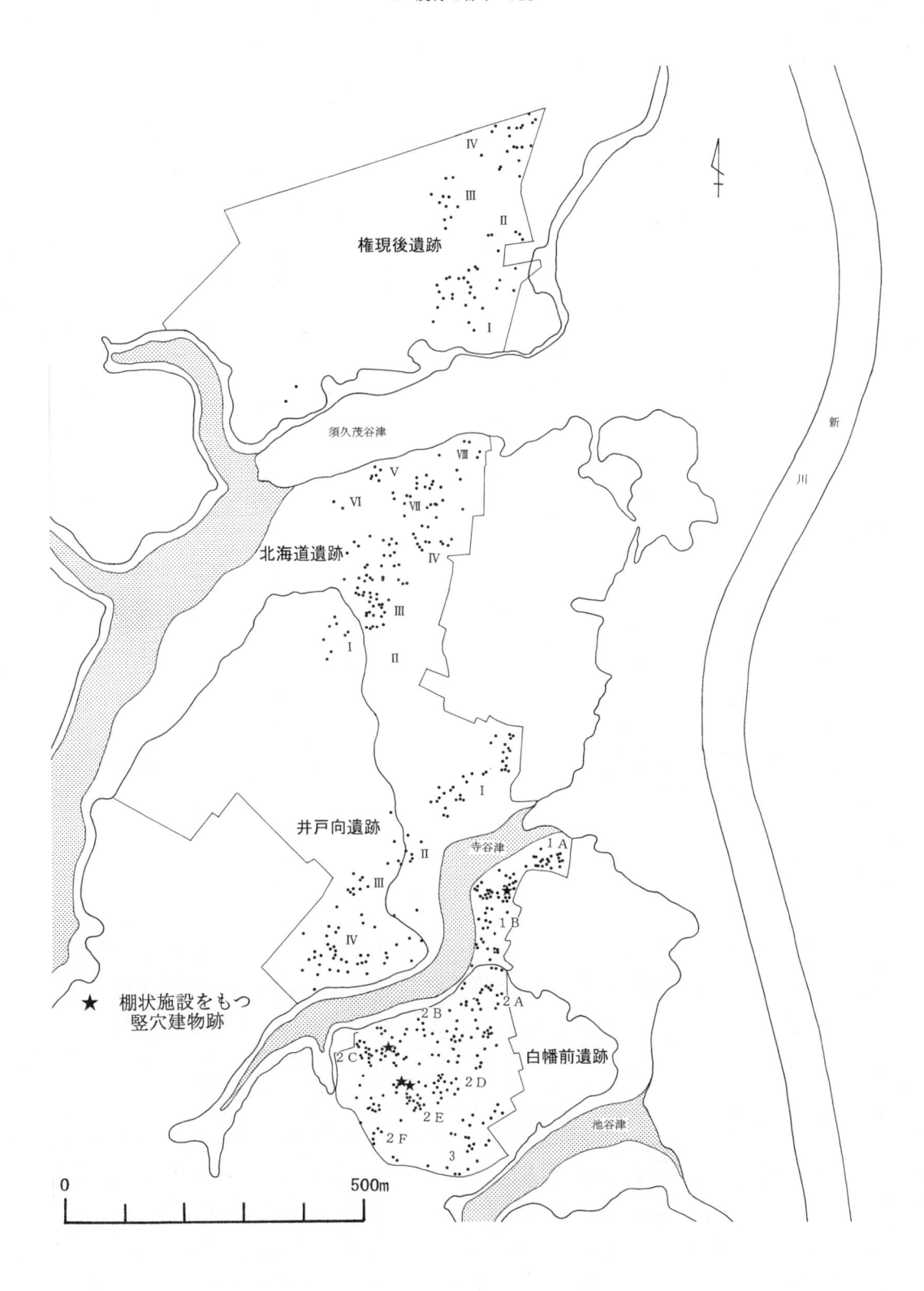

第 63 図　萱田地区遺跡群の竪穴建物跡分布図 [報告書から加除作成]

ある[註1]。

　以上のように、棚状施設の平面タイプと構築方法にきわめて強い斉一性が認められることや、工房としての役割が想定される点などから、これらの竪穴建物は共通する血縁・職業集団により使用された蓋然性が強いものと思われる。

　先述したように、村神郷では村上込の内遺跡・白幡前遺跡・上の台遺跡の3遺跡以外にも、井戸向遺跡・北海道遺跡・権現後遺跡で広域の発掘調査が実施されている（第63図）が、9世紀代を中心として、共通する農耕地経営を行ったと思われる農業協同体[藤岡1996]が形成した遺跡群の中で、棚状施設をもつ竪穴建物がみられる遺跡と、みられない遺跡が明確に認識できることは、一遺跡の枠に留まらない地域内での特定集団の動きを反映しているものと捉えられる。

　ちなみに、今回検討を加えた村神郷の6遺跡722軒と隣接する舩穂郷の鳴神山遺跡の202軒の合計924軒で棚状施設をもつ竪穴建物15軒が占める割合は1.6％となっている。

　さらに、棚状施設の構築に粘土が使用されている事例は、立ち上がりが失われてしまったとしても、その存在を知ることができるため、地山を素掘りしたものよりも遥かに発見されやすい点も鑑みると、この地域で検出された15軒の当該遺構は、かなり実態に近いものと思われる。

　なお、千葉県の古代集落遺跡では墨書土器の出土が顕著であり、特定の文字が記されている墨書土器の分布状況から、集落内や集落間で共通する文字を表記する集団の関係が想定されており[宮瀧1981]・[鬼頭1989]・[天野ほか1989]・[天野1995]、「集落相互に共通性をもった住民が分散している」[鬼頭1989：15]具体的な傍証になっている。

　村上込の内遺跡のD地区では「来」文字の墨書土器が目立ち、棚状施設をもつ093遺構からは32点が出土している。しかしながら、その出土状態は明らかに廃棄されたもので、当該遺構に伴うのではなく、隣接する掘立柱建物との関係で捉えるのが妥当であろう。093遺構は炉をもつ点などから鍛冶工房としての役割が想定され、同一建物群内の掘立柱建物に従属するような立場にあったものと考えられる。ちなみに、「来」を記した事例は村神郷内の他の遺跡では認められない[鬼頭1989]・[天野1995]。

　当該遺構の存在する白幡前遺跡2群Bグループからの墨書土器の出土量は最も少なく、同じく2群Eグループはこれに次いで少ない[天野1995]という指摘からも、共通の墨書土器により把握できる集団関係とは異なる特定の工人集団の存在が窺える。これらは、地理的にも比較的至近で隣接する舩穂郷の鳴神山遺跡にも跨がって展開していたことが理解できるものと思われる。

B. 都市の事例——武蔵国府関連遺跡

　東京都府中市に所在する武蔵国府関連遺跡は、文字通り「武蔵国府とその関連を有する遺跡群と捉えられ」[江口1999：111]、東西6km・南北最大約1.5kmの範囲におよんでいる。これらは、国庁―国衙を中心とした「国府集落」[荒井健治1995a：25]と、その東西に延びる「周辺集落」[江口2001：14]に分離される。

　昭和50（1975）年から開始された発掘調査は、四半世紀を過ぎた平成14（2002）年7月現在で1,200次

調査を越えており、同年末現在で2,116軒の竪穴建物跡が報告(概報を含む)されている。このうち、棚状施設をもつ竪穴建物跡は88軒(4.2%)で、一遺跡から検出された数字としては最多である。
　ちなみに、第2位は至近距離にある武蔵国分寺跡の41軒であることから、断トツの事例数を誇っていることがわかる。まさに、国府という地方都市における当該遺構の様相を検討する格好の材料が揃っているものと言えよう。

a. 国府集落内における棚状施設をもつ竪穴建物の偏在性

　第22表は、武蔵国府関連遺跡で棚状施設が検出された調査地区に関するデータをまとめたものである。27地区の報告例のうち「周辺集落」の3地区を除く24地区が「国府集落」に属している。国府集落はa〜fの「小地域」[江口2001：14]に区分される(第64図)が、当該遺構の分布には明らかな偏在性が認められる。
　国府集落の24地区で報告された棚状施設をもつ竪穴建物跡82軒は、f地域を除くa〜c地域では都合13地区で事例がみられるものの、いずれも1地区1軒の報告に留まっている。d地域では、遺跡内で最大規模の58,031㎡が発掘調査され、359軒もの竪穴建物跡が検出された日鋼地区(第19表(7))が存在するが、これに次ぐ調査面積15,057㎡の府中駅南口再開発地区(第19表(9))では竪穴建物跡111軒のうち棚状施設をもつものは1軒(0.9%)のみであることからも、国府集落内における顕著な偏在性が読み取れる。
　これら「a〜fの各小地域が、異なった集団を示している可能性」[江口1999：122]も指摘されており、d地域は8世紀中葉以降の「本格的な国府造営・整備段階における各種手工業生産に関わる人々の集住する場」[江口1999：124]、即ち「工房ブロック」[江口2001：20]と考えられている。同じく、e地域も府中東芝ビル地区(第19表(11))の様相から工房ブロックの存在が窺えるように、国府集落では棚状施設をもつ竪穴建物の多寡と小地域の性格が見事に一致しているのである。

b. 工房ブロックの特徴

　第65図は、d地域における発掘調査地区の主要部分を示したものである。この地域は国府集落の北西部にあたり、東山道武蔵路が南北に通過している。
　d地域で行われていたと思われる具体的な手工業生産としては、遺構・遺物から鍛冶・紡績・漆工などが挙げられ、特殊なところでは「石銙の修理工房」[文献東京32：46]と思われる竪穴建物の存在(556次調査)も指摘されている。日鋼地区では、馬歯骨が6箇所から発見されており、「牛革・馬革などの原料として加工され、溝や土坑に廃棄される例」[松崎2000：56]と考えられていることから、皮革職人の存在を窺うことができる。さらに、分銅(第66図4)の出土例からは「公的な計量を伴うような作業も行われていた」[荒井健治1995b：170]ことが想定される。
　e地域の府中東芝ビル地区では、鍛冶・鋳造・漆工・紡績・皮革などが挙げられ、大鎧の小札や刀装具の足金物が出土していることから、「革・漆・木・金工が高度で複合的な協業を行ったとき生み出すことが可能な、武器類の修理あるいは生産までもが当調査地区で行われていた可能性」[文献東京

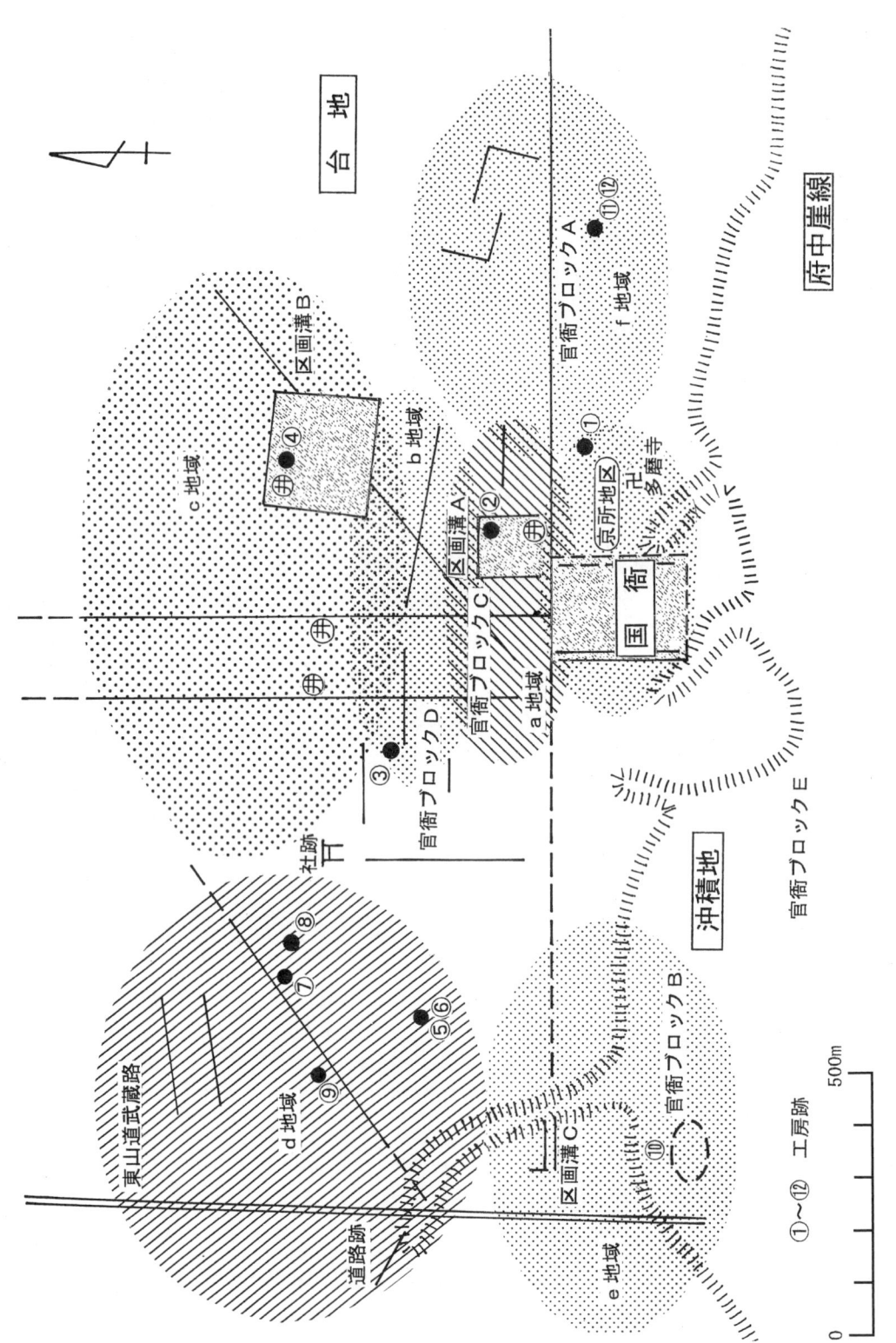

152　IV. 棚状施設をもつ竪穴建物の集団関係

第 64 図　武蔵国府集落の小地域等概念図［野田 2001：図 1 を再トレース］

(No.)	地区名	調査次	地域区分	調査面積(㎡)	検出軒数	文献
(1)	新日本製鐵㈱府中美好町アパート	99次	A-d	1228.9	11- 1	19
(2)	パークハイム府中	33次	A-c	1187.0	14- 1	20
(3)	都営美好町一丁目アパート2号棟	119次	A-d	3028.5	61- 5	21
(4)	武蔵野台駅舎	58次	B(白糸台)	135.1	7- 1	22
(5)	府中公共職業安定所	512次	A-d	524.5	10- 2	23
(6)	古沢ビル	163次	A-b	258.6	4- 1	24
(7)	日鋼		A-d	58031.0	359- 46	25
(8)	京王府中一丁目ビル	414次	A-b	2887.7	48- 1	26
(9)	府中駅南口再開発	313次ほか	A-a	15057.0	111- 1	27
(10)	東京競馬場単身舎宅(寮)	900次	B(清水ヶ丘)	846.7	13- 2	28
(11)	府中東芝ビル	471次ほか	A-e	7182.0	64- 3	29
(12)	都営美好町一丁目アパート4号棟	451次	A-d	1019.7	13- 1	30
(13)	東京都南部住宅建設事務所	369次	A-d	773.8	24- 1	31
(14)	都営府中美好町一丁目第5アパート	490次	A-d	1608.6	26- 4	31
(15)	都営府中美好町一丁目第6アパート	556次	A-d	1813.6	31- 4	32
(16)	府中島忠日鋼町店	1035次	A-d	3153.0	7- 1	33
(17)	アーバンハウス	203次	A-c	77.7	2- 1	34
(18)	クレスト府中	204次	A-c	200.7	1- 1	34
(19)	ロイヤルパレスM	1034次	A-b	64.8	3- 1	35
(20)	パストラル府中	234次	A-c	206.8	2- 1	36
(21)	藤和シティーホームズ府中白糸台	941次	B(白糸台)	2135.3	26- 3	37
(22)	オクト・フラッツK	945次	A-b	380.2	12- 1	37
(23)	プチメゾン	957次	A-c	80.1	3- 1	37
(24)	ヴェルデⅢ	958次	A-e	212.8	15- 1	37
(25)	三ツ木寿町ビル	984次	A-b	819.5	22- 1	38
(26)	コジマNEW府中店	1067次	A-c	2142.2	6- 1	38
(27)	リトルアージュ	1076次	A-b	139.0	9- 1	38
合計			A24・B3	105194.8	904- 88	20冊

凡例 　地域区分のAは「国府集落」、Bは「周辺集落」を指す。
　　　同じく「国府集落小地域」のa～fは第65図参照のこと。
　　　検出軒数の前の数字は調査地区で検出された竪穴建物跡の総軒数、
　　　後の数字は棚状施設をもつものの軒数を示す。

国府集落小地域における棚状施設をもつ竪穴建物跡の検出割合

a 1軒　b 6軒　c 6軒　d 65軒　e 4軒

第22表　棚状施設をもつ竪穴建物が報告された武蔵国府関連遺跡調査地区のデータ

154　　　　　　　　　　　Ⅳ．棚状施設をもつ竪穴建物の集団関係

第65図　武蔵国府集落ｄ地域主要部分の遺構分布図［文献東京32：第12図から加除作成］
―スクリーントーンの調査地区は未報告、黒塗りが棚状施設をもつ竪穴建物

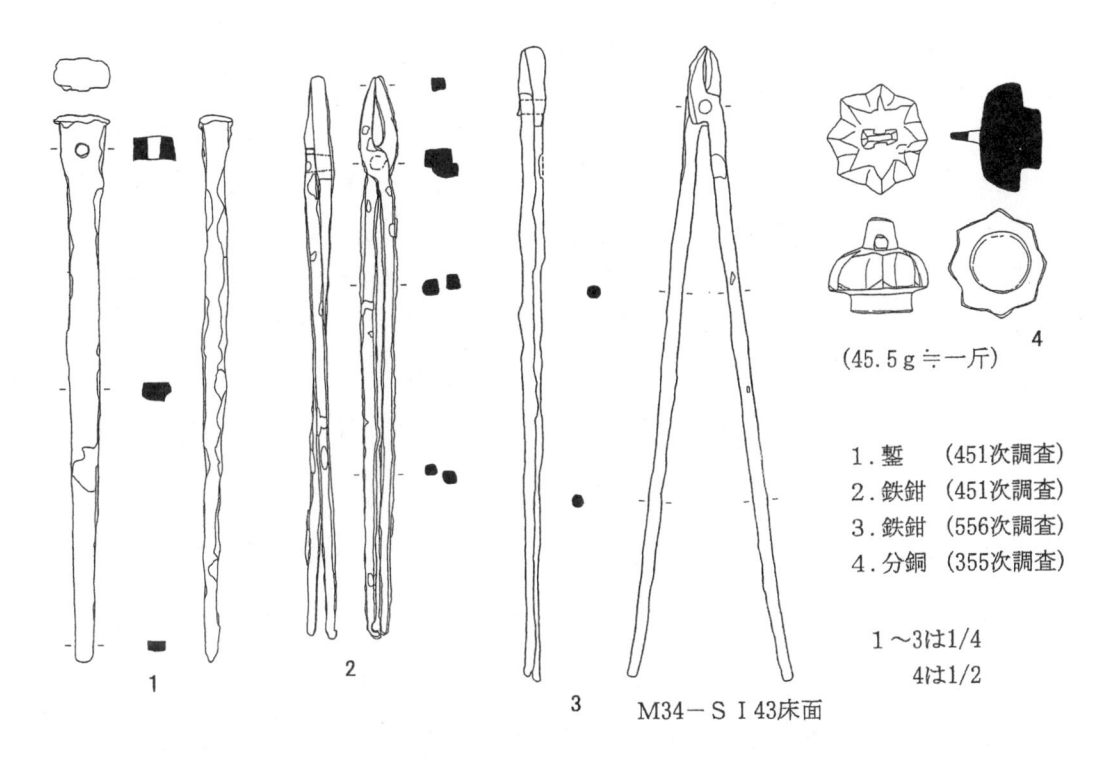

第 66 図　武蔵国府集落 d 地域出土の手工業生産関係遺物〔各報告書から加除作成〕

29：97〕が指摘されている。

　上記のように、業務対象や利害関係に絡んで様々な職種の工人が連携していたことは確実であろう。これは、556 次調査地区(第 65 図)における竪穴建物の分布にみられるように、鍛冶炉をもつものや、漆付着土器が出土するもの、あるいは石銙の修理工房と見なされるものなどが混在する在り方などからも窺える。

c．国府集落における棚状施設をもつ竪穴建物の性格

　既に触れてきたように、棚状施設をもつ竪穴建物は「非農業民」の工人集団との関係が想定されるものであるが、具体的な職種に関しては絞り切れない場合も多い。国府集落では工房ブロックに当該遺構が集中しているが、個別の遺構を見る限りは当時のごく一般的な竪穴建物跡としか捉えようのないものがむしろ目立つのである。国府集落内の工房について分析を加えた野田憲一郎も同様の指摘をしており〔野田 2001〕、竪穴建物跡から出土する特徴的な遺物が手掛かりとなることも少なくない。ただし、その竪穴建物に伴うと思われる遺棄遺物が発見される事例は僅少であり、他の建物などで使用されていた道具類が廃棄された場合が圧倒的に多い。したがって、調査地区総体あるいは一定範囲における間接的な資料としての有効性に留まる事例の方が一般的であると言える。

　このような中にあって、556 次調査地区で検出された棚状施設をもつ竪穴建物跡のひとつである M34—SI 43〔文献東京 32〕の床面上からは鉄鉗(第 66 図 3)が出土しており注目される。

　国府集落・周辺集落からの鉄鉗の報告例は、他に 119 次調査地区の 2 例と 451 次調査地区の 1 例に

留まっており、いずれも556次調査地区と至近距離にある(第65図)。これら鉄鉗が発見された竪穴建物跡の時期は「9世紀末から10世紀中頃と考えられ、時期的にも近い」［文献東京32：33］。119次調査地区では、武蔵国府関連遺跡編年H6期[註2]の棚状施設をもつM44—SI 15［文献東京21］が、鉄鉗の出土したH7期のM44—SI 13に切られている。同じく棚をもつM44—SI 28［文献東京21］からは、遺棄遺物ではないが鞴の羽口が出土している。451次調査地区では、鉄鉗(第66図2)の他に、鏨(同図1)が発見されており、棚状施設をもつM33—SI 22［文献東京30］も認められる。

　119次調査地区で鉄鉗が出土しているもう1軒のM44—SI 1では、床面に被熱痕跡が認められることから鍛冶炉の可能性がある。かかる炉をもつ竪穴建物はd地域で散見されるもので、このうち、棚状施設をもつ竪穴建物跡に炉が設けられている事例は4軒を数える(第18表15～17・19)。また、d地域以外ではb地域で2軒の報告例がある(同表14・18)。

　以上のような遺構・遺物の在り方から、国府集落における棚状施設をもつ竪穴建物は鍛冶に携わった集団との関係が窺えるが、すべての事例がこれに該当するかどうかは俄に断じ難い。それは、先述したように工房ブロック内では複数の業種が連携しており、他の遺跡で判明している事例が特定の職種に限定できないからである。

　ここで注意しておきたいのは、d地域で報告されている65軒の当該遺構のうち26軒(40%)から刀子が出土しており、うち58%にあたる15軒では2～7点の複数点数が認められるなど比較的顕著な存在であることが指摘できる。刀子は「万能に近い加工具であり、最も使用頻度の高い鉄器である」［松村1991：110］ことからその用途が特定しにくいが、先述したように、木工や漆工との関係を視野に入れておく必要があろう。

d．平面タイプと分布の特徴

　棚状施設をもつ竪穴建物の分布に関しては、本章前節で示したイ・ロ・ハの分類が基本的には適用できるものと考える。ここでは、d地域で遺跡を覗く窓が大きい日鋼地区と、e地域の府中東芝ビル地区を中心として検討を行う。

(1)．日鋼地区

　第67・68図は、日鋼地区で検出された46軒の棚状施設をもつ竪穴建物跡のうち、時期の特定が難しい7軒を除いた39軒の分布を示したものである。ここではN3期からH6期までの事例がみられ、各期とも複数軒が認められる。ちなみに、d地域の490次調査地区のM34—SI 20［文献東京31］は今のところN2期唯一の事例であり、「イ．一時期における竪穴建物の小ブロックに1軒のみが認められる」ものに分類できるが、未調査箇所や未報告地区も考慮すると、同時期の当該遺構が複数存在する可能性は高い。

　N3期とH6期は「ハ．一時期における複数の竪穴建物の小ブロック単位に1軒ずつ認められる」事例のみが該当し、それ以外のN4～H6期ではハと「ロ．一時期における竪穴建物の小ブロックに複数軒が認められる」事例の両方がみられる。ロの場合は2軒がほとんどだが、H1期では3軒が認

められる。この付近には都合6軒の当該遺構がまとまっているが、時期的にはH1期3軒→H2期1軒→H5期2軒と断続期を挟んでいるため、少なくともH2期とH5期では同一の宅地を異なる集団が占有していたものと考えられる。

いずれにしても、各期とも複数の宅地に棚をもつ竪穴建物が存在する点は共通しており、いくつかの単位集団が当該遺構を使用していたことを指摘できる。

次に、同一宅地内に複数軒が存在するロの場合、棚状施設の平面タイプに共通性がみられるかどうかという点に関しては、個別の説明は繁雑になるため省略するが、結論から先に言うと、平面タイプに共通性はほとんど認められず、バラエティーに富んだものとなっている。これは同時期の事例全体でも同様であり、構築方法に関しても各タイプが混在しており、時空的にもまとまりのみられない点が特徴である。参考までに第69図で各平面タイプの代表的な事例を示した。

第23表は、d地域全体で報告されている65軒の事例のうち、時期不明のものと棚状施設の一部が破壊され平面形が特定できないものを除いた48軒の平面タイプを時期別に示したものである。これらを見ても、斉一性が認められないことが理解される。

(2). 府中東芝ビル地区

国府集落内では日鋼地区・府中駅南口再開発地区に次ぐ7,182㎡が発掘調査され［文献東京29］、64軒の竪穴建物跡のうち3軒(4.7%)で棚状施設が検出されている(第70図)が、これらは調査区北西側の同一宅地内にまとまっており、時期的にはN3～4期と連続している。M73—SI5とM73—SI9はN3～4期の所産とされるが、両者の距離は3mほどで接近していることから同時に存在したとは考えにくい。その新旧関係は不明だが、M73—SI9とN4期のM72—SI5は、棚状施設の平面タイプ・構築方法、竪穴建物の形態・規模や主軸方向などが酷似しており、前者から後者への単位集団の移動が想定される。日鋼地区では、このような共通する棚状施設をもつ竪穴建物の動きが明確な事例は認められない。

C. 農村と都市の比較

以上、農村と都市における棚状施設をもつ竪穴建物跡の在り方を探るうえで最も有効と思われる事例を概観した。次に両者の比較検討を行いたい。

a. 棚状施設をもつ竪穴建物の検出率

小稿で取り挙げた下総国印旛郡村神郷・舩穂郷の遺跡群は開墾集落(農村)、これに対して武蔵国府関連遺跡は文字通り国庁・国衙を中心とする都市集落であり、竪穴建物の軒数などで両者には顕著な差異が存在するように思われるが、これを具体的なデータ数値で比較してみたい。

まず、村神郷で棚状施設が発見された3遺跡では、合計調査面積148,027㎡÷棚状施設をもつ竪穴建物跡10軒＝14,803㎡に1軒の割合で当該遺構が検出されたことになる。同じく舩穂郷の鳴神山遺跡では57,354㎡÷5軒＝11,471㎡に1軒となる。これに対して、武蔵国府関連遺跡で棚状施設をも

IV. 棚状施設をもつ竪穴建物の集団関係

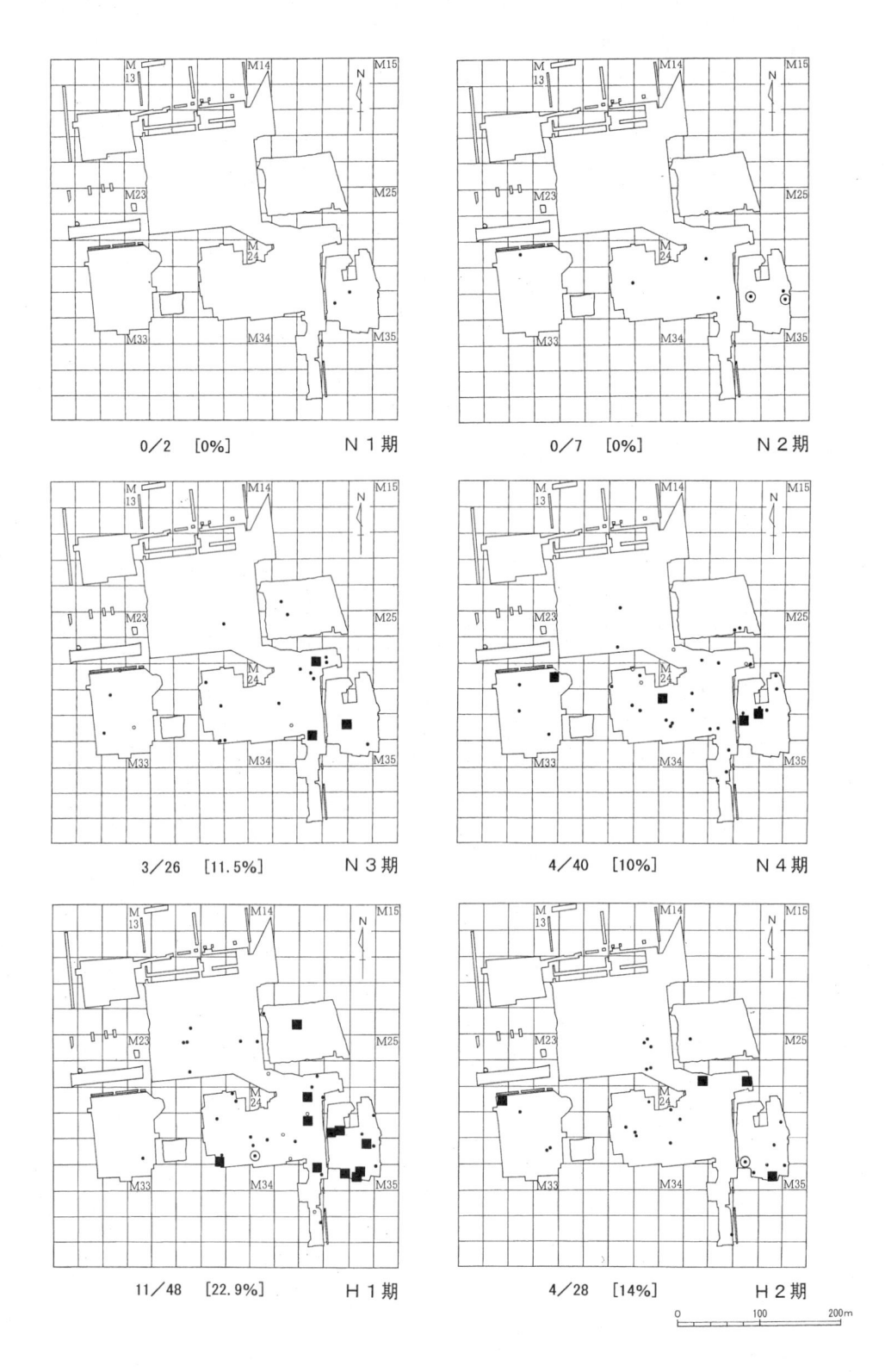

0/2 ［0％］　　　N 1 期

0/7 ［0％］　　　N 2 期

3/26 ［11.5％］　N 3 期

4/40 ［10％］　　N 4 期

11/48 ［22.9％］　H 1 期

4/28 ［14％］　　H 2 期

第 67 図　武蔵国府関連遺跡日鋼地区時期別竪穴建物跡分布図(1)　［文献東京 33：第 5 図から加除作成］

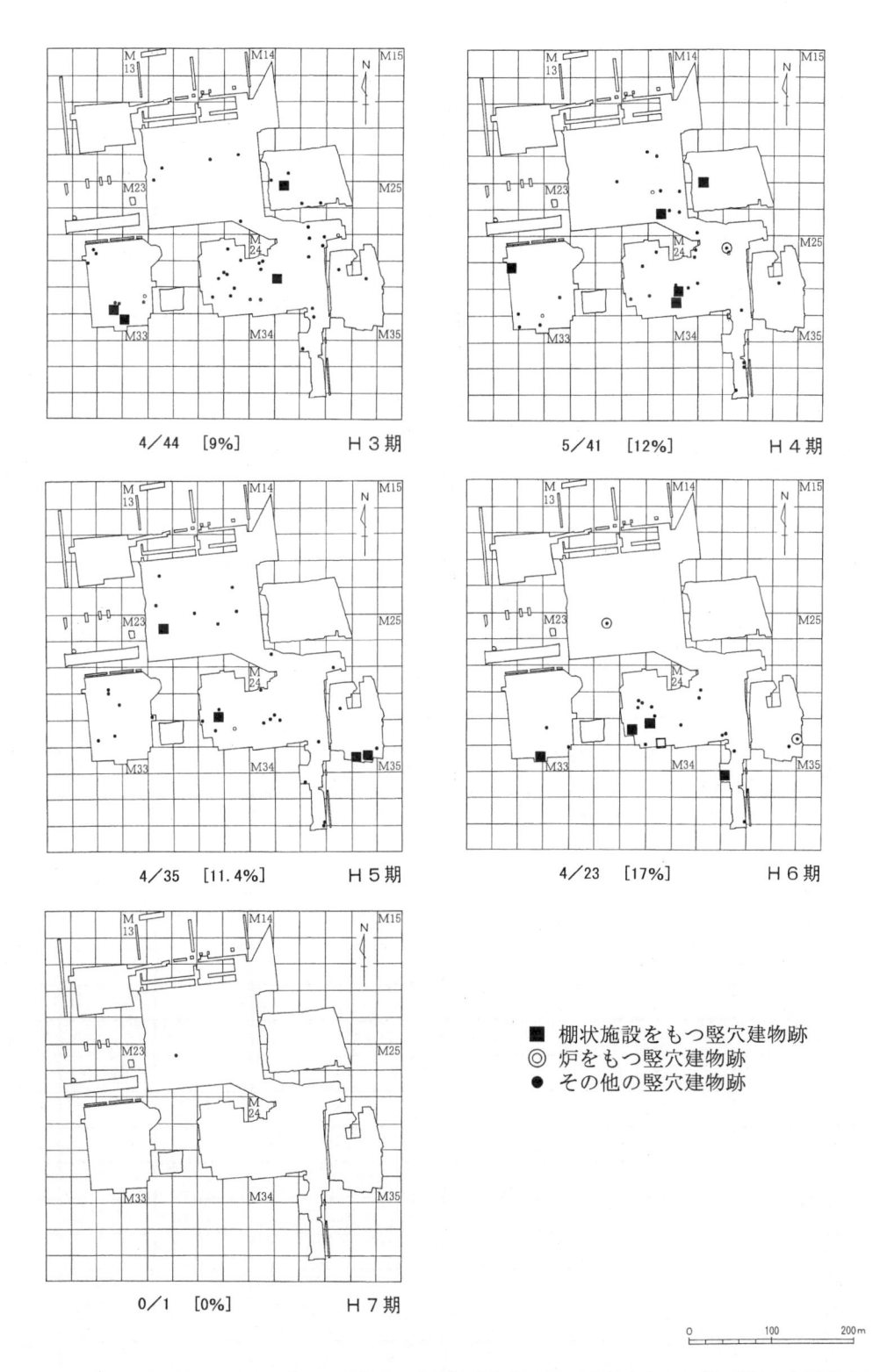

2. 農村と都市の比較　　　　　　　　　　　　　　　　　　　　　　159

4/44 ［9％］　　H 3 期

5/41 ［12％］　　H 4 期

4/35 ［11.4％］　　H 5 期

4/23 ［17％］　　H 6 期

0/1 ［0％］　　H 7 期

■ 棚状施設をもつ竪穴建物跡
◎ 炉をもつ竪穴建物跡
● その他の竪穴建物跡

第68図　武蔵国府関連遺跡日鋼地区時期別竪穴建物跡分布図(2)〔文献東京33：第5図から加除作成〕

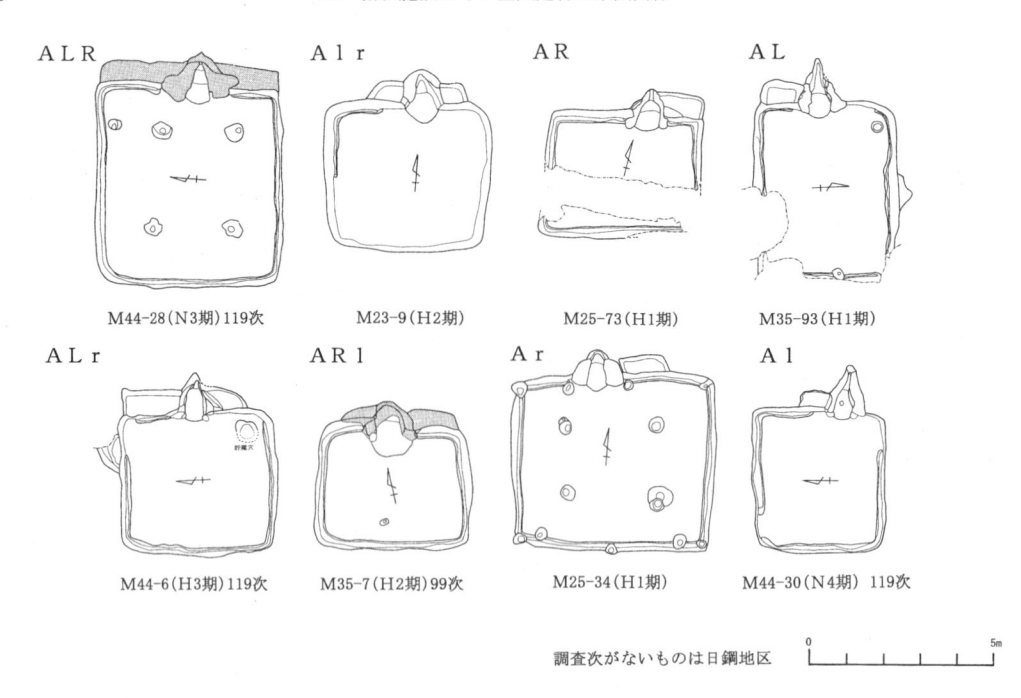

IV. 棚状施設をもつ竪穴建物の集団関係

ALR　　　　　　　Alr　　　　　　　AR　　　　　　　AL

M44-28(N3期)119次　　M23-9(H2期)　　M25-73(H1期)　　M35-93(H1期)

ALr　　　　　　　ARl　　　　　　　Ar　　　　　　　Al

M44-6(H3期)119次　M35-7(H2期)99次　M25-34(H1期)　M44-30(N4期)119次

調査次がないものは日鋼地区　　　0　　　5m

第69図　武蔵国府集落における棚状施設の主要平面タイプ［各報告書から加除作成］

タイプ 時期	竈の両側 ALR	AR l	ALr	Alr	竈に向かって右側 AR	Ar	竈に向かって左側 AL	Al	
N1									0
N2								1	1
N3	1			1		2	1		5
N4		1			2	1		1	5
H1	1			1	3	4	2	1 (1)	12
H2		2		2	2				6
H3	1		1			1		1	4
H4	1				3 (1)	1			5
H5	1	1			1				3
H6	2	1				2	1	1	7
H7									0
計	7	5	1	4	11 (1)	11	4	5 (1)	48
	17 (35%)				22 (46%)		9 (19%)		

第23表　武蔵国府集落 d 地域における時期別平面タイプの分布

2. 農村と都市の比較　　　　　　　　　　　　　　　　　　　　　　161

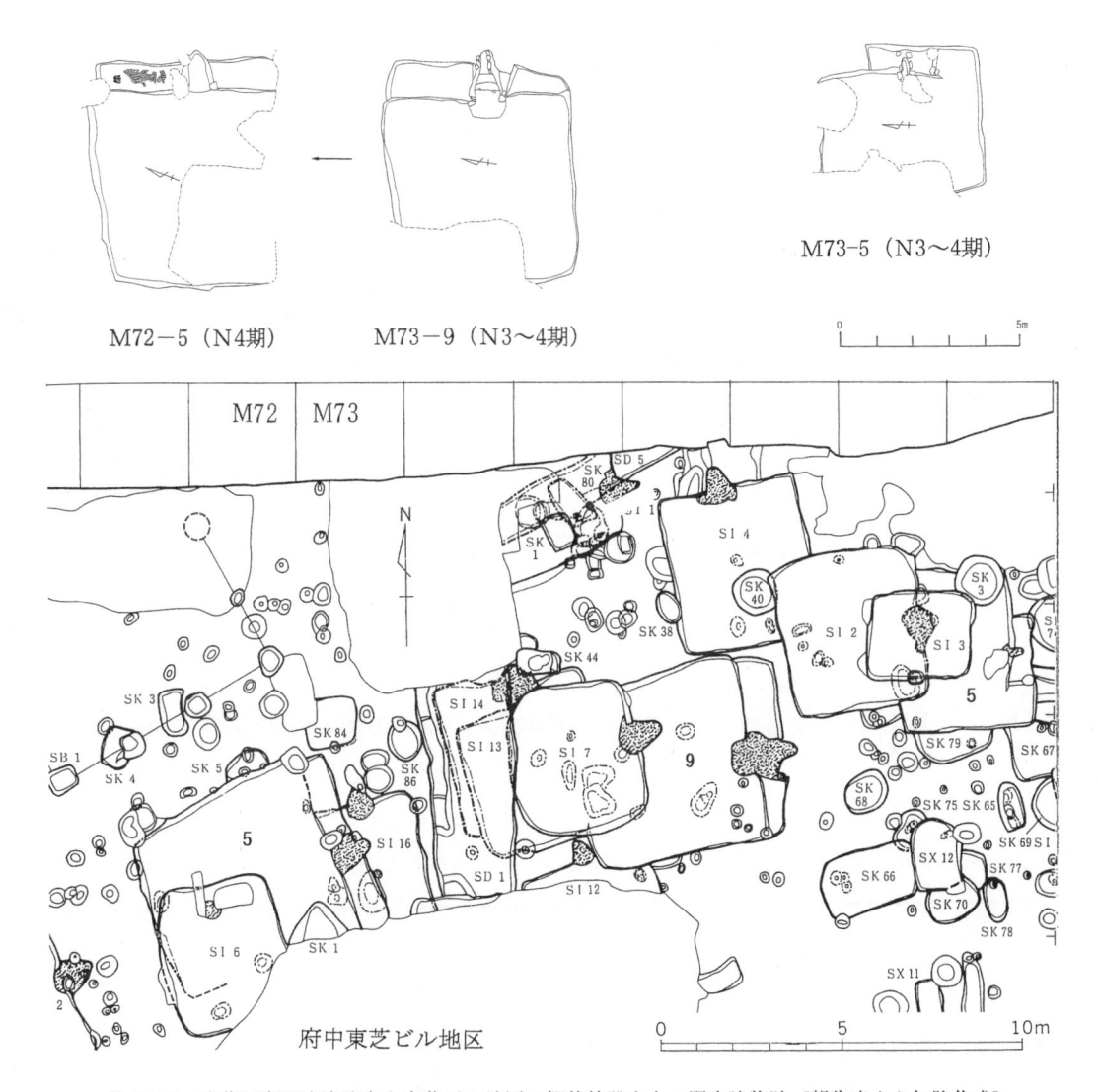

M72-5（N4期）　　M73-9（N3〜4期）　　　M73-5（N3〜4期）

第70図　武蔵国府関連遺跡府中東芝ビル地区の棚状施設をもつ竪穴建物跡［報告書から加除作成］

つ竪穴建物跡が報告されている27調査地区の合計調査面積105,194.8㎡÷88軒＝1,195㎡に1軒の割合となっている。

　これらの数値はあくまでも時間的な累積結果であるが、武蔵国府では村神郷・舩穂郷の9倍以上もの当該遺構が存在したことになり、両者の検出率には明らかな差異が認められることを指摘できそうである。

　さらに、後者の事例が粘土を使用して構築するものが大部分を占めているのに対して、前者では棚状施設の立ち上がりが削られてしまうと、その存在を知る手掛かりが失われてしまう①素掘りタイプのものも相当数認められることから、武蔵国府では本来は検出された軒数以上の当該遺構が存在していた可能性が高く、両者の検出率の開きはデータの数値以上であったものと考えられる。

　次に、村神郷の3遺跡で検出された棚状施設をもつ竪穴建物跡の合計10軒÷3遺跡の竪穴建物跡

総数448軒＝2.2％、同じく舩穂郷の鳴神山遺跡では5軒÷202軒＝2.5％となり、この両者は近似値を示している。これらに対して、武蔵国府関連遺跡で報告されている88軒の当該遺構÷竪穴建物跡の総報告数2,116軒＝4.2％という数値は前二者の倍近いものであり、ここでも村神郷・舩穂郷と武蔵国府の明確な差異を読み取ることができる。ちなみに、管見によれば平成14（2002）年12月末現在、棚状施設をもつ竪穴建物跡が最も多い東京都では、竈を有する竪穴建物跡は7,892軒を数え、224軒の当該遺構が報告されていることから、224軒÷7,892軒＝2.8％となっている。この数字からは、上記の2.2％や2.5％が決して低いものではないことがわかる。

　先述したように、武蔵国府関連遺跡全域における棚状施設をもつ竪穴建物跡の検出率は4.2％と算出されたが、その分布は工房ブロックであるd地域に集中している。d地域に絞ると、日鋼地区で検出された当該遺構46軒÷竪穴建物跡の総数359軒＝12.8％と跳ね上がる。N3期～H6期の時期ごとの検出率については第67図中に示したが、その数値はH3期の9％からH1期の22.9％までとなっており、この地域では棚状施設をもつ竪穴建物跡が傑出している点を改めて確認することができる。なお、同じ工房ブロックでもe地域の府中東芝ビル地区では3軒÷64軒＝4.7％で、武蔵国府関連遺跡全体の4.2％よりもやや上回る程度に留まっており、d地域とは様相が異なっている。

　一方、村上込の内遺跡の第Ⅴ期A期では、棚状施設をもつ竪穴建物跡2軒÷竪穴建物跡の総数11軒÷18％、同じく第Ⅴ期B期では2軒÷9軒＝22％とかなり高い数値となっているが、本遺跡のみが孤立して営まれていたのではなく、先述したように遺跡の枠を越えて周辺遺跡との有機的な関係で把握されるものであることから、地域全体として同時期の竪穴建物跡を基に計算ができた場合には、武蔵国府と比較して明らかに少ない数値が得られるものと思われる。

　以上繁雑な説明に終始したが、武蔵国府と村神・舩穂郷における棚状施設をもつ竪穴建物跡の検出軒数や検出率の明確な違いがデータ数値によっても説明できるのである。

b. 平面タイプからみた比較

　村神郷・舩穂郷の4遺跡15軒の竪穴建物跡から検出された棚状施設は、いずれも竈の両側に設けられており、その大部分がALRアウトタイプで、粘土を化粧・充塡した構築方法が採られているなど、きわめて斉一性が強いものと言える。

　また、同じ宅地内で同一平面タイプの棚状施設をもつ竪穴建物の建て替え、つまり単位集団の移動が考えられる例もみられる（第18表中棒線で示したもの）ことや、4遺跡が径8km圏内に収まる（第59図）こと、複数遺跡に跨がり同時存在していたと思われる当該遺構の軒数（第21表）が3軒から多く見積もっても6軒ほどであることなどから、これらの竪穴建物を営んだ集団の共通性を指摘することが可能であろう。

　その集団とは、繰り返しになるが、竪穴建物に炉をもつ事例が認められることや、遺棄遺物などから、非農業民である工人集団が想定される。具体的な職種としては鍛冶が考えられるが、漆工・木工などの可能性も否定できない。

　一方、武蔵国府関連遺跡では、国府集落のうち工房ブロックであるd地域に事例が集中しており

2. 農村と都市の比較　　　　　　　　　　　　　　　163

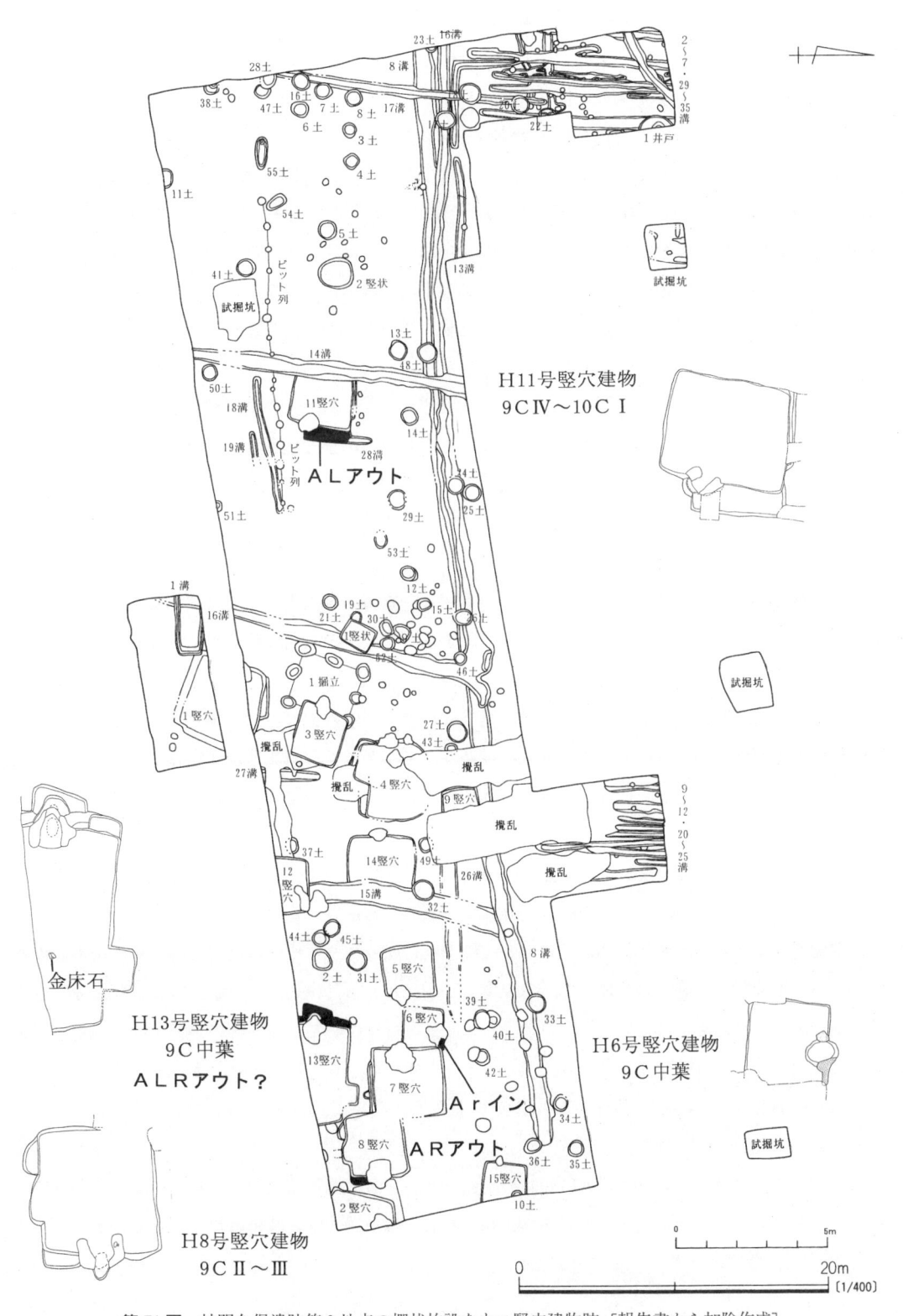

第71図　神明久保遺跡第9地点の棚状施設をもつ竪穴建物跡［報告書から加除作成］

(第22表下)、この点からも手工業生産活動に携わった人々との関係が明確である。

　国府集落では、同時期・同一宅地内における平面タイプ(第23表)や構築方法は多種多様であり、村神郷・舩穂郷でみられるような斉一性は認められないことが特徴である。同じ宅地内で同一平面タイプの棚状施設をもつ竪穴建物の建て替えが認められるのはe地域の1例(第70図)のみであり、一見すると脈絡のないような在り方を示している。一時期における当該遺構がみられる宅地は日鋼地区だけでも3～6箇所が数えられ、国府集落全域では相当数が存在していたものと見なされる点からも、棚状施設をもつ竪穴建物の全てを同一集団との関係で括ることは無理があろう。

　武蔵国府における当該遺構も、村神郷・舩穂郷の事例と同様に鍛治などの工人集団との関係が窺えるが、棚状施設のバラエティーが複数の職種を反映しているのか、同じような職種で出自系統を異にする集団を示しているのかは俄に断じ難い。

　しかしながら、村神郷・舩穂郷でみられるような非常に斉一性の強い事例が存在する以上は、逆に国府集落で認められる様々な平面タイプが混在する在り方を単なる任意性によるものとは考えにくく、何らかの集団関係を暗示しているものと捉えることが可能であろう。

　先述したように、棚状施設をもつ竪穴建物跡が複数軒認められる宅地における時間的な非連続性は、同一集団が同じ宅地を占有し続けていたのではなく、別の集団が入れ替わったものと見なすことができる。卑近な例だが、牛丼屋だった場所にハンバーガー屋ができたようなものである。このような光景は都市部では日常的に見かけられるように、職を求めて大勢の人間が離合集散を繰り返すのが都市の大きな特徴であり、国府集落のd地域のようなエリアは職人の一大キャパシティーとして繁栄していたのである。かような地域にあっては、需要に見合うだけの複数の工人集団が競合していたことは想像に難くない。したがって、同時期に多種多様な平面タイプの当該遺構が存在する背景には、異なる平面タイプの棚状施設により区別される複数の工人集団が、一土器型式期よりも短い時間帯の中で頻繁に職住を移動していた結果を示すものと考えておきたい。

　一見脈絡のないような平面タイプが混在する背景には、発掘調査区レベルでは把握しきれないような竪穴建物を使用する集団の複雑な動きが存在するものと理解される。

　武蔵国府関連遺跡と同様に、都市における当該遺構の在り方を示す好例としては、相模国の国衙鍛治工房である神明久保遺跡第9地点[文献神奈川6]が挙げられる(第71図)。ここでは、棚状施設をもつ竪穴建物跡が4軒検出されている。このうち、9世紀中葉を中心とする3軒の事例は同一宅地内にまとまっているが、これらは粘土を充填したArインタイプのH6号竪穴建物、素掘りのARアウトタイプであるH8号竪穴建物、素掘りのALRアウトタイプのH13号竪穴建物となっており、竈の向きも北・東・西と異なっている。

　このように、同時期の同一宅地内に複数の平面タイプをもつ棚状施設が認められるような在り方は、武蔵国府関連遺跡とも共通するものであり、都市における当該遺構の特徴と位置付けることも可能であろう。

D. 収　　束

　以上冗長に述べてきたが、鍛冶などの工人集団との関係で捉えることが可能な棚状施設をもつ竪穴建物跡は、農村部の事例として取り挙げた下総国印旛郡村神郷・舩穂郷では、有機的に関連する複数の遺跡に跨がって極めて斉一性の強い様相を呈することから、その背景には同一の集団が係わっていたものと推測され、開墾集落として展開していた遺跡群における非農業民である特定工人集団の関与を単純かつ具体的に示しているものと理解できる。

　一方、都市部の事例として取り挙げた武蔵国府関連遺跡では、棚状施設をもつ竪穴建物は工房ブロックと考えられる小地域に顕著であり、同時期に複数の工人集団が関与していたこと示すように多種多様な平面タイプのものが混在しており、比較的短期間に離合集散を繰り返していたような複雑な集団の動きを垣間見ることができる。

　この両者の対照的な在り方は、棚状施設という屋内施設を竪穴建物に採用した工人集団が、それぞれの地域に関与した頻度を反映しているものと捉えることが可能であろう。

　ここでケーススタディを行った農村と都市の比較からは、まさに「単純」と「複雑」という図式を描くことができた。もちろん、すべての遺跡にそのまま当てはめられるわけではないが、基本形としては有効なものと言えるだろう。

　本章第1節で事例分析を行った中原遺跡では、一定時期を境にして主体となる平面タイプがAL アウトタイプからALR アウトタイプに突然変化する点や、各時期を通じてAR インタイプの事例が客体的に存在することを指摘したが、これなどは、一時期に主体と客体に分けられる二つの集団の存在を抽出できる「やや複雑」な事例とも言える。

　これら棚状施設の平面タイプの在り方などを中心とする「単純」「やや複雑」「複雑」といった在り方から、当該遺構が複数認められる遺跡や遺跡群を類型化できるものと考えているが、この点については次節以降で更に検討を加えてみたい。

註

1　管見によれば、千葉県における棚状施設をもつ竪穴建物跡の報告例は［天野1995］文献が発表される前年の平成6(1994)年以前でも、村神郷の事例以外に16遺跡25軒が報告されていたが、この時点では同県内の当該遺構を集成した文献は存在しなかったことから、このような認識が持たれたのも、やむを得ないことかもしれない。

2　N1期＝7世紀末〜8世紀初頭、N2期＝8世紀前葉、N3期＝8世紀中葉、N4期＝8世紀後葉、H1期＝8世紀末〜9世紀初頭、H2期＝9世紀前葉、H3期＝9世紀中葉、H4期＝9世紀後葉、H5期＝9世紀末〜10世紀前葉、H6期＝10世紀中葉、H7期＝10世紀後葉、H8期＝10世紀末〜11世紀前葉、H9期＝11世紀中葉という年代が与えられている［文献東京20］。

3. 棚状施設をもつ竪穴建物の偏在性

　ここでは、遺跡内で棚状施設をもつ竪穴建物跡の分布が偏在性を示す事例について、武蔵国分寺跡・下石原遺跡・神保富士塚遺跡などを取り挙げる。

A. 武蔵国分寺跡

　武蔵国分寺跡(第72図)は、僧寺・尼寺の伽藍と「運営施設」〔関口2002：4〕である掘立柱建物・竪穴建物群などから構成される。現在の行政区分では東京都国分寺市と府中市に跨がっている。国分二寺の伽藍部分は国分寺市にあるが、ここで検討する武蔵台遺跡・武蔵台東遺跡・武蔵国分寺南西地区はいずれも府中市に属しており、同市教育委員会では、これらを「武蔵国分寺跡関連遺跡」〔府中市教育委員会2002〕と呼称している。ちなみに、武蔵台遺跡と武蔵台東遺跡は、谷を隔てて地形的に区分され、旧石器時代から縄文時代では個別の遺跡として捉えられるものの、古代においては国分寺の一角として、その造営や運営の一端を担っていたと思われることから、個々の遺跡としてではなく武蔵国分寺の西方地区として把握すべきものである。

　国分僧寺と尼寺の寺域間には東山道武蔵路が南北に通っており、その南方には武蔵国府関連遺跡があるが、両者の間には「約1.2kmの無居住地帯が広がっている。南北を貫く東山道武蔵路を除いて隣接して同時期の遺跡も存在せず、まさに国分寺造営事業にともなって、人々の活動が始まったと理解」〔早川1999：289〕される。国分寺創建前の土地利用痕跡が4世紀まで遡る点からも、前代からの生活痕跡が認められない空白の台地上に選地されたことが分かる。武蔵国分寺の造営着手時期については、武蔵台遺跡23号住居跡出土の漆紙文書「天平勝寶九歳暦」断簡〔平川1989〕から757年を定点として、出土土器群の特徴などを勘案し「国分寺造営の詔」〔国分寺市教育委員会2002〕の配布された天平13(741)年を上限とする考え方が提示されている〔早川1997〕・〔酒井2002〕。いずれにしても武蔵国分寺跡は、一般的な集落遺跡と比較すると存続時期・遺跡の範囲・性格などがかなり明確で、当該遺構を追究するうえで好条件が揃っているのである。

a. 武蔵国分寺跡関連遺跡における棚状施設をもつ竪穴建物跡の様相

　武蔵国分寺跡の伽藍を取り巻く竪穴建物跡の発掘調査は、主に昭和48(1973)年以降行われており、管見によれば、平成14(2002)年12月末日現在で486軒が報告されている。このうち、棚状施設をもつ竪穴建物跡は都合41軒(8.4％)を数えるが、これはひとつの遺跡から報告されている当該遺構の軒数としては武蔵国府関連遺跡の88軒に次ぐものであり、武蔵国府・国分寺が棚状施設をもつ竪穴建物跡の分布する中心地域であったことが指摘できる。以下では、発掘調査面積が広く、当該遺構の報告軒数が多い3地区を取り挙げる。

（1）．武蔵台遺跡（武蔵国分寺西方地区）

　武蔵台遺跡は、国分二寺が甍を並べる立川段丘面と比高差 12 m を測る国分寺崖線上の武蔵野段丘縁辺部付近に位置する（第 72 図①）。現在は都立府中病院の敷地にあたり、病院の各種施設整備に伴い、昭和 54(1979)年度から平成 8(1996)年度までの 18 年間にわたり、断続的に発掘調査が実施された。発掘総面積は約 26,000 ㎡におよぶ。

　武蔵国分寺創建期から 11 世紀前半期までの竪穴建物跡 92 軒が報告されており、このうち棚状施設をもつ竪穴建物跡は 10 軒(10.9%)を数える。時期不明のものを除く 75 軒の竪穴建物跡（第 73 図）について時期別の変遷が示されている［河内 1999］が、各時期ごとの総軒数と当該遺構の軒数および、その占める割合は以下のとおりである。

　　Ⅰ期（武蔵国分寺創建期）　　　──　1 軒（棚状施設をもつ竪穴建物跡なし）
　　Ⅱ期（8 世紀後半）　　　　　　 ──　9 軒（棚状施設をもつ竪穴建物跡なし）
　　Ⅲ期（9 世紀第Ⅰ四半期）　　　 ──13 軒（棚状施設をもつ竪穴建物跡 2 軒・15.4%）
　　Ⅳ期（9 世紀第Ⅱ四半期）　　　 ──　7 軒（棚状施設をもつ竪穴建物跡 2 軒・28.6%）
　　Ⅴ期（9 世紀後半）　　　　　　 ──10 軒（棚状施設をもつ竪穴建物跡 1 軒・10.0%）
　　Ⅵ期（10 世紀第Ⅰ～Ⅲ四半期）　──26 軒（棚状施設をもつ竪穴建物跡 5 軒・19.1%）
　　Ⅶ期（10 世紀第Ⅳ四半期）　　　──　6 軒（棚状施設をもつ竪穴建物跡なし）
　　Ⅷ期（11 世紀前半）　　　　　　──　3 軒（棚状施設をもつ竪穴建物跡なし）

　先述した 23 号住居跡出土の漆紙文書は、皿や曲物あるいは杯などをパレットとして刷毛で漆を塗る際に乾燥や埃を防ぐための蓋の役割を果たしたもの［玉田 1995］で、同竪穴建物内からは漆パレットに転用されたと思われる土器片も発見されていることから「漆職人の工房の可能性が高い」［西野 2002：15］ものである。当地区の具体的な役割を知ることができる重要な遺構である。

　棚状施設をもつ竪穴建物跡の分布（第 73 図）は、Ⅲ～Ⅴ期には 23 号住居跡と同一調査区で国分寺崖線から 100 m ほど内側に位置しているが、Ⅵ期には東側の谷に面した台地縁辺部に移動する。各期を通じて調査区の北側に寄っており、86 号住居跡よりも南側にある竪穴建物群には棚状施設はみられない。棚状施設の平面タイプについては第 73 図中に示した。

　棚状施設の構築方法としては、①素掘りタイプ・②化粧タイプ・③充塡タイプのものが混在するが、Ⅵ期の 57 号住居跡では粘土を含む構築土を充塡した使用面の一部に瓦片 2 枚が敷かれたような状態で検出されている。

（2）．武蔵台東遺跡（武蔵国分寺西方地区）

　武蔵台遺跡とは谷を隔てた東側の武蔵野段丘面に位置する（第 72 図②）。都営住宅建て替えに伴い平成 4(1992)年度から平成 7(1995)年度に 17,194.97 ㎡が発掘調査された。

　8 世紀第Ⅲ四半期から 11 世紀第Ⅰ四半期までの竪穴建物跡 80 軒が検出されており、このうち棚状施設をもつ竪穴建物跡は 21 軒(26.3%)を数える。時期不明のものを除く 74 軒の竪穴建物跡の各時期ごとの総軒数と当該遺構の軒数および、その占める割合は以下のとおりである。

① 武蔵台遺跡
② 武蔵台東遺跡
③ 武蔵国分寺南西地区

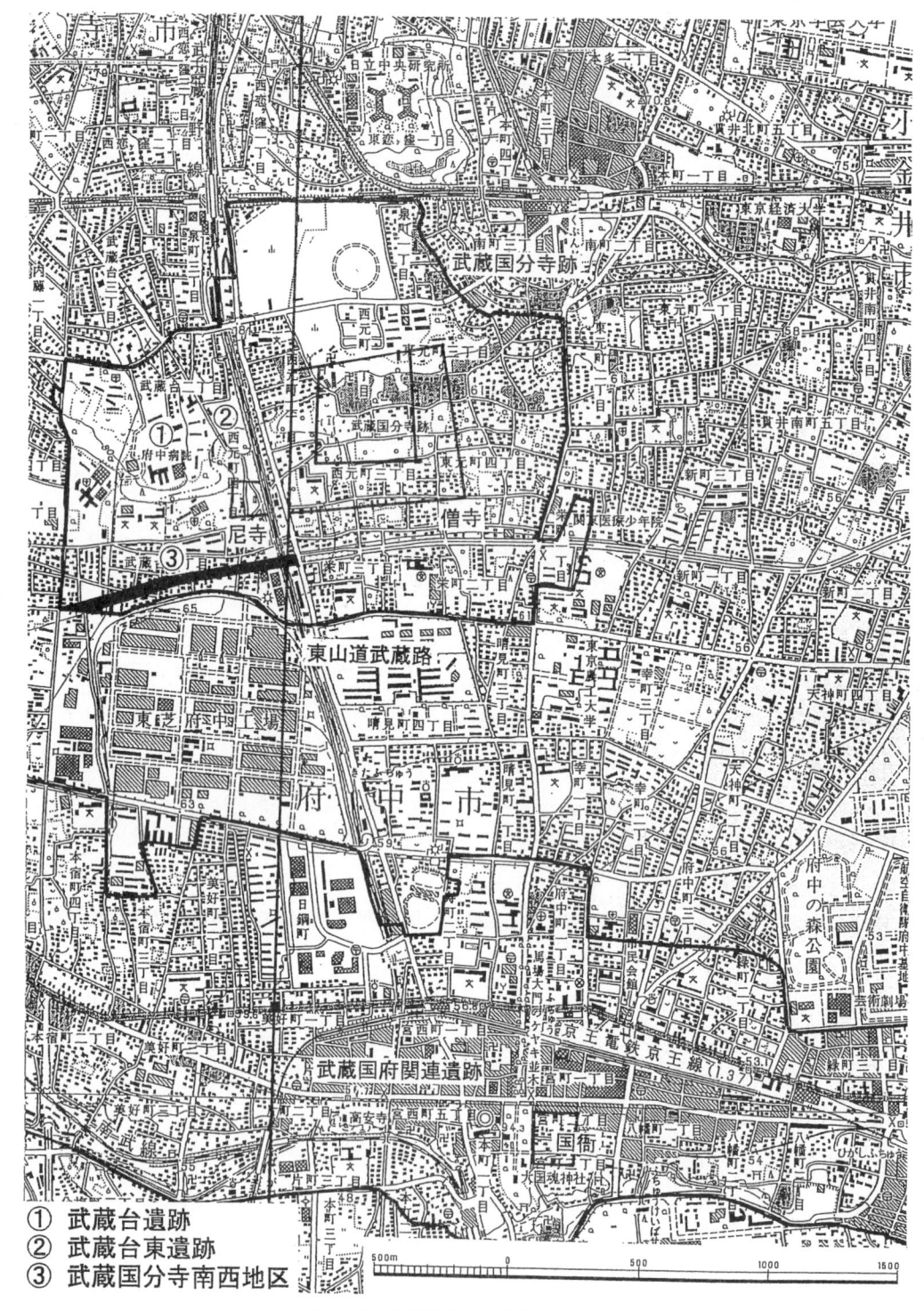

第72図　武蔵国分寺の位置 (1/25000)

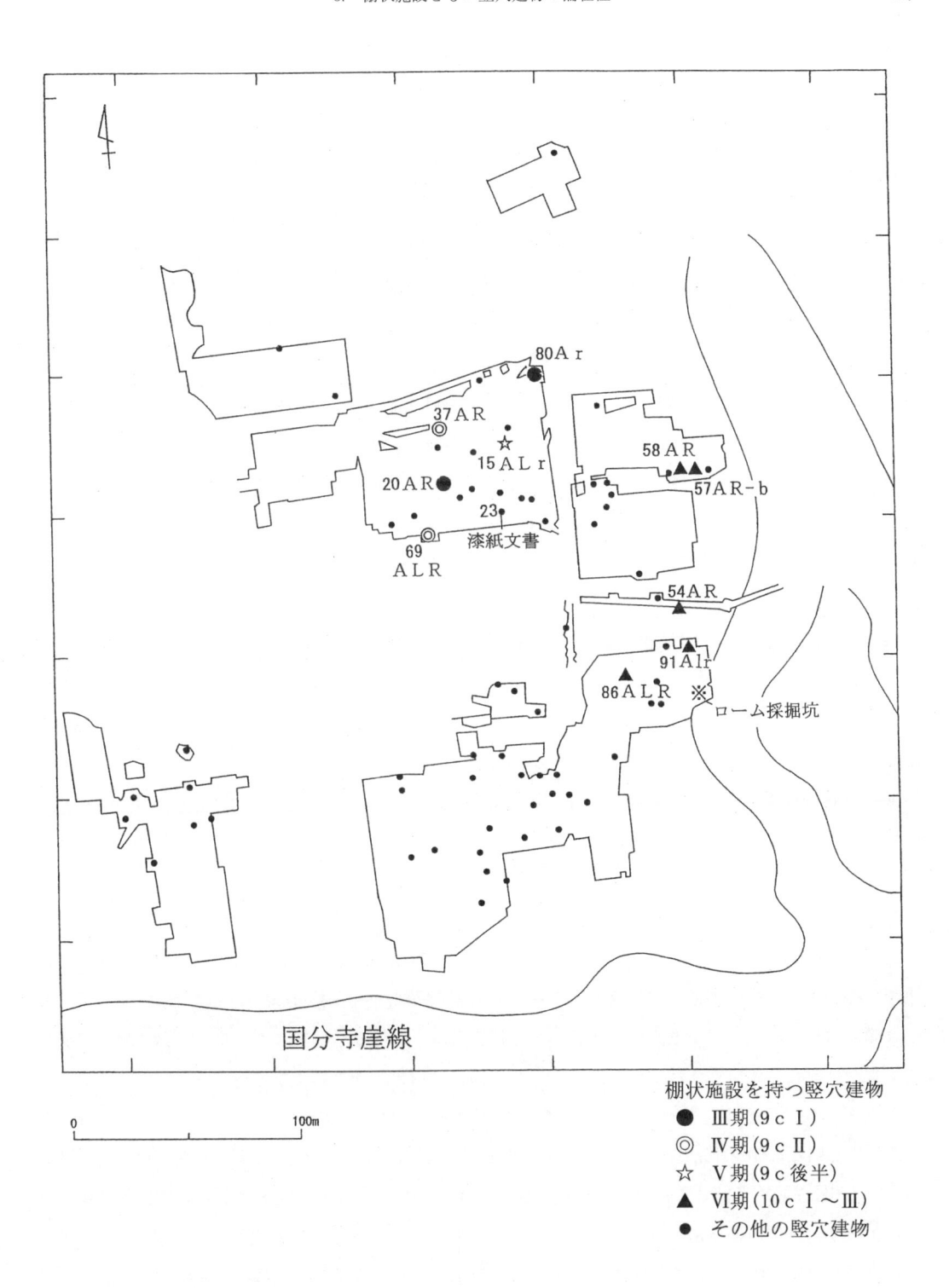

3. 棚状施設をもつ竪穴建物の偏在性　　　169

第 73 図　武蔵台遺跡の竪穴建物跡分布図 ［各報告書から加除作成］

I 期（8世紀第III四半期）　　　　　── 3軒（棚状施設をもつ竪穴建物跡なし）
 II 期（8世紀第IV四半期）　　　　　── 3軒（棚状施設をもつ竪穴建物跡2軒・66.7％）
 III 期（8世紀末～9世紀初頭）　　　── 6軒（棚状施設をもつ竪穴建物跡4軒・66.7％）
 IV 期（9世紀第II四半期）　　　　　── 8軒（棚状施設をもつ竪穴建物跡5軒・62.5％）
 V 期（9世紀第III四半期）　　　　　──18軒（棚状施設をもつ竪穴建物跡7軒・38.9％）
 VI 期（9世紀第IV四半期）　　　　　── 6軒（棚状施設をもつ竪穴建物跡2軒・33.4％）
 VII 期（9世紀末～10世紀第I四半期）──10軒（棚状施設をもつ竪穴建物跡1軒・10.0％）
 VIII 期（10世紀第II四半期）　　　　── 5軒（棚状施設をもつ竪穴建物跡なし）
 IX 期（10世紀第III四半期）　　　　 ── 2軒（棚状施設をもつ竪穴建物跡なし）
 X 期（10世紀第IV四半期）　　　　　── 6軒（棚状施設をもつ竪穴建物跡なし）
 XI 期（11世紀第I四半期）　　　　　── 7軒（棚状施設をもつ竪穴建物跡なし）

　棚状施設をもつ竪穴建物跡は、斜面部に構築されているものが目立つ（第74図）が、II期からIV期にかけて斜面下部から台地上に移動するような分布が読み取れる。V期では斜面下部から台地上の広範囲に拡散するが、VI期には更に台地の上側に移る。なお、棚状施設の平面タイプについては第74図中に示した。

　IV期の10号住居跡と14号住居跡（第76図1）は、棚状施設のみでなく竪穴や竈の形状・規模や「貯蔵穴」の位置、4本柱の主柱穴の位置・間隔はもとより、柱の建て替え痕跡にいたるまで酷似している。両者の間隔は約3mと近接する（第74図）ことから、同時存在ではなく前後関係をもつ可能性もあるが、同一集団が係わった建物と捉えられる。

　棚状施設の構築方法は、①素掘りタイプ・②化粧タイプ・③充塡タイプが混在するが、III期の59号住居跡では、褐色土を積んで構築した④盛土タイプのものもみられる（第10図5）。このような事例は、棚構築土と竪穴覆土との識別がつきにくいため発掘調査時に見逃されやすい。

　当地区では、特異な構築方法が採られた竪穴建物も目立つ。60号住居跡（第76図1）は、竪穴床面にみられる溝や坑などの存在から工房と考えられるが、古段階の竈脇に設けられた棚状施設（同図2）は、平坦に掘削された掘り形面上に厚さ20cmにわたり数種類の粘土を版築状に施しており、cの立ち上がり側では粘土を縦方向に垂直に重ねている。報告者は、この棚状施設について「複数の種類を違えた粘土が巧みに重ね塗りされており、一番外側の面には白色の化粧粘土まで用いられていた。このことからかなりの左官技術を持った工人がこの建物の造作に係わっていたことが知れる」［早川1999：292］としている。60号住居跡と約7mの間隔を置いて斜面に並ぶように位置する61号住居跡（第74図）は、60号住居跡と同じ平面タイプの棚状施設をもつ（第76図1）。竪穴本体部の周囲に大規模な掘り形があり、硬化面の存在から一部は生活面として利用されていたものと思われる。掘り形部分を含む検出面から竪穴床面までの深さは1.5mにもおよぶ。これら2軒の棚状施設は非常に丁寧に造られており、「壁面の掘り込みも含めて鉄製工具できちんと角付けがなされた状態は、土木技術の水準の高さを示し（中略）竈の構築技術も群を抜いている」［早川1993：29］ものである。

　また、VII期の12号住居跡では、竈の右脇に設けられた棚状施設（第76図2）で褐色土などの構築土

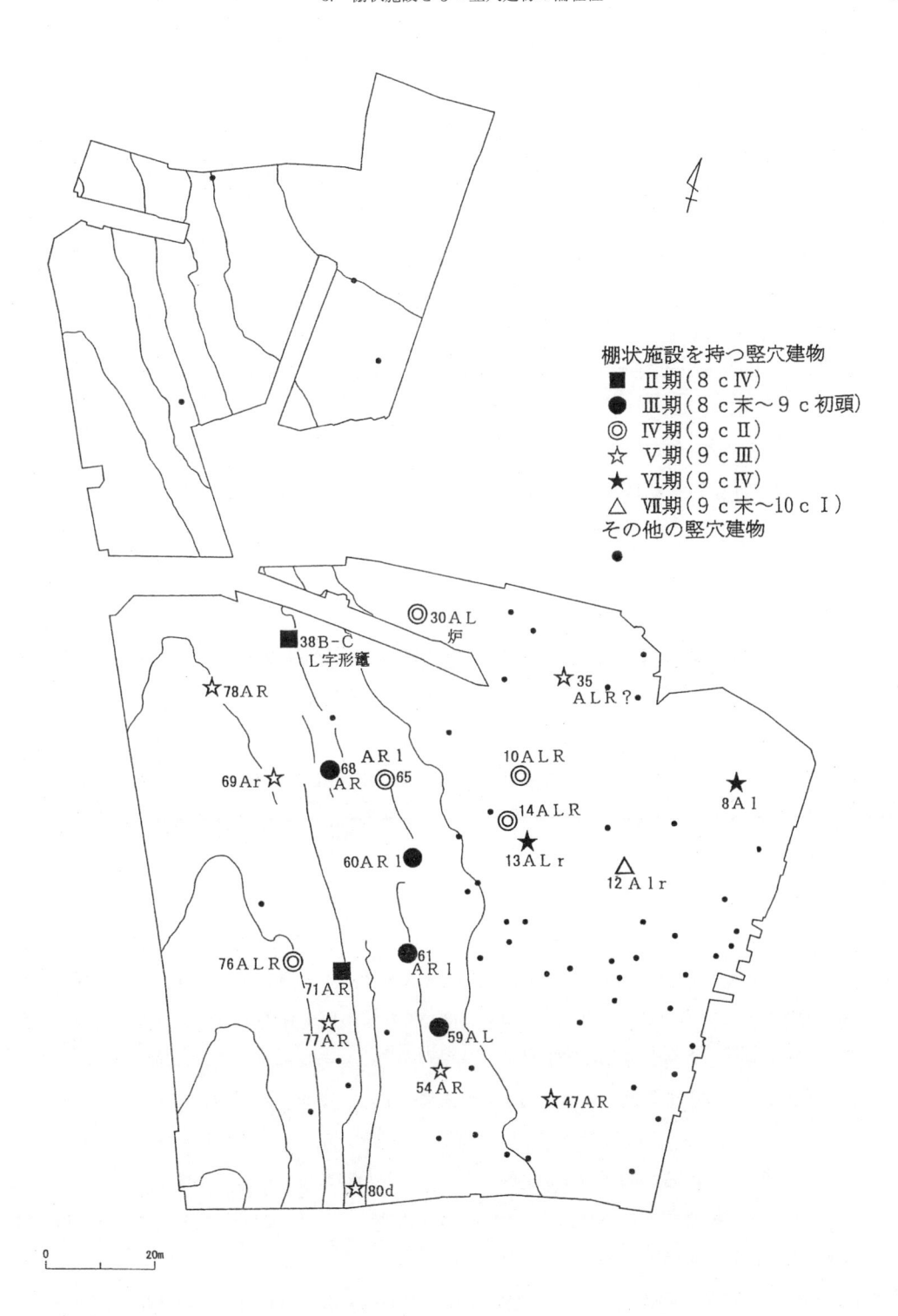

3. 棚状施設をもつ竪穴建物の偏在性

第 74 図　武蔵台東遺跡の竪穴建物跡分布図［報告書から加除作成］

を掘り形に充填した後に、aの壁面からbの使用面手前側にかけて男瓦と女瓦で化粧する。竪穴床面に接する部分では瓦を垂直に立てて、その上部に瓦を水平にした3段分並べ、瓦積み基壇のような外観を造る。V期の54号住居跡でも棚状施設の使用面に瓦片が食い込んでおり、意図的に敷かれたものと見なされる。

II期の38号住居跡では、竪穴外柱穴列の内側に素掘りの棚状施設が設けられているが、この竪穴建物の竈は関東地方では唯一の「L字形カマド」〔松室1996〕である。

(3)．武蔵国分寺南西地区

通称「東八道路」と呼ばれる都道新設に伴い武蔵国分尼寺跡の南西部分を対象にして、昭和62(1987)年から平成10(1998)年度にかけて、幅員30m・延長2km(発掘面積27,364㎡)におよぶ長大なトレンチ状の発掘調査が行われた箇所(第72図③)である。

8世紀第IV四半期から9世紀第III四半期にかけての竪穴建物跡23軒が検出されており、このうち棚状施設をもつ竪穴建物跡は4軒(17.4%)を数える。時期不明のものを除く20軒の竪穴建物跡の各時期ごとの総軒数と当該遺構の軒数および、その占める割合は以下のとおりである。

　　8世紀第IV四半期　　――　5軒(棚状施設をもつ竪穴建物跡1軒・20.0%)
　　8世紀末～9世紀初頭　――11軒(棚状施設をもつ竪穴建物跡2軒・18.2%)
　　9世紀第III四半期　　――　4軒(棚状施設をもつ竪穴建物跡1軒・25.0%)

当地区を特徴付ける遺構としては、8世紀第IV四半期から9世紀前半頃に操業していた2基の粘土採掘坑(第75図)が挙げられる。当地区の北側に位置する府中市教育委員会の972次調査地区でも、ほぼ同時期と思われる粘土採掘坑1基が検出された〔江口2002〕が、これらは窯業生産に伴うものではなく、国分二寺の堂宇の「屋根の下地、建築物壁画造作」〔坂詰1999a：610〕や「築地・基壇などの版築用の建材、あるいは一般の竪穴住居の竈・壁用材としての用途が想定」〔中山真治ほか1998：132〕される。当地区の9軒と武蔵台東遺跡の3軒(12・14・38号住居跡)の竪穴建物で使用された粘土の鉱物分析を行った結果、武蔵台東遺跡の3軒の竈に使用された粘土は、当地区の粘土採掘坑から採取された可能性が指摘されている〔パリノ・サーヴェイ㈱1999〕。これらの竪穴建物のいずれにも棚状施設が設けられており、当地区と武蔵台東遺跡の有機的な関係が窺える。ちなみに、武蔵台遺跡で検出されているローム採掘坑(第73図)も伽藍の営繕に関係したものかもしれない。

当地区では8世紀末から9世紀初頭までの竪穴建物が最も多いが、これらは粘土採掘坑との関係で捉えることが可能と思われる。該期の棚状施設をもつ竪穴建物跡2軒は粘土採掘坑を挟んで位置している。なお、この他に当地区の性格を知ることができる遺構としては、鍛冶工房と見なされる竪穴建物跡2軒(9世紀第III四半期)が挙げられる。

棚状施設の構築方法は①素掘りタイプと②化粧タイプが混在する。8世紀末から9世紀初頭のSI―7(第76図1)は床面に炉が設けられており、火を使用した何らかの作業が行われたものと考えられる。竪穴床面からは上野国分寺のものと同范の鐙瓦が出土しており「上野国で生産された瓦そのものが推定東山道武蔵路を通り武蔵国に持ち込まれたと考えられ(中略)武蔵国と上野国の間で物資や人の移動

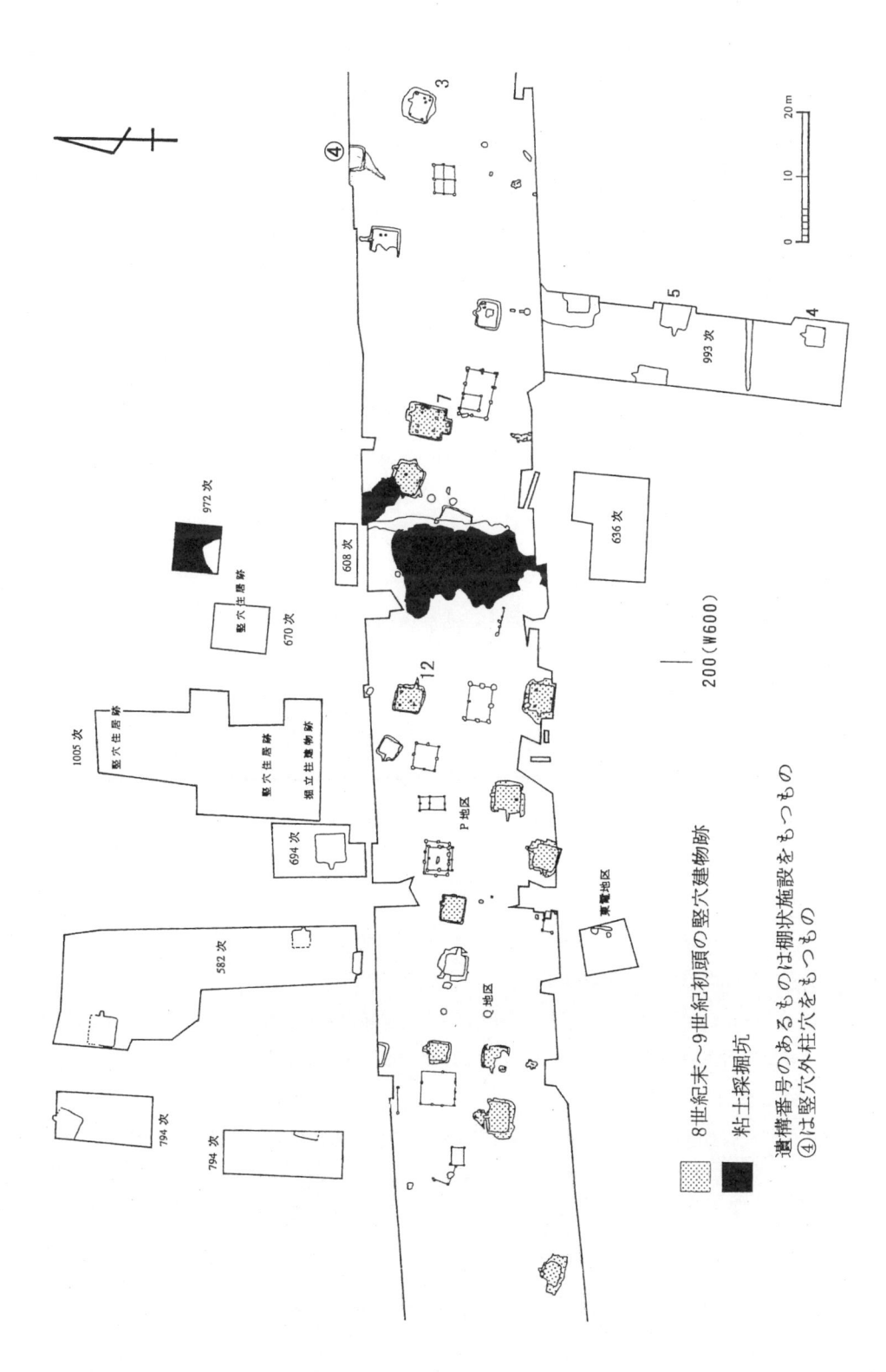

3. 棚状施設をもつ竪穴建物の偏在性　　　173

第 75 図　武蔵国分寺南西地区主要部分の竪穴建物跡分布図［各報告書から加除作成］

を示す具体例」〔小川・牧野1999：608〕として指摘されている。また、9世紀第III四半期のSI-3は、素掘りした面に褐色土を貼り「その上に男・女瓦、須恵器甕の破片を平らに敷いて」〔文献東京45：93〕使用面を造る(第10図3)。

なお、当地区に隣接する府中市教育委員会の993次調査地区(第75図)では、8世紀第III四半期から第IV四半期の竪穴建物跡4軒が検出されている〔江口2002〕が、8世紀第IV四半期のE31—SI4と、E31—SI5(時期不明)は、いずれもALRアウトタイプの棚状施設をもつ。

b. 武蔵国分寺跡における棚状施設をもつ竪穴建物跡の特徴
(1). 分布の特徴

国分寺市と府中市に跨がる武蔵国分寺跡全体では、41軒の当該遺構が報告されているが、約9割にあたる37軒までが府中市域に存在する。国分寺市側では平成14(2002)年8月1日現在で553次を数える発掘調査が実施されている[註1)]が、棚状施設をもつ竪穴建物跡は、北方地区の3軒(3・370・460次調査地区で1軒ずつ)と、南西地区の1軒(401次調査地区)の合計4軒に留まっている。

このうち、460次調査地区を含む平成8～10年度西国分寺地区土地区画整理事業等の調査(発掘面積23,532.42㎡)では40軒の竪穴建物跡が検出されている〔文献東京78〕が、当該遺構の占める割合は1軒÷40軒＝2.5％と低い数値を示している。先述したように、10.9％～26.3％という数値が得られた3調査地区との差異は明白である。

さらに、小稿のデータ集成の対象である平成14(2002)年12月以降に報告された平成11～13年度西国分寺地区土地区画整理事業等の調査(発掘面積15,453.89㎡)では88軒の竪穴建物跡が検出されているが、棚状施設をもつ竪穴建物跡は476次調査のSI663〔吉岡2003〕1軒のみである。この遺構には炉が設けられており、鉄滓が出土している。同調査地区では、他に炉をもつ竪穴建物跡が4軒と、鞴の羽口や鉄滓などが発見されていることから、9世紀末以降の鍛冶工房群と考えられる。

また、西国分寺地区土地区画整理事業に伴う東京都埋蔵文化財センターの調査地区(発掘面積54,800㎡)では、武蔵国分寺跡における竪穴建物跡の北限を示すと思われる6軒が検出されているが、棚状施設をもつ竪穴建物跡は認められない〔福島2003〕。

このように、武蔵国分寺跡北方地区における最近の大規模発掘調査の結果などからは、当該地区では棚状施設をもつ竪穴建物の存在は希薄であり、主に東山道武蔵路以西の西方地区と南西地区に偏在することが指摘できる。

各地区ごとの棚状施設をもつ竪穴建物の分布は、武蔵台遺跡(第73図)では、調査区のほぼ南側半分には当該遺構は認められず、国分寺崖線からやや内側に入った台地上に偏る。

武蔵台東遺跡(第74図)では、各時期にわたって当該遺構のまとまりが認められる。

東西2kmにおよぶ南西地区(第75図)では、隣接する府中市993次調査地区も含め粘土採掘坑周辺に分布している。

(2). 棚状施設の平面タイプ

　各地区では、一時期に2軒以上の棚状施設をもつ竪穴建物が存在する事例も目立つが、いずれも2～4種類の平面タイプが認められ、単一の平面タイプのみで構成される時期は皆無である。つまり、各時期にわたり複数の集団の関与が想定できるわけだが、時期によっては主体となる平面タイプを抽出できる。これらには第76図1で示したように、調査地区に跨がってみられるものもあり、各地区間の具体的な関係を反映している事例として注目される。

　武蔵国分寺跡では、8世紀末から9世紀初頭にはAR1タイプ、9世紀第Ⅱ四半期にはALRタイプ、9世紀後半以降にはARタイプの棚状施設をもつものが主体となるようである。

(3). 特異な構築方法の棚状施設

　武蔵台遺跡60号住居跡(第76図1)では、礎石建物の基礎地業として施される版築技法で棚状施設が構築されており(第76図2)、隣接する61号住居跡とともに棚状施設を含む竪穴壁面の造作や竈の造りなどから、竪穴部の構築技術水準の高さが窺える。版築技法による棚状施設がみられるのは、先述したように本例も含めて3例しか知られていない。

　武蔵台遺跡57号住居跡、武蔵台東遺跡12号住居跡(第76図2)・54号住居跡、武蔵国分寺南西地区SI―3(第10図3)の都合4軒では、棚状施設の構築材として瓦が使用されている。いずれも9世紀第Ⅲ四半期以降のもので、南西地区SI―3(9世紀第Ⅲ四半期)の棚状施設では、承和12(845)年を上限とする僧寺七重塔再建瓦[国分寺市教育委員会2002]がみられることから「転用された瓦の製造年代と住居の使用年代が異なる」[服部2000：11]不要になった瓦が用いられたものと見なされる。他の3軒についても恐らく同様の状況が考えられる。いずれにしても、竈の構築材として瓦を転用する例は寺院や窯業関連遺跡を中心として各地で散見されるものの、棚状施設に瓦を用いているのは上記の4例のみである点は注目して良いだろう。

c. 武蔵国分寺跡における棚状施設をもつ竪穴建物跡の性格

　武蔵国分寺跡で棚状施設をもつ竪穴建物跡が最も顕著なのは、西方地区の武蔵台東遺跡である。当該遺構が同時期の竪穴建物跡の中で占める割合は、9世紀前半までが66.7％～62.5％、9世紀後半では38.9％～33.4％と年代が下がるに連れ減少するものの、全体の2/3～1/3という極めて高い数値を示す。

　武蔵台遺跡では、8世紀代の事例はみられず、9世紀第Ⅱ四半期の28.6％が最も高い数値となっている。

　南西地区では、粘土採掘坑との関係を示すように8世紀末から9世紀初頭の竪穴建物跡が目立ち、9世紀第Ⅳ四半期には竪穴建物が認められなくなる。

　かかる当該遺構の時期的な消長が、国分寺創建期から塔再建期の動向とかなり一致している点は注意して良いだろう。

　西方地区の性格については「武蔵国分寺の創建に際して設けられたであろう造寺司の監督下にあっ

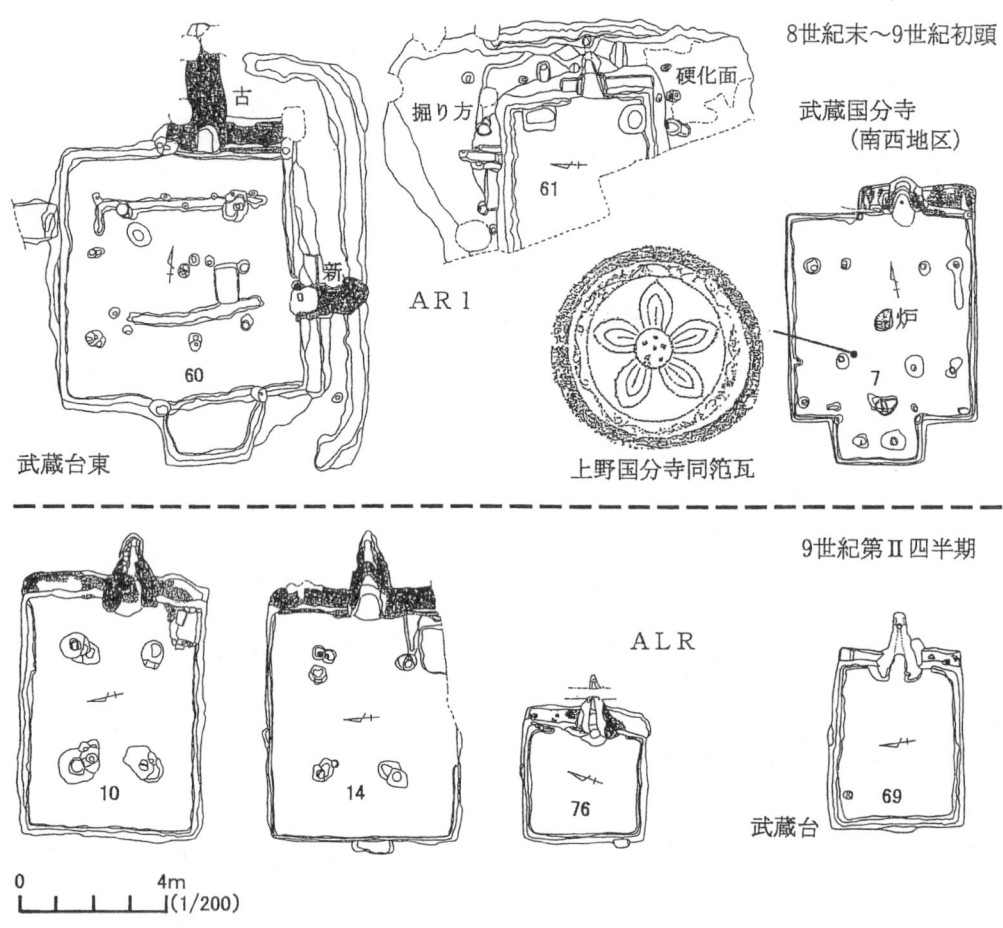

1. 調査地区を跨って存在する同一平面タイプをもつ棚状施設の一例

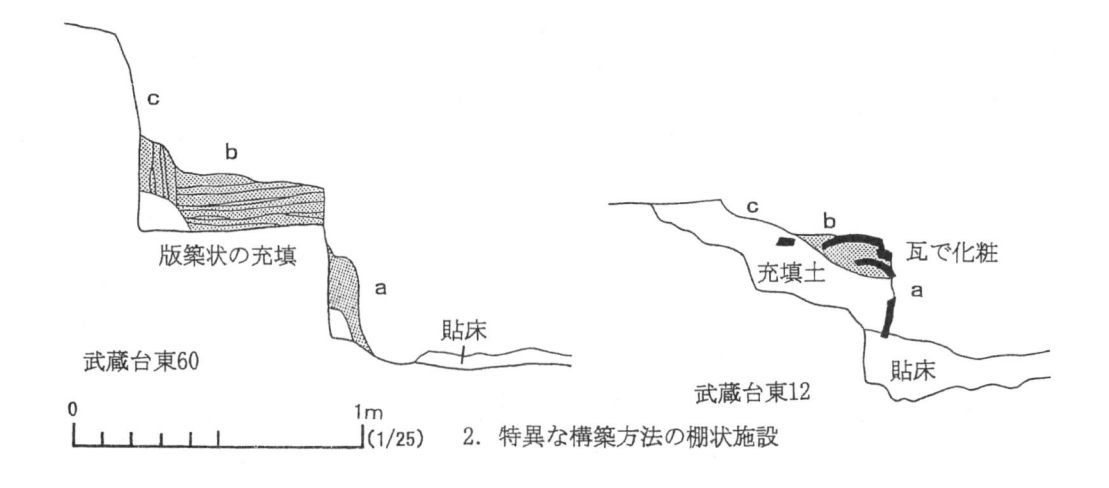

2. 特異な構築方法の棚状施設

第76図　武蔵国分寺跡における棚状施設をもつ竪穴建物跡の一例［各報告書から加除作成］

た遺構群」［坂詰 1999b：294］とされており、武蔵台東遺跡では、棚状施設を含む竪穴壁面の造作や竈の造りなどから竪穴部の構築水準の高さが窺えることや、版築技法・瓦を転用した特異な構築方法の棚状施設の存在などから、国分寺造営に係わった土木・建築技術者集団が自ら使用する職住兼用工房と思われる竪穴建物を構築したものと考えることができる。南西地区の粘土採掘坑も寺院建築との深い関わりをもつが、採取された粘土が武蔵台東遺跡の棚状施設をもつ竪穴建物の竈にも使用されていた可能性がある点は、両地区間の具体的な関係を示すものとして注目される。

　武蔵国分二寺の営繕に各種工人が連携していたことは確実で、西方地区で漆工房、南西地区では鍛治工房なども認められる。先述した 10 世紀後葉の北方地区 SI 663 は鍛治工房と見なされるが、西方地区・南西地区の当該遺構は、特に土木・建築に携わる集団との関係が窺えるのである。

　棚状施設をもつ竪穴建物跡は、下野・上野・下総など他国の国分寺関連遺跡でも散見されるが、いずれも報告例は一時期に 1 軒か 2 軒と少なく、同時期の竪穴建物中では客体的な存在に留まっている。時期的にも 9 世紀以降のものがほとんどで、国分寺創建に伴う事例は認められない。

　諸国国分寺の中で、武蔵国は 8 世紀後半に伽藍造営に係わった土木・建築集団が棚状施設をもつ竪穴建物を採用してから 10 世紀に至るまで、遺跡内を南北に通過する東山道武蔵路よりも西側に偏在するものの、比較的顕著な存在として国分寺の運営に関与していたことが指摘できる。

　さて、武蔵国分寺跡と先述した武蔵国府関連遺跡は、棚状施設をもつ竪穴建物跡の事例が最も多い東京都の中でも中心的な地域である。地理的にも時間的にも近い両遺跡の当該遺構を比較すると、いずれも一時期に複数の事例が存在するが、武蔵国府では多種多様な平面タイプのものが混在しており、時空的にもまとまりがみられないのが特徴で、各時期ともに主体となる平面タイプも不明確である。一方、武蔵国分寺では 2〜4 の平面タイプ中で主体となるものを抽出することができる。

　このような両者の在り方は、武蔵国府では当該遺構を使用する相当数の工人集団が比較的短期間に離合集散を繰り返していたような複雑な集団の動きを反映しているのに対し、武蔵国分寺では主体と客体に分けられる比較的限定された集団が棚状施設をもつ竪穴建物を使用していたという違いを示しているものと見なされる。

B. 下石原遺跡

　下石原遺跡は、武蔵国府関連遺跡の「周辺遺跡」である白糸台地域の東側、府中崖線に沿って列状に並ぶ遺跡群のひとつで、西隣の飛田給遺跡や東隣の小島町遺跡でも棚状施設をもつ竪穴建物跡が検出されている。

　本遺跡では、昭和 59(1984)年から各種開発に伴う発掘調査が開始され、平成 15(2003)年 1 月現在で確認調査や立ち会い調査を含めて 48 地点が調査されている（第 77 図）。竈を有する竪穴建物跡は 12 地点で 51 軒が報告されている［有村ほか 2003］。

　棚状施設をもつ竪穴建物跡は、第 15 地点［文献東京 49］・第 24 地点［文献東京 50］・第 29 地点［文献東京 51］（第 77 図）の 3 地点で 1 軒ずつと、第 37 地点（その 2）［有村ほか 2003］で 7 軒（第 79 図）の都合 10 軒が認められ、全 51 軒中で占める割合は 19.6％ となっている。

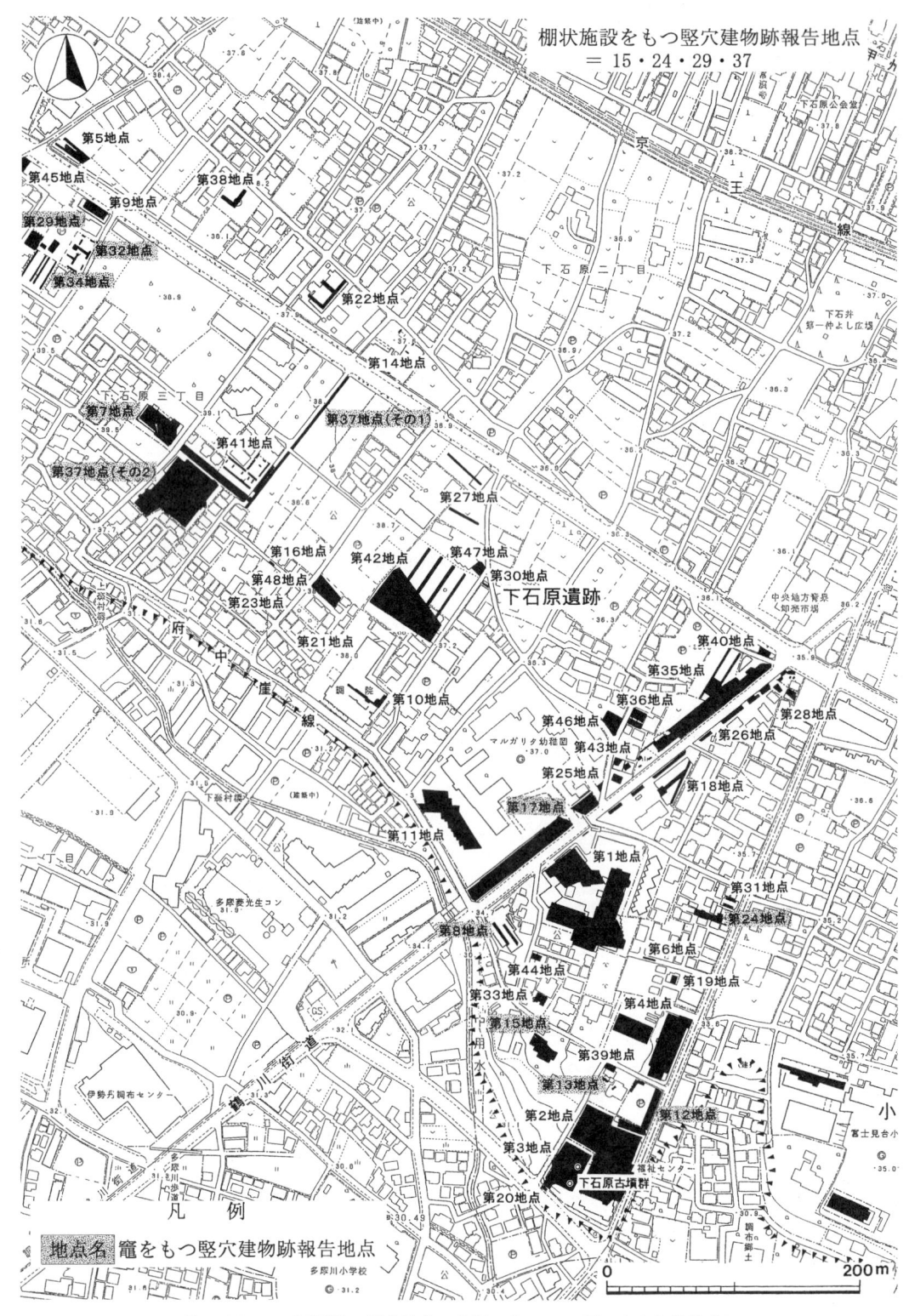

178 IV. 棚状施設をもつ竪穴建物の集団関係

第77図　下石原遺跡の調査地点［有村ほか2003：図5から加除作成］

第37地点(その2)は、小稿のデータ集成の対象である平成14(2002)年12月以降に報告された事例であるが、棚状施設をもつ竪穴建物跡がまとまって検出され、特徴的な在り方を示していることから検討を加えたい。

a. 下石原遺跡第37地点における棚状施設をもつ竪穴建物跡の様相

　下石原遺跡第37地点(その2)は、平成14(2002)年度に市営住宅建設に伴い2,000㎡の発掘調査が行われた地点である(第78図)。8世紀後半から10世紀前半にかけての竪穴建物跡11軒・掘立柱建物跡18棟・区画溝1条などが検出された。1,000㎡に満たない小規模な開発に伴う発掘調査が主体を占める本遺跡内にあって、遺跡を覗く窓が最も大きい地点である。

　当地点で検出された竪穴建物跡11軒のうち7軒で棚状施設がみられるが、その占める割合は63.6%で、一調査区からの検出率としては最も高い数値を示している。11軒の竪穴建物跡の各時期ごとの総軒数と当該遺構の軒数および、その占める割合は以下のとおりである。

　　8世紀後半　　　　　　── 2軒(棚状施設をもつ竪穴建物跡なし)
　　8世紀末～9世紀初頭　── 1軒(棚状施設をもつ竪穴建物跡1軒・100%)
　　9世紀前半　　　　　　── 1軒(棚状施設をもつ竪穴建物跡1軒・100%)
　　9世紀中葉～後葉　　　── 1軒(棚状施設をもつ竪穴建物跡1軒・100%)
　　9世紀末～10世紀初頭── 2軒(棚状施設をもつ竪穴建物跡1軒・50%)
　　10世紀前半　　　　　── 4軒(棚状施設をもつ竪穴建物跡3軒・75%)

　8世紀後半を除く各時期では、1軒以上の当該遺構が存在する(第79図)。いずれの事例も、竈に向かって右側に棚状施設が設けられており、粘土を充塡あるいは盛土して構築されている。竪穴建物の構造も、やや大形のSI 11以外は、竪穴コーナー付近の床面隅部に主柱穴がみられることなどの共通点がみられる。

　また、SI 11には炉が設けられており、SI 05の床面には被熱痕跡、SI 06の床面では焼土が認められることから、火を使った何らかの作業が行われていたものと思われる。

　SI 06の棚状施設では、掘り形下部の充塡土上に「ロームブロックを含む黒色土、褐色土、粘土を薄く幾重にも版築して構築」[有村ほか2003：159]しているが、版築技法を用いて構築された棚状施設は、他に2例しか知られていない。

　さらに、SI 02では同時に存在したと思われる2基の竈がみられるが、北竈が日常的に使用された痕跡を示すのに対して、東竈は使用痕跡が顕著でないことが指摘されており、報告者の有村由美は、東竈を「日常的な煮炊き以外の何らかの作業に関わる使用目的をもつもの」[有村ほか2003：159]と考えている。SI 11でも、「2基のカマドが横並びに併設されている」[有村ほか2003：159]などから、単なる住居とは異なる役割を想定している。ちなみに、同遺構の貼床中や柱穴覆土からは鉄鍋の脚部片が出土している。

　当地点では、竪穴建物群と同時期に機能していたと思われる掘立柱建物群の存在も特徴的であり、区画溝の西側部分を中心として「作業工房などを兼ねた竪穴住居や倉庫群と思われる掘立柱建物」

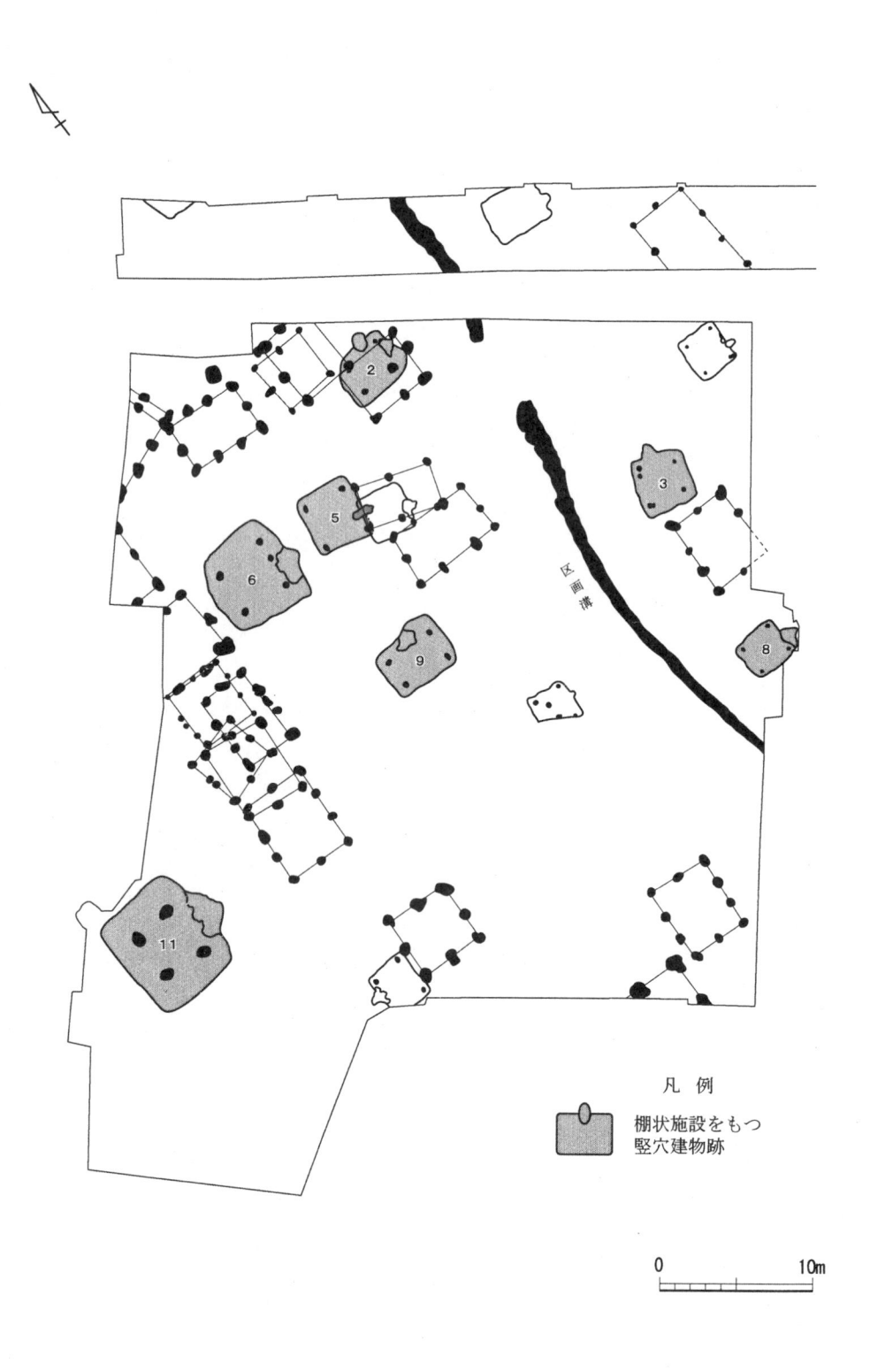

180　　　　　　　　　　　　Ⅳ. 棚状施設をもつ竪穴建物の集団関係

第 78 図　下石原遺跡第 37 地点の遺構分布図［各報告書から加除作成］

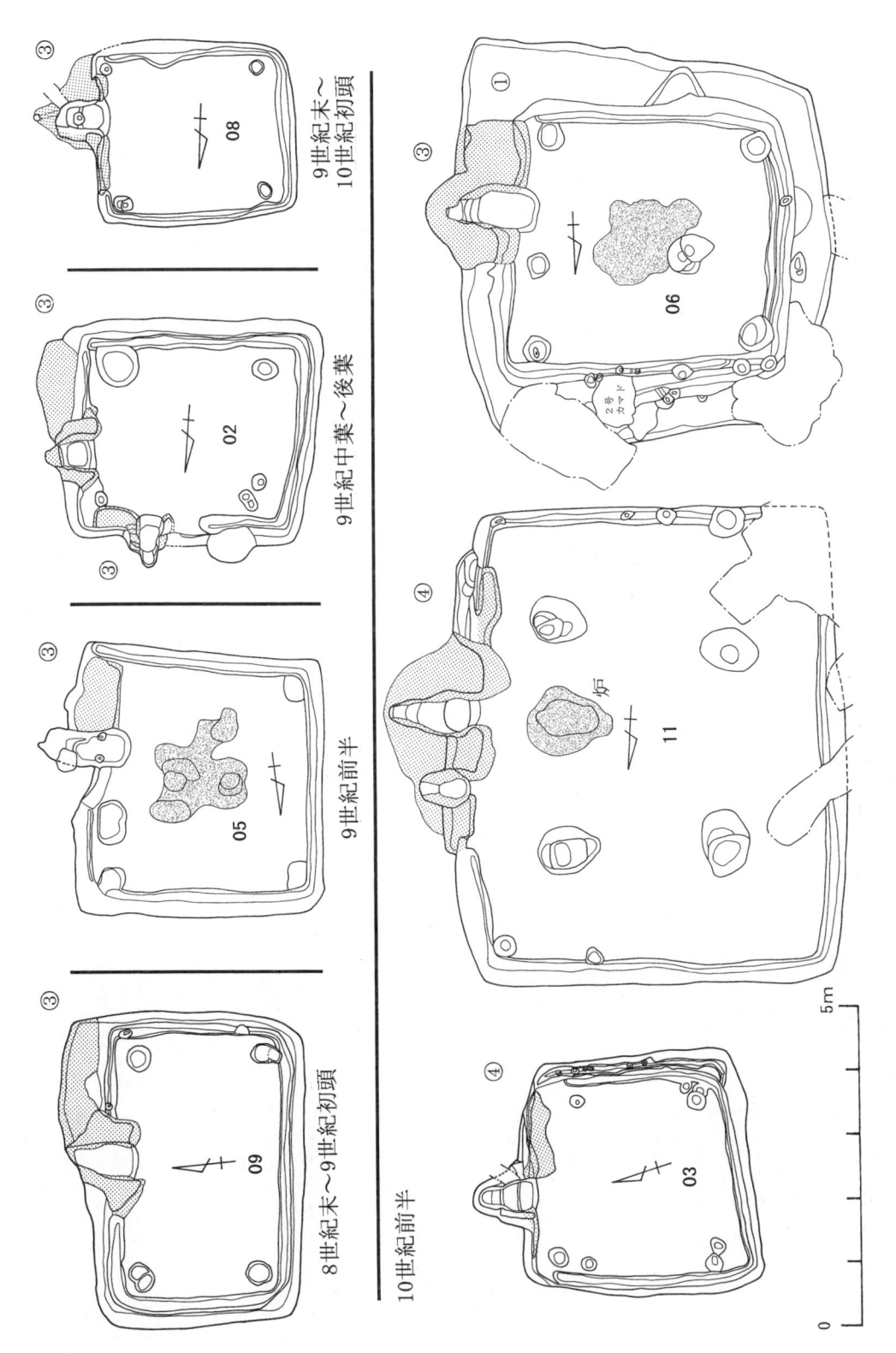

3. 棚状施設をもつ竪穴建物の偏在性　　　181

第 79 図　下石原遺跡第 37 地点の棚状施設をもつ竪穴建物跡［報告書から加除作成］

［有村ほか2003：159］によって構成される「工房ブロック」の一画と捉えることが妥当であろう。SI 06とSI 11からは鉄製鋲具が出土していることや、地形的に考えると、武蔵国府との関係で理解することが可能であると思われる。

下石原遺跡第37地点（その2）で検出された棚状施設をもつ竪穴建物群は、具体的な職種こそ不明確なものの、粘土を使用して竃右脇に棚を設けるという斉一性などから、遺跡内における「工房ブロック」の一画で、数代にわたって職住を定めた同一系譜の工人集団によって営まれたものと考えることができる。

b．下石原遺跡第37地点における棚状施設をもつ竪穴建物跡の偏在性

下石原遺跡第37地点以外で、棚状施設をもつ竪穴建物跡が報告されているのは3地点3軒である。

第37地点に最も近い第29地点（発掘面積134.8㎡）のものは、ALrアウトタイプの棚状施設［文献東京51］で、9世紀中葉から後葉の所産である。

第37地点の南東側、府中崖線際に位置する第15地点（発掘面積294.1㎡）では、ARアウトタイプの棚状施設［文献東京49］が検出されたが、概報のため具体的な時期は不明である。

第15地点の東側にある第24地点（発掘面積126.4㎡）のものは、竃の右脇と竪穴コーナー部分の2箇所に設けられた棚状施設［文献東京50］で、8世紀後葉に属する。

これら3地点の報告例と第37地点の事例を比較すると、第24地点のものは第37地点では認められない8世紀後葉の所産である。第29地点のものは第37地点SI 02と同時期だが、平面タイプが異なっている。第15地点のものは第37地点で主体となるARアウトタイプを呈するが、構築方法が①素掘りタイプである点が異なっている。

下石原遺跡では、8世紀後葉から棚状施設をもつ竪穴建物が登場するが、第37地点以外では当該地点とは異なる平面タイプの棚状施設も認められ、第37地点の竃右脇に設けられるものを主体として、客体となる平面タイプの事例が存在する時期もみられることが指摘できる。

いずれにしても、第37地点における斉一性の強い棚状施設をもつ竪穴建物群の存在は、遺跡内における当該遺構の偏在性を顕著に示す事例として明記されよう。

C．神保富士塚遺跡

神保富士塚遺跡は、群馬県多野郡吉井町大字神保字富士塚他に所在する。鏑川右岸の河岸段丘上に位置しており、上信越自動車道建設に伴い、昭和62（1987）年から昭和63（1988）年にかけて26,890㎡が発掘調査された。古代の遺構としては、8世紀から11世紀に至る竪穴建物跡130軒・掘立柱建物跡10棟などが発見されている［文献群馬57］。

棚状施設をもつ竪穴建物跡は9軒検出された（第80図下）。時期的には、9世紀前葉から10世紀までのものだが、中心となるのは9世紀後葉の6軒である。

古代の竪穴建物跡は調査区のほぼ全域で認められるが、棚状施設をもつ竪穴建物跡の分布は調査区東北側の径50mほどの範囲（第80図上の円内）に限定される点が注目される。

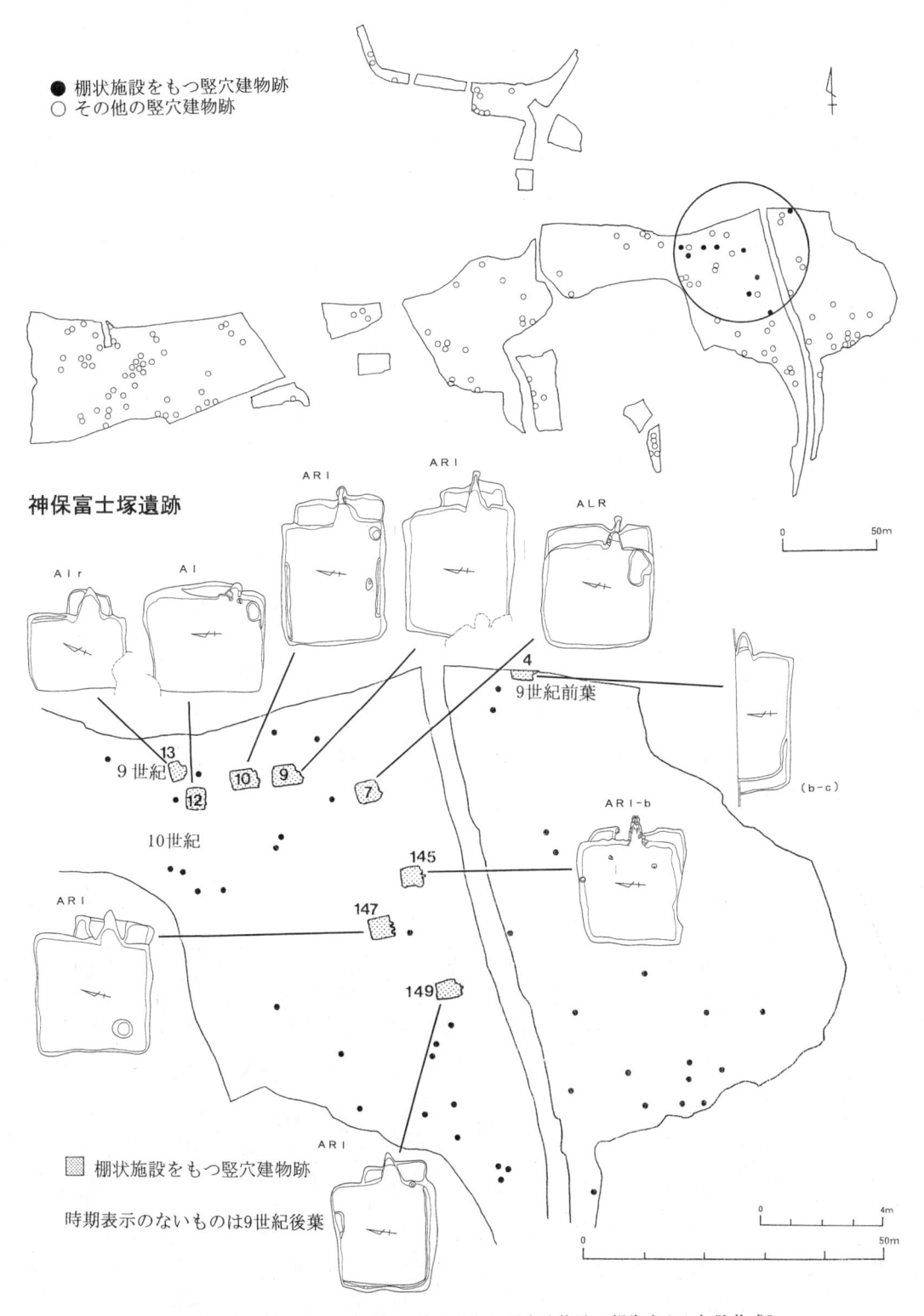

3. 棚状施設をもつ竪穴建物の偏在性　　183

● 棚状施設をもつ竪穴建物跡
○ その他の竪穴建物跡

神保富士塚遺跡

▨ 棚状施設をもつ竪穴建物跡

時期表示のないものは9世紀後葉

第80図　神保富士塚遺跡の棚状施設をもつ竪穴建物跡［報告書から加除作成］

これらを時期別にみると、9世紀前葉では竈をもつ壁面とは反対側に棚状施設をもつ4号住居跡の1軒だけである。

9世紀後葉になると6軒の当該遺構が出現する。いずれも、竈の両脇に棚状施設を設けたもので、ALRアウトタイプの7号住居跡を除く5軒はARlアウトタイプの棚状施設をもち、建物の主軸方向も酷似している。このうち、9号住居跡と10号住居跡の間隔は2mと接近していることから、同時存在は考えにくく、いずれかの竪穴建物への単位集団の移動が想定できるかもしれない。

Alrアウトタイプの13号住居跡は9世紀代の所産で、Alアウトタイプの12号住居跡は唯一10世紀に属する。

出土遺物としては、刀子が3軒から、砥石が4軒から発見されており、何らかの手工業生産が行われていたものと推定される。報告者は、遺跡内の「鉄滓の量などから見ても近隣に鍛冶遺構の存在が想定される」［文献群馬57：598］としている。

本遺跡では、棚状施設をもつ竪穴建物跡が各時期を通じて遺跡内の特定範囲にのみ分布する点から、一定の宅地を占用していたことが指摘できる。特に9世紀後葉には、ARlアウトタイプを中心として、竈の両脇に棚状施設をもつ斉一性の強い一群が出現する。このような在り方は、先述した中原遺跡第Ⅵ期(9世紀後葉)におけるALRアウトタイプの一群(第57図下)と類似している。

神保富士塚遺跡における棚状施設をもつ竪穴建物は、9世紀から10世紀に至る存続期間を通じて、遺跡内の一定範囲に限定されることが特徴的だが、平面タイプの斉一性などから、下石原遺跡第37地点(第79図)のように数代にわたって同一集団により営まれたものではなく、特定の時期に集団の規模が顕著となる点が注目される。9世紀後葉に6軒の当該遺構が出現するものの、10世紀になると1軒に減少する背景には、集団の移動性を指摘することが可能であろう。

神保富士塚遺跡は、6世紀後半以降11世紀初頭まで存続しており、農業経営を中心として営まれていた集落遺跡と考えられる。その中にあって、棚状施設をもつ竪穴建物が限定されたエリア(宅地)にのみ存在する背景には、農耕集落内に職住を定めた非農業民である工人集団の受け入れ先が定められていたと考えることもできるのではなかろうか。

D. 収　　束

以上、遺跡内で棚状施設をもつ竪穴建物跡の分布が偏在性を示す特徴的な3遺跡について概観した。

武蔵国分寺跡(第72図)では、遺跡内を南北に通過する東山道武蔵路よりも西側の西方地区や南西地区に当該遺構が偏在しており、主に国分二寺の伽藍造営や塔再建などの営繕に関与した土木・建築集団が、職住兼用工房として使用したもの考えられる。各時期とも、棚状施設の平面タイプなどから、主体と客体に分けられる比較的限定された集団の関与が窺える。

下石原遺跡では、武蔵国府と関係した「工房ブロック」とみられる第37地点で、平面タイプや構築方法など斉一性の強い当該遺構の顕著なまとまりが認められ(第78図)、数代にわたって同一集団により営まれたものと推定される。

神保富士塚遺跡では、各時期にわたって当該遺構が存在する範囲が限定されており(第80図上)、農

耕集落内に職住を定めた工人集団の受け入れ先が定められていた可能性がある。また、一定時期に平面タイプのまとまりをもつ複数の当該遺構が出現することから、集団の移動性を指摘することができる。

これらの3遺跡以外にも、棚状施設をもつ竪穴建物跡の偏在性が読み取れる事例としては、武蔵国府関連遺跡・中原遺跡・戸神諏訪IV遺跡などが挙げられる。

武蔵国分寺跡に近い武蔵国府関連遺跡では、主に「工房ブロック」であるd地域に当該遺構が偏在している(第19表下円グラフ)。ここでは、多種多様な平面タイプのものがエリア内に混在しており、時期的にもまとまりが認められない(第20表)ことから、先述したように、棚状施設をもつ竪穴建物を使用する相当数の工人集団が、比較的短期間に離合集散を繰り返していたような複雑な集団関係を反映しているものと考えられる。

中原遺跡では、各時期にわたって当該遺構が遺跡内で比較的分散化している傾向が認められる中で、遺跡の最盛期に限って、極めて斉一性の強い一群がまとまる竪穴建物群(第57図)が認められ、漆工・木工に携わった工人集団の存在が窺える。

戸神諏訪IV遺跡でも、中原遺跡と同様に、特定の時期だけに斉一性の強い一群がまとまる竪穴建物群が認められる(第88図)が、詳細については次節で検討したい。

ひとつの遺跡内で、複数の棚状施設をもつ竪穴建物跡が偏在する場合は、およそ以下のようなケースが想定できる。

 ケース1：遺跡内で長期間にわたり工人集団が集住するエリアが形成され、その中で竪穴建物に
    棚状施設をもつ複数の集団による活動が行われた結果を示すもの
   ＝武蔵国分寺跡・武蔵国府関連遺跡
 ケース2：同一集団が数代にわたって一定エリアを占有していた累積結果を示すもの
   ＝下石原遺跡第37地点
 ケース3：特定の集団が一定時期に限って活発な活動を展開した結果を示すもの
   ＝神保富士塚遺跡・中原遺跡・戸神諏訪IV遺跡

このように、遺跡内で棚状施設をもつ竪穴建物跡が偏在する場合には、遺跡内における具体的な集団関係などを探る有効な手掛かりが得られるものと思われる。

註

1 国分寺市教育委員会ふるさと文化財課上敷領久氏の御教示による。

4. 棚状施設からみた遺跡間の集団関係

　ここでは、隣接する遺跡で斉一性の強い棚状施設をもつ複数の竪穴建物跡が報告された茨城県花房遺跡・大日遺跡の事例と、当該遺構のまとまった報告例が目立つ群馬県北部の遺跡群から、遺跡間における集団関係を探ることにしたい。

A. 花房遺跡と大日遺跡

　花房遺跡と大日遺跡は、茨城県稲敷郡阿見町大字吉原字馬立の台地上に位置しており、支谷を挟んで東西に隣接する古代を中心とする集落遺跡である（第81図上）。国道新設に伴い、平成14（2003）年に財団法人茨城県教育財団によって発掘調査が行われた。発掘面積は花房遺跡が6,109㎡、大日遺跡が4,097㎡で、合計10,206㎡となる。古代の遺構としては、8世紀中葉から9世紀後葉にかけての竪穴建物跡30軒と、9世紀後葉の火葬墓3基などが発見されている［綿引2004a］。棚状施設をもつ竪穴建物跡は、両遺跡で5軒ずつの合計10軒が検出されており（第84図）、さらに棚状施設が存在した可能性のある竪穴建物跡も都合7軒認められる。これらは、時期的にも比較的まとまっており、隣接する遺跡間における集団関係を探るうえで好資料と思われるため、小稿のデータ集成の対象である平成14（2002）年12月以降の報告例だが、俎上に載せることにしたい。

　まず、両遺跡における竪穴建物跡の様相を時期別に整理すると以下のようになる。

花房遺跡　9世紀前葉 ──　2軒（棚状施設をもつ竪穴建物跡なし）
　　　　　9世紀中葉 ──　2軒（棚状施設をもつ竪穴建物跡なし）
　　　　　9世紀後葉 ──　9軒（棚状施設をもつもの5軒・55.6％、可能性のあるもの2軒）
　　　　　時 期 不 明 ──　1軒（棚状施設をもつ竪穴建物跡なし）
大日遺跡　8世紀中葉 ──　1軒（棚状施設をもつ竪穴建物跡なし）
　　　　　9世紀前葉 ──　8軒（棚状施設をもつもの3軒・37.5％、可能性のあるもの1軒）
　　　　　9世紀中葉 ──　2軒（棚状施設をもつ竪穴建物跡なし、可能性のあるもの1軒）
　　　　　9世紀後葉 ──　5軒（棚状施設をもつもの2軒・40.0％、可能性のあるもの3軒）
両遺跡　　8世紀中葉 ──　1軒（棚状施設をもつ竪穴建物跡なし）
　　　　　9世紀前葉 ──10軒（棚状施設をもつもの3軒・30.0％、可能性のあるもの1軒）
　　　　　9世紀中葉 ──　4軒（棚状施設をもつ竪穴建物跡なし、可能性のあるもの1軒）
　　　　　9世紀後葉 ──14軒（棚状施設をもつもの7軒・50.0％、可能性のあるもの5軒）
　　　　　時 期 不 明 ──　1軒（棚状施設をもつ竪穴建物跡なし）
合計　　　　　　　　　　30軒（棚状施設をもつもの10軒・33.3％、可能性のあるもの7軒）

　これらの時期別の分布を第81図下に表示した。また、棚状施設をもつ竪穴建物跡と棚状施設が存在した可能性のある竪穴建物跡の輪郭・方位などについては第82・83図に示した。

　唯一8世紀中葉の大日遺跡第2号住居跡からは、漆の付着した須恵器杯が2個体出土しており、漆

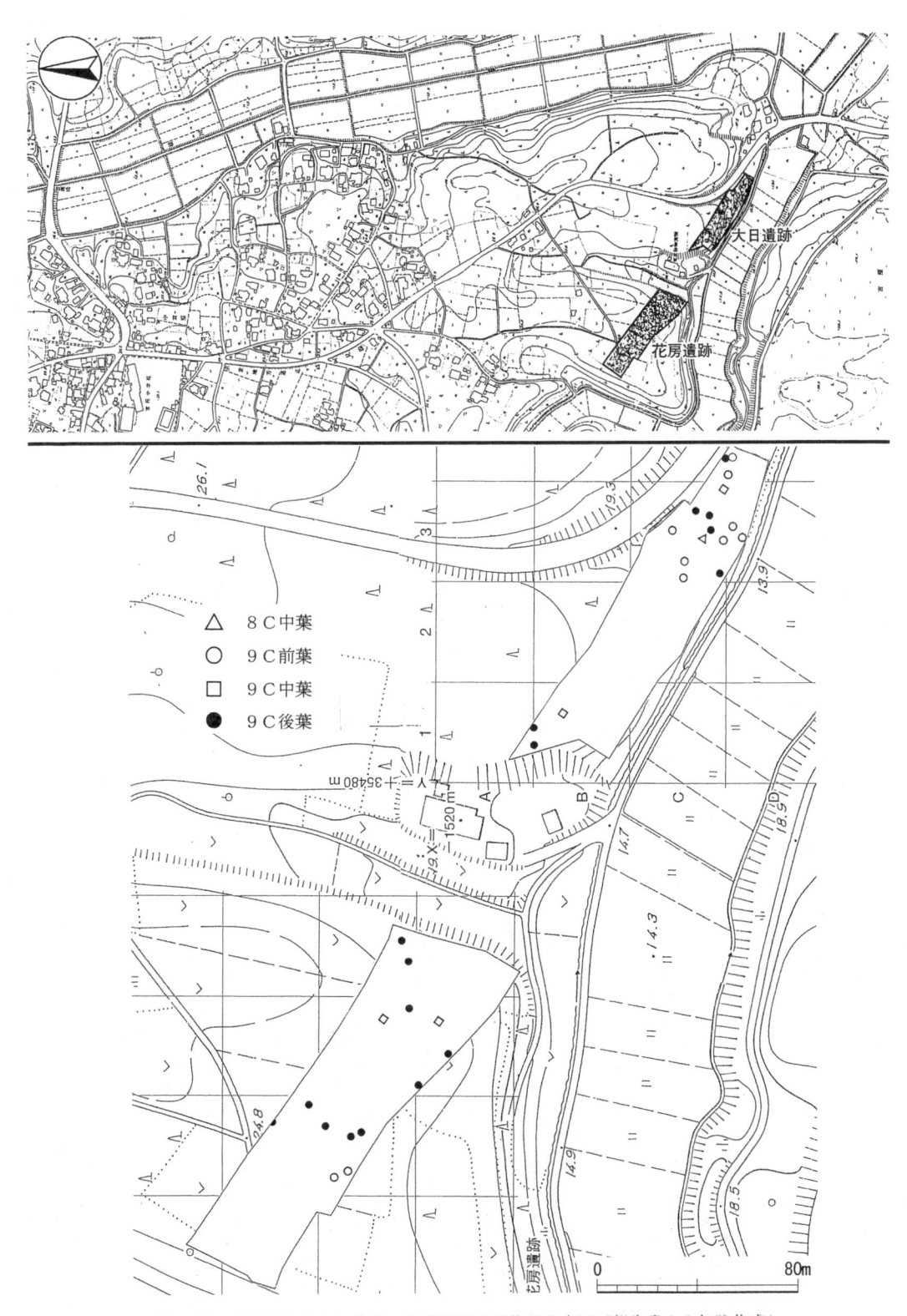

4. 棚状施設からみた遺跡間の集団関係　　　187

第 81 図　花房遺跡と大日遺跡の時期別竪穴建物跡分布図［報告書から加除作成］

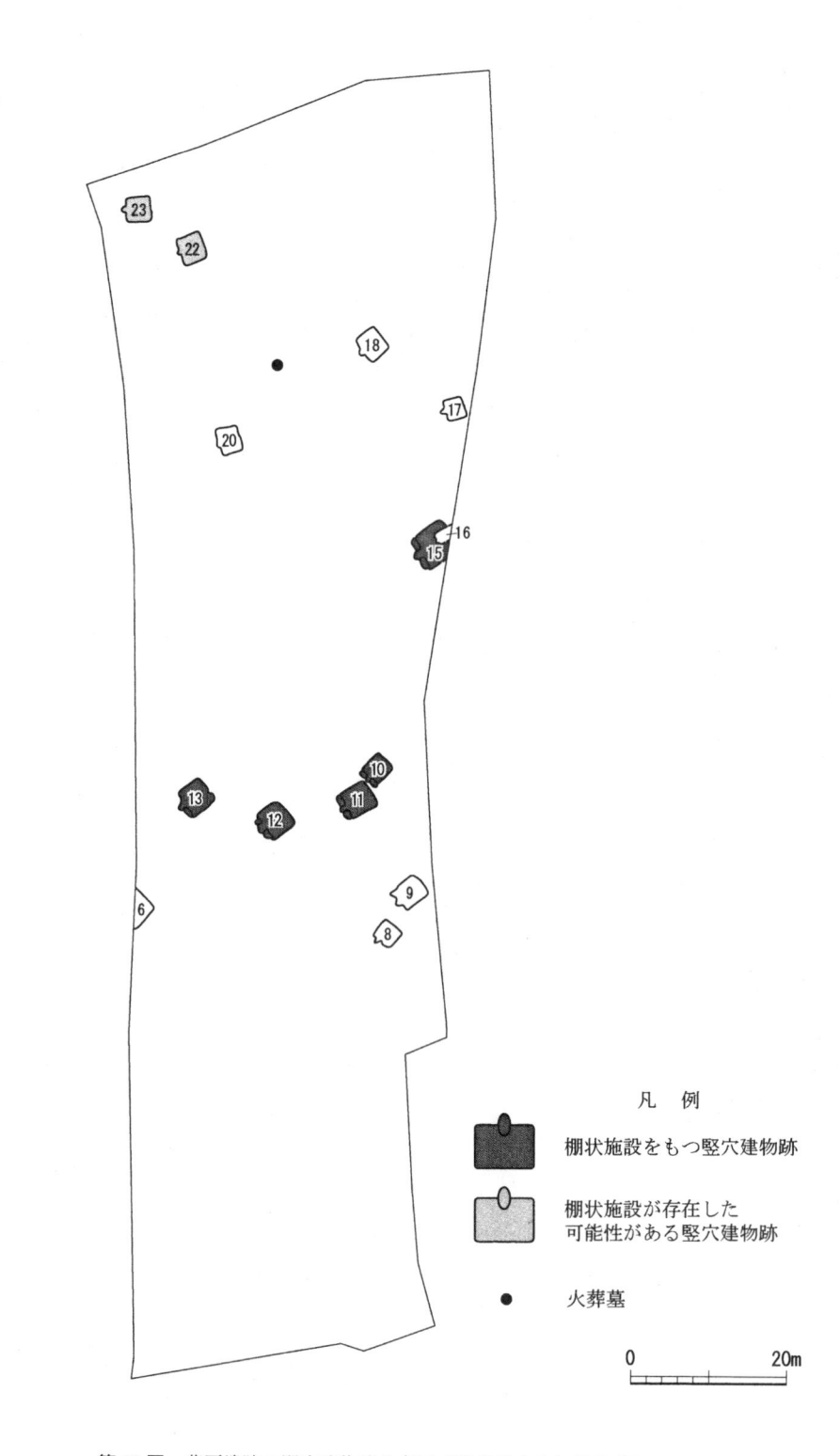

188   IV. 棚状施設をもつ竪穴建物の集団関係

第 82 図　花房遺跡の竪穴建物跡分布図［報告書から加除作成］

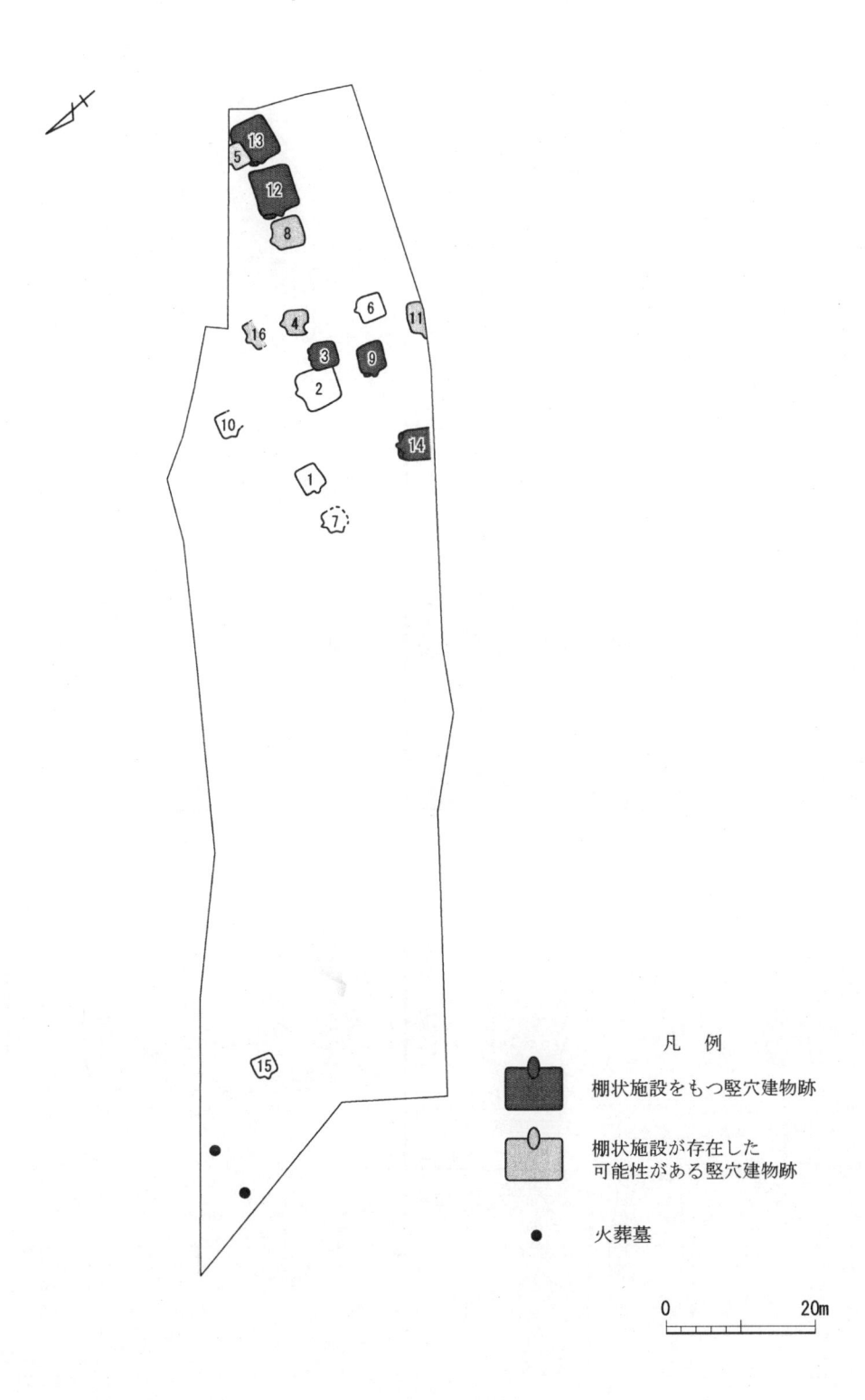

4. 棚状施設からみた遺跡間の集団関係　　　189

第83図　大日遺跡の竪穴建物跡分布図〔報告書から加除作成〕

190　　　　　　　　　　　Ⅳ．棚状施設をもつ竪穴建物の集団関係

大日9・12・13は9世紀前葉、他は9世紀後葉

第84図　花房遺跡と大日遺跡の棚状施設をもつ竪穴建物跡［報告書から加除作成］

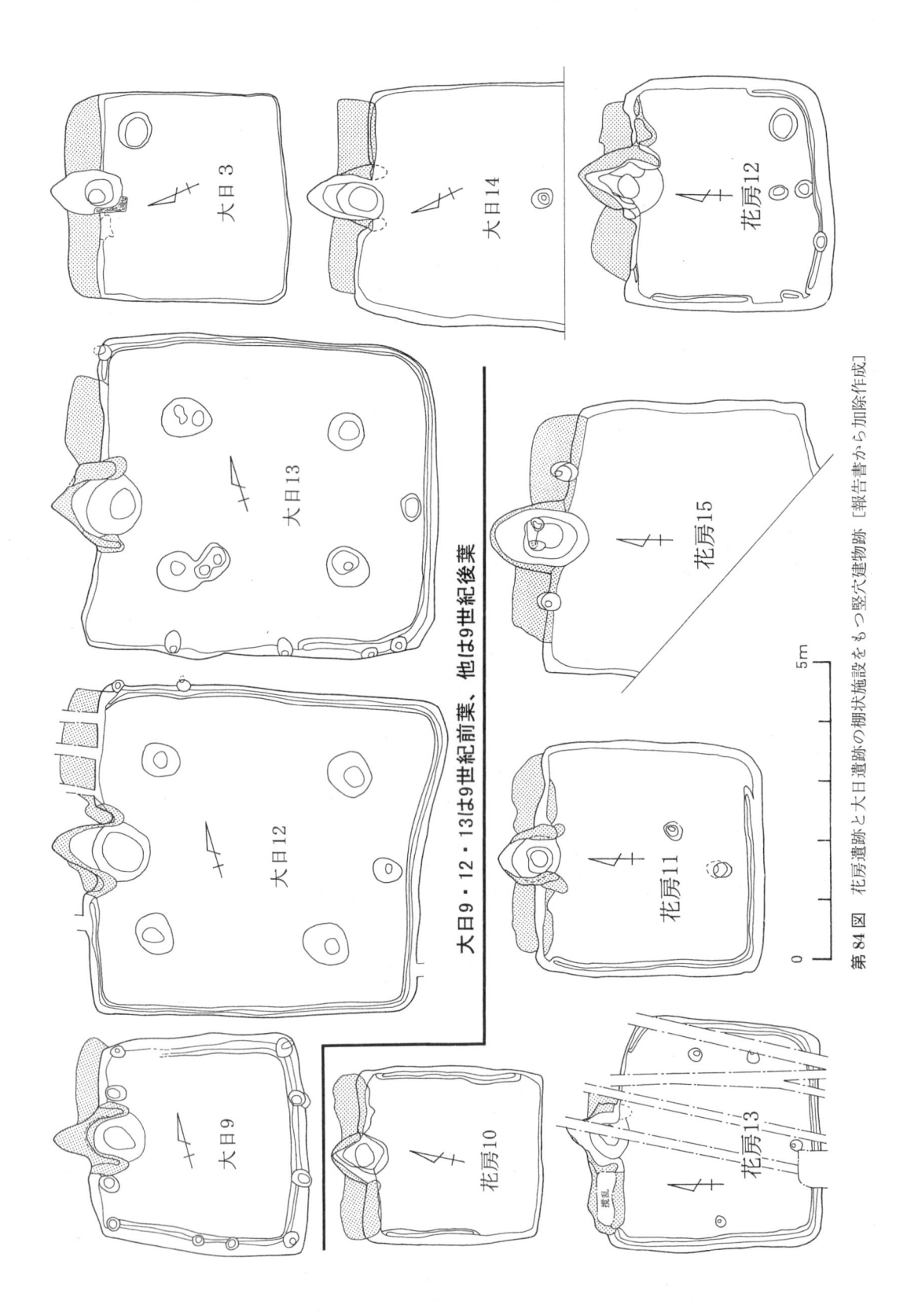

職人の存在も想定できる。

　9世紀前葉になると、大日遺跡では調査区東側で8軒がみられ、集落の拡大が読み取れるのに対して、花房遺跡では調査区南西部分の2軒が認められるだけである。

　9世紀中葉では、両遺跡ともに2軒ずつの存在に留まるが、9世紀後葉になると、両遺跡で再び軒数が増加し、花房遺跡で9軒、大日遺跡で5軒の竪穴建物跡がみられるようになる。前者では調査区中央付近で南北に列状に認められ、後者では9世紀前葉の竪穴建物跡を避けるように分布している。該期では、大日遺跡で2基、花房遺跡で1基の火葬墓が検出されている。

　両遺跡における棚状施設をもつ竪穴建物跡（第84図）の特徴としては、およそ以下のような点を挙げることができる。

- ・10軒の事例の構築方法は、すべて③充塡タイプによるもので、粘土により使用面を造っている。
- ・9世紀前葉の竪穴建物は、北竈をもつグループ（花房遺跡第8・9号住居跡、大日遺跡第6・7(新)号住居跡）と、西竈をもつグループ（大日遺跡第1・7(旧)・9～13号住居跡）に大別されるが、棚状施設を設ける竪穴建物は後者に限られている。
- ・9世紀前葉の当該遺構（大日遺跡第9・12・13号住居跡）は、3軒とも竈に向かって右側に棚状施設を設けるものである[註1]。このうち、第12号住居跡と第13号住居跡は、位置的に接近していることから同時存在は不可能であり、竪穴建物の形態・規模や主軸方向、1口の梯子穴ピットによる出入口施設の構造と位置、4本柱の主柱穴など類似点も多い点から、新旧関係は判然としないものの、この2軒間で単位集団が移動したことが想定される。
- ・9世紀後葉の当該遺構（花房遺跡第10～13・15号住居跡、大日遺跡第3・14号住居跡）7軒は全て北竈で、竈の両脇に棚状施設を設けるものである[註2]。また、竈をもつ竪穴壁面に粘土が施されていることにより棚状施設が存在した可能性のある5軒のうち、その範囲が判明している大日遺跡第4・16号住居跡も竈を挟んだ両側の壁面に粘土が認められる。
- ・9世紀中葉で唯一棚状施設が存在した可能性のある大日遺跡第8号住居跡は、竈両脇の壁面に粘土が施されることから、9世紀後葉の当該遺構と同様なものであったことが推測される。
- ・両遺跡の棚状施設をもつ竪穴建物跡および、その可能性がある竪穴建物跡からは、刀子が4軒から、砥石と紡錘車が各1軒ずつから出土している。時期的には直接の関係は認められないが、8世紀中葉の大日遺跡第2号住居跡で漆工の存在が想定されることも鑑みると、何らかの手工業生産が行われていたものと思われる。

　以上まとめると、支谷を挟んで隣接する花房遺跡と大日遺跡では、共に9世紀代の集落遺跡が展開しており、9世紀前葉の竪穴建物跡は、北竈をもつグループと西竈をもつグループに大別される。棚状施設をもつ竪穴建物跡は、大日遺跡だけに存在する西竈のグループに認められ、いずれも竈に向かって右側に棚を設ける点で一致している。

　9世紀後葉に入ると、両遺跡に跨がり棚状施設をもつ竪穴建物跡がみられるようになり、いずれも竈を挟んで両側に棚を設ける点で極めて斉一性の強い一群を形成する。前代の9世紀中葉に同タイプ

と思われるものが登場することから、9世紀前葉に大日遺跡で認められる竈の右脇に棚をもつ集団とは異なる集団が9世紀中葉に同遺跡に出現し、9世紀後葉には両遺跡に跨がりまとまった存在として成長することが指摘できるのである。

B. 群馬県北部の遺跡群における様相

　群馬県北部の沼田市から利根郡昭和村にかけての地域は、関越自動車道の建設を始めとした大規模な発掘調査により、棚状施設をもつ竪穴建物跡がまとまって検出された複数の遺跡が6kmほどの範囲内に存在しており(第85図)、当該遺構の遺跡間における関係を探るうえで格好の材料を提供してくれる。以下では、沼田市の戸神諏訪遺跡と石墨遺跡、昭和村の糸井宮前遺跡・糸井太夫遺跡・森下中田遺跡を取り挙げ、検討を加えることにしたい。

a. 戸神諏訪遺跡

　戸神諏訪遺跡は、群馬県沼田市町田町字土塔原ほかに所在し、利根川に注ぐ薄根川と四釜川に挟まれた河岸段丘上に位置する(第85図)。

　昭和57(1982)年から開始された関越自動車道建設に伴う調査を皮切りに、平成3(1991)年までに、ほ場整備事業や工業団地建設関係の発掘調査が都合4回行われた[文献群馬21〜24]。関越道の調査を除く3冊の発掘調査報告書では「戸神諏訪II〜IV遺跡」と冠されているが、これらは、地形的にみても同一遺跡として捉えられることから、ここでは調査原因別の地区名として使用するものである。

　本遺跡からは、古代の竪穴建物跡が合計272軒検出されている[註3]。時期的には、8世紀後半から11世紀中葉にかけてのものである。遺跡内には、9世紀第III四半期頃に建立された「村落内寺院」(第86図)があり、10世紀前半頃まで存続していたものとみられる[文献群馬21]。この寺院は、出土文字資料から「宮田寺」と呼ばれていたことが判明している。10世紀第I四半期に属する棚状施設をもつ戸神諏訪II遺跡1号住居跡[文献群馬22]からも、同墨書が施された須恵器杯2個体が出土している。

　戸神諏訪遺跡から検出された棚状施設をもつ竪穴建物跡は20軒を数える(第89図)。これは、一遺跡からの軒数としては第4位にあたる(第10表)。本遺跡の竈をもつ竪穴建物跡272軒中で占める割合は7.4%となっている。地区別の軒数としては、戸神諏訪遺跡9軒[文献群馬21]・戸神諏訪II遺跡3軒[文献群馬22]・戸神諏訪III遺跡1軒[文献群馬23]・戸神諏訪IV遺跡7軒[文献群馬24]を数える。時期的には、9世紀第II四半期から10世紀第III四半期にかけてのものである。時期別にみると、9世紀代は1軒ずつ、10世紀第II四半期と第III四半期は2軒ずつだが、10世紀第I四半期のみ12軒と突出している(第89図)。

　このうち、遺跡の東北側にあたる戸神諏訪IV遺跡B地区(第85図IV)では、該期を中心とする6軒の当該遺構がまとまっており(第88図)、遺跡内で顕著な偏在性を示している。いずれも、竪穴建物の主軸方向が類似しているが、15号竪穴住居跡のみが9世紀第IV四半期に属する。他の5軒は10世紀第I四半期のもので、2棟の掘立柱建物跡と共に竪穴建物の小ブロックを形成する。うち11〜13

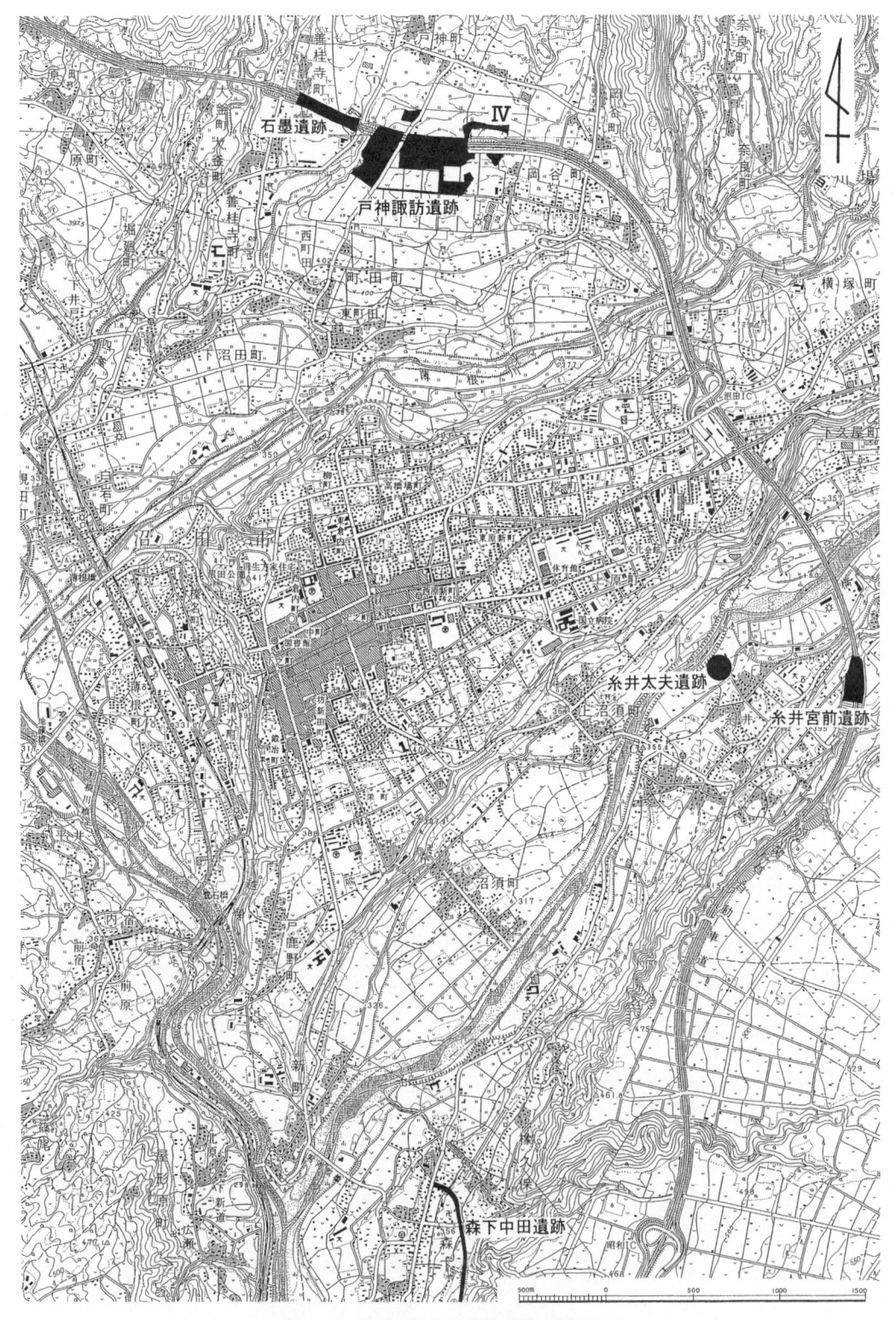

4. 棚状施設からみた遺跡間の集団関係　　　193

第85図　群馬県北部地域遺跡群の位置関係

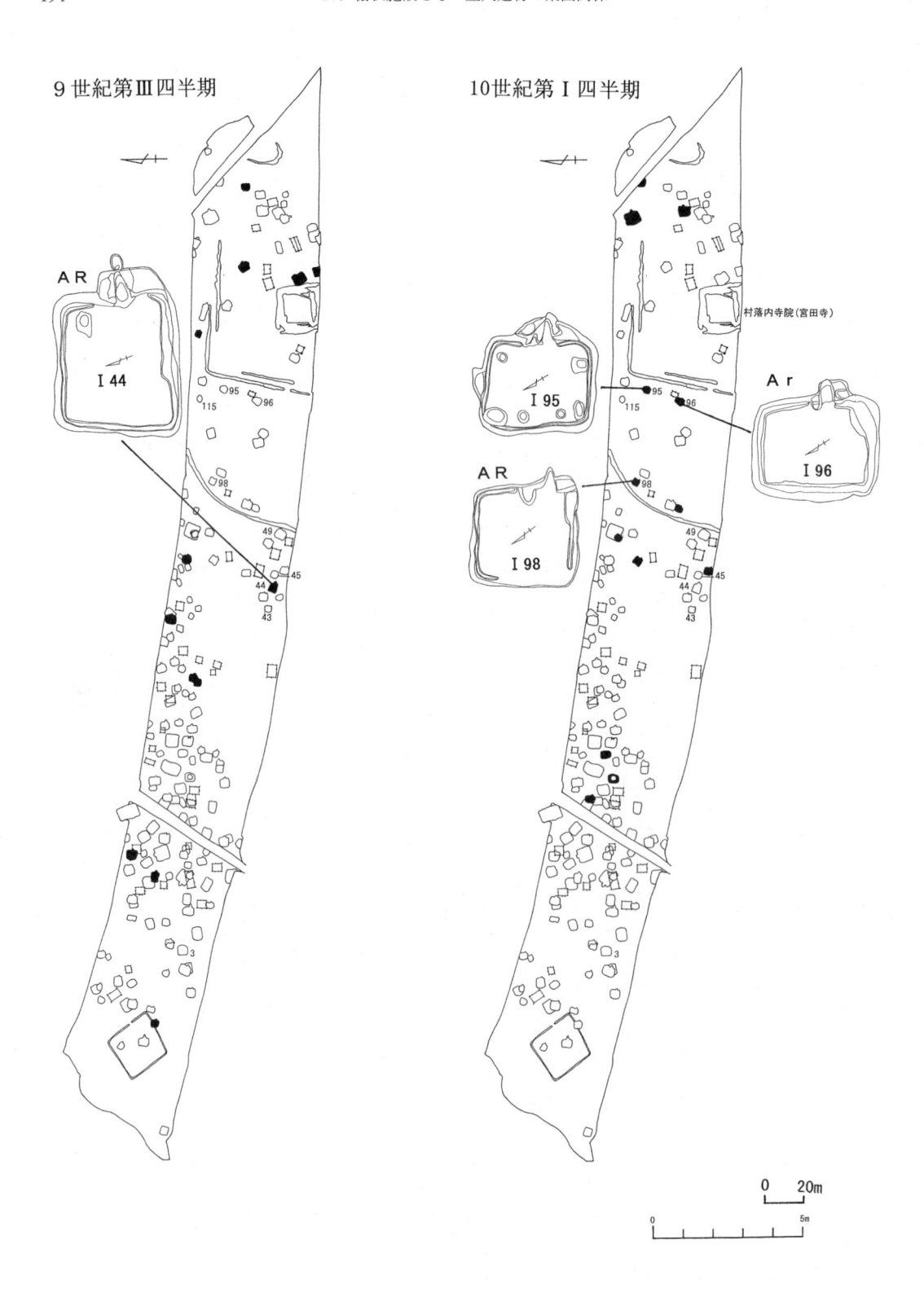

194　　　　　　　　　　　　Ⅳ．棚状施設をもつ竪穴建物の集団関係

第86図　戸神諏訪遺跡の時期別遺構分布図(1)［報告書から加除作成］

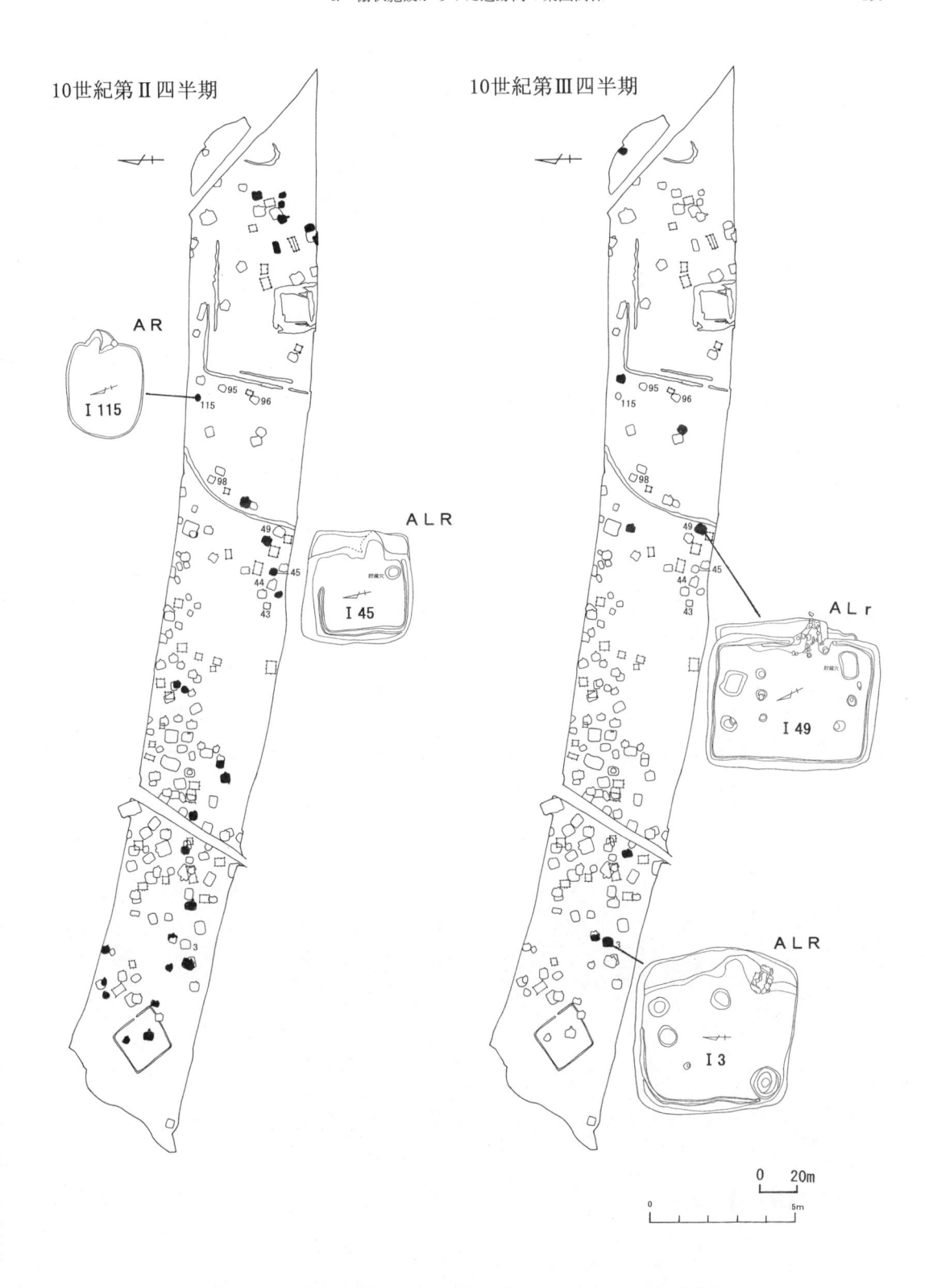

第87図 戸神諏訪遺跡の時期別遺構分布図(2) [報告書から加除作成]

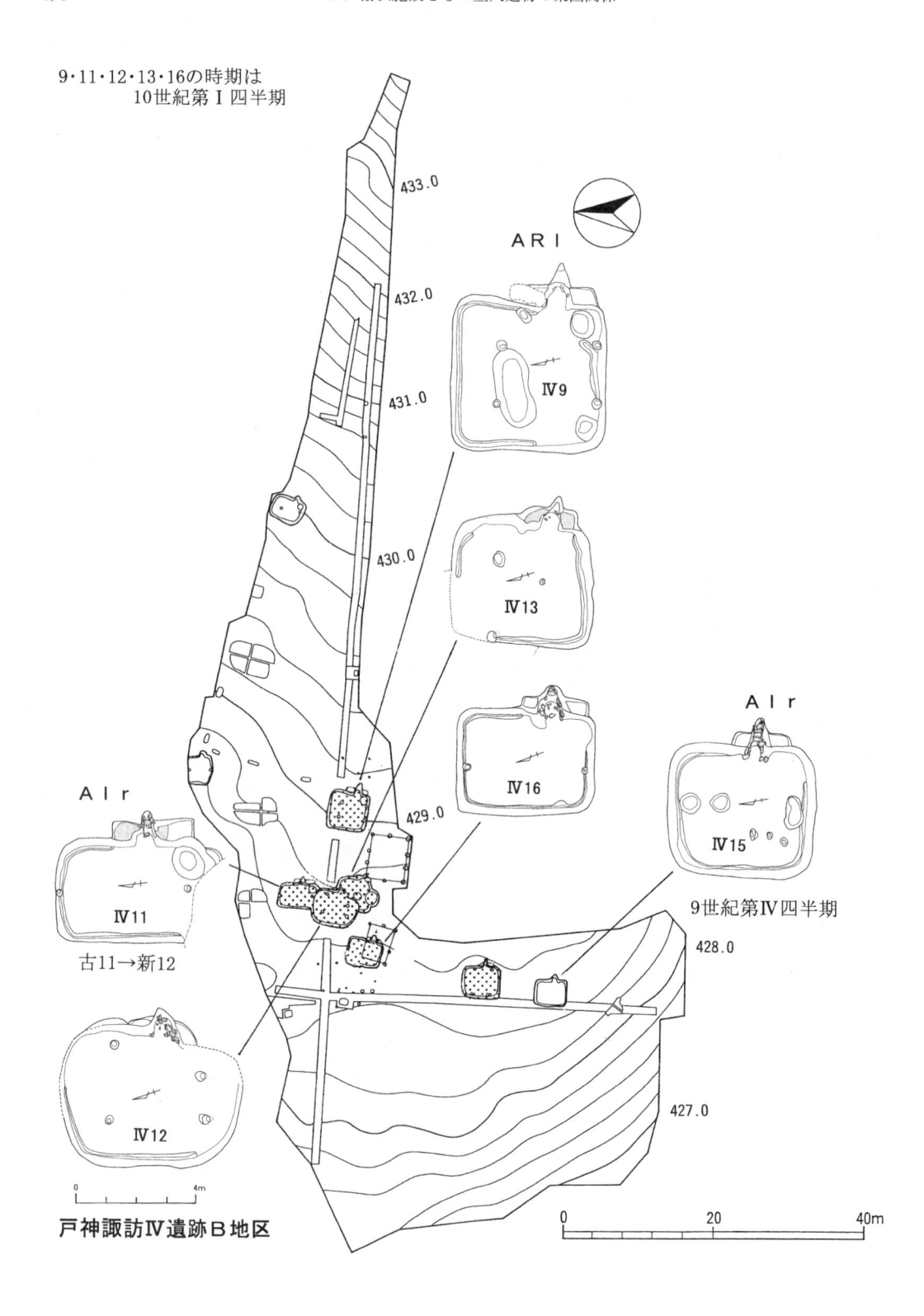

196   IV. 棚状施設をもつ竪穴建物の集団関係

9・11・12・13・16の時期は
10世紀第Ⅰ四半期

9世紀第Ⅳ四半期

戸神諏訪Ⅳ遺跡B地区

第88図　戸神諏訪Ⅳ遺跡B地区遺構分布図［報告書から加除作成］

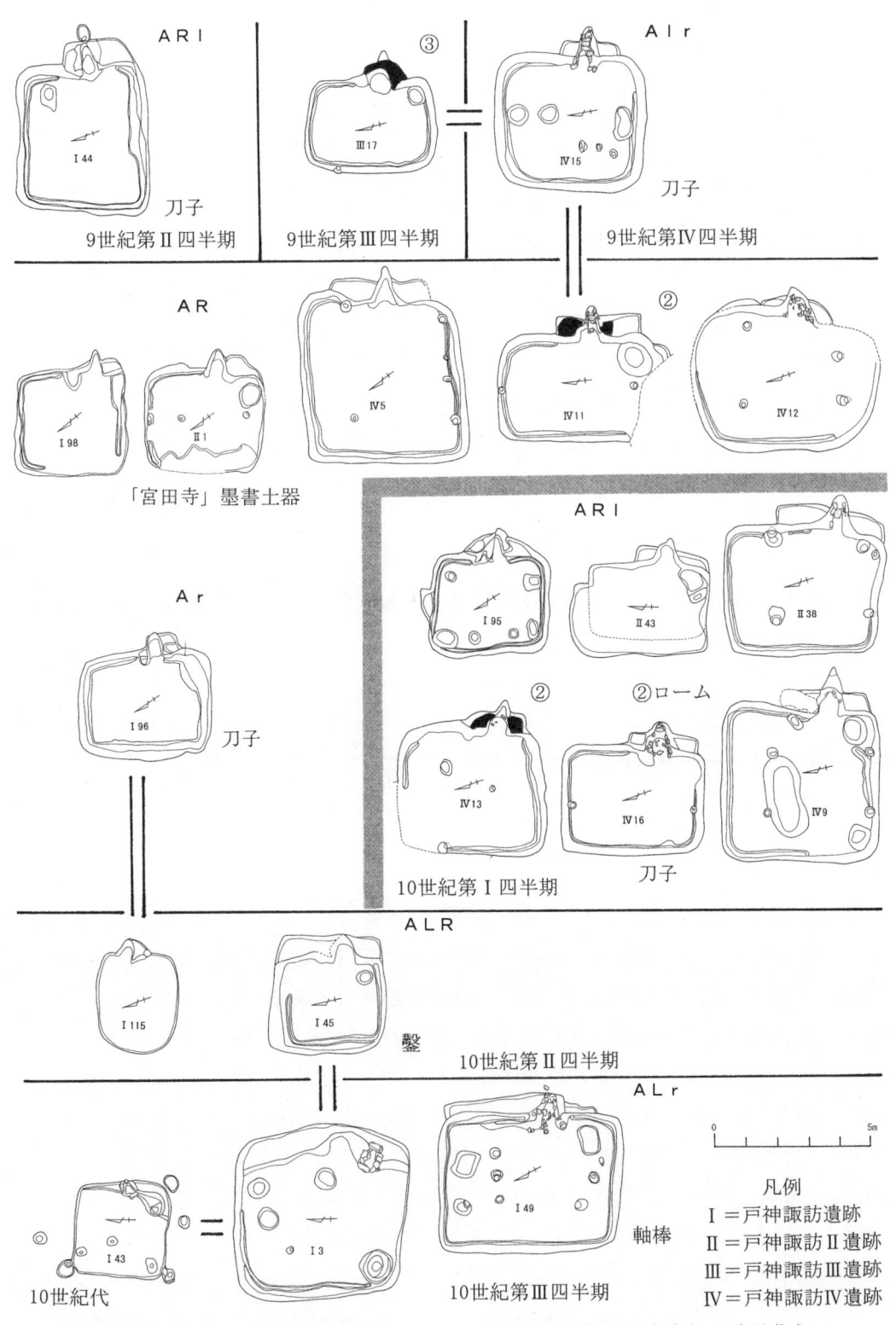

4. 棚状施設からみた遺跡間の集団関係

第89図 戸神諏訪遺跡の棚状施設をもつ竪穴建物跡の時期別系統図 ［報告書から加除作成］

号竪穴建物跡の3軒は重複している。

　意外なことに、棚状施設をもつ竪穴建物跡が接近している事例は散見される（第80・83図）ものの、切り合い関係を示す事例は他遺跡では認められない。この点についても注意しておきたい。

　これら6軒にみられる棚状施設の平面タイプは、ARl アウトタイプと Alr アウトタイプのものが半数ずつで、いずれも竈の両脇に棚を設ける点では共通しているが、この両タイプを別集団によるものと見なした場合、一定の宅地と考えられる竪穴建物の小ブロック内でふたつの集団が交錯するような在り方が窺える。

　遺跡全体でみると、棚状施設をもつ竪穴建物を使用する集団が、最も活発な活動を展開する10世紀第Ⅰ四半期では、竈の両脇に棚を設けるグループが主体となり、竈に向かって右側に棚を設けるグループが客体となる関係を読み取ることができる（第89図）。

　もうひとつ注意しておきたい点としては、戸神諏訪遺跡における当該遺構の分布が挙げられる。各時期ごとの分布（第86・87図）をみると分かりにくいが、10世紀第Ⅲ四半期の13号住居跡を除き、全期間を通じて調査区の東側半分、しかも「宮田寺」の寺域よりも西側にまとまっている傾向が看取される。このことは、棚状施設をもつ竪穴建物を使用する集団の受け入れ先が、ある程度決められていたものと捉えることができるかもしれない。

　本遺跡の当該遺構から出土した鉄器類の種類を第89図中に示したが、戸神諏訪遺跡45号住居跡からは大工道具である鑿が発見されており、建築関係の職人が使用していた竪穴建物の可能性もある。

　戸神諏訪遺跡では、鉄製鎌の出土例が顕著であることなどから、農業経営を生産基盤としていた集落であったことが推測されるが、報告者は「中核村落から派生した村落がやがて富豪農民の存在する村落へと発展したもの」［文献群馬21：296］と評価している。本遺跡の棚状施設をもつ竪穴建物群は、非農業民である複数の工人集団が集落内に職住を構えた結果を示すものと理解される。

b. 石 墨 遺 跡

　石墨遺跡は、群馬県沼田市石墨町字新田割に所在し、東側に隣接する戸神諏訪遺跡とは小河川を挟み、地形的に画されている（第85図）。戸神諏訪遺跡と同時期に関越自動車道建設に伴う発掘調査が実施された［文献群馬20］。この調査では、古代の竪穴建物跡が49軒検出され、うち棚状施設をもつ竪穴建物跡は4軒を数える（第90図）。後に関越道本線部分の南側に接して「沼田チェーンベース」設置に伴う発掘調査が実施され、古代の竪穴建物跡32軒が発見されたが、当該遺構は検出されていない［齋藤ほか2001］。都合81軒中で棚状施設をもつ竪穴建物跡の占める割合は4.9%となる。

　4軒の当該遺構のうち、9世紀後半のA区9号住居址と10世紀前半のD区5号住居址・同区12号住居址の3軒は、Alr アウトタイプの棚をもつ点で共通しており、戸神諏訪遺跡でも同タイプの事例が認められる（第89図）ことから、両遺跡を跨がる集団間の関係が窺える。

　10世紀後半のD区7号住居址は ARl アウトタイプの棚をもつ。これは、戸神諏訪遺跡では10世紀第Ⅰ四半期のみに突出して存在するタイプ（同図）である。同遺跡では10世紀第Ⅱ四半期以降は姿を消すが、隣接する石墨遺跡で同タイプの棚状施設をもつ竪穴建物跡が発見されたことにより、戸神

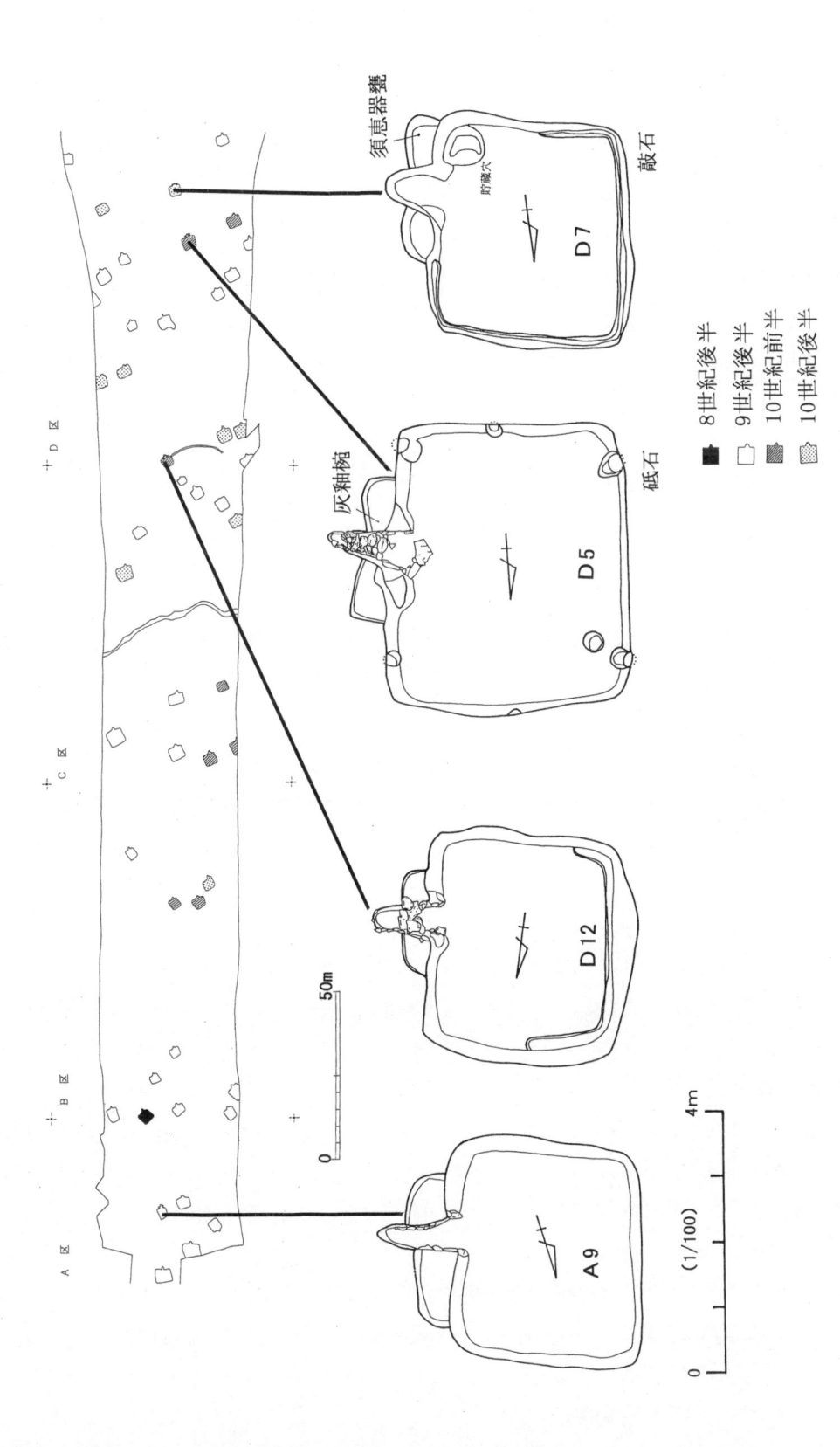

4. 棚状施設からみた遺跡間の集団関係

第 90 図 石墨遺跡の時期別竪穴建物跡分布図［報告書から加除作成］

諏訪遺跡から石墨遺跡への移動が考えられる。

　ちなみに、両遺跡の出土文字資料からは「両遺跡間における出土文字資料の共通性は薄く、集落という単位を用いるならば、両遺跡は出土文字から察する限り、有機的な関連性は薄く、別集落であった可能性が高い」［文献群馬 21：276］という指摘がみられるが、棚状施設をもつ竪穴建物跡の平面タイプなどからは、隣接する遺跡間に跨がった単位集団の存在を垣間見ることができるのである。

c. 糸井宮前遺跡

　糸井宮前遺跡は、群馬県利根郡昭和村大字糸井字大貫原・外原に所在し、利根川に合流する片品川左岸の河岸段丘上に位置している（第 85 図）。

　関越自動車道建設に伴い昭和 56(1981)年度と昭和 57(1982)年度に発掘調査が実施された［文献群馬 64］。

　本遺跡からは、平安時代の竪穴建物跡 26 軒が検出されており、棚状施設をもつ竪穴建物跡は 7 軒(26.9％)を数える。この他、6 世紀前半の第 120 号住居址から AR アウトタイプの棚が検出されているが、同タイプのものとしては最古の事例である。

　平安時代の竪穴建物跡は、調査区内で 3 箇所の「竪穴建物群」に分かれており、それぞれに棚状施設をもつ竪穴建物跡が認められる（第 91 図）。このうち、第 29 号住居址を除く 6 軒は、同時期の 2 軒ずつが「竪穴建物群」内で一定の距離を置いて並んでいるような分布を示しており（第 91 図中に傍線でつないだもの）、それぞれの建物の主軸方向も同じである。これらは、2 軒一組で同時存在していた可能性が高いものと思われる。

　本遺跡の当該遺構は、二辺から四辺に設けられたものが目立つ（第 92 図）が、A1 インタイプの第 27 号住居址を除いた 6 軒は、いずれも竈の両脇に棚が存在する点で共通している。なお、第 27 号住居址は竈に向かって右側の周溝が竪穴壁よりも手前側に掘られていることから、この部分の周溝と竈をもつ竪穴壁面の間に盛土による棚状施設が存在していたものと見なすこともできる。このように考えると、糸井宮前遺跡の棚状施設をもつ竪穴建物からは、9 世紀前半から 10 世紀前半にかけて、竈の両脇に棚を設ける単位集団が存在していたことを示しているものと捉えられる。

d. 糸井太夫遺跡

　糸井太夫遺跡は、群馬県利根郡昭和村大字糸井字太夫に所在し、糸井宮前遺跡の西方約 600 m、同遺跡よりも一段低い下位段丘面に位置している（第 85 図）。

　土地改良事業に伴い平成 5(1993)年度から平成 6(1995)年度にかけて発掘調査が実施された［文献群馬 65］。

　本遺跡からは、10 世紀代の竪穴建物跡 10 軒が検出されており、棚状施設をもつ竪穴建物跡は 3 軒(30.0％)を数える（第 92 図）。3 軒ともに竈の両脇に棚を設けるものだが、20 号住居跡の AR1 タイプは、戸神諏訪遺跡で 10 世紀第 I 四半期に中心となった平面タイプ（第 89 図）であり、10 世紀後半の石墨遺跡 D 区 7 号住居址でも認められるものである。

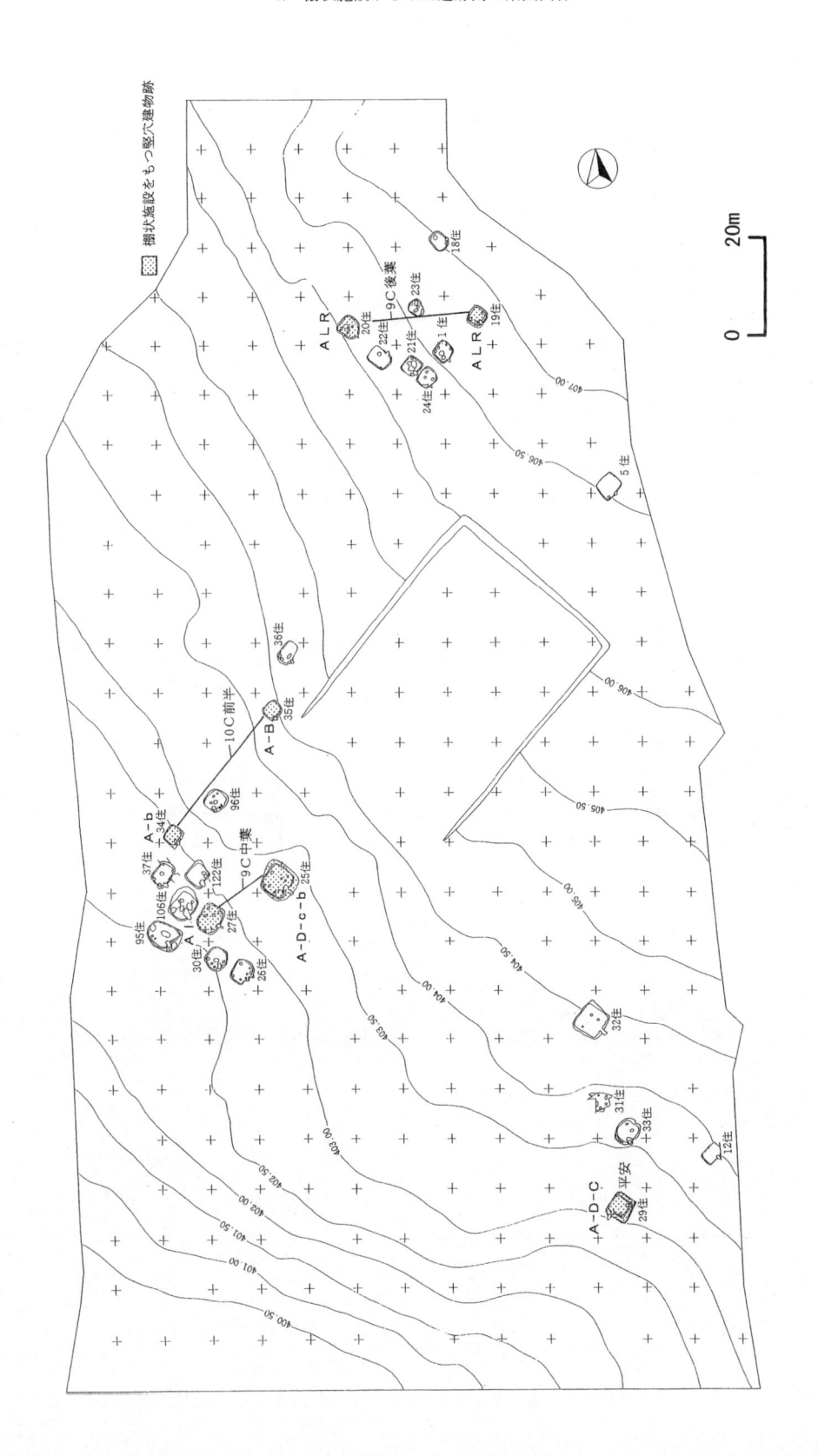

4. 棚状施設からみた遺跡間の集団関係　　　　　　　　　　　　　　　　201

第 91 図　糸井宮前遺跡の竪穴建物跡分布図〔報告書から加除作成〕

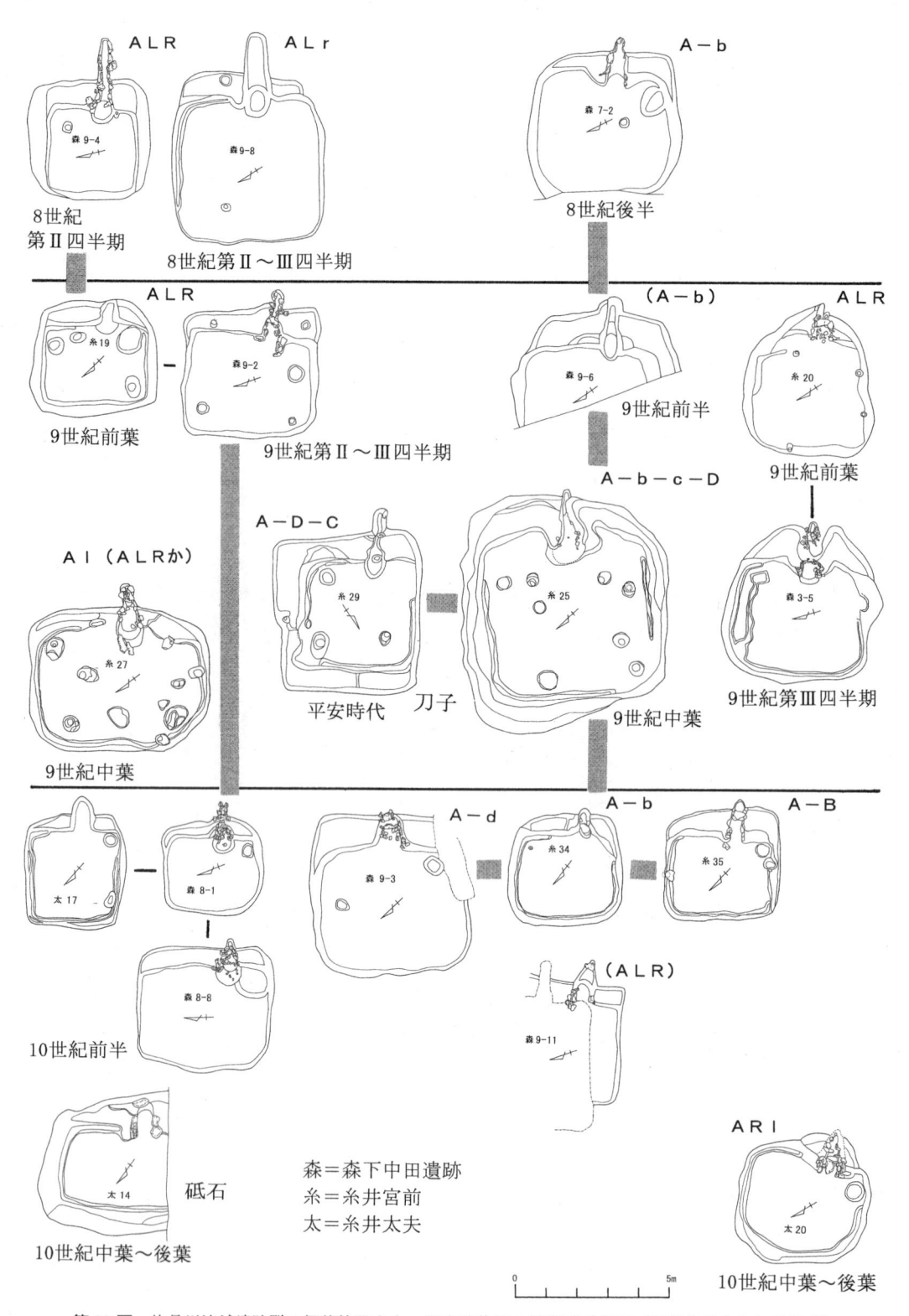

IV. 棚状施設をもつ竪穴建物の集団関係

第92図　片品川流域遺跡群の棚状施設をもつ竪穴建物跡の時期別系統図［各報告書から加除作成］

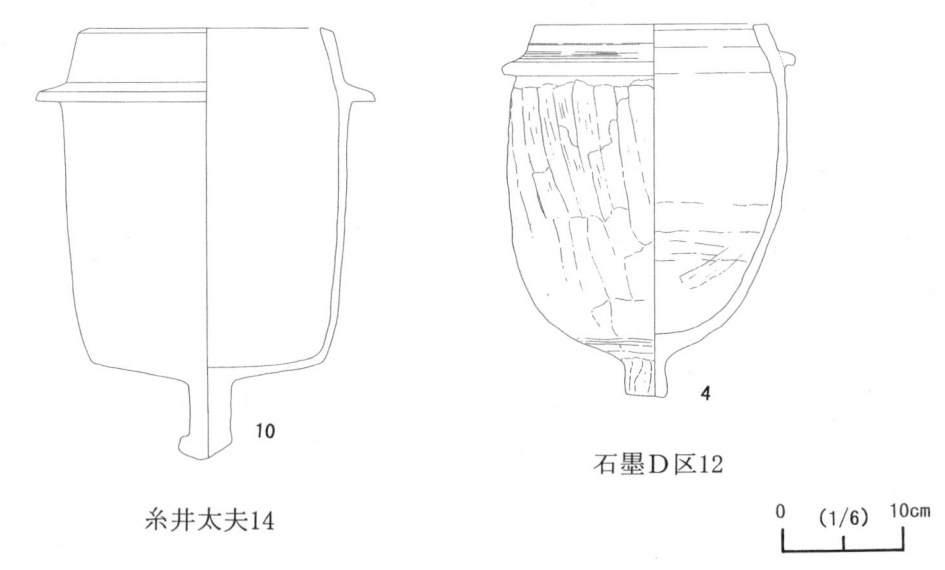

4. 棚状施設からみた遺跡間の集団関係　　　　　　　　　　203

糸井太夫14　　　　　石墨D区12

0　(1/6)　10cm

第 93 図　棚状施設をもつ遺跡間に共通する遺物の一例［各報告書から加除作成］

　注目すべき遺物としては、糸井太夫遺跡14号住居跡の床面から、全国でも3例しか報告例のない鋳物製の脚付鉄製羽釜(第93図10)が出土しているが、石墨遺跡D区12号住居址の竈内からは、これを模倣したと考えられる月夜野窯跡群産の須恵器羽釜(同図4)が発見されている［文献群馬65：106］。両者の竪穴建物跡で棚状施設がみられることから、何かしらの関連性があるかもしれない。

e. 森下中田遺跡

　森下中田遺跡は、群馬県利根郡昭和村大字森下字中田ほかに所在し、片品川と利根川の合流地点付近の河岸段丘上に位置する(第85図)。

　関越道インターチェンジへの連絡道路建設に伴い平成7(1996)年度から平成9(1998)年度にかけて発掘調査が実施された［文献群馬66］。

　本遺跡は、まず5世紀後半から6世紀初頭の集落が営まれた後に、空白期を挟んで再び7世紀中葉から11世紀前半頃まで集落が継続する。竈をもつ竪穴建物跡は76軒が検出され、うち棚状施設をもつ竪穴建物跡は11軒(14.5%)を数える。

　当該遺構は、8世紀第Ⅱ四半期から11世紀までのものが認められ(第92図)、同時存在したと思われる軒数としては、8世紀と9世紀代では1軒ずつ、10世紀前半では3軒、11世紀では1軒となる。11世紀に属する8―3号住居跡は、金工に携わった工人の使用した建物と考えられる。

　本遺跡の棚状施設をもつ竪穴建物跡の特徴としては、二辺に設けられたものもあるが、隅竈の8―3号住居跡を除く10軒全てが竈の両脇に棚を設ける点で共通しており、3世紀にもおよんで同様な棚状施設をもつ竪穴建物が、主に9区と8区を中心として(第94図)、複数世代にわたり構築されていたことが挙げられる。その背景には、集落内における同族集団の継続的な営みを読み取ることができる。

IV. 棚状施設をもつ竪穴建物の集団関係

第 94 図 森下中田遺跡竪穴建物跡分布図〔報告書から加除作成〕

f. 小　　　結

　以上の5遺跡は、巨視的には利根川水系に属するものと見なされる（第85図）が、同河川に注ぐ薄根川右岸に位置する戸神諏訪遺跡・石墨遺跡と、同じく片品川左岸の糸井宮前遺跡・糸井太夫遺跡・森下中田遺跡では、その平面タイプから棚状施設をもつ竪穴建物を使用する集団が基本的には異なることが想定され、両河川流域の遺跡間に跨がった集団の交流関係を窺うこともできる。

　片品川流域では、8世紀前半に森下中田遺跡で竈の両脇に棚を設けるALRアウトタイプを中心とする集団が出現し、10世紀前半まで継続する（第92図）。9世紀になると、糸井宮前遺跡でも同様の平面タイプの棚をもつ集団が登場し、2軒一組単位で10世紀前半まで継続する（第91図）。さらに、この時期には同遺跡の段丘下に営まれた糸井太夫遺跡でも、同様の当該遺構が存在するようになり、10世紀後葉頃まで続く。

　一方、薄根川流域では、8世紀代の報告例はみられず、9世紀代には戸神諏訪遺跡と石墨遺跡で、主にAlrアウトタイプの事例が、各時期1軒ずつ存在するに留まっている。

　ところが、10世紀第Ⅰ四半期になると、戸神諏訪遺跡では、突然12軒もの棚状施設をもつ竪穴建物がみられるようになる（第89図）。特に、戸神諏訪Ⅳ遺跡B地区（第88図）では、一定の宅地と思われる竪穴建物の小ブロックを中心に当該遺構が偏在し、重複関係も認められる。棚状施設の平面タイプは、ARlアウトタイプを中心として、Alrアウトタイプがこれに次ぎ、竈に向かって右側に棚を設けるものも存在するなど、複数の平面タイプが混在する様相を呈している。

　石墨遺跡では、軒数は少ないものの、9世紀後半に引き続き10世紀前半でもAlrアウトタイプのものがみられ（第90図）、隣接する戸神諏訪遺跡とも共通している。

　戸神諏訪遺跡では、10世紀第Ⅱ四半期以降、片品川流域で主体となっているALRアウトタイプのものも登場するようになり、糸井太夫遺跡方面との関係が窺える。また、戸神諏訪遺跡で10世紀第Ⅰ四半期にのみ存在するARlタイプの事例は、その後、石墨遺跡D区7号住居址や糸井太夫遺跡20号住居跡でも散見されるようになる。この両遺跡は、第93図に示した羽釜の存在からも、共通の背後関係が窺えるものである。

　棚状施設をもつ竪穴建物を使用する集団関係を河川流域別に比較すると、竈を挟んだ竪穴壁の辺全体に棚状施設を設ける単一集団が、3世紀にもおよび安定した存在として認められる片品川流域と、竈両脇の辺全体には棚を設けない平面タイプを主体とするものの、複数の平面タイプが混在し、時期ごとの軒数の増減が顕著な点などから、集団の動きが比較的複雑な薄根川流域の遺跡という様相を知ることができる。

　以上のように、特定地域における複数遺跡から検出された棚状施設をもつ竪穴建物跡の時間的・空間的な相互関係などを比較検討することによって、一遺跡内だけでは捉えきれない集団間の動態を探るうえで有益な情報を得ることができるのである。

註

1　大日遺跡 13 号住居跡の棚状施設は、Ar アウトタイプに分類できるが、立ち上がり (c) が失われているため、本来は AR タイプであった可能性も否定できない。したがって、「竈に向かって右側」という表現を使うものである。

2　同じく、花房遺跡 12 号住居跡の棚状施設は Alr アウトタイプ、同遺跡 15 号住居跡のものは ARl アウトタイプだが、註 1 の理由と同様に、本来は ALR アウトタイプであった可能性があるため、「竈の両脇」という表現を使用する。

3　この他、戸神諏訪 V 遺跡でも発掘調査が実施されているが、棚状施設をもつ竪穴建物跡は検出されていない。なお、古代竪穴建物跡の総数については、[水田 2001：255]に拠った。

5. 棚状施設をもつ竪穴建物の集団関係

　ここでは、前節までに検討を加えてきた複数遺跡における棚状施設をもつ竪穴建物跡の在り方などから、その背景にある集団関係を探ることにしたい。

　各遺跡における当該遺構の様相を突き詰めて考えると、各遺跡ごとの「個性」として帰結してしまう面もあるが、これらの竪穴建物を構築あるいは使用した人々の単なる嗜好性や任意性によって設けられた屋内施設ではないことは、これまでの事例分析によっても明らかである。

　棚状施設をもつ竪穴建物跡の背景に存在する特定の集団関係を識別する最も有効なメルクマールとなり得るのは、棚状施設の平面タイプである。

　その有効性を確認する意味で、1軒の竪穴建物で新旧関係をもつ竈が設けられている場合、それぞれに伴う棚状施設の平面タイプを比較してみよう(第95図・第24表)。該当する6軒のうち、10世紀後半に属する打越大畑遺跡H8号住居跡[文献東京14]を除く5軒(83.3％)までが、新しい竈に造り替えられても付設される棚状施設は同様な平面タイプである点を確認できる。ただし、構築方法については異なる場合も認められる(第24表)。

　また、武蔵台東遺跡59号住居跡[文献東京44]では、素掘りによるALアウトタイプの棚状施設を構築した後に、その手前側の竪穴壁面に接して、同タイプの盛土による棚に造り直している(第10図5)。かかる事例の存在からも、最も普遍的な竈をもつ竪穴壁面に造られた棚状施設は、その竪穴建物を使用する集団の表象として、特定の平面位置に設けられたものと理解することが妥当であろう。

　このような仮説が成り立つ前提としては、まず棚状施設の平面タイプにまとまりがみられる遺跡群の存在を挙げることができる。本章第2節で検討した下総国印旛郡村神郷と隣接する舩穂郷に跨がる遺跡群を代表例とするもので、これを「村神型(単純型)」と呼ぶことにしたい。

　一方、「村神型」とは対照的に、遺跡内で多種多様な棚状施設の平面タイプが混在する事例も認められる。同章で検討を加えた武蔵国府関連遺跡を代表例とするもので、これを「武蔵国府型(複雑型)」と呼称したい。

　この両者の中間的な様相を示すものとして、棚状施設の平面タイプに主体と客体の関係がみられる遺跡も存在する。本章第1節で取り上げた常陸国河内郡衙の関連遺跡である中原遺跡を代表例とするもので、これを「中原型(中間型)」として捉えたい。

　以下では、各類型に属する主な遺跡を抽出してみたい。

A. 村神型(単純型)の遺跡

　村神型の遺跡(群)は、時間的・空間的に斉一性の強い平面タイプの棚状施設をもつ複数の竪穴建物で括ることができるもので、その背景には同一系譜に属すると思われる集団の単純な関与が窺える。

　その代表例である村上込の内遺跡(第60図)、白幡前遺跡・上の台遺跡(第61図)、鳴神山遺跡(第62図)からなる下総国印旛郡の遺跡群以外に、既に紹介したものとしては、森下中田遺跡と糸井宮前遺

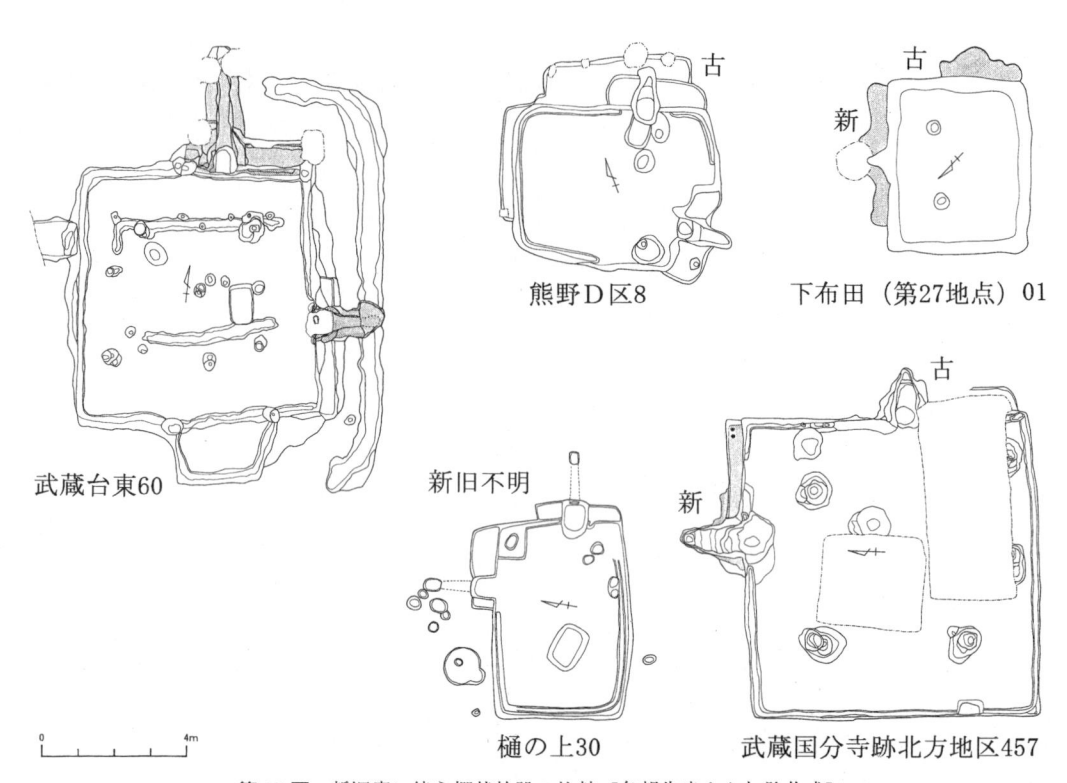

IV. 棚状施設をもつ竪穴建物の集団関係

武蔵台東60

熊野D区8　古

下布田（第27地点）01　古　新

新旧不明

樋の上30

武蔵国分寺跡北方地区457　古　新

第95図　新旧竈に伴う棚状施設の比較〔各報告書から加除作成〕

No.	都県名		遺跡名	遺構No.	時期	古竈に伴う棚状施設	新竈に伴う棚状施設	文献No.	
1	埼玉	7	樋の上	30	8c中葉	ＡＲ１アウト①	ＡＲ１アウト①	埼玉	3
2	埼玉	111	熊野	D区8	9cⅡ後半〜Ⅳ	ＡＲ１アウト①	ＡＲ１イン①	埼玉	62
3	東京	17	打越大畑	8	10c後半	ＡＲアウト①	Ａ１イン③	東京	14
4	東京	130	武蔵台東	60	8c末〜9c初	ＡＲ１アウト③（版築）	ＡＲ１アウト①	東京	44
5	東京	149	下布田（第27地点）	01	平安	ＡＲ１アウト③	ＡＲ１アウト③	東京	48
6	東京	193	武蔵国分寺跡北方地区	457	8c中葉	ＡＲアウト①？	ＡＲアウト③	東京	77

①素掘りタイプ　③充填タイプ

第24表　新旧竈に伴う棚状施設の比較データ

跡(第92図)、9世紀後葉における花房遺跡と大日遺跡(第84図)などが挙げられる。この他に、金山遺跡と武田西塙遺跡も本例に該当するものと思われる。

金山遺跡(第96図)は、9世紀中葉になって従来の農耕集落から鉄生産に携わるようになり、これに呼応するかのように棚状施設をもつ竪穴建物が登場する［文献栃木4～6］。4軒の事例いずれもARインタイプのもので統一されている。特に、IV区005とIV区006Aの2軒は近接しており、竪穴建物の規模や床面ピットの位置関係など類似点も多いことなどから、時期的にも前者から後者への移動を想定することが可能である。

武田西塙遺跡では、8世紀から11世紀代に至る238軒の竪穴建物跡が報告されており(第97図)、7軒の棚状施設をもつ竪穴建物跡［文献茨城18］が検出されている。

このうち、8世紀に属する第19号住居跡は、竈に向かって右側部分が攪乱されており、本来は竈の両脇に棚が設けられていたものと思われる。また、未調査部分のある第184号住居跡も、他の5軒(第98図)がいずれも竈の両脇に棚を設けていることから、その可能性が強い。本遺跡の当該遺構は、9世紀第II四半期には3軒が認められるが、遺跡内では分散しておりまとまりはみられない。他の事例は一時期1軒に留まっており、断続する時期も存在する。

このような在り方は、本章第1節で検討した熊の山遺跡(第53～56図)でも認められる。ここでは、竈に向かって右側に棚をもつ竪穴建物が、一時期に1軒あるかないかという状況で、集落内の外れのような場所に位置することから、農村内に根を下ろした「村の鍛冶屋」的な存在と見なすことが可能であろう。

村神型の事例は、農業生産を主体とする一定地域や集落内に職住を定めた単一的な工人集団により形成されたものと考えることができる。

B. 武蔵国府型（複雑型）の遺跡

武蔵国府型の遺跡(群)は、同時期に複数の工人集団が関与していたことを示すように多種多様な平面タイプの棚状施設をもつ複数の竪穴建物が混在しており、比較的短期間に離合集散を繰り返していたような複雑な集団関係の反映と捉えられる。

武蔵国府関連遺跡(第69図・第23表)以外には、相模国府域の官営鍛冶工房である神明久保遺跡(第71図)や、双賀辺田No.1遺跡、和田西遺跡などが挙げられる。

双賀辺田No.1遺跡(第99図)は、下総台地の奥部に孤立するように位置する［千葉県文化財センター1998］ことからも、農業を生業とする遺跡とは考えにくい。本遺跡の棚状施設をもつ竪穴建物跡［文献千葉27］は、9世紀前葉の2軒(同図上)と、9世紀中葉の3軒(同図下)だが、いずれの棚状施設の平面タイプも異なっている。3号住居跡では、玉造り工人が滑石製紡錘車を製作しており(第51図5)、竪穴建物と併存する掘立柱建物群の存在も顕著で、下総国府方面との関係が想定される「工業団地」的な遺跡と見なされる。

和田西遺跡については、第VI章で検討を加えることにしたい。

武蔵国府型は、国府域やその周辺などの都市部に流入してきた不特定多数の工人集団による頻繁な

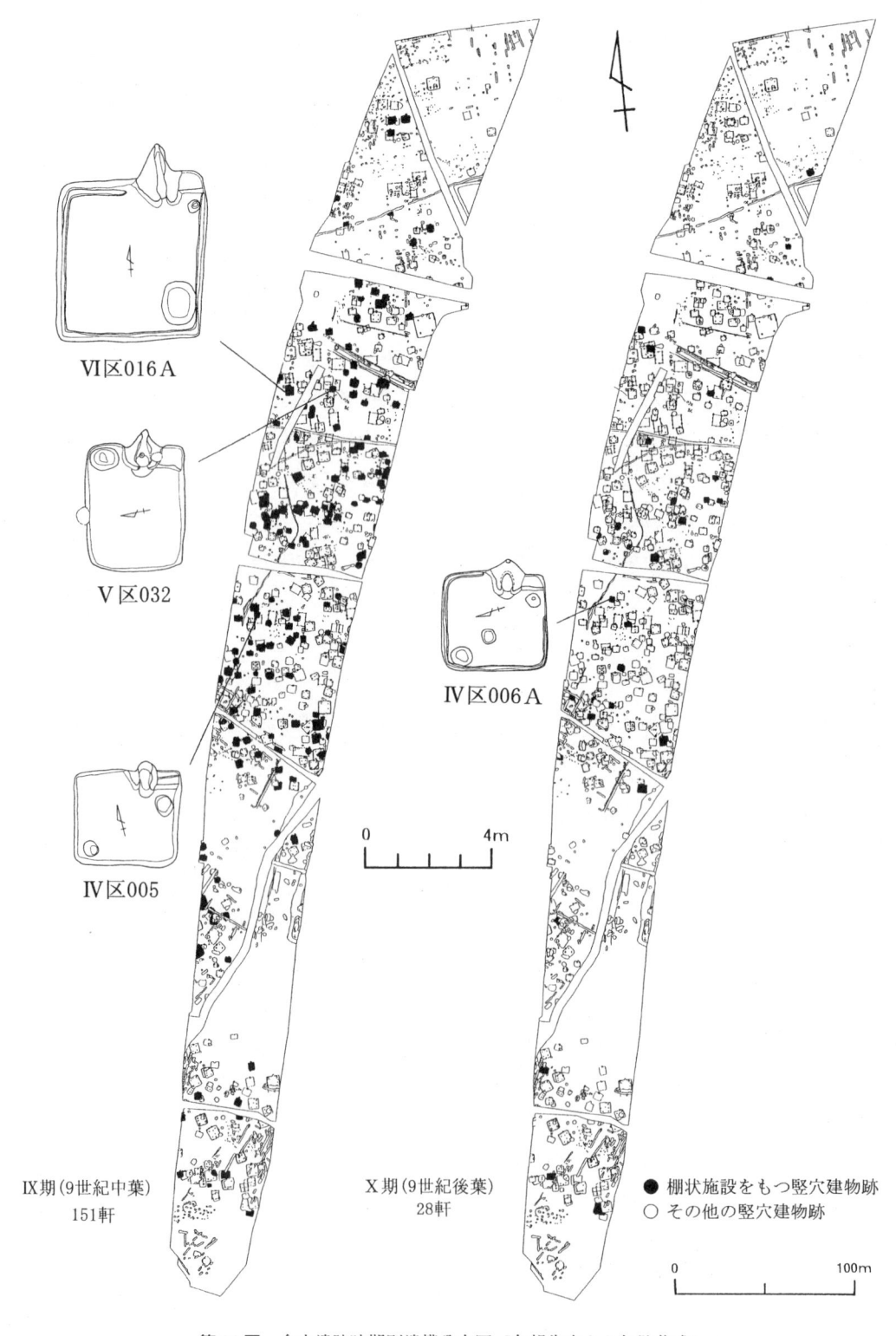

210 IV. 棚状施設をもつ竪穴建物の集団関係

Ⅵ区016A

Ⅴ区032

Ⅳ区006A

Ⅳ区005

Ⅸ期（9世紀中葉）
151軒

Ⅹ期（9世紀後葉）
28軒

● 棚状施設をもつ竪穴建物跡
○ その他の竪穴建物跡

第96図　金山遺跡時期別遺構分布図［各報告書から加除作成］

5. 棚状施設をもつ竪穴建物の集団関係

第 97 図　武田西塙遺跡竪穴建物跡分布図〔報告書から加除作成〕

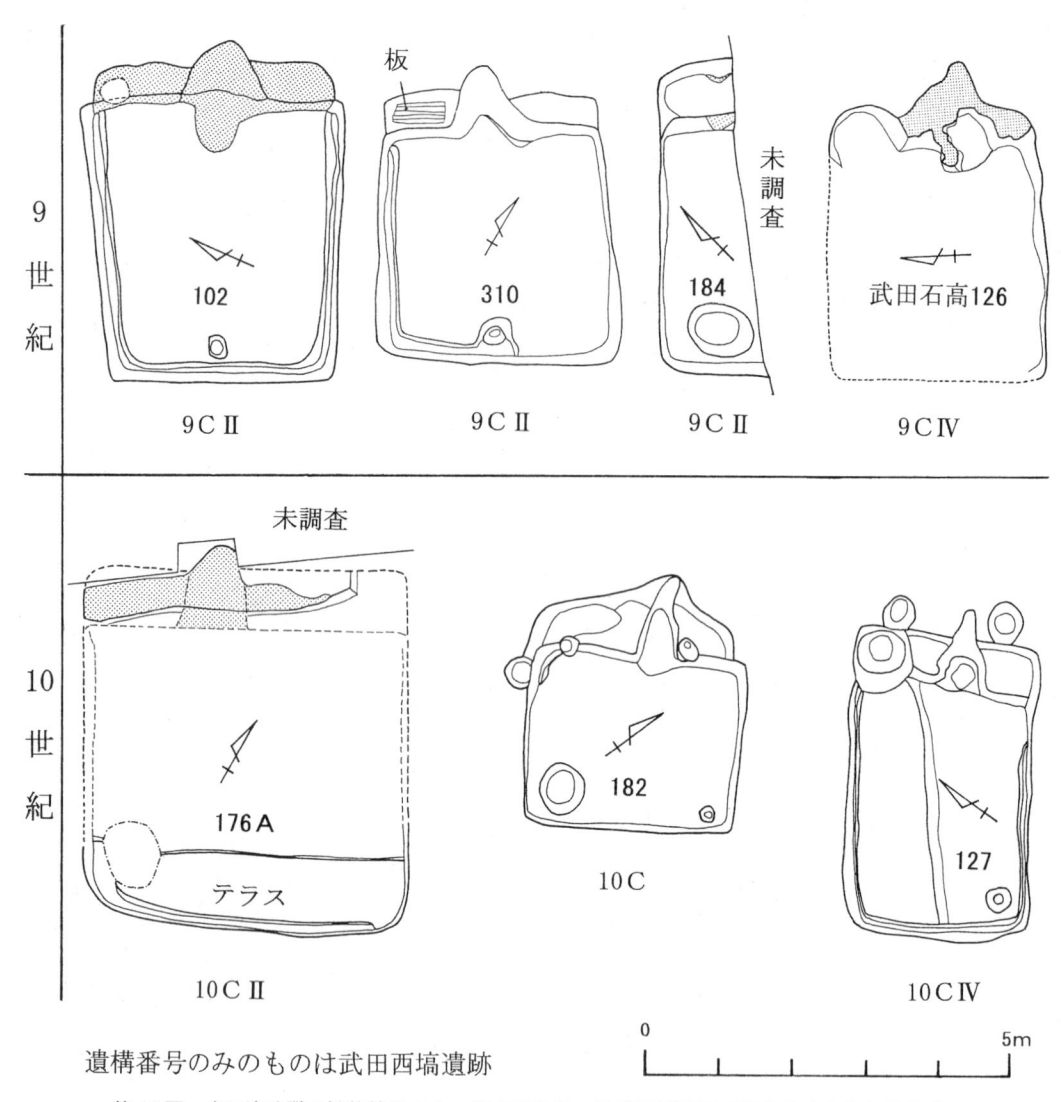

IV. 棚状施設をもつ竪穴建物の集団関係

第98図 武田遺跡群の棚状施設をもつ竪穴建物跡の時期別系統図［各報告書から加除作成］

遺構番号のみのものは武田西塙遺跡

活動結果を示すものと捉えることができる。

C. 中原型（中間型）の遺跡

　中原型の遺跡(群)は、同時期に複数の平面タイプの棚状施設をもつ竪穴建物がみられるが、その軒数や分布状況などから主体となる平面タイプと、客体となる平面タイプが認められる。

　その代表例である中原遺跡(第58図)以外に、既に紹介したものとしては、武蔵国分寺跡、下石原遺跡、神保富士塚遺跡(第80図)、戸神諏訪遺跡(第89図)と石墨遺跡(第90図)、糸井太夫遺跡(第92図)などが挙げられる。

　この他に、17軒の棚状施設をもつ竪穴建物跡が検出されている芳賀東部団地遺跡［文献群馬2・3］では、9世紀後葉段階で6軒の当該遺構がみられる(第25表)が、うち5軒までが竈に向かって右側に棚

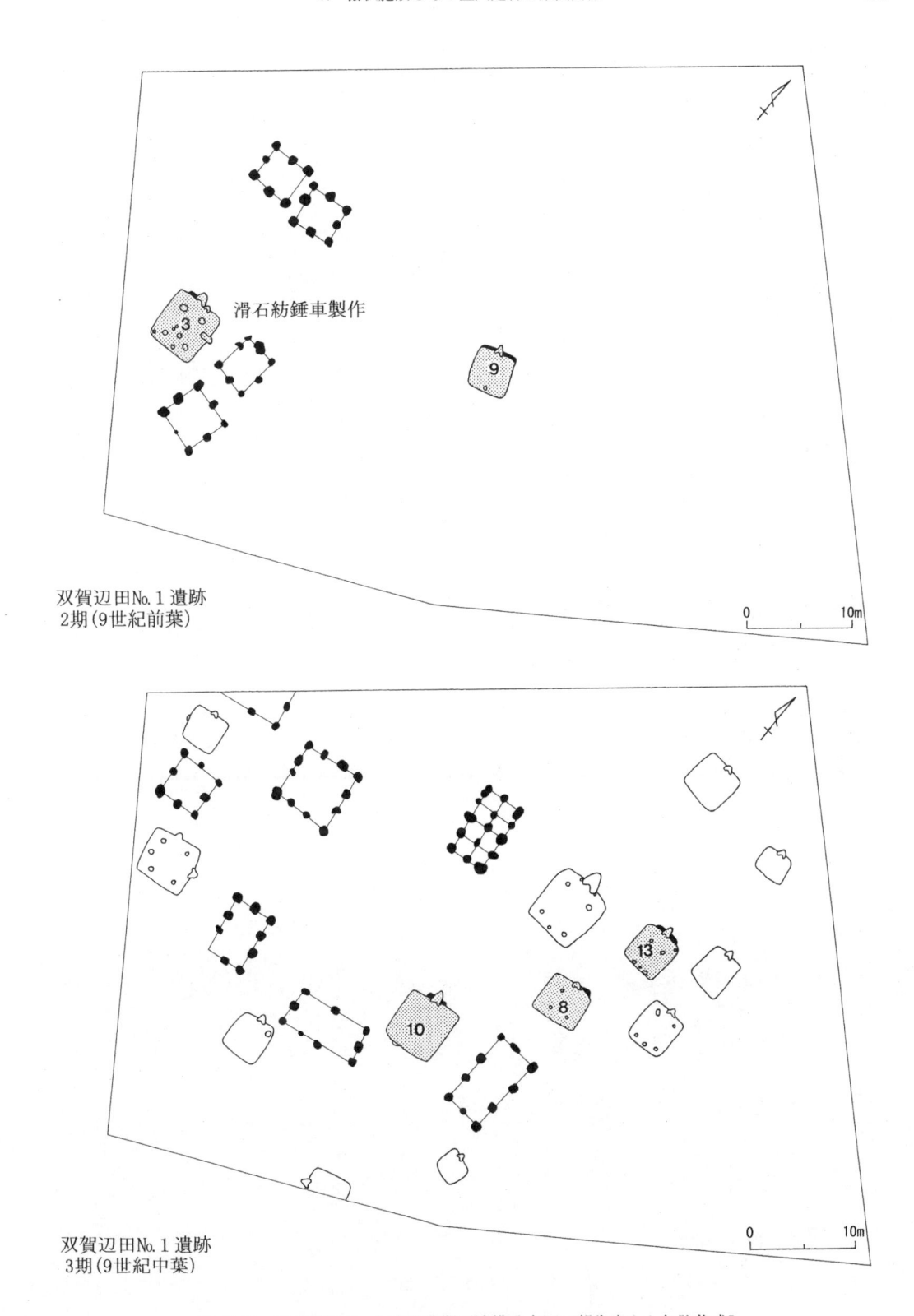

5. 棚状施設をもつ竪穴建物の集団関係　213

滑石紡錘車製作

双賀辺田№1遺跡
2期（9世紀前葉）

双賀辺田№1遺跡
3期（9世紀中葉）

第99図　双賀辺田№1遺跡時期別遺構分布図〔報告書から加除作成〕

214   IV. 棚状施設をもつ竪穴建物の集団関係

タイプ 時期	竃の両側 ALR	竃の両側 ARl	竃の両側 ALr	竃の両側 Alr	竃に向かって右側 AR	竃に向かって右側 Ar	竃に向かって左側 AL	竃に向かって左側 Al	時期別小計	備考
8世紀後葉					2 (1)			1	3	
9世紀前葉									0	
9世紀中葉	1	1			2			1	5	他にKA1軒
9世紀後葉					5 (1)			1	6	
10世紀前半	1				1				2	
計	2	1			10 (2)			3	16	
	3				10		3			

(1)はAR-bタイプの内数

第25表　芳賀東部団地遺跡における時期別平面タイプの分布

★ 棚状施設をもつ竪穴建物跡　AR
■ 棚状施設をもつ竪穴建物跡　Al
・ その他の竪穴建物跡

芳賀東部団地遺跡
（9世紀後葉）

第100図　9世紀後葉の芳賀東部団地遺跡竪穴建物跡分布［各報告書から加除作成］

を設けており(第100図)、該期の主体となるものである。第25表からは、各時期を通じても竈の右脇に棚を設けるものが、本遺跡では主体となることが読み取れる。

　中原型の遺跡では、中原遺跡第Ⅵ期にみられる集中ブロック(第57図)や、下石原遺跡第37地点(第79図)、神保富士塚遺跡(第80図)、戸神諏訪Ⅳ遺跡B地区(第88図)など、遺跡内で主体となる平面タイプをもつ当該遺構が、明らかな偏在性を示す事例が認められる点も特徴的である。

　これらについては、「ケース1～3」を想定したが、棚状施設をもつ竪穴建物を使用する集団が、遺跡内でそれなりの存在として時間的・空間的に顕著な土地利用痕跡を残したものと理解されよう。

　中原型は、農村以上都市以下の最も幅広い性格の遺跡で認められるものと考えられる。恐らく、中原型の事例が最も多いと思われるが、発掘調査区の制約や検出軒数の少なさから、その位置付けが不明確な遺跡も多い。

　いずれにしても、従来の集落遺跡研究では、分析の対象にすらなることのなかった棚状施設をもつ竪穴建物跡を追究することによって、古代集落遺跡の具体像を探るための新たな検討材料が得られるものと考えられるのである。

V. 竪穴外柱穴をもつ竪穴建物跡の様相

1. 竪穴外柱穴の分類と構造

　ここでは、竪穴外柱穴をもつ竪穴建物跡を分析するにあたり、まず原則的な問題に触れてから、竪穴外柱穴の分類を提示し、その上屋構造などについて検討したい。

　「竪穴外柱穴」とは、文字通り「竪穴部の外側に設けられた柱を据えるためのピット」を指すが、小稿では「垂木受けのためのピット」に対しても使用するものとする。

　その理由としては、竪穴建物の上屋を支える施設という点では共通しており、両者の識別が付きにくい場合もあることによる。

A. 竪穴外柱穴をもつ竪穴建物跡の原則的問題

　詳細については後述するが、竪穴外柱穴をもつ竪穴建物跡の報告例は総じて少なく、地域間や遺跡間、報告された年代などで不自然な偏在性が認められ[註1]、発掘調査から整理報告書作成に至る間の資料化を阻んでいる人為的かつ構造的な要因が比較的強く作用しているものと考えられる。その原因としては、およそ以下のようなことが想定できる。

　　a. 今日までの土地利用によって遺構の上部が削られたため無くなってしまった。
　　b. 発掘調査時に遺構確認面を掘り過ぎてしまったため無くなってしまった。
　　c. 竪穴上端よりも外側の遺構確認を怠ったため発見できなかった。
　　d. 竪穴本体とは無関係なものとして掘らなかったため検出できなかった。
　　e. 発掘現場では検出されたが、整理・報告書作成段階で記録から抹消してしまったため報告されなかった。
　　f. 検出された竪穴外柱穴を掘立柱建物跡や柵列・ピット群など別遺構と誤認して報告したためデータが分離してしまった。

　これらと同様なことは棚状施設にもあてはまる[拙稿2000a]が、当該施設の場合、素掘りのものは竪穴壁を追いかけていけば検出できるわけだし、粘土を化粧・充塡する事例は確認することが比較的容易である。これに対して竪穴外柱穴の場合は、当然のことながら「竪穴部本体の外側に離れて存在する」という点が決定的な違いと言える。竪穴壁の上端までで一軒の竪穴建物跡が完結しているという、思い込みのようなものが当該施設の資料化を阻害してきたことは間違いない。

　上記a～fのうち、不可抗力のaを除き、その他は調査報告者が改善できることである。ここで最も戒めなければならないのは、このような建物施設なぞ有り得ないとばかりに、端から認めようとし

ない姿勢であろう。

とにかく、発掘調査において少なくとも「竪穴外1m前後を上面・断面から精査し、柱穴の有無を確認」[篠崎1991：106〜107]するといった作業を確実に行うことが肝心である。

また、当該遺構の報告にあたっては、平面図などに他遺構との切り合い関係や攪乱範囲を図示することが"無くなったもの"と"無かったもの"[可児1985：6]を考えるうえでの手掛かりとなり得ること、個別の遺構図には明らかに無関係なピットは排除すべきであることを指摘しておきたい。

このように、竪穴外柱穴をもつ竪穴建物跡は、本来存在したはずのものが主に調査上の問題などから資料化に至らなかった場合も少なくないと思われることを認識しておく必要がある。

B. 竪穴外柱穴の分類

第101図に示した①〜⑧は、竪穴外柱穴の位置と上屋構造の関係から考えた分類基準である。まず、その前提となるのは「伏屋式」と「壁立式」[宮本2000：26〜27]であり、ピットが垂直に掘られているか内傾しているかという点や、竪穴床面あるいは竪穴外に設けられた主柱穴との位置関係などから識別している。①・⑧は伏屋式のみ、③〜⑦は壁立式のみ、②は両者で認められる。これらを次のように呼称する。

- ①. 2本柱タイプ
- ②. 4本柱タイプ
- ③.「井」型タイプ
- ④. 五角形タイプ
- ⑤. 亀甲形タイプ
- ⑥. 柱間整合タイプ
- ⑦. 柱間不整合タイプ
- ⑧. 垂木受けタイプ

また、壁立式の場合、竪穴壁上端と竪穴外柱によって囲まれた竪穴外壁までの間の平坦面である「竪穴外屋内空間」[拙稿1999a：26]との関係から、次のような分類も提示できる。

- A. 竪穴外屋内空間 N 類
- B. 竪穴外屋内空間 S 類
- C. 竪穴外屋内空間 W 類

C. 竪穴外柱をもつ竪穴建物の構造

まず、①〜⑧タイプ(第101図)について、具体的な事例を交えて説明したい。これらには、竪穴床面に柱穴・置き柱の窪み・礎石など柱を据えた痕跡が認められず、竪穴外柱のみで屋根を支えるものと、床面の柱を併用するものの両者が存在する。

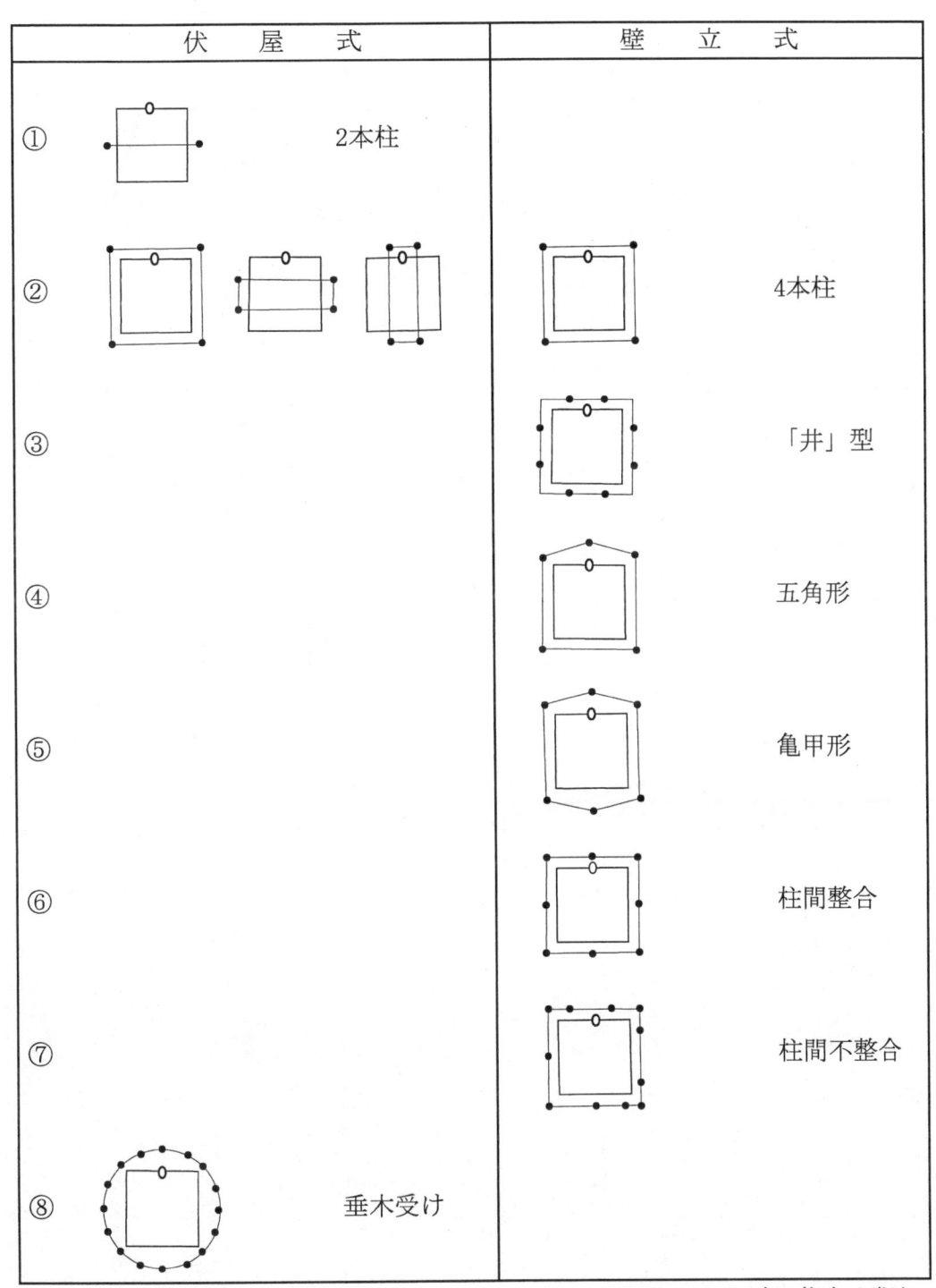

1. 竪穴外柱穴の分類と構造　　　　　　　　　　　　　　219

伏　屋　式	壁　立　式
① 2本柱	
②	4本柱
③	「井」型
④	五角形
⑤	亀甲形
⑥	柱間整合
⑦	柱間不整合
⑧ 垂木受け	

床の柱穴は省略

第 101 図　竪穴外柱穴の分類

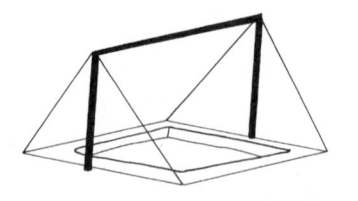

① 2本柱タイプ－伏屋式切妻造

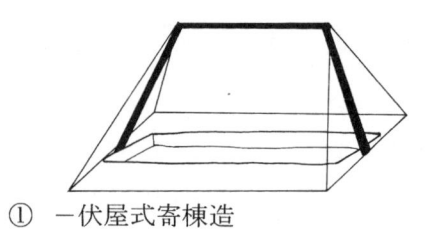

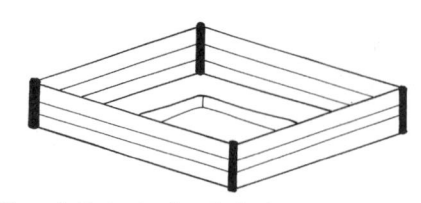

① －伏屋式寄棟造

② 4本柱タイプ－壁立式

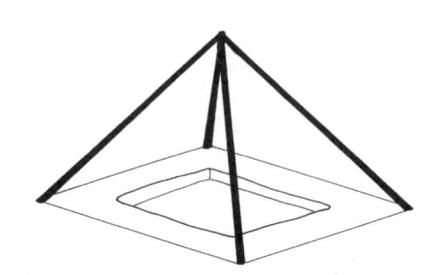

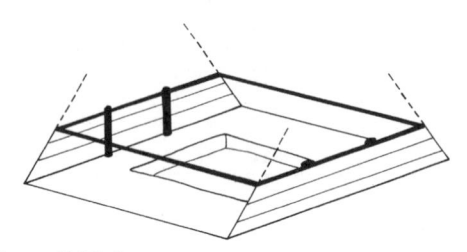

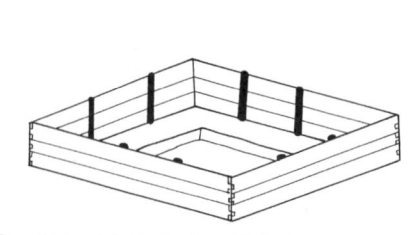

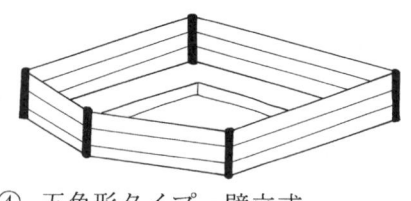

② －伏屋式宝形造

② －伏屋式

④ 五角形タイプ－壁立式

③ 「井」型タイプ－壁立式

第102図　竪穴外柱穴をもつ竪穴建物の上屋構造想定図

a. ①2本柱タイプ

竪穴外に設けた2本の主柱で棟木を直接支える単純な構造である(第103図)。柱穴が垂直に掘られている事例は伏屋式切妻造に、柱穴が内傾する事例は伏屋式寄棟造に復元できる(第102図)。

b. ②4本柱タイプ

竪穴外の四隅に主柱を設けるもので、柱穴が垂直に掘られている事例(第104図下)は壁立式に、柱穴が内傾する事例(同図上)は伏屋式方形(宝形)造に復元できる(第102図)。

当該タイプには、4本柱の内側に竪穴部が収まる事例(第104図)以外に、4本柱を結んだ矩形の外側に竪穴部が食み出すものが認められる(第105図)。このような事例の場合は壁立式ではなく、4本柱によって組まれた梁と桁による「身舎＝ユニット」[松本2003:28〜29]の外側に垂木を葺き降ろす伏屋式に復元できる(第102図)。

c. ③「井」型タイプ

各辺2本ずつの竪穴外柱が対応し、建物の四隅部分に柱穴がないことが特徴である(第106図)。建物コーナー部分は「相欠け(あいがき)の仕口」[杉山信三1969:169]など横板壁材の組み合わせにより建築が可能である。壁立式に復元できる(第102図)。

d. ④五角形タイプ

竈の後方が五角形の頂点になる平面形を呈するもの(第107・108図)で、壁立式に復元できる(第102図)。

e. ⑤亀甲形タイプ

妻側の棟持柱が外側に張り出した構造(第105図)で、壁立式に復元できる。

f. ⑥柱間整合タイプ

建物の四隅部分に柱があり、竪穴外柱の柱間間隔が揃っているもの(第109図)である。「柱の上に先ず梁を置いて上を桁で繋ぐ」[松本2003:28〜29]「折置組」[宮本1996:271]という方法で建築され、壁立式に復元できる。

g. ⑦柱間不整合タイプ

竪穴外柱の柱間間隔が揃っていないものである。折置組とは逆に「柱上に桁を引通し、桁上に梁を架ける」「京呂組」[宮本1996:271]あるいは「桁露」[松本2003:28]と呼ばれる方法で建築され、壁立式に復元できる。最も事例数が多い。

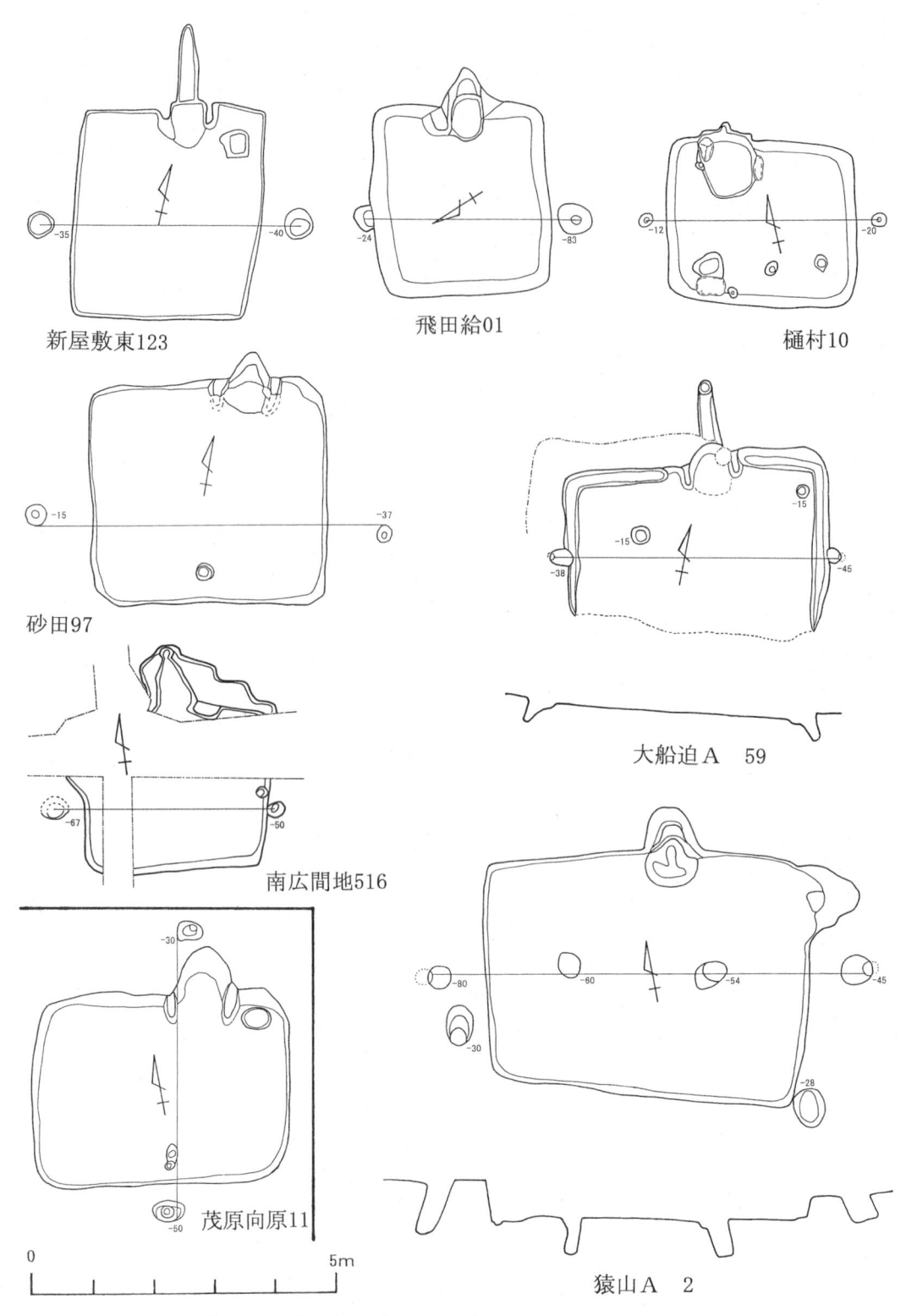

V. 竪穴外柱穴をもつ竪穴建物跡の様相

新屋敷東123　飛田給01　樋村10

砂田97

大船迫A　59

南広間地516

茂原向原11

猿山A　2

0　　　　　5m

第103図　伏屋式2本柱タイプの事例〔各報告書から加除作成〕

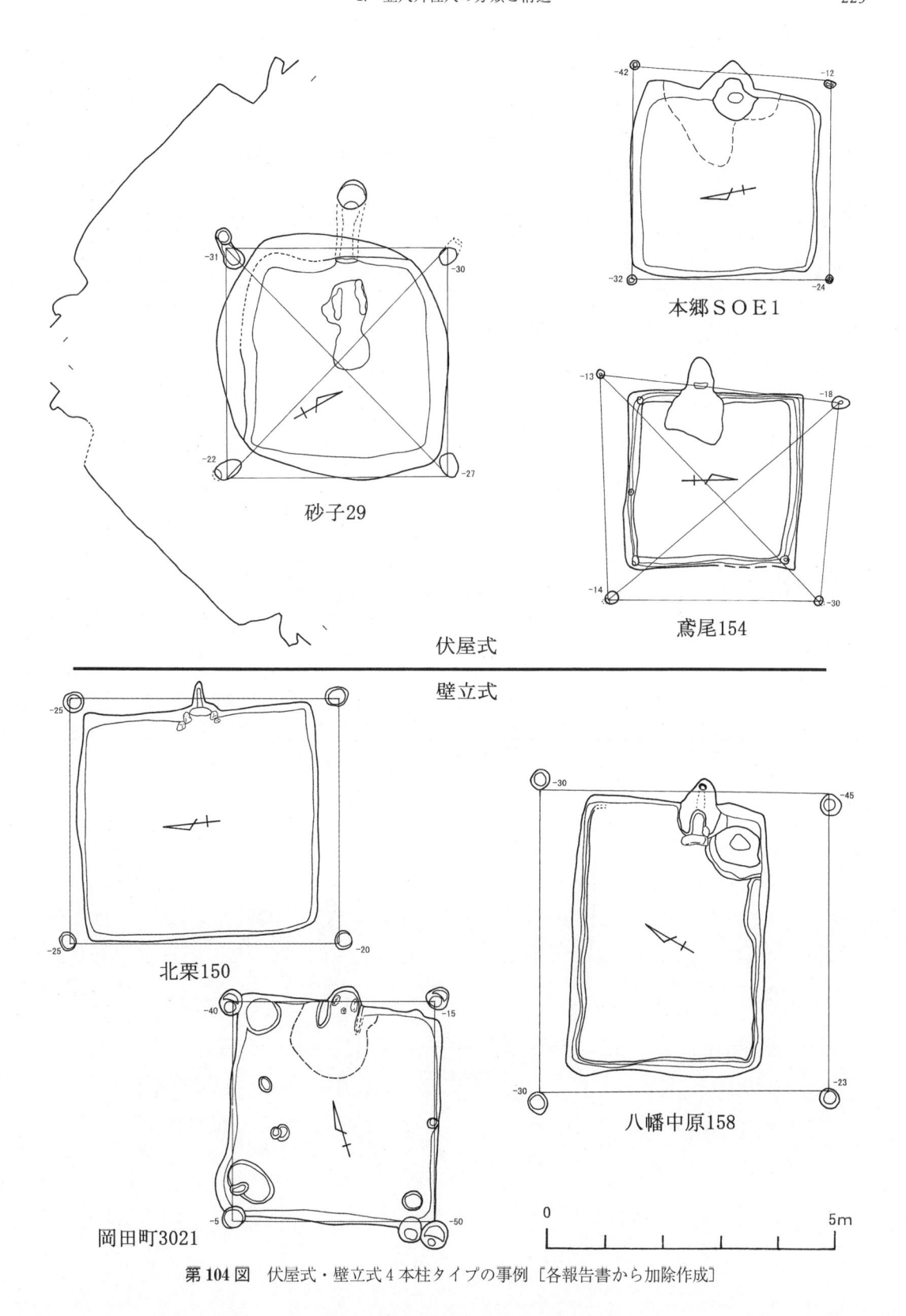

1. 竪穴外柱穴の分類と構造　223

砂子29

本郷SOE1

鳶尾154

伏屋式

壁立式

北栗150

八幡中原158

岡田町3021

0　　　　　　　5m

第104図　伏屋式・壁立式4本柱タイプの事例［各報告書から加除作成］

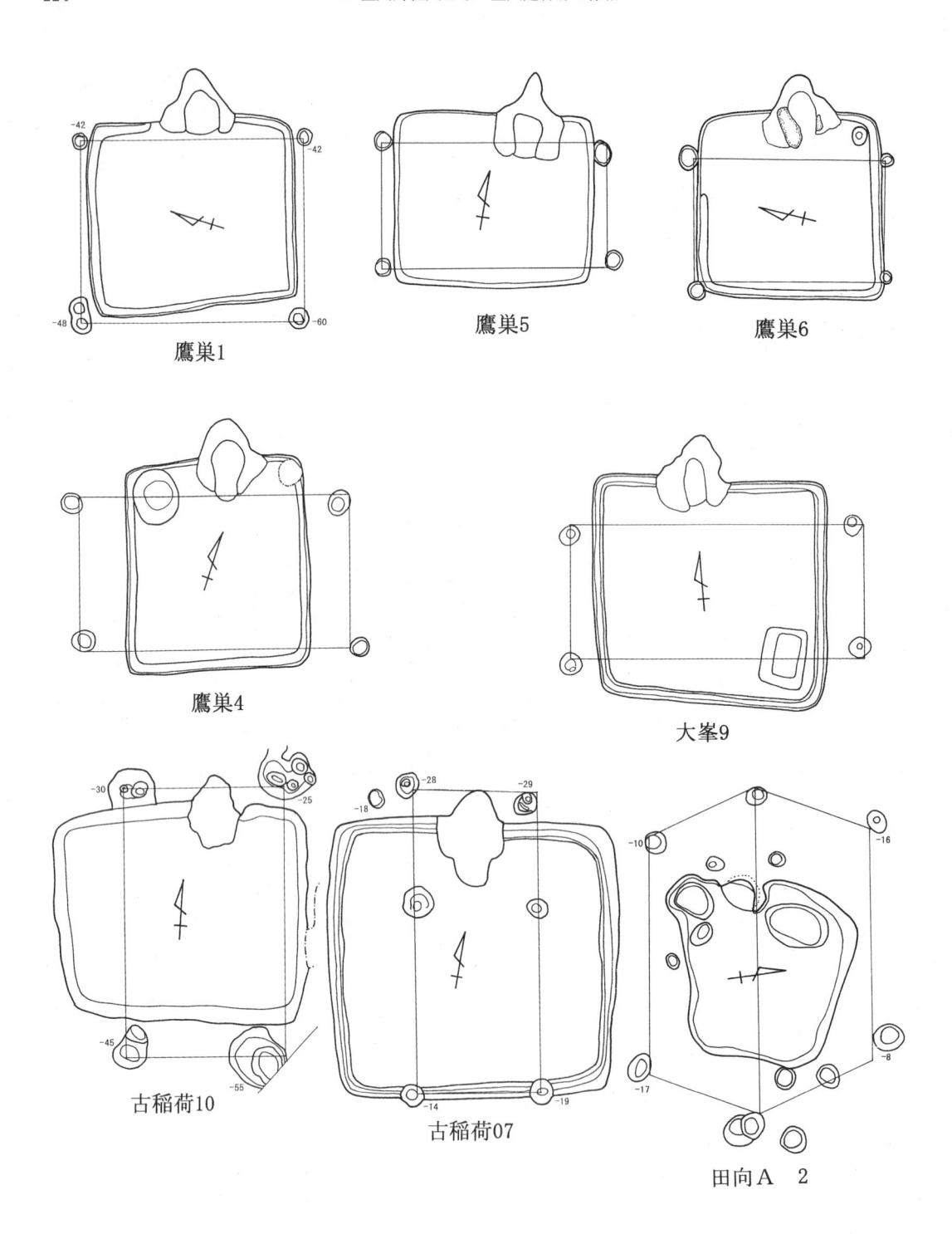

224　　　　　　　　　　　　　Ⅴ. 竪穴外柱穴をもつ竪穴建物跡の様相

鷹巣1　　　　　　　鷹巣5　　　　　　　鷹巣6

鷹巣4　　　　　　　　　　　大峯9

古稲荷10　　　　　　古稲荷07　　　　　　田向A　2

第105図　伏屋式4本柱タイプ、壁立式亀甲形タイプの事例〔各報告書から加除作成〕

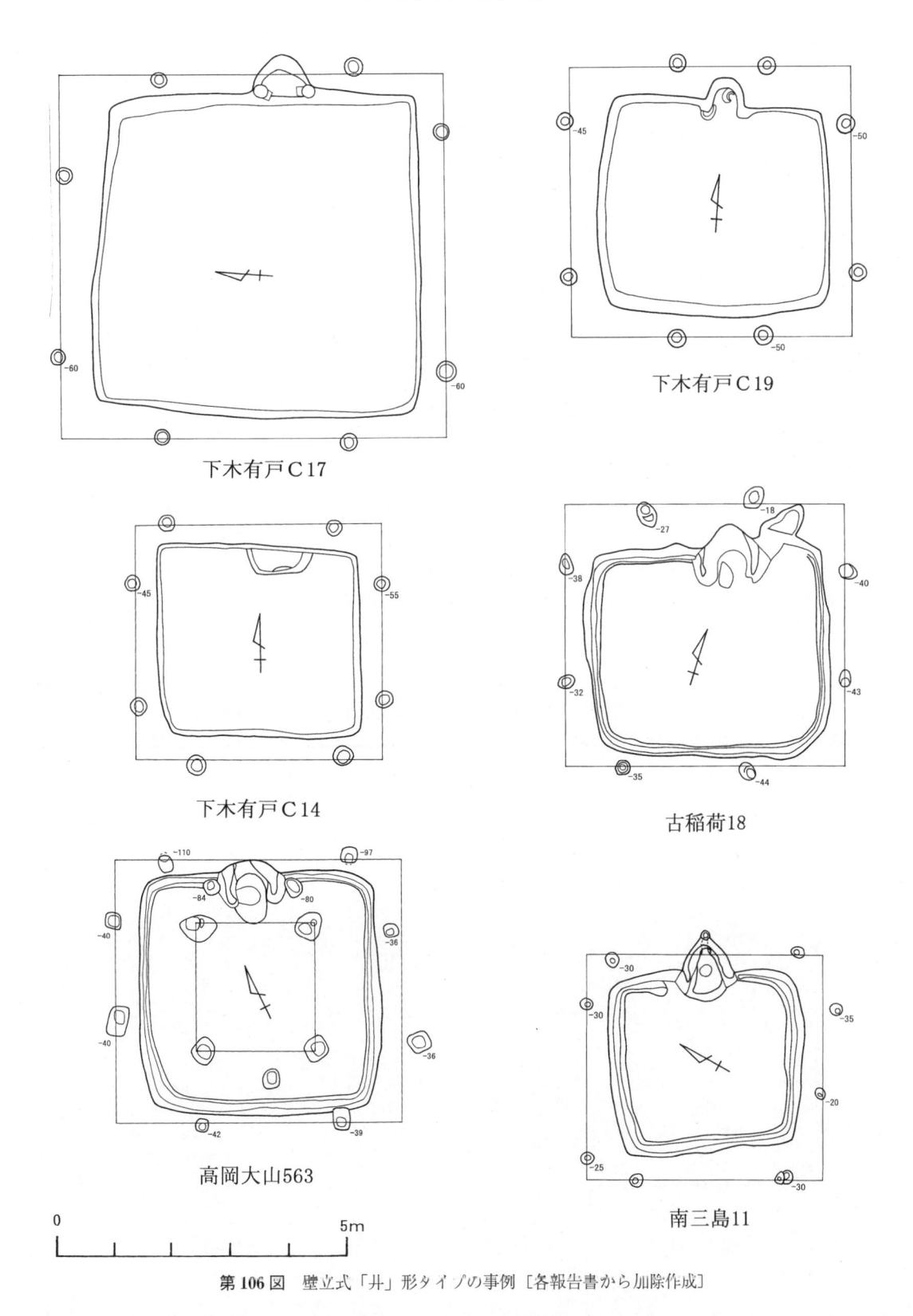

1. 竪穴外柱穴の分類と構造　　225

下木有戸C17

下木有戸C19

下木有戸C14

古稲荷18

高岡大山563

南三島11

0　　　　　5m

第106図　壁立式「井」形タイプの事例〔各報告書から加除作成〕

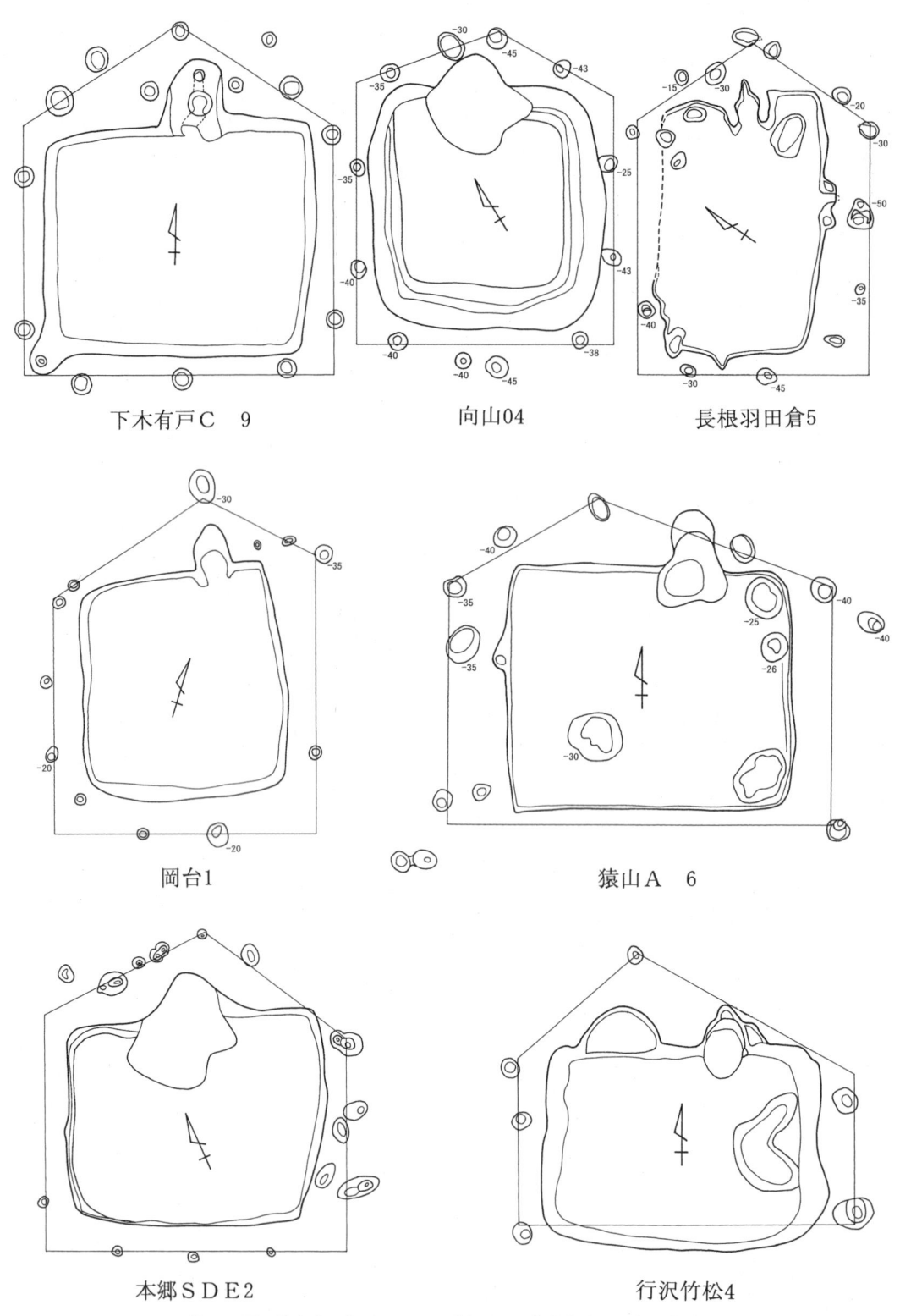

第 107 図　壁立式五角形タイプの事例(1)〔各報告書から加除作成〕

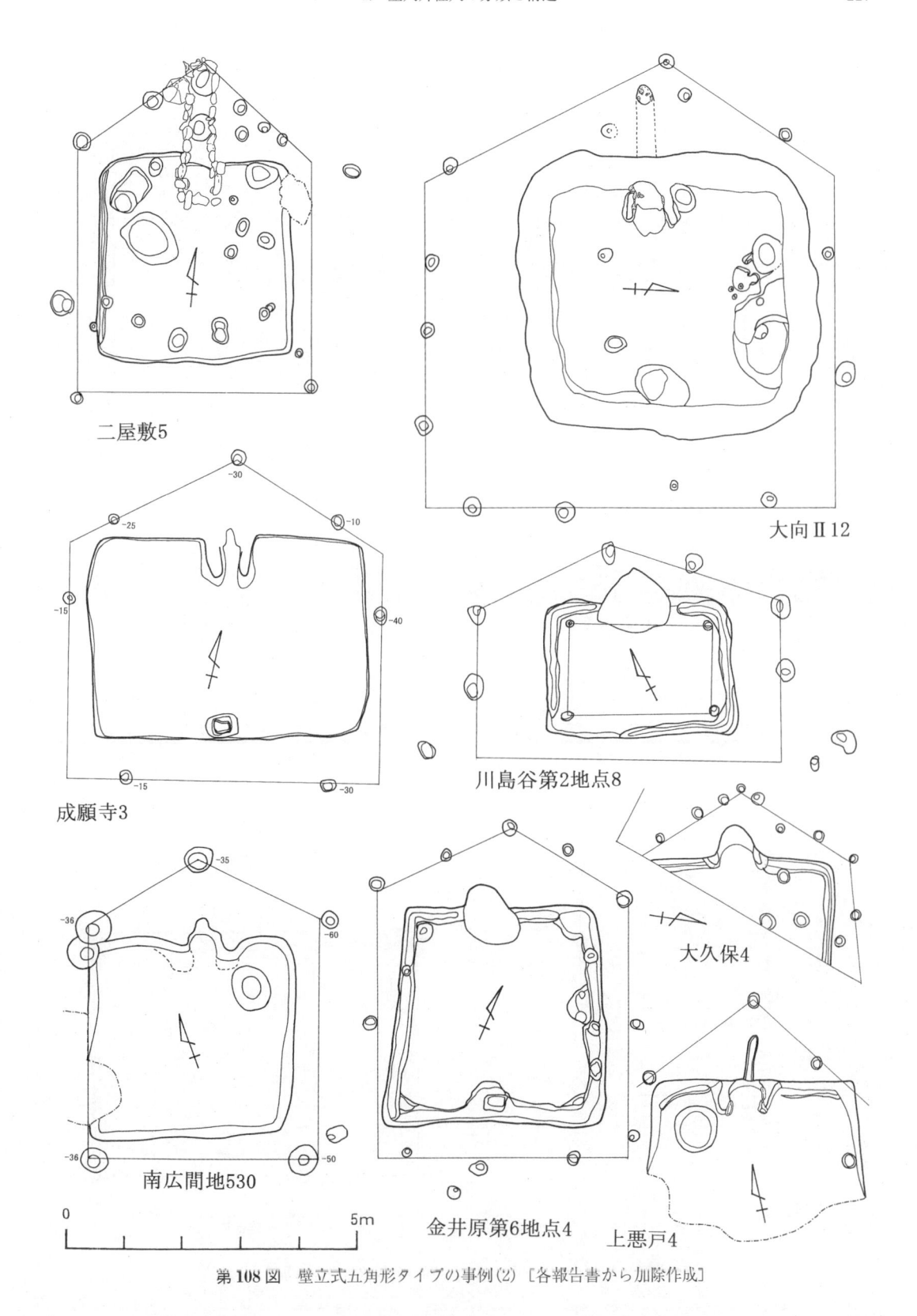

1. 竪穴外柱穴の分類と構造　　227

二屋敷5

大向Ⅱ12

成願寺3

川島谷第2地点8

大久保4

南広間地530

金井原第6地点4

上悪戸4

0　　　　5m

第108図　壁立式五角形タイプの事例(2)〔各報告書から加除作成〕

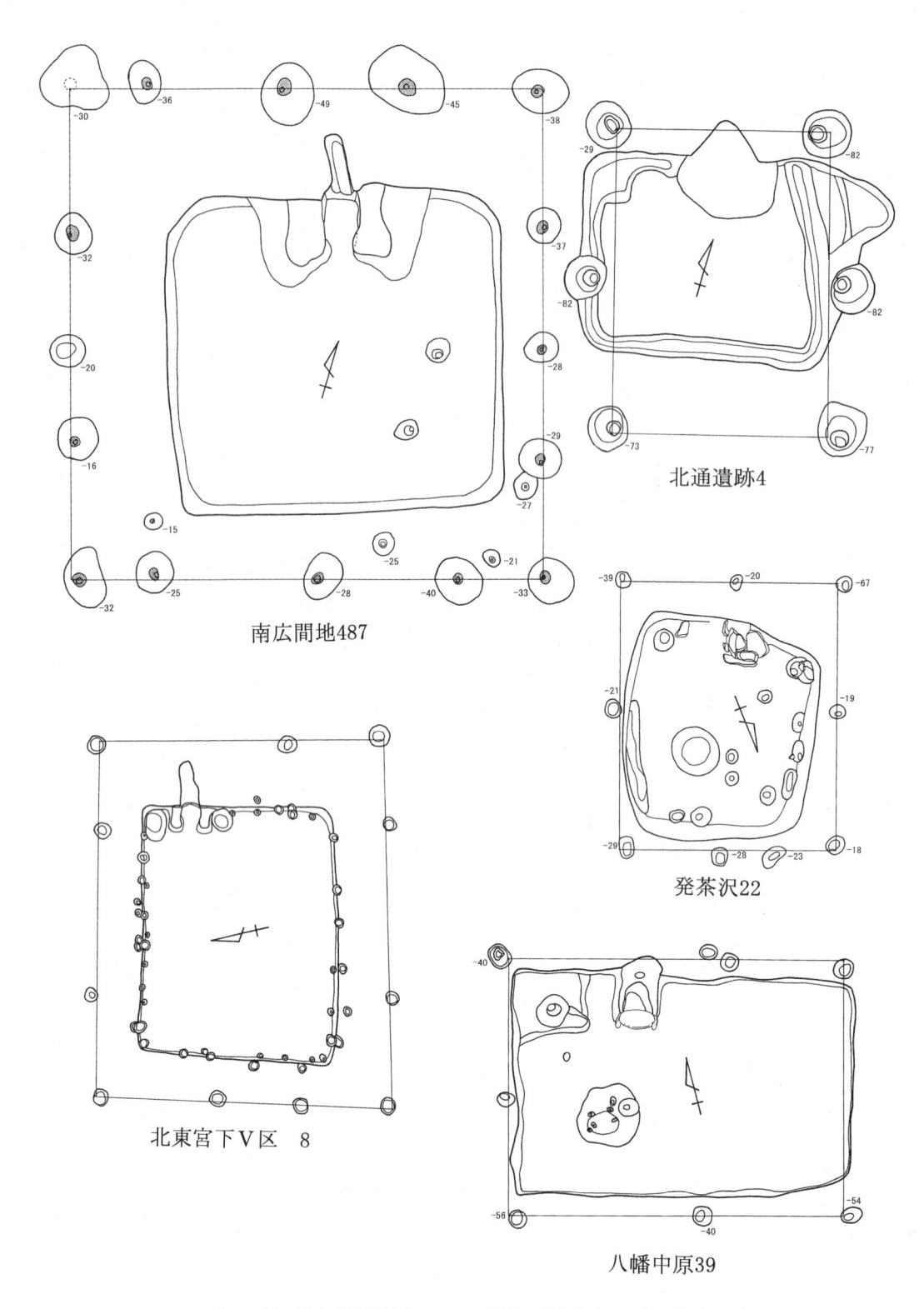

228 Ｖ．竪穴外柱穴をもつ竪穴建物跡の様相

南広間地487

北通遺跡4

発茶沢22

北東宮下Ｖ区　8

八幡中原39

第109図　壁立式柱間整合タイプの事例［各報告書から加除作成］

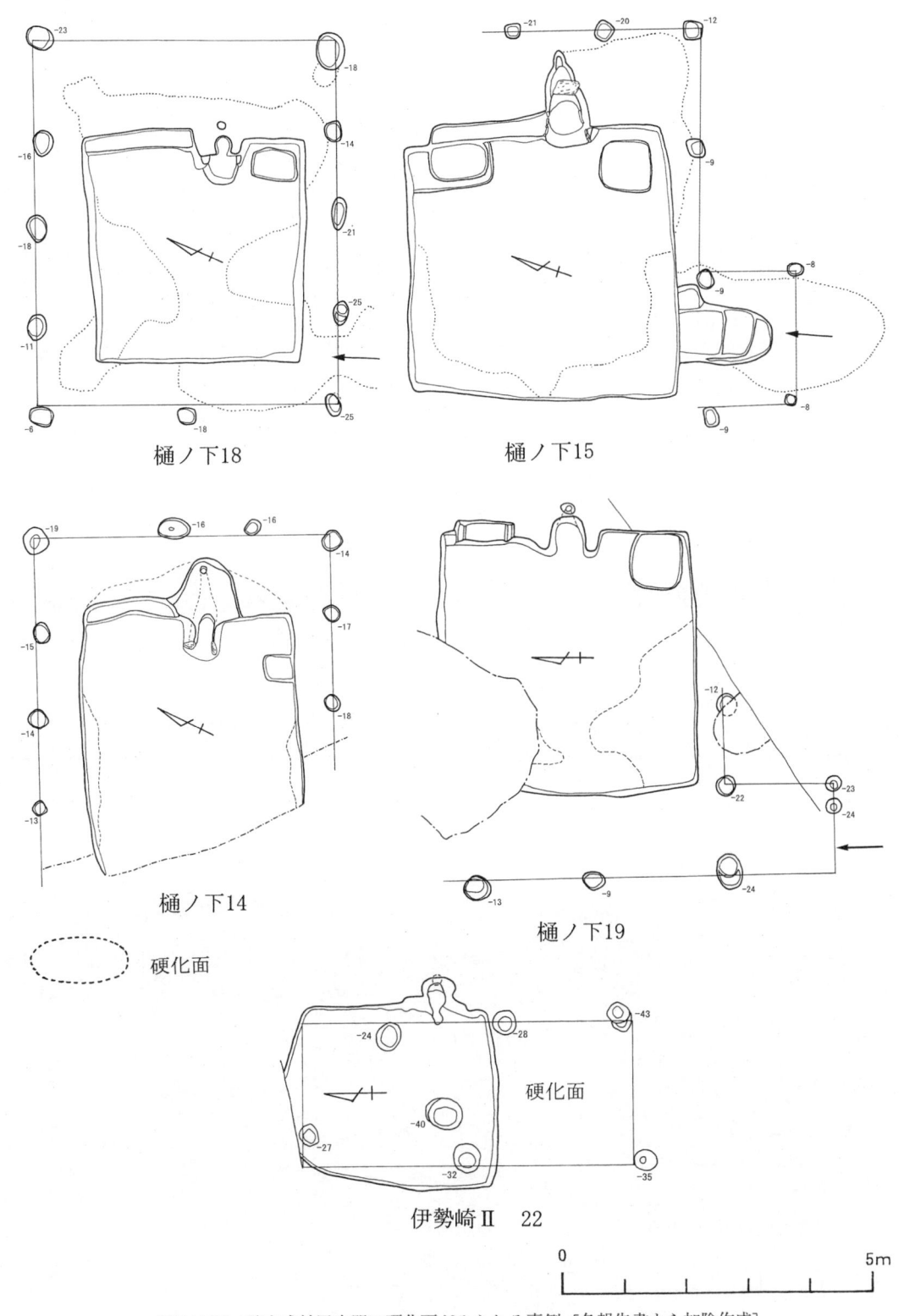

1. 竪穴外柱穴の分類と構造

樋ノ下18

樋ノ下15

樋ノ下14

樋ノ下19

硬化面

伊勢崎Ⅱ 22

硬化面

0　　　　　　　　5m

第110図　壁立式外屋空間に硬化面がみられる事例［各報告書から加除作成］

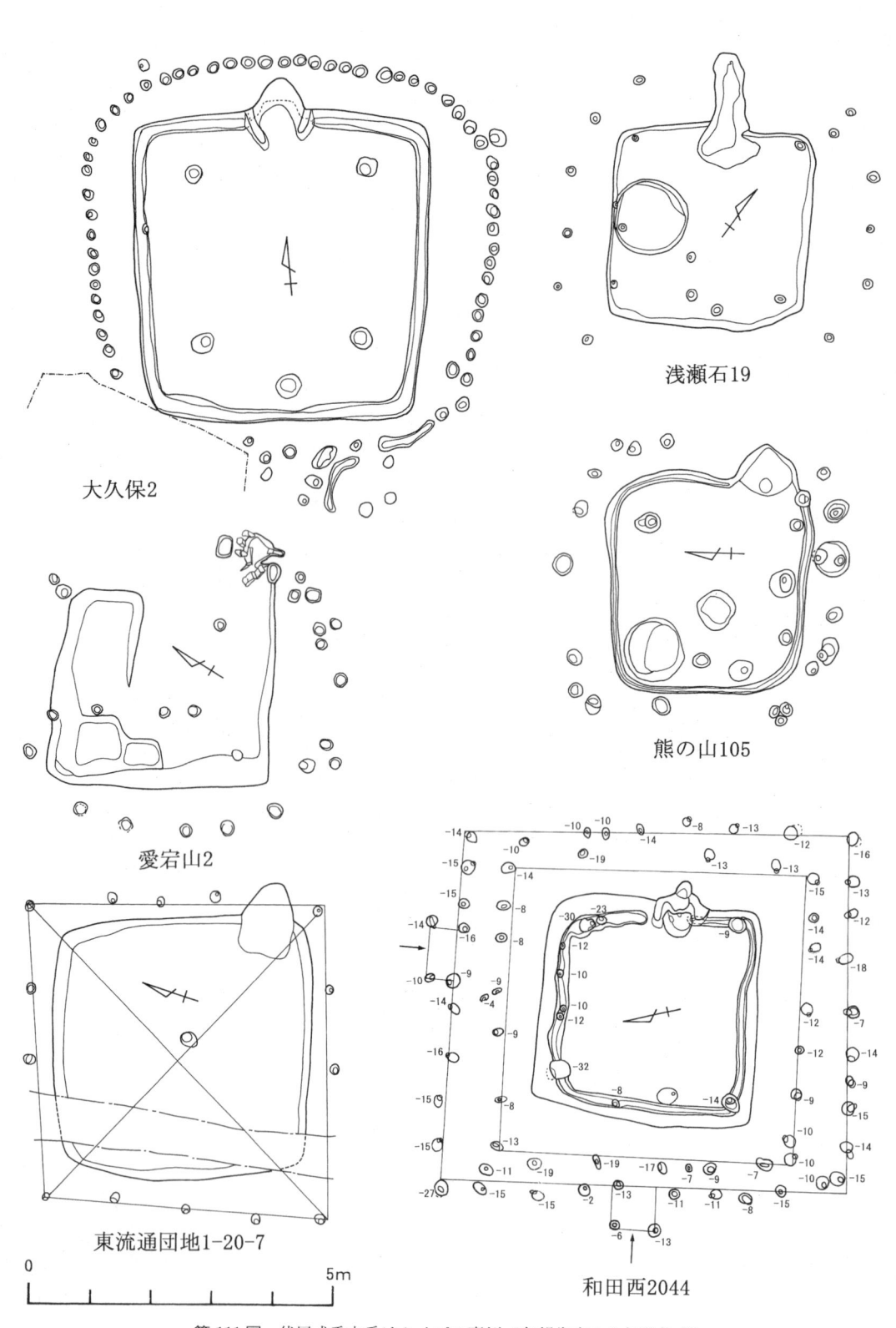

230　　　　　　　　　　　　Ⅴ．竪穴外柱穴をもつ竪穴建物跡の様相

大久保2

浅瀬石19

愛宕山2

熊の山105

東流通団地1-20-7

和田西2044

0　　　　　　　5m

第111図　伏屋式垂木受けタイプの事例［各報告書から加除作成］

h. ⑧垂木受けタイプ

垂木により上屋構造を造るもので、伏屋式に復元できる。ピットの径は小さめで、他のタイプより間隔が狭い。平面形も方形以外に隅丸や円形に近いものもみられる（第111図）。

次に、壁立式におけるA〜Cについて説明する。これらの竪穴外屋内空間は、竪穴部外側の四辺すべてが均等な間隔をもつものばかりではないので、辺によって複数の類が認められる場合も多い。

i. A 竪穴外屋内空間 N 類

竪穴壁の上端際に竪穴外柱を設けるもので、竪穴外屋内空間はほとんど存在しない。無し（NO）の頭文字を採ってN類と呼称する。

河西健二が想定した「外周壁際柱」〔河西健二 1995：41〕と類似する捉え方で、竪穴床面から柱を排除することによって、竪穴床面積の有効な確保を第一義的な目的としたものと考えられる。

j. B 竪穴外屋内空間 S 類

竪穴外屋内空間が狭く、物置程度の利用に限られる。Aと同様な目的が優先していたものと思われる。A〜C中では事例が最も多い。

k. C 竪穴外屋内空間 W 類

竪穴外屋内空間が幅（奥行）70 cm以上と広く、「高い床面」として利用できるものである。

樋ノ下遺跡第14・15・18号住居跡〔文献埼玉12〕（巻末に掲載した「集成データ文献――竪穴外柱穴」埼玉県の12番目の文献、以下同じ）では、竪穴外屋内空間から硬化面が検出されており（第110図）、当時の生活面そのものが把握できた事例として注目される。

第15号住居跡（同図）では、竪穴外に延びる3段の「階段タイプ」の出入口施設〔高橋泰子 1997〕と、これを竪穴外柱で囲う廂状の張り出し部の外側に向かって「明瞭な硬化面が観察され」〔文献埼玉12：423〕たことから、建物内への「通路部分が遺存していたもの」〔文献埼玉12：320〕と捉えられる。第18号住居跡（同図）では、具体的な施設の痕跡はみられないものの、第15号住居跡と同様な硬化面の在り方から出入口部の位置を知ることができる。

ちなみに、樋ノ下遺跡第19号住居跡（同図）のように、竪穴外柱穴が張り出すことにより、出入口部が判明した事例も少数ながら存在する。

この他に、伊勢崎II遺跡 SI―22〔文献栃木7〕（同図）でも、竪穴外屋内空間における硬化面の存在が報告されている[註2]。

硬化面の存在と共に、竪穴外屋内空間W類の役割を考えるうえで注目される報告例が、樋ノ下遺跡の2 kmほど上流域に位置する末野遺跡E区第6号住居跡〔文献埼玉13〕（第112図）である。

当該遺構は、武蔵四大窯跡群のひとつである末野窯跡群内にあり、同時期の粘土採掘坑に隣接している。竪穴部「南西コーナー部から粘土溜りが検出され、住居内に粘土を貯蔵していたものと考えら

武蔵国分寺南西地区4　　　　　　　　　　　　　　　　　　　　　末野6

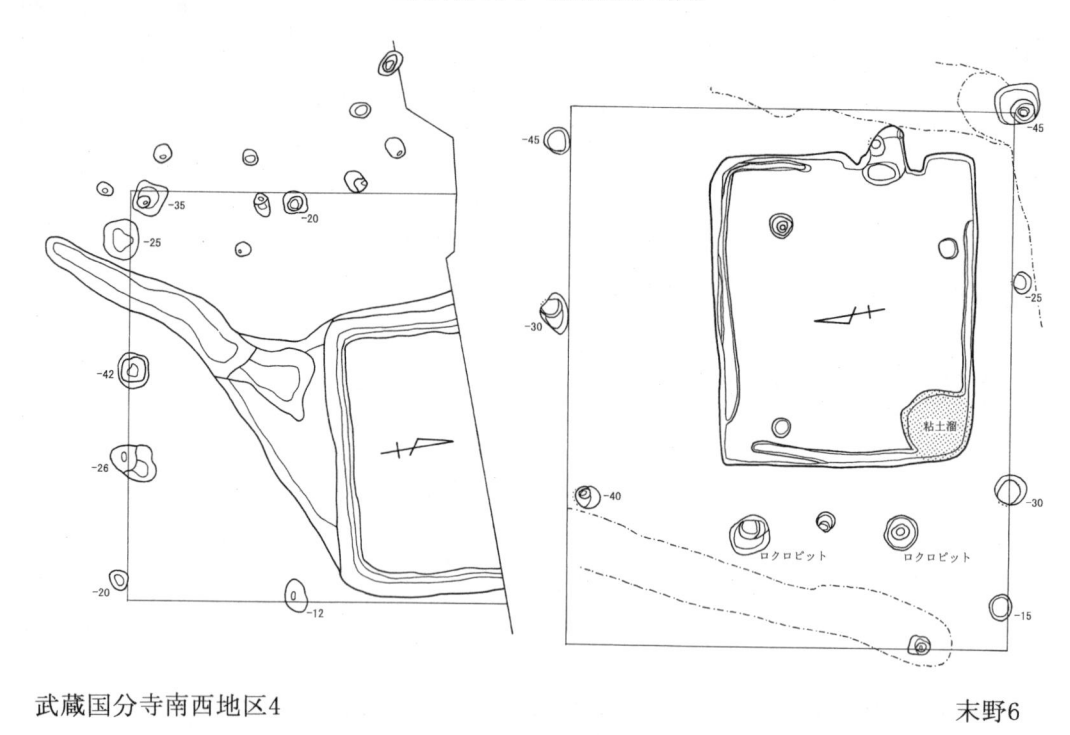

第112図　竪穴外屋内空間W類の特徴的な事例［各報告書から加除作成］

れ」［文献埼玉13：12］、その西側の竪穴外屋内空間に2基のロクロピットが設けられていることから、須恵器生産工房と見なすことができる。竪穴壁上端と竪穴外壁間の距離は、最も広い西側で約2.4mを測る。

　武蔵国分寺南西地区SI—4［文献東京16］（同図）の竪穴外屋内空間の幅は、末野遺跡例よりも更に長く3m近くになる。当該地区（第75図）は、第Ⅳ章第3節でも触れたように、国分二寺の営繕に伴う粘土採掘坑群が存在する寺院工房［杉山洋2004］エリア内に位置している。この遺構には、建物南側から竪穴部に向かって傾斜している通路状の溝がみられるが、通常の出入口施設ではなく、何らかの作業に伴うものかもしれない。

　竪穴外屋内空間W類には、硬化面やロクロピットなどの痕跡が認められることからも、A・Bとは異なり、生活空間として確保されたものと言えるだろう。

1．その他

　南広間地遺跡490号住居［文献東京26］では、竪穴外柱穴の柱痕下部に硬質砂岩の根石（礎盤石）［山中2003］が据えられている（第112図）。本遺跡は沖積地に立地するので、不動沈下防止のため設けられたものと見なされるが、管見によれば、このような装置は本例のみである。木製の礎板［山中2003］が用いられていたことも考慮すべきだが、柱穴を掘り上げる時に単なる礫として取り上げられてしまい、記録化に至らなかった事例も存在するのではなかろうか。発掘調査時に注意を払う必要があろう。

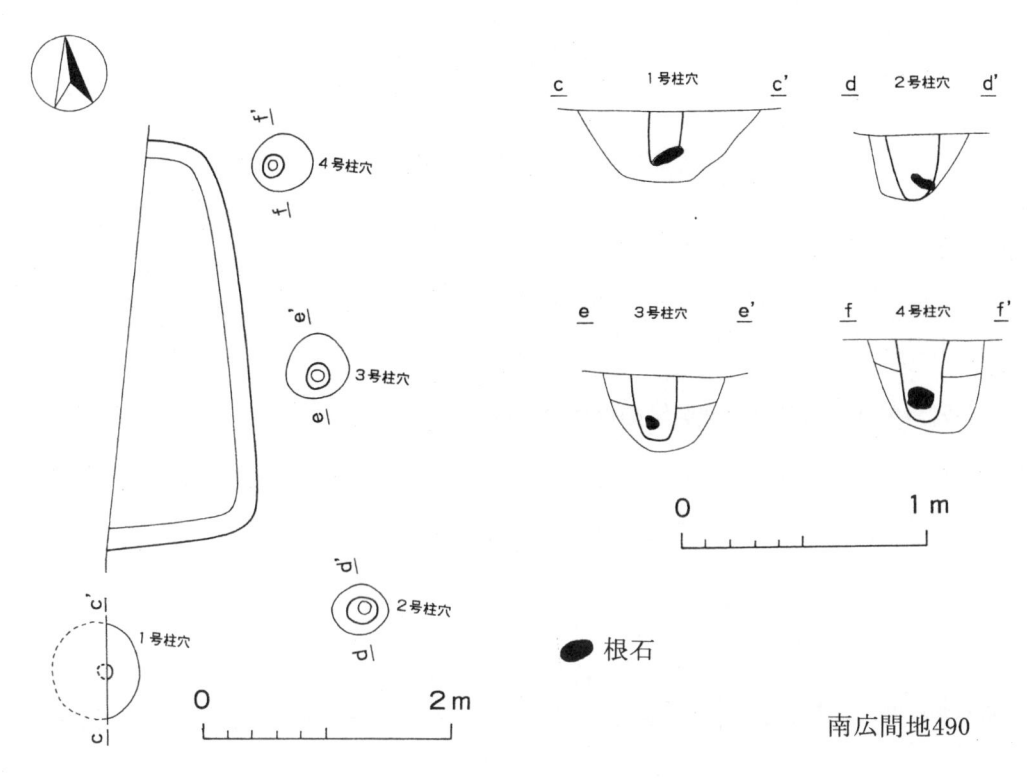

1. 竪穴外柱穴の分類と構造　　　　　　　　233

第113図　竪穴外柱穴に根石がみられる事例［報告書から加除作成］

註

1　当該遺構は、昭和55(1980)年頃よりも古い報告例が比較的目立つようだが、それ以降大規模な発掘調査が顕著になる1980年代から1990年代にかけては、調査件数の割には報告例が少ない印象を受ける。その原因としては、各地で設立された埋蔵文化財センターなどで調査方法がマニュアル化された反面、発掘調査が「機械的」かつ「処理的」になったことにより、竪穴部の外側を精査するという作業が蔑ろにされた結果を示しているのではないだろうか。

2　竪穴外柱穴に「囲まれた範囲に、所々硬化面を確認した」［文献栃木7：83］という記述がみられるが、遺構平面図にその範囲が図示されていないことが残念である。

2. 竪穴外柱穴をもつ竪穴建物跡の地理的・時期的分布

ここでは、竪穴外柱穴をもつ竪穴建物跡の地理的・時期的分布について検討する。

事例集成の対象にしたエリアは、第Ⅱ章第4節で扱った棚状施設をもつ竪穴建物跡と同様に、北海道を除く、東北・関東・中部(北陸・東海を含む)・近畿・中国・四国・九州地方である。事例の選択にあたっては、各報告で竪穴外柱穴あるいはその可能性があるという記載がみられるものを優先したが、ピットの位置関係などから筆者が認定したものも含んでいる。

A. 竪穴外柱穴をもつ竪穴建物跡の地理的分布

今回の分析に使用する竪穴外柱穴をもつ竪穴建物跡の都県別事例数は以下のとおりである。なお「平均検出軒数」とは、当該遺構÷遺跡数から得られた数値を示している。

青森県	(2市 2町 2村)	10遺跡	27軒	平均検出軒数 2.7軒
岩手県	(4市 2町 1村)	9遺跡	18軒	2.0軒
宮城県	(1市 3町)	5遺跡	7軒	1.4軒
秋田県	(2市)	5遺跡	23軒	4.6軒
山形県	(1市 1町)	3遺跡	4軒	1.3軒
福島県	(5市 4町)	17遺跡	20軒	1.2軒
東北地方	(15市 12町 3村)	49遺跡	99軒	2.0軒
茨城県	(5市 7町 1村)	17遺跡	58軒	3.4軒
栃木県	(3市 4町)	12遺跡	28軒	2.3軒
群馬県	(7市 5町 1村)	27遺跡	66軒	2.5軒
埼玉県	(7市 2町)	14遺跡	27軒	1.9軒
千葉県	(6市 2町)	12遺跡	46軒	3.8軒
東京都	(5区 11市)	28遺跡	77軒	2.8軒
神奈川県	(5市)	8遺跡	22軒	2.8軒
関東地方	(5区 44市 20町 2村)	118遺跡	324軒	2.8軒
新潟県	(1町)	1遺跡	2軒	2.0軒
石川県	(1町)	1遺跡	1軒	1.0軒
福井県	(1市)	1遺跡	1軒	1.0軒
山梨県	(4町)	6遺跡	22軒	3.7軒
長野県	(2市)	4遺跡	4軒	1.0軒

静岡県	(　　　　1町　　　)	1遺跡	1軒	1.0軒
愛知県	(　1市　　　　　　)	1遺跡	1軒	1.0軒
中部地方	(　4市 7町　　　　)	15遺跡	32軒	2.1軒
島根県	(　　　　1町　　　)	1遺跡	2軒	2.0軒
山口県	(　1市　　　　　　)	1遺跡	1軒	1.0軒
中国地方	(　1市 1町　　　　)	2遺跡	3軒	1.5軒
福岡県	(　1市 3町　　　　)	4遺跡	6軒	1.5軒
九州地方	(　1市 3町　　　　)	4遺跡	6軒	1.5軒
合計	(5区65市43町 5村)	189遺跡	464軒	2.5軒

(平成14(2002)年末までの事例)

まず、地方別にみると、関東地方が全体の69.8％を占めており、東北地方が21.3％、中部地方が7.0％、九州地方が1.3％、中国地方が0.6％となっている。関東地方と東北地方で91.1％と全体の9割以上を占めており、中部地方も合わせると98.1％までが東日本の事例である。

西日本では、島根・山口・福岡の3県で6遺跡9軒の事例が拾えるのみで、近畿地方と四国地方では今のところ報告例がみられない。ただし、福岡県では竪穴建物跡の外周に多数のピットがみられる平面図が目立つことから、実際にはより多くの事例が存在していた可能性がある。

遺跡数と軒数のいずれも東京都が最も多く、群馬県がこれに次ぐが、30遺跡以上で三桁の軒数を数える都県は存在しない。ちなみに、平成14(2002)年末現在、東京都で報告されている竈を有する竪穴建物跡7,892軒中で当該遺構の77軒が占める割合は0.98％となり、100軒掘っても1軒に満たない少なさであることが指摘できる。

また、全般的に遺跡数が少数であるにも拘わらず、都県内で報告軒数が突出する遺跡が目立つことにも注意する必要がある。

例えば、仲ノ台遺跡の22軒[文献千葉12]、南広間地遺跡の20軒[文献東京23～28]、下堤C遺跡の18軒[文献秋田1]、和田西遺跡の17軒[文献東京33]、西浦・西新井遺跡の16軒[文献群馬15]、石原田北遺跡の14軒[文献山梨5]などである。

下堤C遺跡は、秋田城跡に近く、秋田県の総軒数23軒の8割近い78％にもおよんでいる。仲ノ台遺跡は千葉県の総軒数46軒の半数に近い48％、西浦・西新井遺跡も群馬県の総軒数66軒中の1/4近くにあたる24.2％を占めている。竪穴外柱をもつ竪穴建物が主体となる集落遺跡が存在することも確かだが、これらの数値自体は同一都県内における他の報告例と比較した場合、明らかに不自然である。

また、南広間地遺跡[篠崎1991・1997a・2000]、和田西遺跡[拙稿1998b]、石原田北遺跡[平野修1999a]

第26表 竪穴外柱穴をもつ竪穴建物跡の地理的分布

分類 都道府県名	伏屋式 2本柱	伏屋式 4本柱	伏屋式 垂木受け	伏屋式 不明	小計	壁立式 4本柱	壁立式 「井」型	壁立式 五角形	壁立式 亀甲形	壁立式 柱間整合	壁立式 柱間不整合	壁立式 不明	小計	伏屋式 壁立式 不明	軒数計
青森県	1		4		5			1		1	2		4	18	27
岩手県			7		7			1			2		3	8	18
宮城県					0			1		1	2		4	3	7
秋田県					0							1	1	22	23
山形県					0							1	1	3	4
福島県	1			1	2			1			2	1	5	13	20
茨城県	1	5	1	3	11	1	4				14		23	24	58
栃木県	3		3	1	7			3	1	1	3		6	15	28
群馬県			1	3	4	1		2		1	13	1	20	42	66
埼玉県	1				1			4		5	2	1	8	18	27
千葉県			1		1		2	1			8		11	34	46
東京都	2		4		6			6		1	27	1	35	36	77
神奈川県		2	2		4			1			4		5	13	22
新潟県					0							1	1		2
石川県				1	1								0		1
福井県					0								0		1
山梨県				1	1						14	1	15	6	22
長野県	1		1		2	2							2		4
静岡県					0						1		1		1
愛知県					0						1		1		1
島根県					0								0	2	2
山口県					0							1	1		1
福岡県	1		1	1	3						3		3		6
合計	9	4	5	2	25	11	56	4	6	21	2	10	98	9	150	258	464

では、当該施設の存在に特に注意を払った調査が実践されており、その必要性についても調査担当者が論考などで指摘を行っている。

　このような点から、竪穴部の外周りについて多くの発掘現場で均質な調査報告が行われているとは言い難いことが窺われる。報告書から拾うことができる事例は、竪穴建物跡の竪穴本体部分が、まず間違いなく報告書に掲載されることとは大きく異なり、本章前節で指摘したb〜fなどの点がクリアーされたうえで報告に至ったという資料的制約が加わっている点を差し引いて考えなければならない。

　さらに、全464軒中の半数を越える258軒(55.6%)は、竪穴外柱穴の数が少ないことや、配置が不規則で平面プランの復元が不可能である点などにより、伏屋式と壁立式の識別自体が不明であり(第26表)、とりあえず竪穴外柱穴が認められる報告例という資料的な価値に留まっている。

　以上のように、竪穴外柱穴をもつ竪穴建物跡に関しては、「"無くなったもの"と"無かったもの"」[可児1985：6]という原則的な問題が大きく介在するため、総体的なデータの数字が本来的な状況をそのまま反映しているとは限らない点で、棚状施設をもつ竪穴建物跡のような詳細な分析を行うことは難しいのである。

　かような制約を伴う中で、⑦柱間不整合タイプの事例は、報告された都県数および軒数ともに最も顕著である。全事例中の約2割、壁立式に属するものでは約65％を占めており(第26表)、最も安定した存在と言えるだろう。

　なお、①〜⑧タイプと竪穴外屋内空間の説明で図示した事例(第103〜111図)を除いた各都県の主な事例を第114〜126図に示した。

B. 竪穴外柱穴をもつ竪穴建物跡の時期的分布

　第27表に当該遺構の時期的分布を示した。帰属時期が「9世紀末〜10世紀初頭」などと二世紀に跨がっているものは新しい方をとって集計しており、「古墳時代後期」などのように該当する世紀が不明な事例は同表から除外している。

　竈を有する竪穴建物跡に竪穴外柱穴がみられる最古の事例は、5世紀中頃の塚堂遺跡5号住居跡[文献福岡5](第126図)で、伏屋式の⑧垂木受けタイプと考えられる。

　壁立式の最も古い報告例としては、高岡大福寺遺跡76号住居址[文献千葉7]が挙げられる(第122図)。⑦柱間不整合タイプに属し、床面にある8本の主柱と併用して屋根を支える壁立式構造で、竪穴部の径は約7.5mを測り、竪穴外壁を含む建物の長径は9mを越える。「西暦500年を前後する古墳時代中期末から後期初頭に該当する」[文献千葉7：468]もので、本遺跡では当該遺構も含めて炉と竈を併用する事例が目立つことから、竈導入段階の特質と解釈している[文献千葉7]。

　このように、竪穴建物に竈が導入された当初から竪穴外柱をもつものが認められることが指摘できる。

　古墳時代後期で、床面に4本の主柱穴をもち、竪穴部の径が7mを越える比較的大形のもので竪穴外柱を設ける事例は、中野犬目境遺跡2号竪穴住居跡[文献東京11](第123図)などでもみられるが、西裏・西新井遺跡AH—1号住居址[文献群馬15]のように竪穴部の長径が3.3mと比較的小形の事例もあ

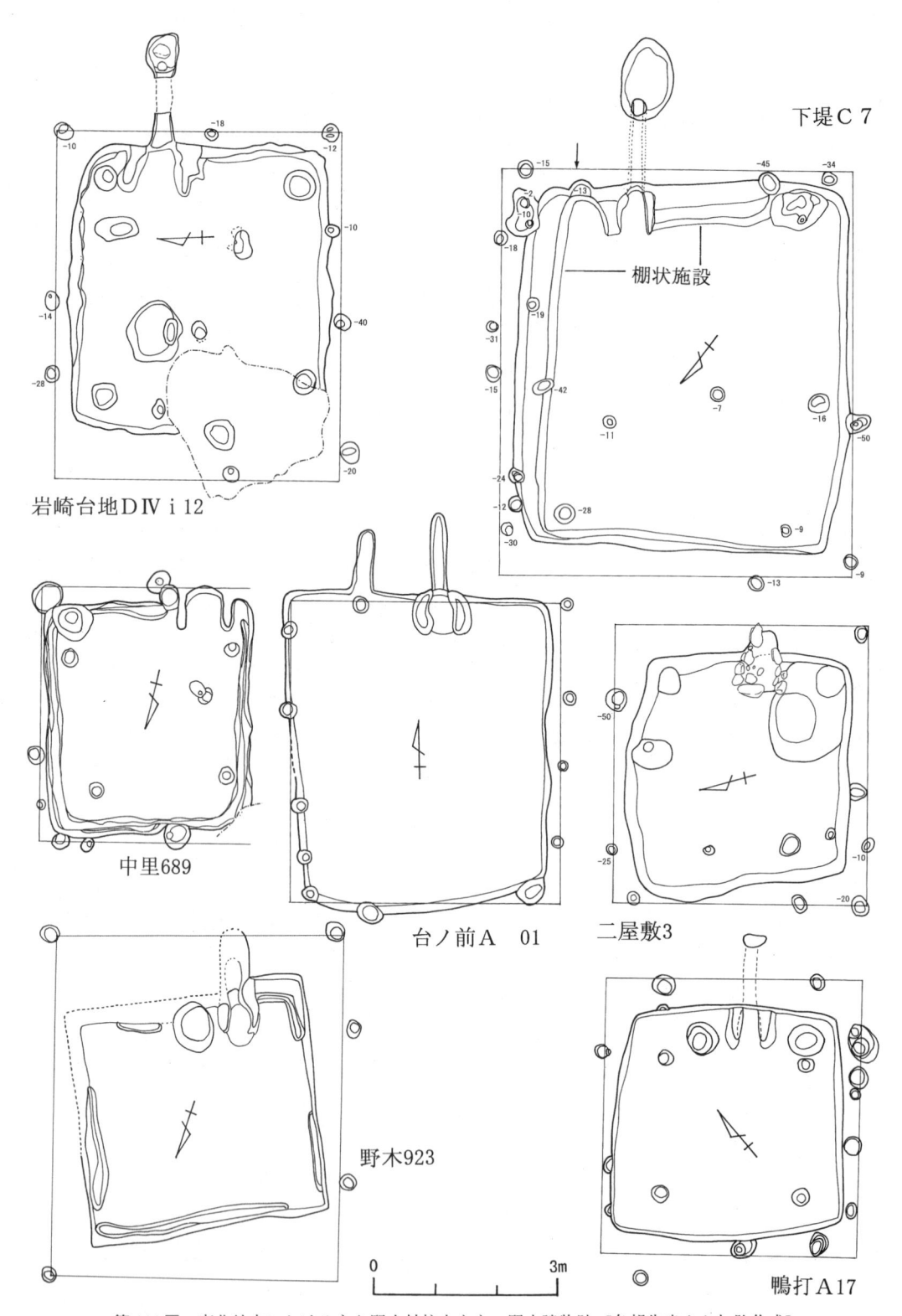

238   V. 竪穴外柱穴をもつ竪穴建物跡の様相

第114図　東北地方における主な竪穴外柱穴をもつ竪穴建物跡［各報告書から加除作成］

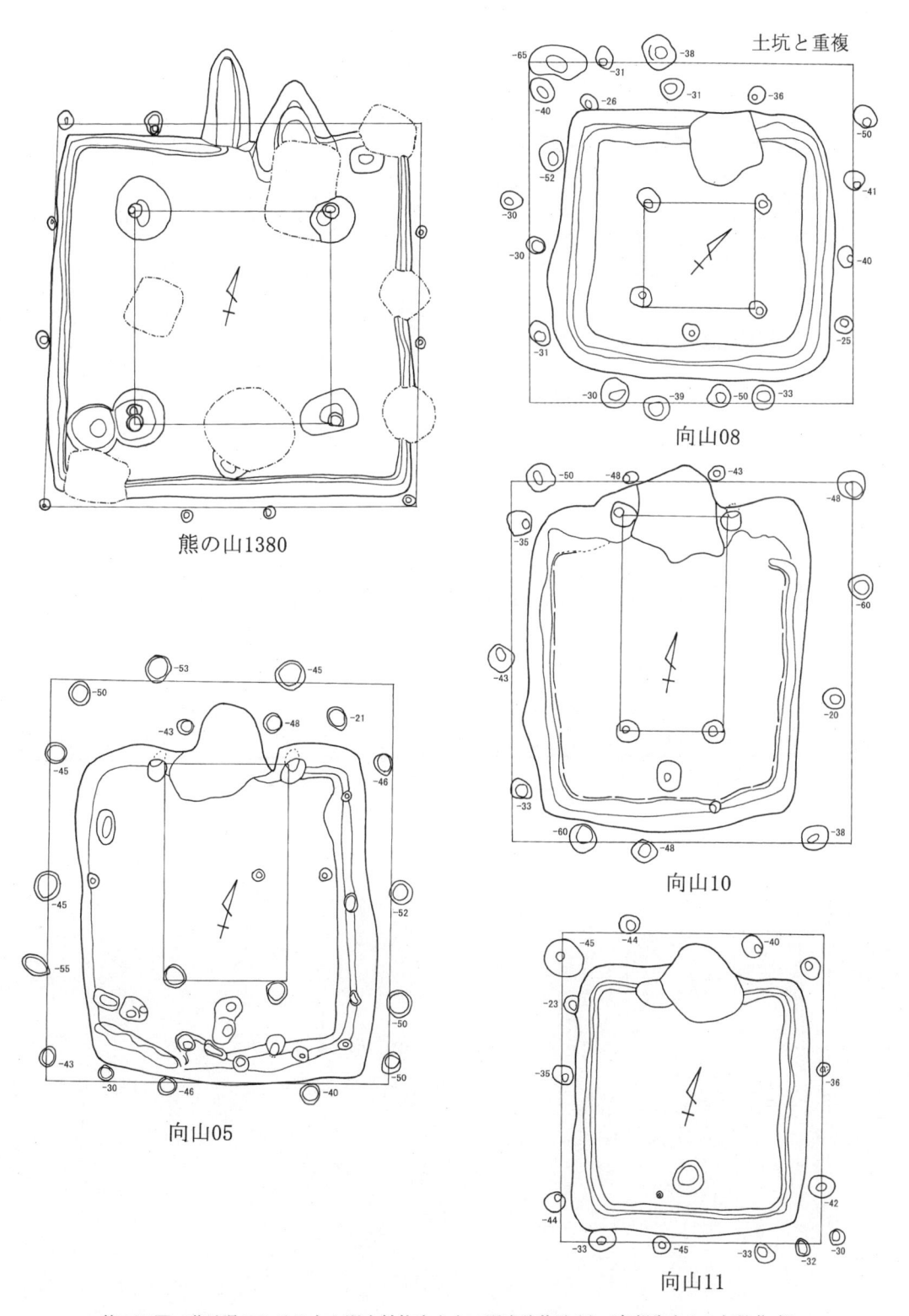

2. 竪穴外柱穴をもつ竪穴建物跡の地理的・時期的分布　239

土坑と重複

熊の山1380

向山08

向山05

向山10

向山11

第115図　茨城県における主な竪穴外柱穴をもつ竪穴建物跡(1)［各報告書から加除作成］

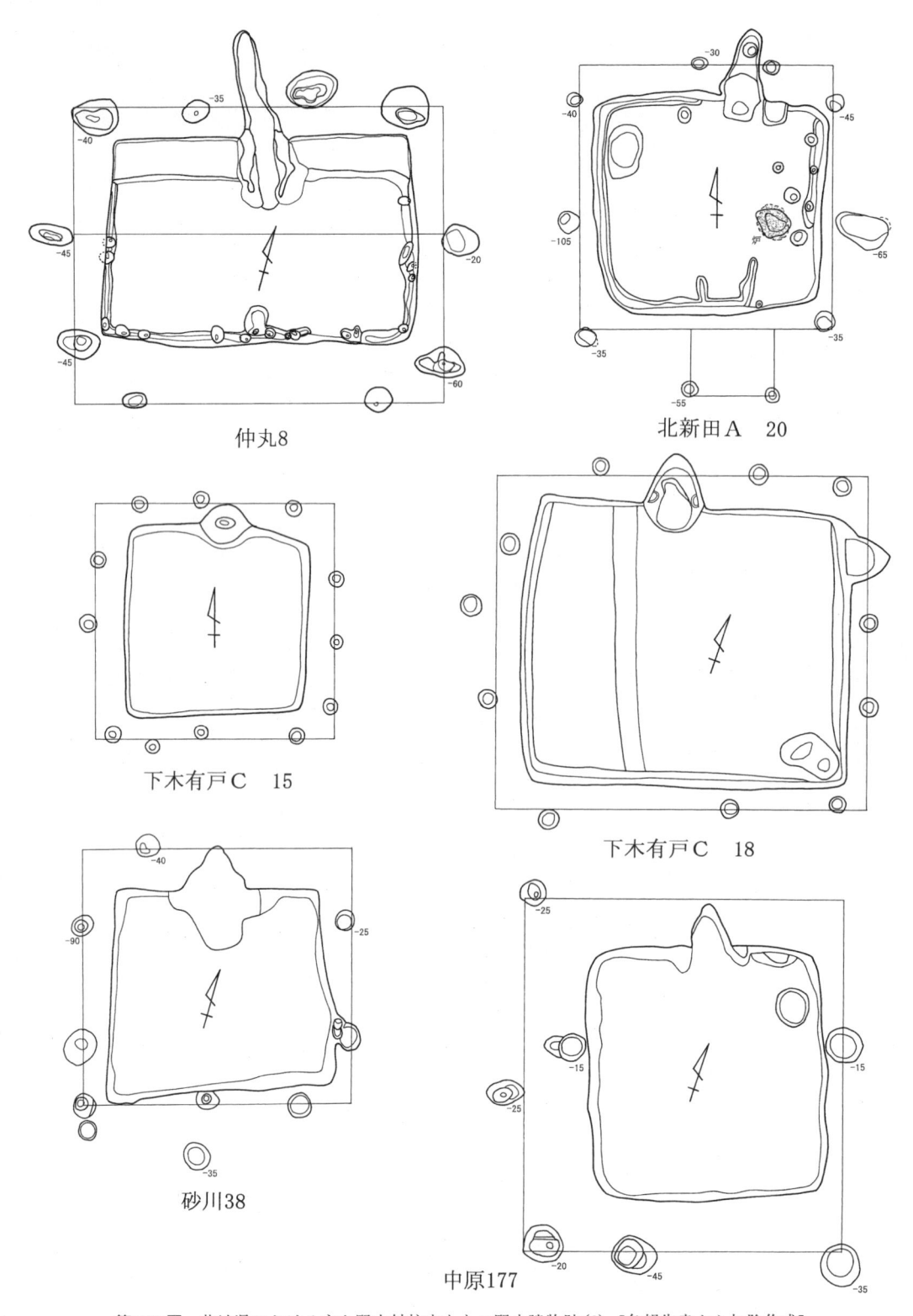

240　　　　　　　　　　　　　　　Ⅴ. 竪穴外柱穴をもつ竪穴建物跡の様相

仲丸8

北新田A　20

下木有戸C　15

下木有戸C　18

砂川38

中原177

第116図　茨城県における主な竪穴外柱穴をもつ竪穴建物跡(2)〔各報告書から加除作成〕

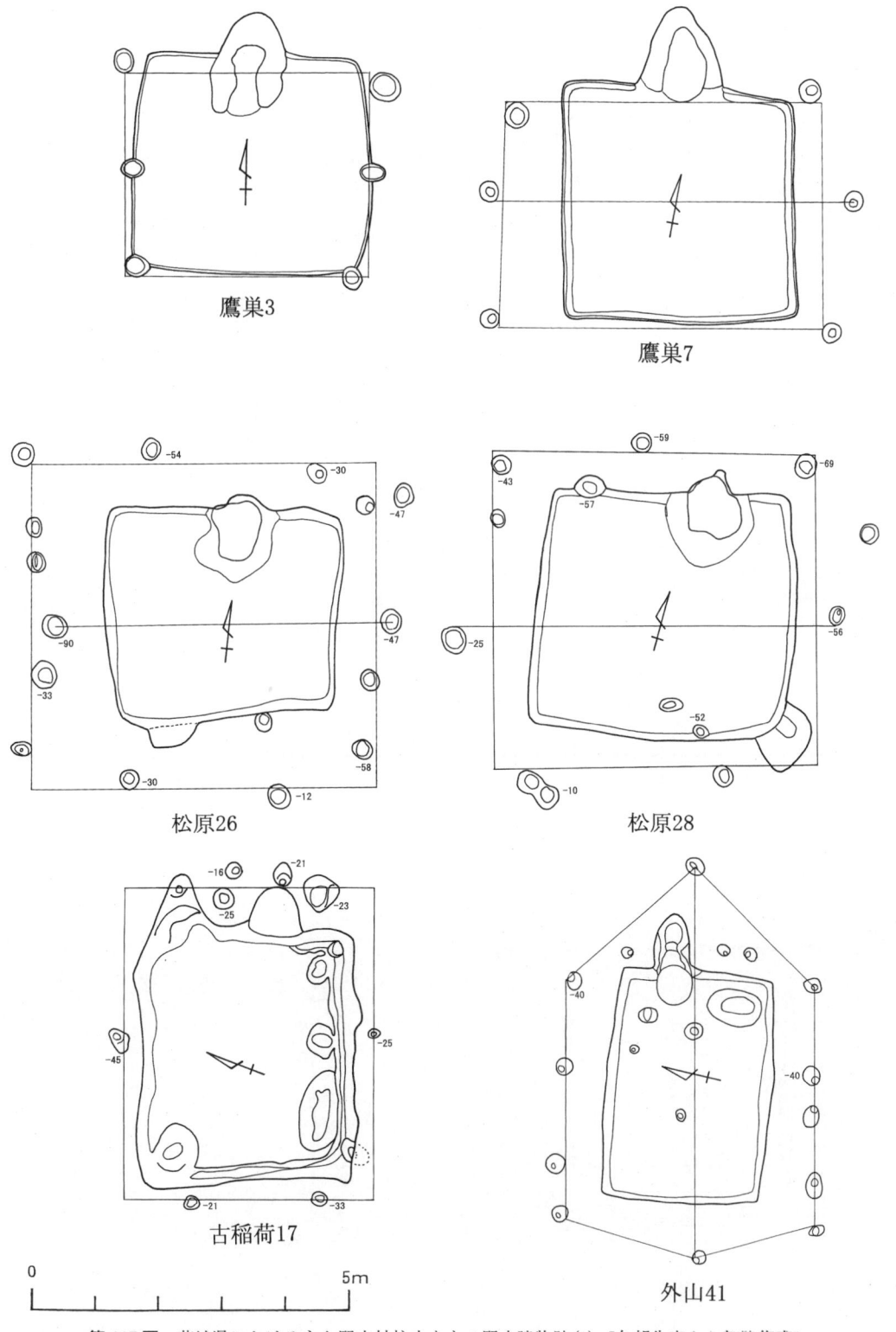

2. 竪穴外柱穴をもつ竪穴建物跡の地理的・時期的分布　　241

鷹巣3

鷹巣7

松原26

松原28

古稲荷17

外山41

0　　　　　　5m

第117図　茨城県における主な竪穴外柱穴をもつ竪穴建物跡(3)〔各報告書から加除作成〕

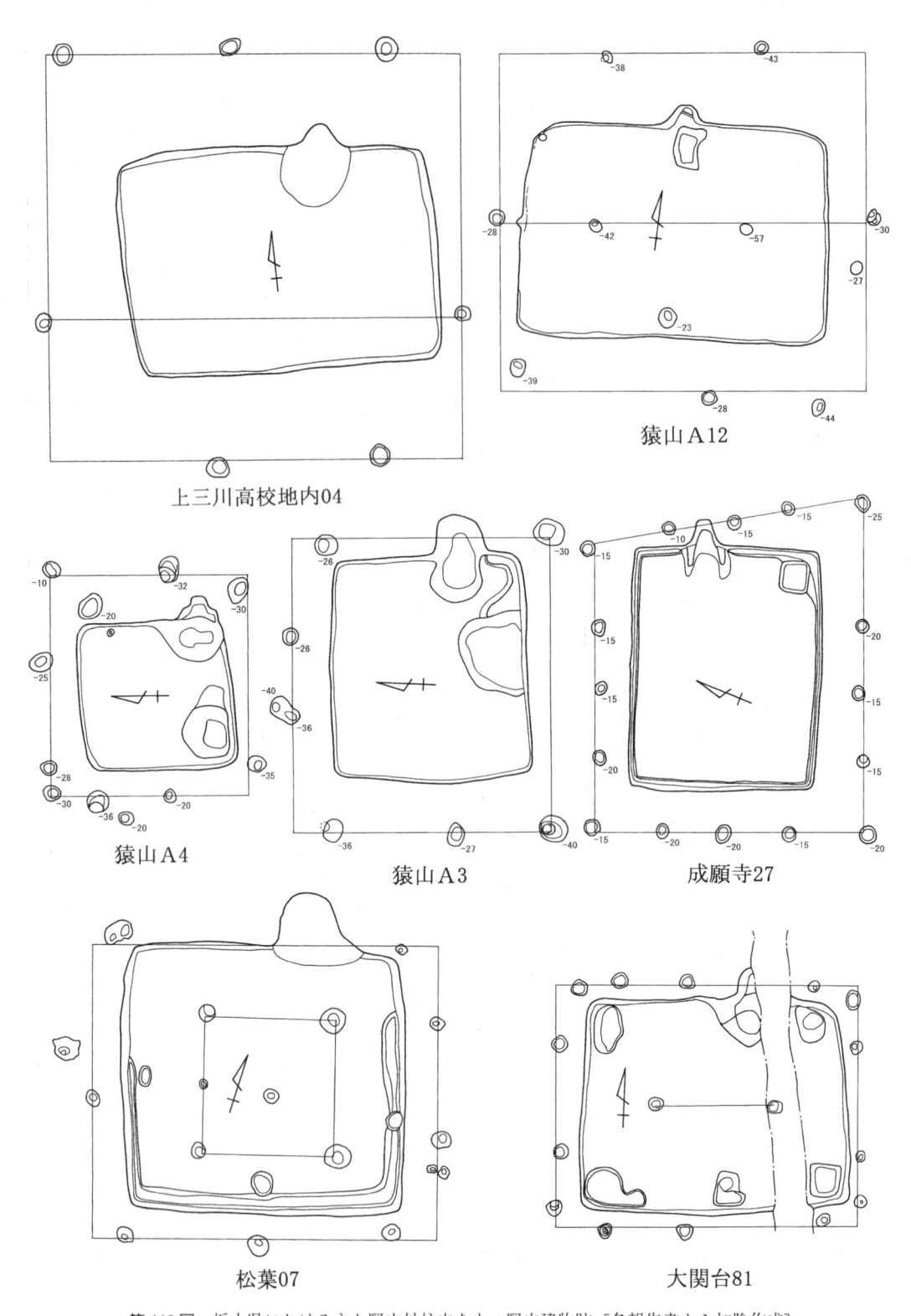

242　　　　　　　　　　　　　Ｖ．竪穴外柱穴をもつ竪穴建物跡の様相

第118図　栃木県における主な竪穴外柱穴をもつ竪穴建物跡〔各報告書から加除作成〕

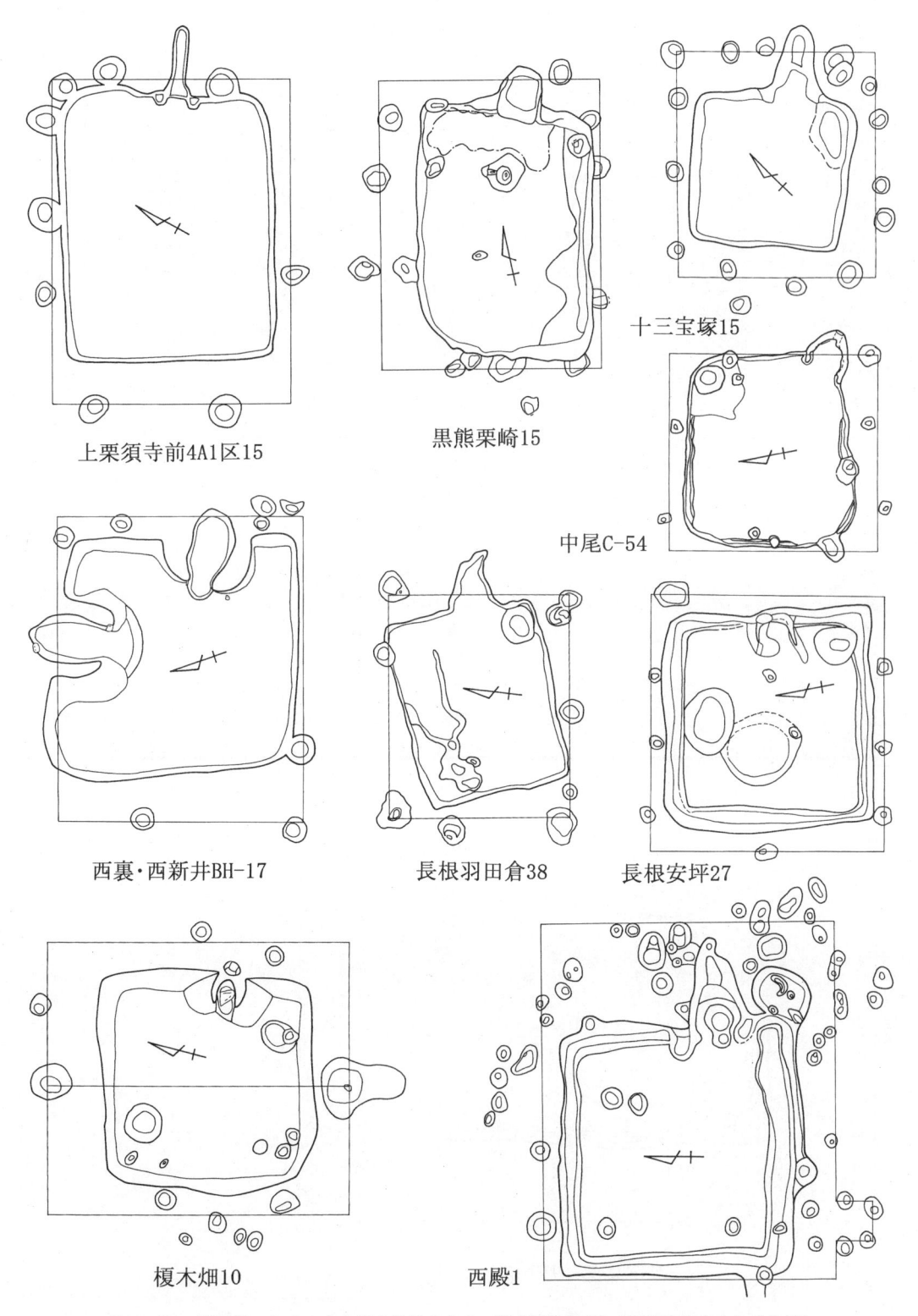

2. 竪穴外柱穴をもつ竪穴建物跡の地理的・時期的分布　　243

上栗須寺前4A1区15　　黒熊栗崎15　　十三宝塚15

中尾C-54

西裏・西新井BH-17　　長根羽田倉38　　長根安坪27

榎木畑10　　西殿1

第119図　群馬県における主な竪穴外柱穴をもつ竪穴建物跡(1)〔各報告書から加除作成〕

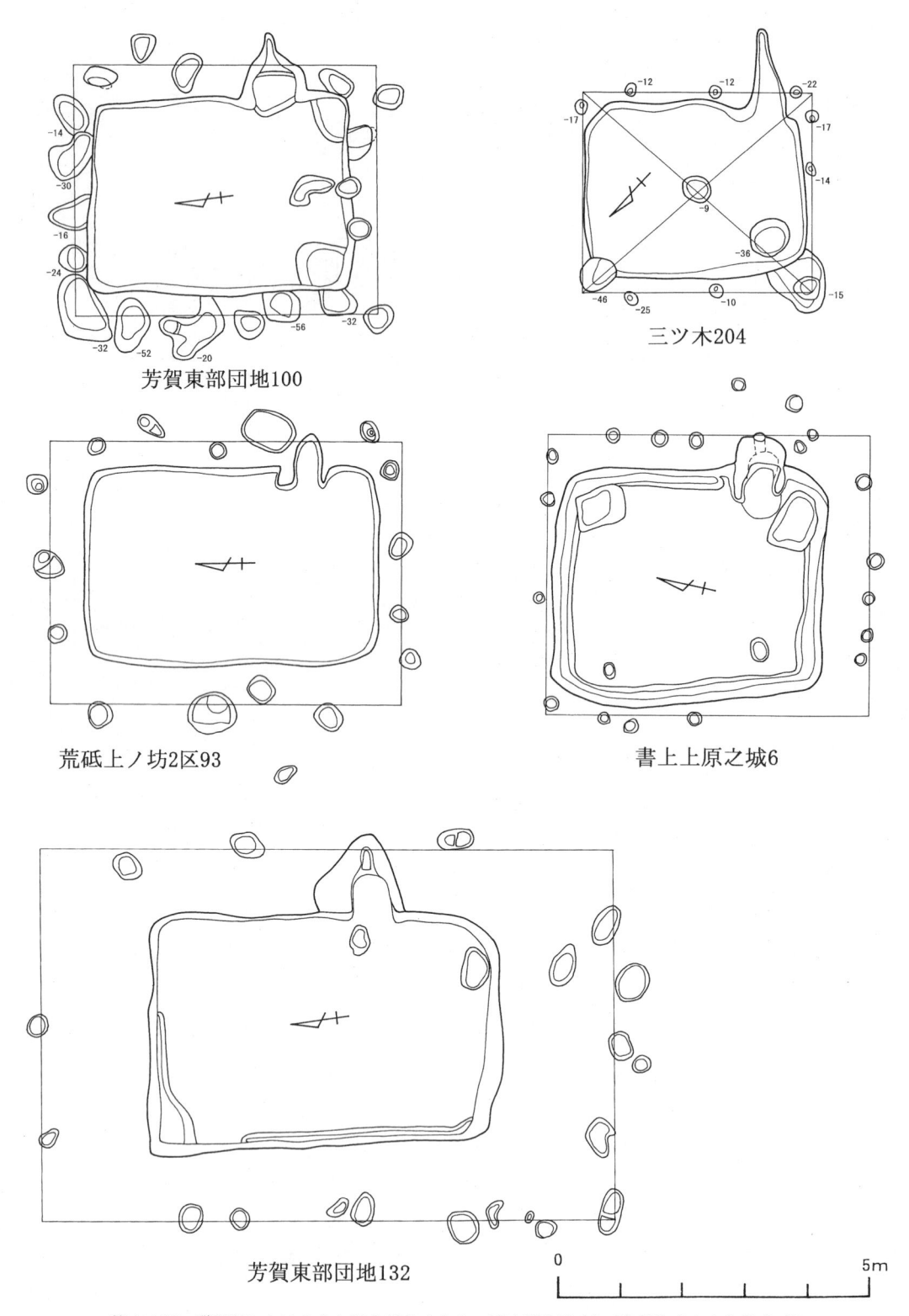

244   V. 竪穴外柱穴をもつ竪穴建物跡の様相

芳賀東部団地100

三ツ木204

荒砥上ノ坊2区93

書上上原之城6

芳賀東部団地132

0　　　　　　　　5m

第120図　群馬県における主な竪穴外柱穴をもつ竪穴建物跡(2)［各報告書から加除作成］

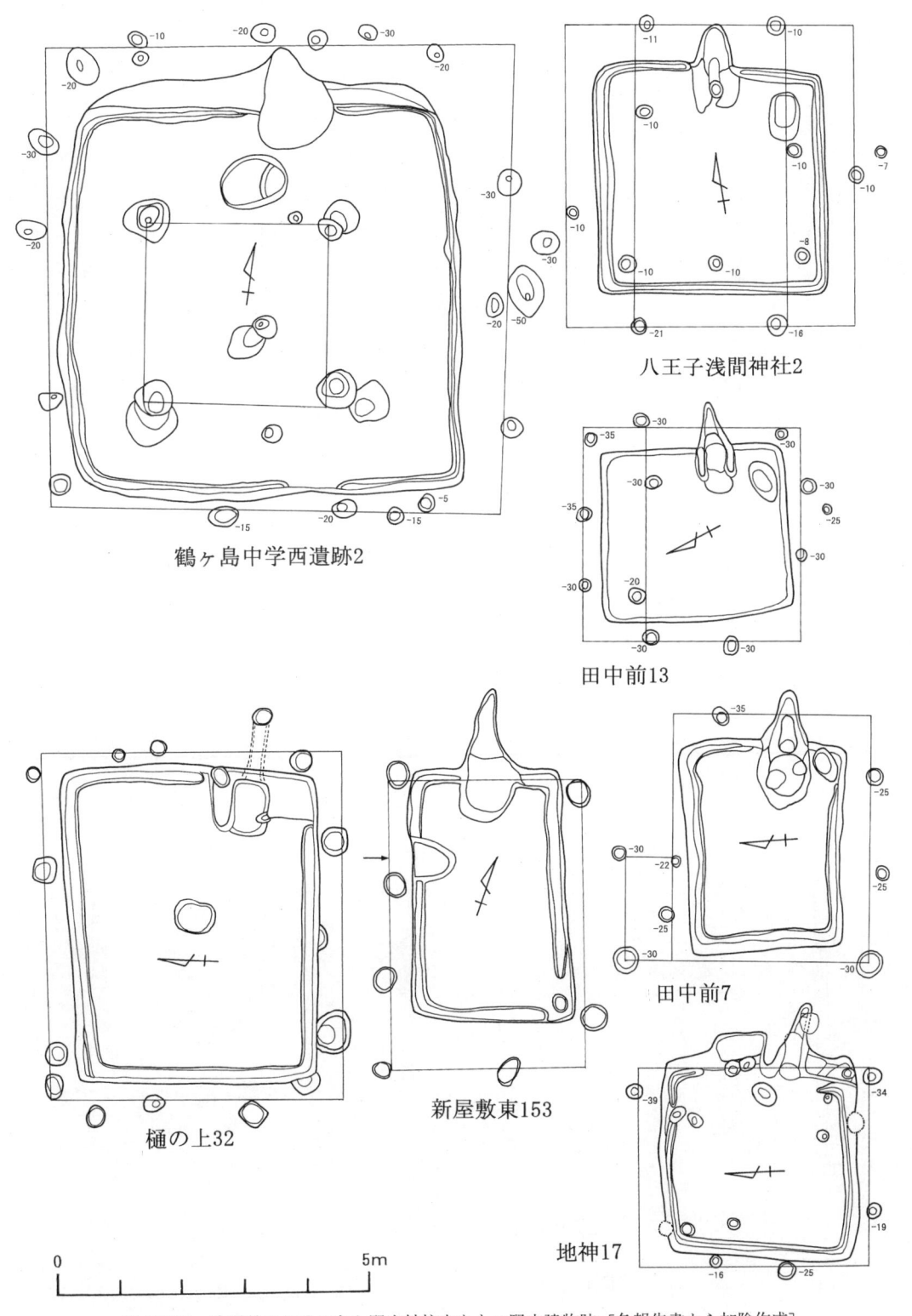

2. 竪穴外柱穴をもつ竪穴建物跡の地理的・時期的分布　　　245

鶴ヶ島中学西遺跡2

八王子浅間神社2

田中前13

樋の上32

新屋敷東153

田中前7

地神17

0　　　　　5m

第121図　埼玉県における主な竪穴外柱穴をもつ竪穴建物跡［各報告書から加除作成］

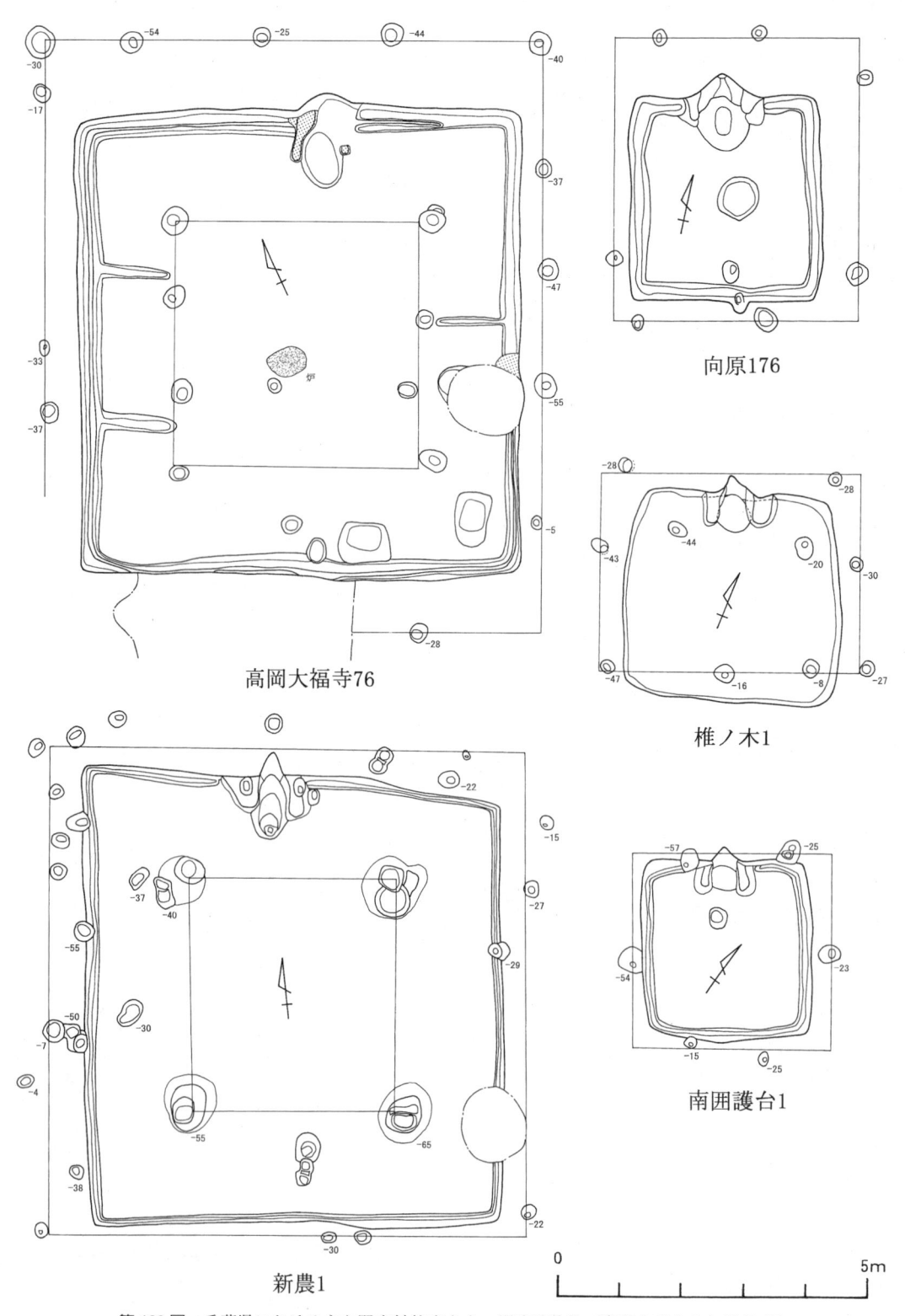

V. 竪穴外柱穴をもつ竪穴建物跡の様相

向原176

高岡大福寺76

椎ノ木1

南囲護台1

新農1

第122図　千葉県における主な竪穴外柱穴をもつ竪穴建物跡［各報告書から加除作成］

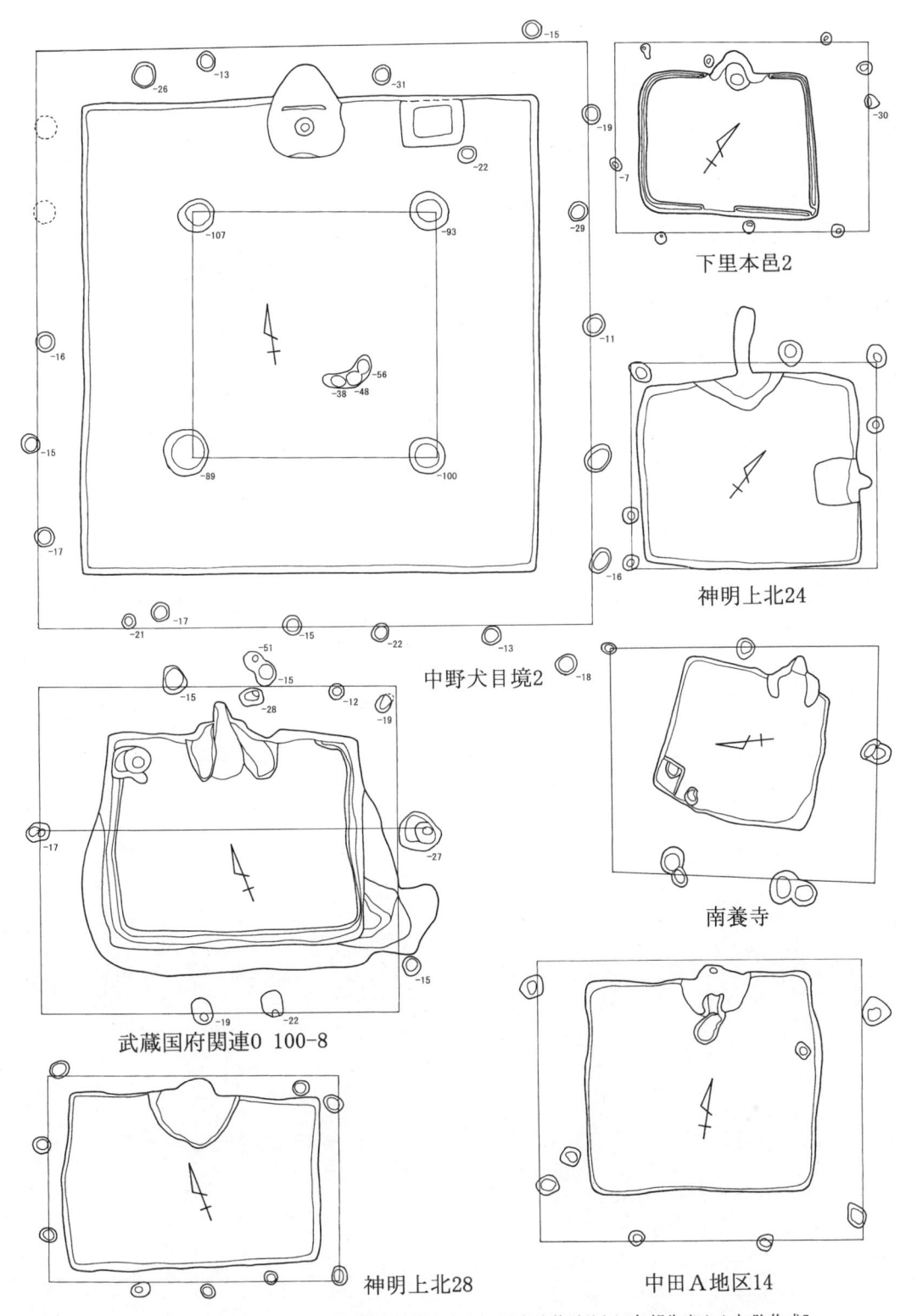

2. 竪穴外柱穴をもつ竪穴建物跡の地理的・時期的分布　　　247

下里本邑2

神明上北24

中野犬目境2

南養寺

武蔵国府関連0 100-8

神明上北28　　中田A地区14

第123図　東京都における主な竪穴外柱穴をもつ竪穴建物跡(1)〔各報告書から加除作成〕

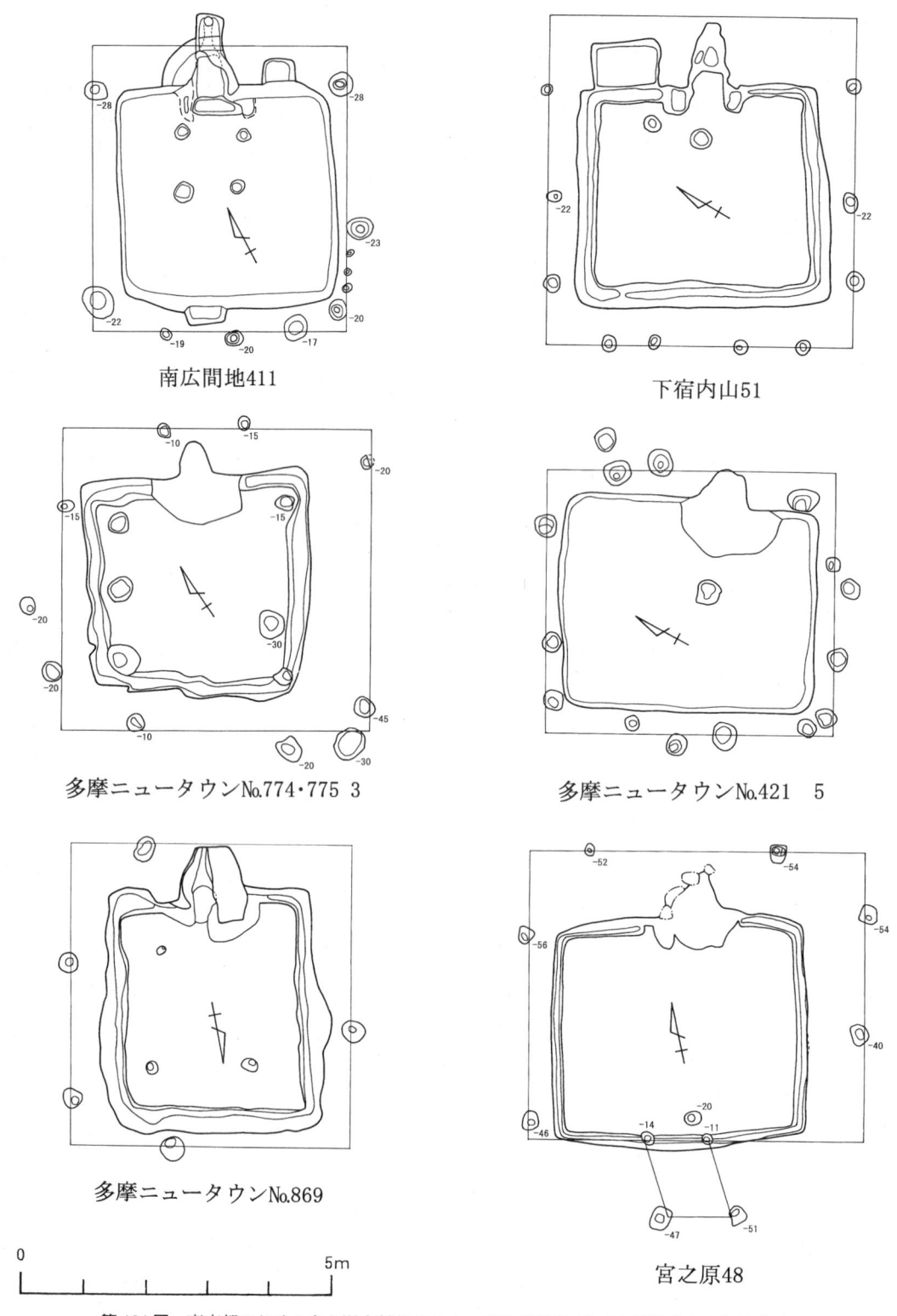

248　　　　　　　　　　　　　　V. 竪穴外柱穴をもつ竪穴建物跡の様相

南広間地411

下宿内山51

多摩ニュータウンNo.774・775 3

多摩ニュータウンNo.421　5

多摩ニュータウンNo.869

宮之原48

0　　　　　　　　5m

第124図　東京都における主な竪穴外柱穴をもつ竪穴建物跡(2)　［各報告書から加除作成］

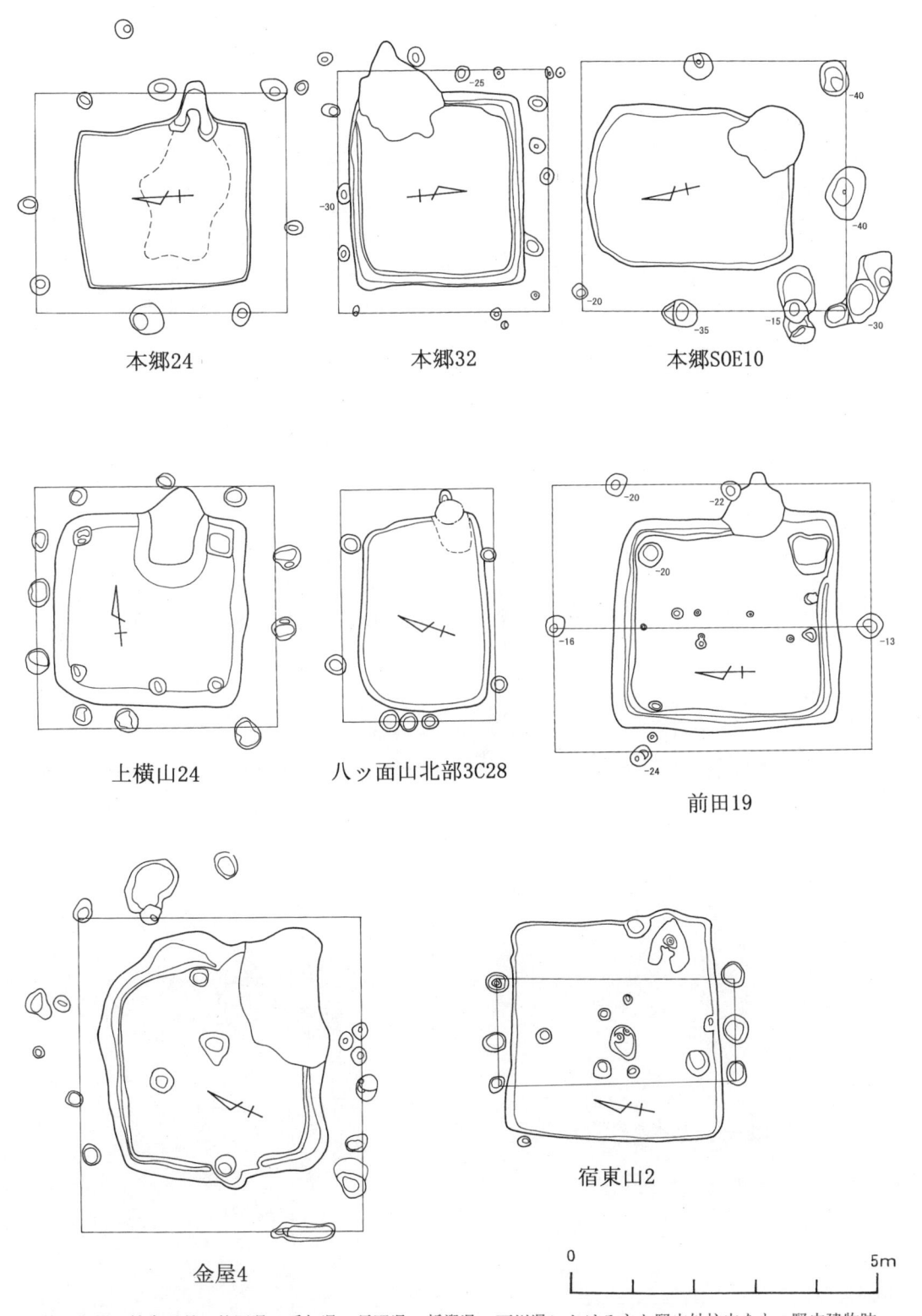

2. 竪穴外柱穴をもつ竪穴建物跡の地理的・時期的分布　　249

本郷24　　　　　　　　本郷32　　　　　　　　本郷SOE10

上横山24　　　　　八ッ面山北部3C28　　　　　前田19

金屋4　　　　　　　　宿東山2

0　　　　　　　5m

第125図　神奈川県・静岡県・愛知県・長野県・新潟県・石川県における主な竪穴外柱穴をもつ竪穴建物跡
　　　［各報告書から加除作成］

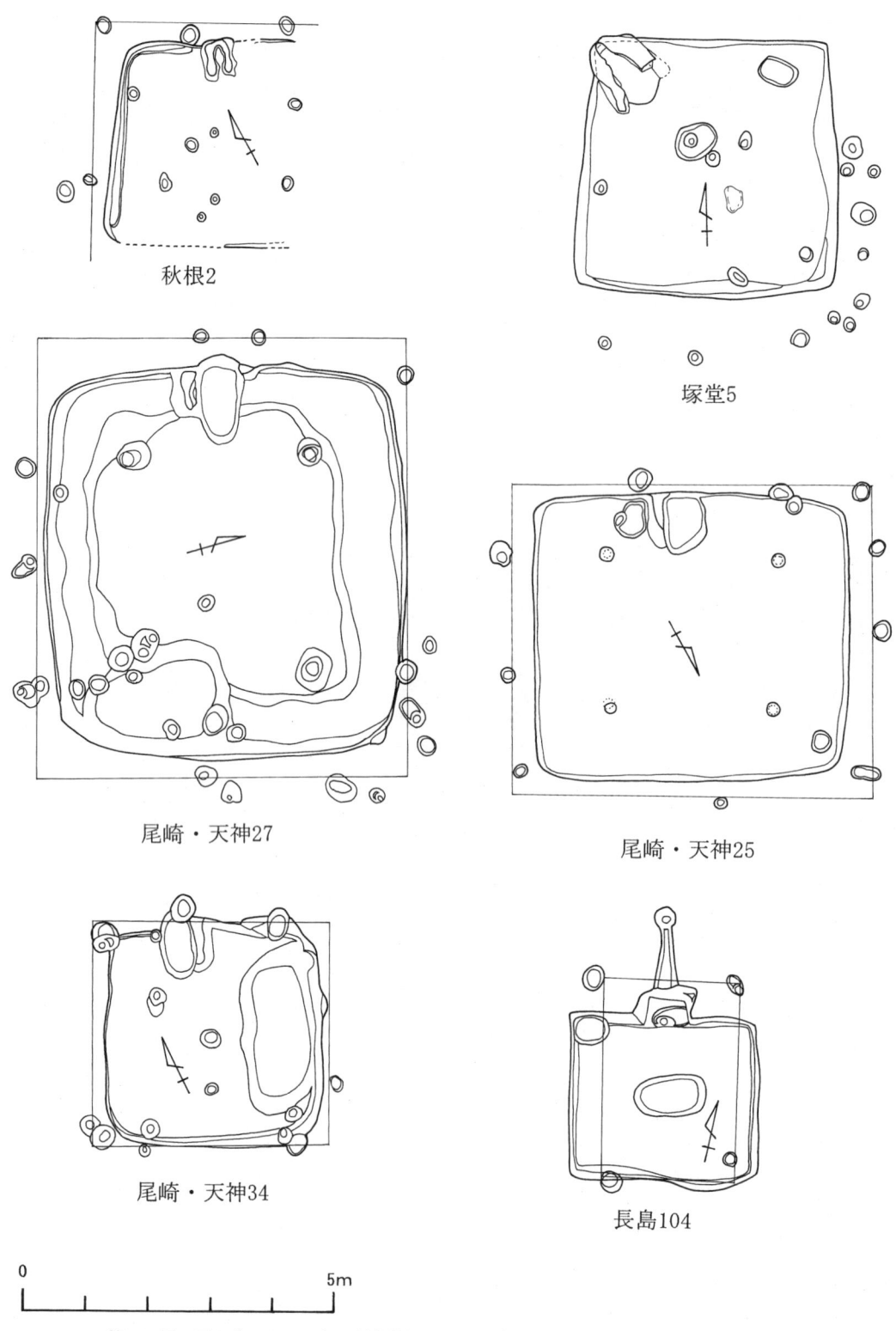

V. 竪穴外柱穴をもつ竪穴建物跡の様相

秋根2

塚堂5

尾崎・天神27

尾崎・天神25

尾崎・天神34

長島104

0　　　　　5m

第126図　西日本における主な竪穴外柱穴をもつ竪穴建物跡〔各報告書から加除作成〕

り、大型の竪穴建物が威容を誇るために壁立構造にしたものだけではないようである。

　逆に、当該遺構の最新の事例としては、11世紀後半の石原田北遺跡例（第139図下）が挙げられる。

　つまり、竪穴外柱穴をもつ竪穴建物跡は、竈をもつ竪穴建物が認められるほぼ全時期にわたって存在していたものと言えるのである。

　古墳時代（5～7世紀）と古代（8～11世紀）の報告軒数（第27表）を比較すると、全体では87例（20%）：348例（80%）、壁立式に限ると24例（16.5%）：121例（83.5%）となり、8世紀以降に事例が増加することがわかる。最も報告例が多いのは9世紀代だが、棚状施設でみられるような顕著な突出現象（第16表上）は認められない。

　全般的に報告例が少ないものの、6世紀以降主体となるのは⑦柱間不整合タイプであることは明らかで、当該タイプの竪穴建物が目立つ集落遺跡も散見される。この点については次章で検討したい。

C. 土壁の検討

　竪穴外柱による壁立式竪穴建物の特徴的な施設として挙げられるのが「土壁」である。土壁とは、防火対策のため竈後方の竪穴外柱に支えられて立っていた竪穴外壁のことで、第5図のように復元できるものと思われる。

　ここでは、滋賀県大津市穴太遺跡などで検出されている「大壁造り建物」［林2001：170～176］のように、建物の外壁四周全てを木舞やスサ入り粘土などで構築するもの[註1]とは区別しておきたい。

　土壁と考えられる報告例は、東京都を中心とした7遺跡15軒（第28表）のみと僅少で、発掘調査時にほとんど注意が払われていないことは明白である。この点に関しては、篠崎譲治が指摘する［篠崎1997b］ように、原位置から動いていることや、土壁の構築土と竈構築土が粘土やシルトなど「同一もしくは同質」［篠崎1997a：56］で識別が付きにくいことが、この種の施設を検出できない大きな要因になっているものと思われる。

　土壁と見なされる15軒の事例のうち、半数近くの7軒が南広間地遺跡から検出されたものである（第127図）。これらについては、篠崎譲治による詳細な論考［篠崎1997a・b］があるので参照されたい。

　土壁の報告例中で最も遺存状態の良いものが、和田西遺跡112号遺構［文献東京33］（第133図）である。幅2.25m・高さ2.05m・厚さ20cmを測り、壁面は表裏いずれも竪穴建物跡の床面でみられるようなパンパンに衝き固めた痕跡が認められ「粘性が強く硬質な暗褐色土と黄褐色土を団子状に積み重ねて構築」［文献東京33：46］している。その土壌サンプルを偏光顕微鏡で観察した結果、水成粘土を使用しており、藁を混ぜていたことが判明した［藤根・古橋2002］。

　この土壁は、第133図中で示したように、竈後方の竪穴外柱によって支えられて立っていたものと考えられるが、竈前面の竪穴床面と間層を挟まずに水平な状態で検出され、その一部は周囲に粉砕した状態で認められた。

　篠崎譲治は、本例について土壁が立っていたとみられる竈後方の竪穴外柱から土壁の先端（東端）までの4.5mという距離を、そのまま土壁本来の高さと考えた［篠崎1997b］が、次のような疑問点を指摘することができる。

・竈上部分では明確な土壁の塊が認められなかったことから、竪穴床面上から検出された土壁が本来立っていたものの上半分とは考えにくい。

・篠崎も指摘するように、土壁が竪穴内に倒れるときには「高所のほうが低い部分に比べて倒れる速度がより早くなることから、より強く床面に衝突し、先端になるほど小さいブロックとなって飛び散った」[篠崎1997a：48]状態を示すと思われることから、竈上には破損度の少ない土壁が検出されるはずだが、これが認められない。

・竈左袖上に遺棄された器内面に「坏」墨書のある須恵器椀[米沢・桐生・高橋1997]は、「竈廃絶時の祭祀」[註2)]に伴うものと思われるが、土壁の下敷きになって破損したような状況が認められない。

・他の土壁の事例(第127・134図)と比較すると、最も遺存状態が良く本来の形態である矩形を留めている。

以上のような点から、本例は竈後方の竪外柱によって支えられていた原位置から倒壊したのではなく、建物廃絶時に儀礼上などの理由などにより、竪穴床面上に意図的に動かされて倒されたと思われることから、約2mという数値は本来の高さに近いものと考えておきたい。

ちなみに、同遺跡でもう1軒検出された2121号遺構[文献東京33]の土壁(第134図)は、竈燃焼部の手前側から竪穴内に倒れた状態で、幅2.0m・高さ2.6m・厚さ15cmを測り、土壌分析の結果、112号遺構の土壁と同様なデータが得られている[藤根・古橋2002]。

他遺跡の事例[篠崎1997b]も含めて考えると、竪穴外壁(土壁)の高さは1.4m〜2.8m程度が

2. 竪穴外柱穴をもつ竪穴建物跡の地理的・時期的分布　253

409号住居

416号住居

435号住居

431号住居

443号住居

441号住居

　　竪穴外壁
　　倒壊部分

0　　　　4 m

511号住居

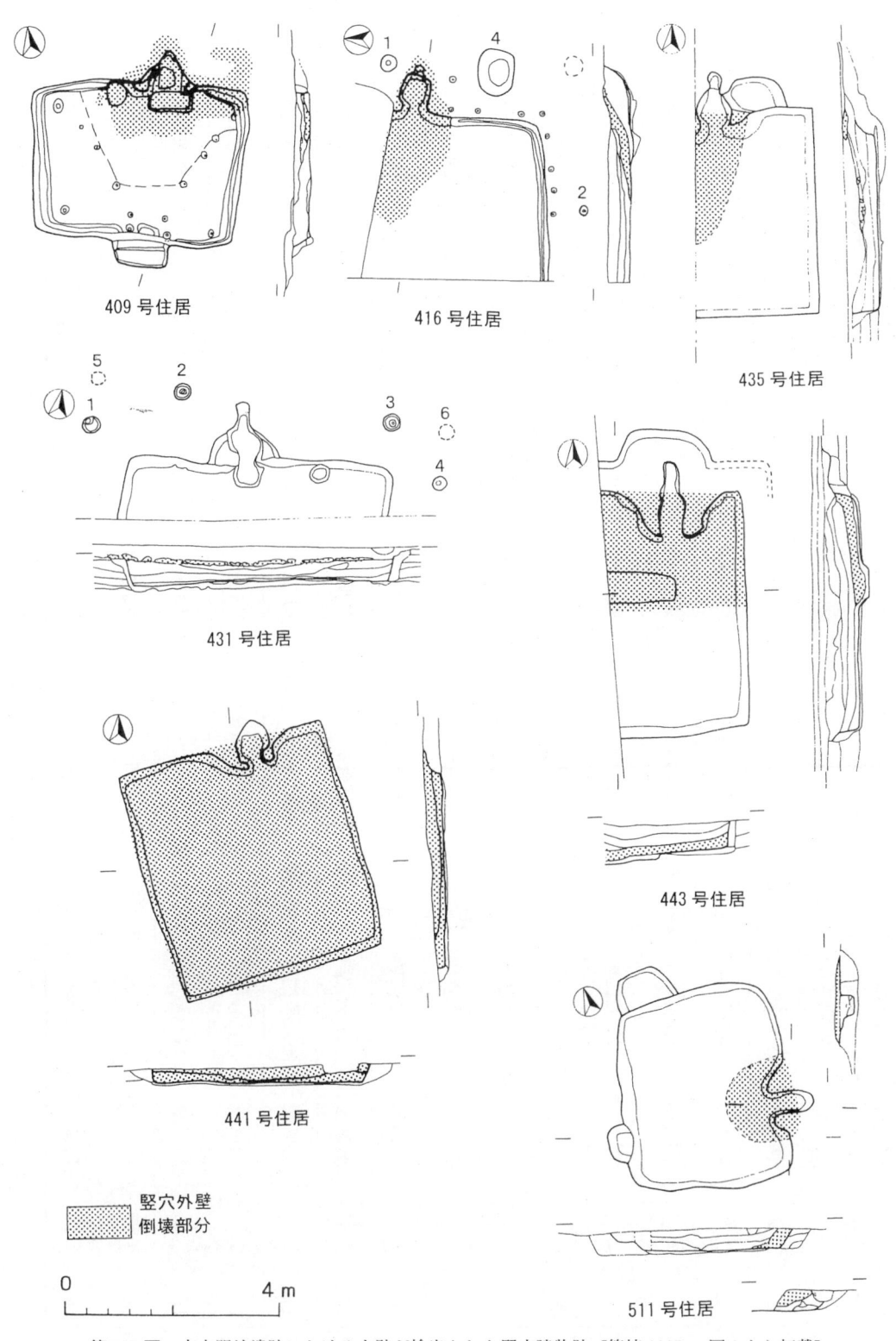

第127図　南広間地遺跡における土壁が検出された竪穴建物跡［篠崎1997a：図3から転載］

V. 竪穴外柱穴をもつ竪穴建物跡の様相

第28表　土壁が検出された竪穴建物跡

No.	所在地	遺跡名	遺構名	時期	土壁のデータ 厚さ	土壁のデータ 高さ	土壁のデータ 幅	構築土の特徴	備考	文献
1	東京都府中市	武蔵国府関連（白糸台）	0100-SI4	7世紀後葉	約20cm	約2.4m	約2.6m	ローム		篠崎1997b
2	東京都日野市	平山	第16号住居址	8世紀第Ⅱ四半期	9cm	約2.8m	約1.5m	粘土		篠崎1997b
3	東京都日野市	南広間地	409号住居	9世紀後葉	7～10cm	(1.8m)	約2.6m	砂質粘土	基底部が残存	篠崎1997a
4	東京都日野市	南広間地	416号住居	10世紀後半	不明	約1.95m	不明	粘土		篠崎1997a
5	東京都日野市	南広間地	431号住居	9世紀末～10世紀初頭	8cm前後	不明	約4m	砂質粘土		篠崎1997a
6	東京都日野市	南広間地	435号住居	9世紀中葉	5～10cm	(1.4m)	不明	砂質シルト		篠崎1997a
7	東京都日野市	南広間地	441号住居	8世紀前葉	約20cm	不明	約4m	砂質粘土	竪穴外壁凹面すべてが土壁？	篠崎1997a
8	東京都日野市	南広間地	443号住居	9世紀末～10世紀初頭	約16cm	約2m	不明	砂質シルト		篠崎1997a
9	東京都日野市	南広間地	511号住居	9世紀末～10世紀初頭	5～25cm	不明	不明	暗褐色土		篠崎1997a
10	東京都日野市	七ツ塚	81号住居	9世紀前半	約10cm	(2.1m)	不明	粘土		『七ツ塚遺跡5』
11	東京都日野市	七ツ塚	122号住居	9世紀後半	約10cm	不明	約1.6m	砂質粘土		『七ツ塚遺跡11』
12	東京都多摩市	和田西	112号遺構	9世紀第Ⅰ四半期	20cm	2.05m	2.25m	ローム（水成粘土）	藁を混ぜる	桐生2003
13	東京都多摩市	和田西	2121号遺構	8世紀中葉	15cm	2.6m	2.0m	ローム（水成粘土）	藁を混ぜる	桐生2003
14	東京都多摩市	落川・一ノ宮	H・SI3	8世紀第Ⅰ四半期	不明	不明	不明	粘土		多摩市埋文報告47
15	山梨県甲府市	川田遺跡群	SB005	11世紀末～12世紀初頭	不明	不明	不明	砂質シルトか粘土（焼土化）	スサあるいは木舞の痕跡	平野2003

確実なところと思われ、竪穴外壁の高さが決して低いものではないことが推測される。

竪穴外柱穴には、竈後方の位置に対になっている事例も散見され、土壁の存在を想定できるものも含まれていると思われる。

なお、竈煙道部の先端と竈後方に平行する竪穴外柱穴を結んだラインとの位置関係から、竈には煙道部が長く屋外に排煙していたものと、屋内に煙出しがあり建物内を燻していたものの両者がある［拙稿2004］ことも指摘できる。

土壁（竪穴外壁）の痕跡は、壁立式竪穴建物の構造を知るうえで多くの情報を提供してくれる。今後、各地で当該施設の存在に注意を払った発掘調査が実践されることを切に望むものである。

註

1 滋賀県安曇川町下五反田遺跡では、「大壁造り建物」の上屋構造をもつ竪穴建物跡であるA調査区SH04（7世紀後葉～8世紀初頭）が検出されている［宮本2004］が、現状では例外的な事例と思われる。「大壁造り建物」は平地式の構造を呈するものが一般的［青柳2003］である。

2 荒井秀規は「その墨書部位は破壊しなければ書けない位置にある。椀を壊してまでも『坏』としたのであり、器型そのものでなく文字で器型を示すために、墨書が絶対に必要であった例」［荒井秀規2003：144］と指摘する。

VI. 竪穴外柱をもつ竪穴建物の集団関係

1. 主要遺跡における様相

　ここでは、竪穴外柱穴をもつ竪穴建物跡がまとまって報告されている主な遺跡から、当該遺構をめぐる集団関係などを探りたい。

A. 古墳時代の事例

　竪穴外柱穴をもつ竪穴建物跡のうち、古墳時代に属するものは全体の2割に過ぎない。また、伏屋式と壁立式の識別が付かないものが約64%ほどあり、遺跡単位では良好な検討材料に恵まれていない。ここでは、一遺跡の報告軒数としては最多の仲ノ台遺跡を取り上げる。

　仲ノ台遺跡は、千葉県山武郡芝山町大台字仲ノ台の丘陵先端部付近に位置する。ゴルフ場造成に伴い「大台遺跡群」として調査の対象となった5遺跡のうち、昭和63(1988)年に最も広大な10,500㎡が発掘調査された［文献千葉12］。

　本遺跡から検出された竈を有する竪穴建物跡は70軒で、68軒までが6〜7世紀代の古墳時代後期に属する。竪穴外柱穴をもつものは22軒を数えるが、1軒だけが9世紀の事例である。古墳時代後期の68軒中で、当該遺構21軒が占める割合は31%となる。

　このうち、竪穴外柱穴を結ぶ竪穴外壁のラインが想定できる事例を第128図に示した。壁立式に復元されるものは、いずれも⑦柱間不整合タイプになると考えられる（第128図⑦）が、32号住居址などのように竪穴外柱穴が少ないものは、床面の主柱により組まれた梁と桁による身舎の外側を斜めに支える伏屋の垂木受けである可能性も否定できない。

　古墳時代後期における仲ノ台遺跡の竪穴外柱穴をもつ竪穴建物跡21軒のうち、他の遺構に切られ床面の状況が不明確な1軒を除く20軒では、竪穴床面が無柱穴の1軒以外は4本の主柱穴をもつが、竈のある竪穴壁側とは反対側の4本柱を結ぶライン上の中間にもう1口の柱穴が設けられており、厳密には5本の主柱穴となるものが17軒(85%)と目立っている。逆に、竪穴外柱穴が検出されていない竪穴建物跡では、このような柱穴配置のみられる事例が占める割合は4割台と低くなることから、竪穴外柱を含む上屋構造との何らかの関係があるのかもしれない。

　仲ノ台遺跡における当該遺構は、竪穴床面にある主柱と竪穴外柱を併用する事例が主体を占めるが、古墳時代の事例全般でみると、竪穴床面に柱を据えた痕跡のない報告例が確実に認められることにも注意しておきたい。

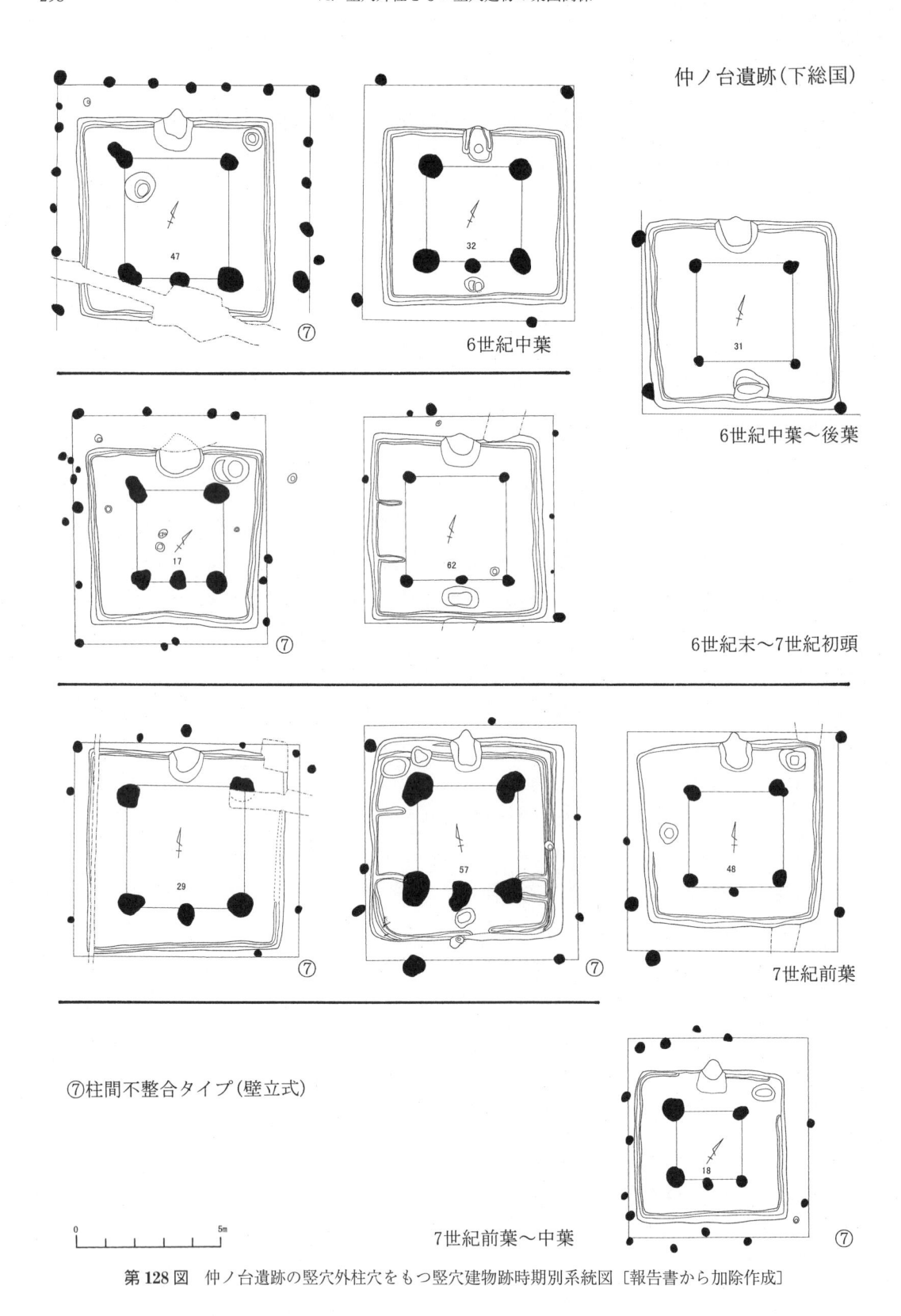

258   VI. 竪穴外柱をもつ竪穴建物の集団関係

仲ノ台遺跡（下総国）

6世紀中葉

6世紀中葉～後葉

6世紀末～7世紀初頭

⑦柱間不整合タイプ（壁立式）

7世紀前葉

7世紀前葉～中葉

第128図　仲ノ台遺跡の竪穴外柱穴をもつ竪穴建物跡時期別系統図［報告書から加除作成］

B. 古代の事例

　古代の事例としては、向山遺跡を始めとする茨城県の遺跡群、東京都の和田西遺跡、山梨県の石原田北遺跡を取り挙げる。

a. 向 山 遺 跡

　向山遺跡は、茨城県北相馬郡守谷町に所在し、旧国では下総国に属する。土地区画整理事業に伴う発掘調査が行われ、古代の竪穴建物跡12軒が検出された［文献茨城18］。特筆されるのは、そのすべてに竪穴外柱穴が認められることである。

　このうち、SI—06aはSI—06bに切られており、西竈の背後にある2口の竪穴外柱穴がみられるだけだが、他の11軒はその全体像を窺うことができる。本遺跡はⅠ期～Ⅲ期に区分されており、詳細の不明なSI—06aを除く各時期ごとの竪穴建物跡を第129図に示した。

　まず、これらの竪穴建物跡をみると、SI—01は竪穴外柱穴が内傾していることから伏屋式寄棟造になると思われるが、他の10軒は壁立式に復元できる。壁立式と見なされる10軒のうち、SI—04とSI—06bは④五角形タイプである。残りの8軒は⑦柱間不整合タイプに分類され、本遺跡で主体となる。このタイプの事例は、さらに竪穴床面における柱穴の有無で二分することができる。竪穴床面に柱穴があるものは、SI—02・SI—08・SI—09・SI—05・SI—10の5軒である。竪穴床面に柱穴がないものは、SI—11・SI—13・SI—15の3軒が該当する。ちなみに、SI—11（第115図）とSI—13の竈と反対側の竪穴壁際中央にある1口のピットは、出入口施設の梯子穴と見なされるもので柱穴ではない。

　これらの当該遺構を時期別にみると、Ⅰ期（8世紀中葉～後葉）に属するのはSI—02、1軒だけである（第130図）。竪穴床面の主柱4本と竪穴外柱を併用する（第129図）。

　Ⅱ期（8世紀末～9世紀前葉）に属するのは、SI—08・09・11・13の4軒（第130図）である。いずれも⑦柱間不整合タイプだが、竪穴床面に柱穴があるもの（SI—08・09）と、無いもの（SI—11・13）の2軒ずつとなっている。

　SI—08は、前代のSI—02と竪穴プランや規模、床面の主柱穴など構造的に類似する点も多く（第129図）、主軸方向も一致していることから、SI—02からSI—08への移動が想定できるかもしれない。なお、SI—08の竈後方には、竪穴外壁を支えていたと思われる竪穴外柱穴列の内側に対になるピットがある（第115図）が、これは第Ⅴ章第3節で説明したような「土壁」を支えるための施設であった可能性が指摘できる。本遺跡では、同様な事例がSI—05（同図）でもみられる。

　ちなみに、伏屋式の場合、竈と上屋が接近することから火災に遭う危険性が高いと思われる。竈煙道部の両脇などに対になるピットが検出される事例が散見されるが、これらは竈付近の上屋を部分的に嵩上げして防火対策のために設けられた施設の痕跡と考えられる。

　Ⅱ期で竪穴床面に柱穴が存在するもう1軒のSI—09は、SI—02やSI—08のような竪穴床面で普遍的に認められる正方形に近い4本柱プランとは異なり、竈両脇の竪穴壁とその反対側の竪穴壁際を結ぶ「縦長プラン」とでも言うような、特徴的な竪穴部の柱配置を呈している。

260

VI. 竪穴外柱をもつ竪穴建物の集団関係

向山遺跡（下総国）

I期＝8世紀中葉〜後葉

II期＝8世紀末〜9世紀前葉

III期＝9世紀中葉〜後葉

竪穴外柱穴のみ（床面無柱穴）

五角形プラン

伏屋式

床面主柱穴＋竪穴外柱穴

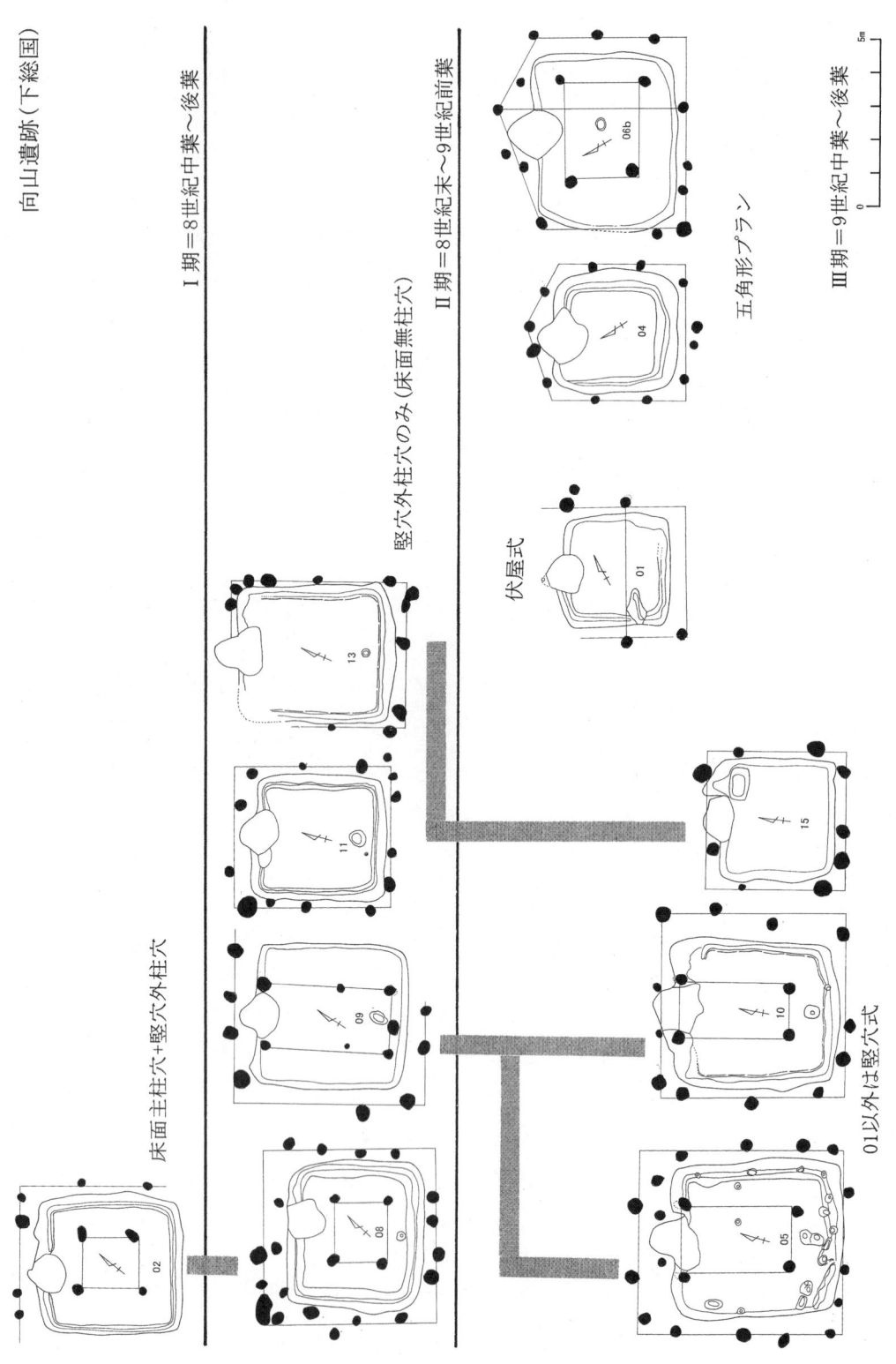

01以外は竪穴式

第129図　向山遺跡の竪穴外柱をもつ竪穴建物跡時期別系統図［報告書から加除作成］

1. 主要遺跡における様相　　　261

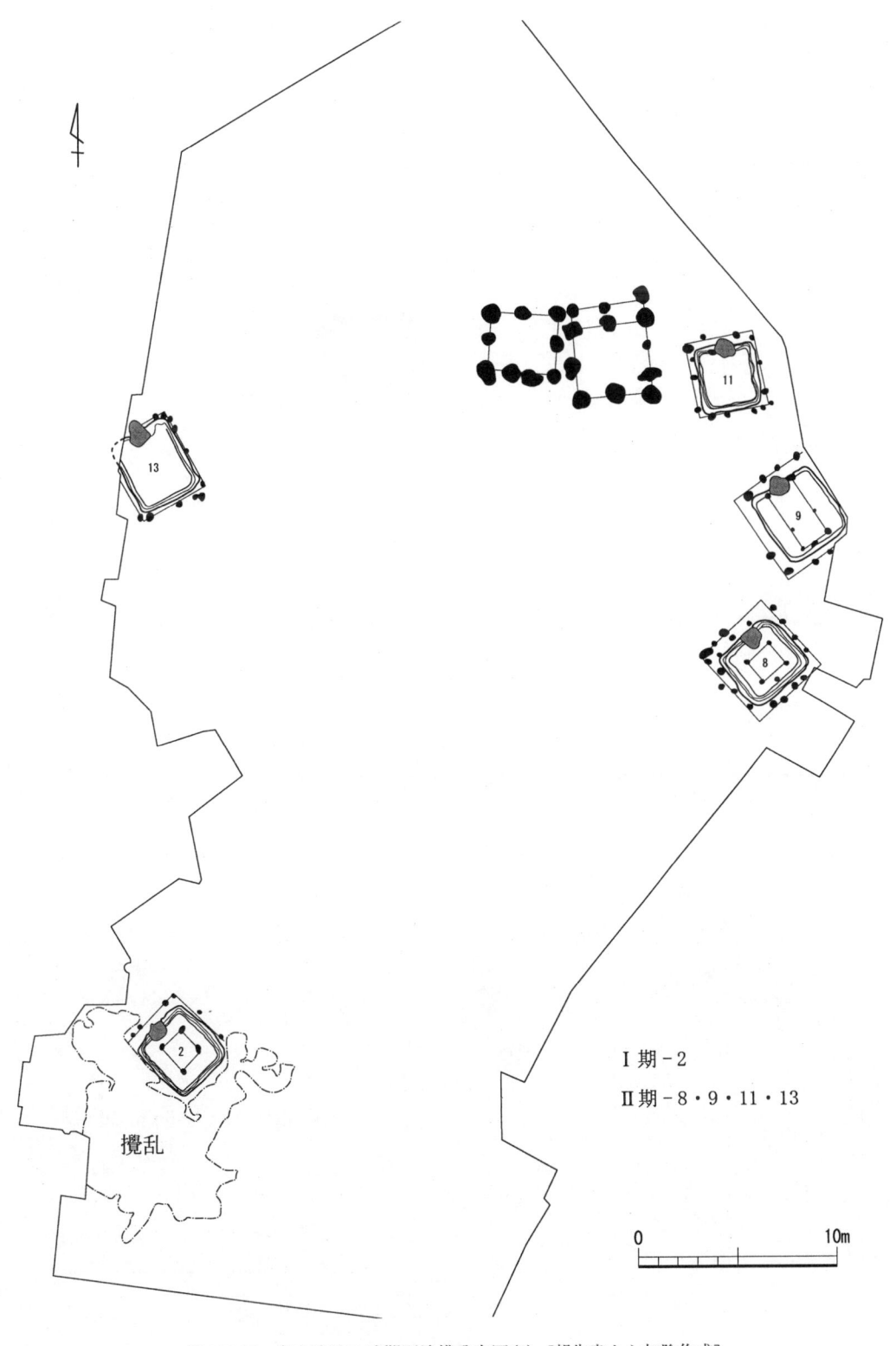

攪乱

Ⅰ期 − 2
Ⅱ期 − 8・9・11・13

0　　　　　10m

第130図　向山遺跡の時期別遺構分布図(1)〔報告書から加除作成〕

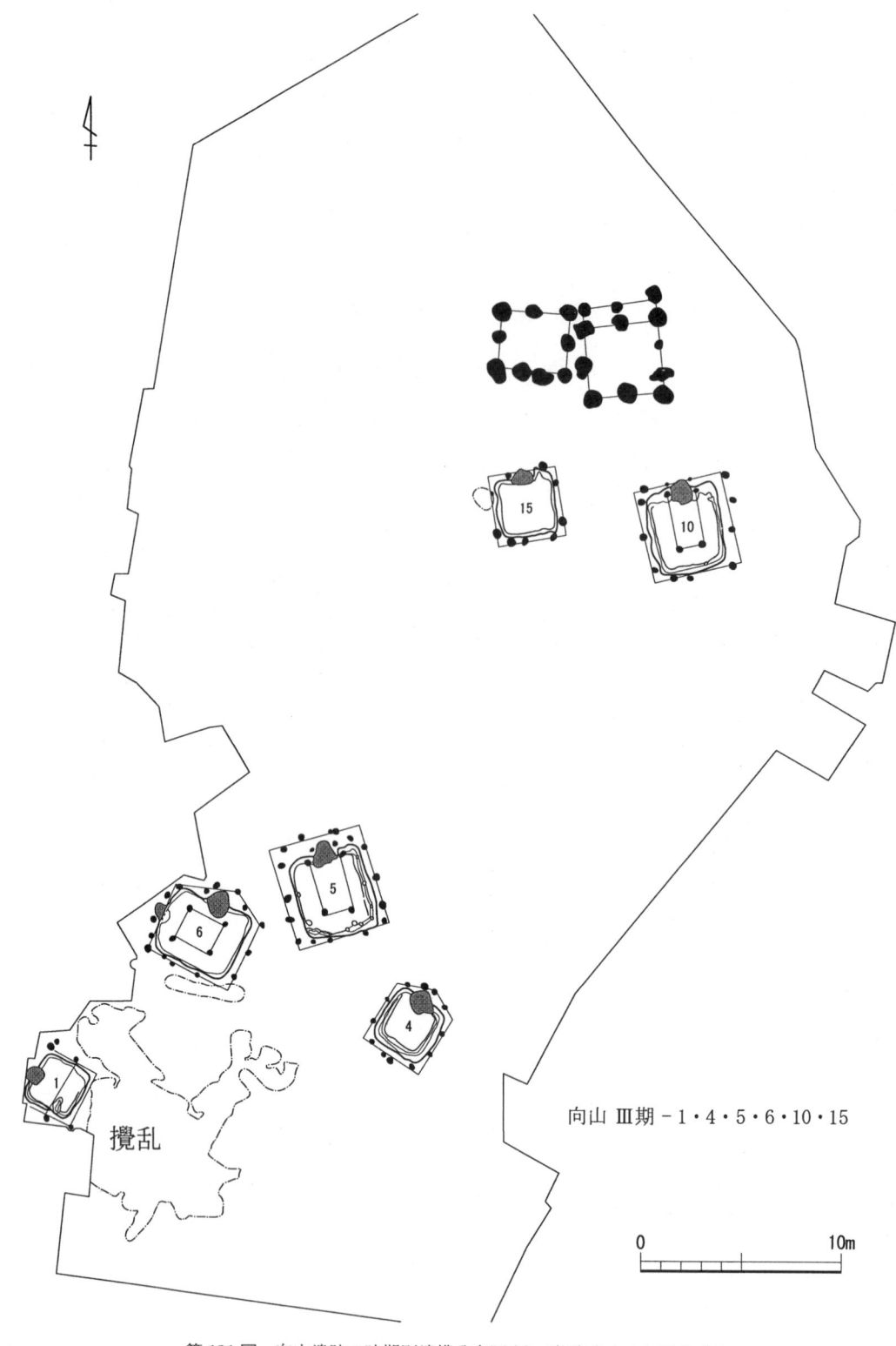

262　VI. 竪穴外柱をもつ竪穴建物の集団関係

攪乱

向山 III期 − 1・4・5・6・10・15

0　　　　10m

第131図　向山遺跡の時期別遺構分布図(2)［報告書から加除作成］

Ⅲ期(9世紀中葉～後葉)に属するのは、SI—01・04・05・06b・10・15の6軒(第131図)である。当該期には、伏屋式寄棟造になると思われるSI—01、④五角形タイプのSI—04(第107図)とSI—06bの2軒、⑦柱間不整合タイプで竪穴床面にも柱穴を設けるSI—05とSI 10の2軒、同タイプで床面無柱穴のSI—15に区分できる。

　このうち、④五角形タイプのSI—04とSI—06bは主軸方向が近似しており、並んでいるような位置関係を示している(第131図)。

　Ⅲ期になると、⑦柱間不整合タイプで竪穴床面に柱穴がある事例のうち、SI—02やSI—08のようなノーマルな4本柱をもつものは見られなくなり、SI 09と同様な「縦長プラン」のSI—05とSI 10(第115図)が存続する。2軒とも上屋構造との関係からか、竈側両脇の柱穴が内傾している。位置的には、Ⅱ期のSI—09とⅢ期のSI—10は隣接しており、SI—09からSI—10への移動が想定できるかもしれない。また、SI—10とSI—05は構造・規模などで類似点が多く、主軸方向も近似する(第131図)ことから、隣接する宅地と考えられる「竪穴建物群」で同時存在していたか、あるいはⅢ期の中でいずれか一方に移動した可能性が指摘される。

　さらに、⑦柱間不整合タイプで竪穴床面に柱穴のないSI—11・13(Ⅱ期)とSI—15(Ⅲ期)は、他のタイプの竪穴建物跡よりも北側に位置している(第130・131図)。

　向山遺跡は、古代の竪穴建物跡の全てから竪穴外柱穴が検出されている点が特徴的である。これらは、第129図に示したような複数の系統に整理され、その時間的・空間的な変遷をたどることができる良好な事例である。

　さらに、本遺跡の性格を考えるうえで示唆的なのが鍛冶関連遺物である。

　Ⅲ期のSI—05では鞴の羽口片が竈の支脚に転用されており、覆土中からも羽口片10点が出土している。同じくSI—10でも鞴の羽口片6点が廃棄されている。Ⅱ期のSI—08とSI—11の覆土中には多量の鉄滓が投げ込まれている。SI—05の転用支脚以外は、直接その竪穴建物に伴うものではないが、鉄滓の出土については「鍛冶に従事した人々の廃屋儀礼などを想定することも可能であろう」[村上恭通2004：73註2]という捉え方もあり、本遺跡では少なくとも、⑦柱間不整合タイプの竪穴建物が鍛冶集団と関係していたものと見なすことが可能である。

b. 下木有戸C遺跡と鷹巣遺跡

茨城県では、向山遺跡以外にも特徴的な報告例がみられる。

(1). 下木有戸C遺跡

　真壁郡関城町(常陸国)に位置する。竪穴外柱穴をもつ竪穴建物跡6軒[文献茨城14]が検出されている。いずれも壁立式に復元できるもので、竪穴床面には柱穴が認められない(第132図左)。

　本遺跡では、報告例の少ない③「井」型タイプ(第26・27表)のものが3軒みられ、9世紀前葉の第19号竪穴住居址→9世紀中葉の第17号竪穴住居址→9世紀後葉の第14号住居址(第106図)という時期的変遷をたどることができる。

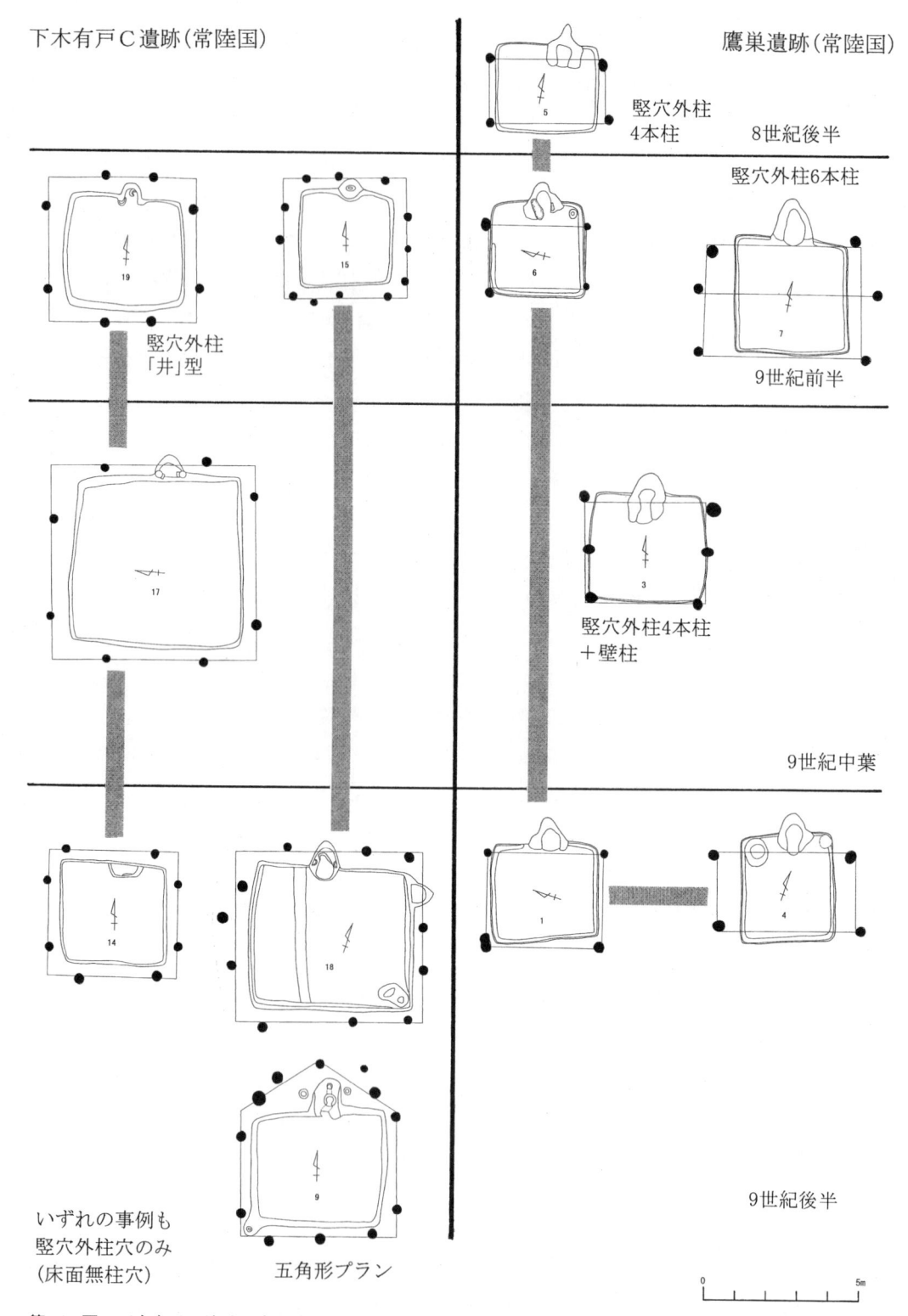

264　　VI. 竪穴外柱をもつ竪穴建物の集団関係

下木有戸C遺跡（常陸国）　　　　　　　　　　　鷹巣遺跡（常陸国）

竪穴外柱
4本柱　　　8世紀後半

竪穴外柱6本柱

竪穴外柱
「井」型

9世紀前半

竪穴外柱4本柱
＋壁柱

9世紀中葉

いずれの事例も
竪穴外柱穴のみ
（床面無柱穴）　　五角形プラン　　　　　　　　　　9世紀後半

第132図　下木有戸C遺跡・鷹巣遺跡の竪穴外柱穴をもつ竪穴建物跡時期別系統図［各報告書から加除作成］

また、⑦柱間不整合タイプの第15号竪穴住居址と第18号竪穴住居址(第116図)も、竪穴外柱で囲まれる建物四隅部分には柱穴が設けられていない点から、③「井」型タイプと同様な建築工法が主体的に採られていたことが窺える。第18号住居址では、竈に向かって左側の床面が一段高くなっている。

(2). 鷹巣遺跡

那珂郡大宮町(常陸国)に位置する。竪穴外柱穴をもつ竪穴建物跡6軒[文献茨城13]が検出されている。いずれも竪穴床面には柱穴が認められない(第132図右)。

第七号住居址を除く5軒が②4本柱タイプだが、第三号住居址(第117図)は竪穴短辺側中央に設けられた壁柱と併用するもので、竪穴外柱6本をもつ(うち中央の突出する2本が棟持柱)第七号住居址(同図)に近い。

②4本柱タイプのうち、8世紀後半の第五号住居址・9世紀前半の第六号住居址・9世紀後半の第一号住居址(第105図)は、竪穴壁上端のすぐ外側に竪穴外柱を設ける点で構造的に類似しており、時期的変遷をたどることができる。竪穴壁とやや距離を空けて竪穴外柱穴を設ける第四号住居址(同図)も含め、本遺跡の事例は、いずれも竪穴外柱を結ぶラインの外側に竈付近が食い出してしまうことから壁立式にはならず、4本柱によって組まれた梁と桁による身舎(ユニット)の外側に垂木を葺き降ろした伏屋式に復元できるものと考えられる。

c. 和田西遺跡

東京都多摩市(武蔵国)に位置する。土地区画整理事業などに伴い約14,000㎡の発掘調査が行われ、筆者も調査に関与した。

本遺跡からは、竈をもつ竪穴建物跡36軒が検出されている[文献東京33]・[拙稿2003b]。このうち、7世紀後半の1軒と、時期不明の2軒を除く33軒の時期別分布を第136図に示した。各時期ごとの軒数は以下のとおりである。

  8世紀前半   (武蔵国府編年N1期~N2期)――14軒
  8世紀中葉   (武蔵国府編年N3期) ―― 4軒
  9世紀前半   (武蔵国府編年H1期~H2期)―― 9軒
  9世紀後半~10世紀前半(武蔵国府編年H3期~H6期)―― 6軒

なお、N2期には、いわゆる「村落内寺院」の堂宇と考えられる四面廂付きの掘立柱建物跡1棟がみられる(第136図(1))。

竪穴外柱穴をもつ竪穴建物跡は、36軒中17軒(47.2%)とほぼ半数を占める。36軒の中には掘り込み面が浅く竪穴の壁高が低いものも含まれているので、竪穴外柱穴を検出できなかった遺構が更に存在していた可能性も否定できない。

第135図は、竪穴の一部が未検出の2001号遺構と、竪穴外柱穴の並びが不明確な15号遺構の2軒を除く15軒を時間的・系統的に整理したものである。以下では、これらを時期ごとに説明し、建物

規模と竪穴外屋内空間の関係や、遺跡の性格についても触れることにしたい。

(1). 8世紀前半

最も事例数が多く、かつバリエーションに富んでいる。

主体となるのは、壁立式の⑦柱間不整合タイプと考えられる5軒で、竪穴床面の主柱4本と竪穴外柱を併用する2041号遺構(第133図)と、竪穴床面に柱を据えた痕跡の認められない638号遺構・2117号遺構・2002号遺構・2003号遺構の4軒に区分できる。

2002号遺構と2003号遺構(第134図)では、竪穴床面にピットがみられるが、柱穴と認定できる材料に欠けることから、床面無柱穴の部類に含めている。竪穴外柱穴の配置から、2002号遺構では南面と西面の二面に、2003号遺構では西面に廂が付く可能性がある。

638号遺構(第133図)では、竪穴外壁を東西に分割する柱穴が柱筋の外側に幾分飛び出していることから「近接棟持柱」[宮本2002：10]の可能性があり、この場合は切妻造に復元できる。

719号遺構(同図)は④五角形タイプになると考えられる。竪穴部南東隅から「ステップタイプ」[高橋泰子1997：65〜68]の出入口施設が検出され、その延長線にあたる部分に竪穴外柱穴が廂状に張り出している。

707号遺構(第135図)は特異な事例で、東側に隣接する「村落内寺院」と推定される四面廂付きの掘立柱建物に伴うと思われる竪穴建物である(第136図(1))。竪穴床面はL字形に段差をもち、竪穴西側のほぼ中央に「張り出しタイプ」[高橋泰子1997：58〜65]の出入口施設がある。竪穴部の四隅には掘立柱建物にみられる柱穴掘り形のような径1mほどの主柱穴と竪穴壁柱穴によって壁立式の身舎を構成し、その外側に設置された竪穴外柱によって廂をつくる。西側の竪穴張り出し部の更に外側にも竪穴外柱により廂状の出入口施設を設けている。

2044号遺構(第111図)は、他の竪穴建物跡よりも径の小さめな竪穴外柱穴が二重に回る。「いずれの柱穴も直立せず、竪穴部方向に向かって斜めに立ち上がる」[文献東京33：52]ことから壁立式ではなく、伏屋式に復元できる。竪穴部の周溝内にある柱穴と併用されていたものとみられる。竪穴外柱穴が二重に巡る点に関しては、壁立式ではないので身舎と廂の関係で捉えることはできず、竪穴外柱(垂木受け)を拡張あるいは縮小した改築結果を示しているものと見なすことが妥当であろう。本遺構でも、北側と西側に竪穴外柱穴が張り出す箇所があり、新旧期の出入口施設と思われる[註1]。

(2). 8世紀中葉

当該期以降は⑦柱間不整合タイプのみとなる。

3軒の報告例のうち、2121号遺構(第134図)は、竪穴床面の壁際にある柱と竪穴外柱を併用するもので、第Ⅴ章第3節で触れたように、竈の後方に立っていたと思われる竪穴外壁の土壁が検出されている。

113号遺構(第133図)と2120号遺構(第135図)は、竪穴床面に柱を据えた痕跡が認められない。前者の竪穴壁では複数の小ピットが検出されているが、これらは柱穴ではなく、竪穴壁体を板などで固

1. 主要遺跡における様相

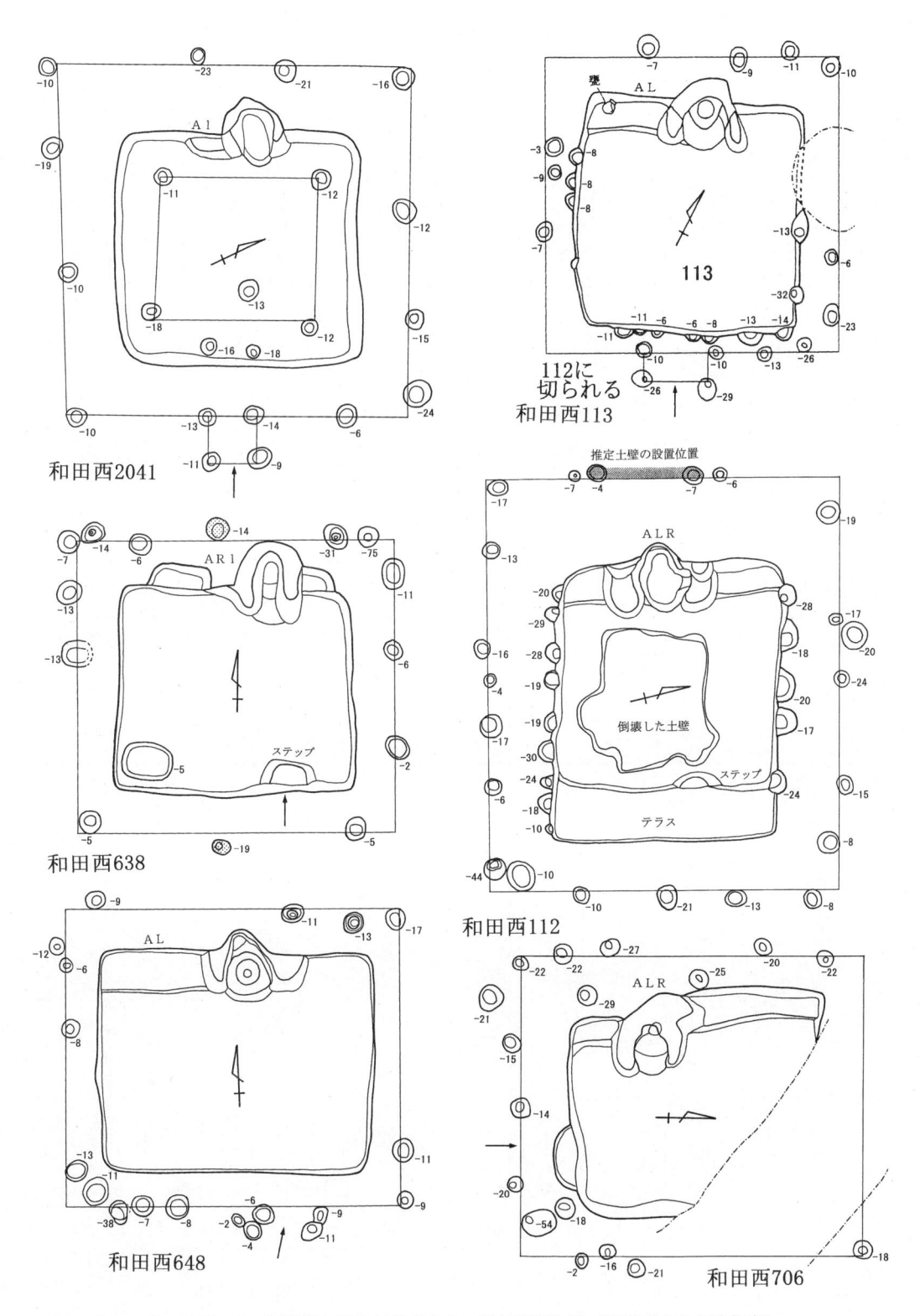

和田西2041

和田西638

和田西648

112に
切られる
和田西113

推定土壁の設置位置

倒壊した土壁

ステップ
テラス
和田西112

和田西706

第133図 和田西遺跡の竪穴外柱穴をもつ竪穴建物跡(1) 〔報告書から加除作成〕

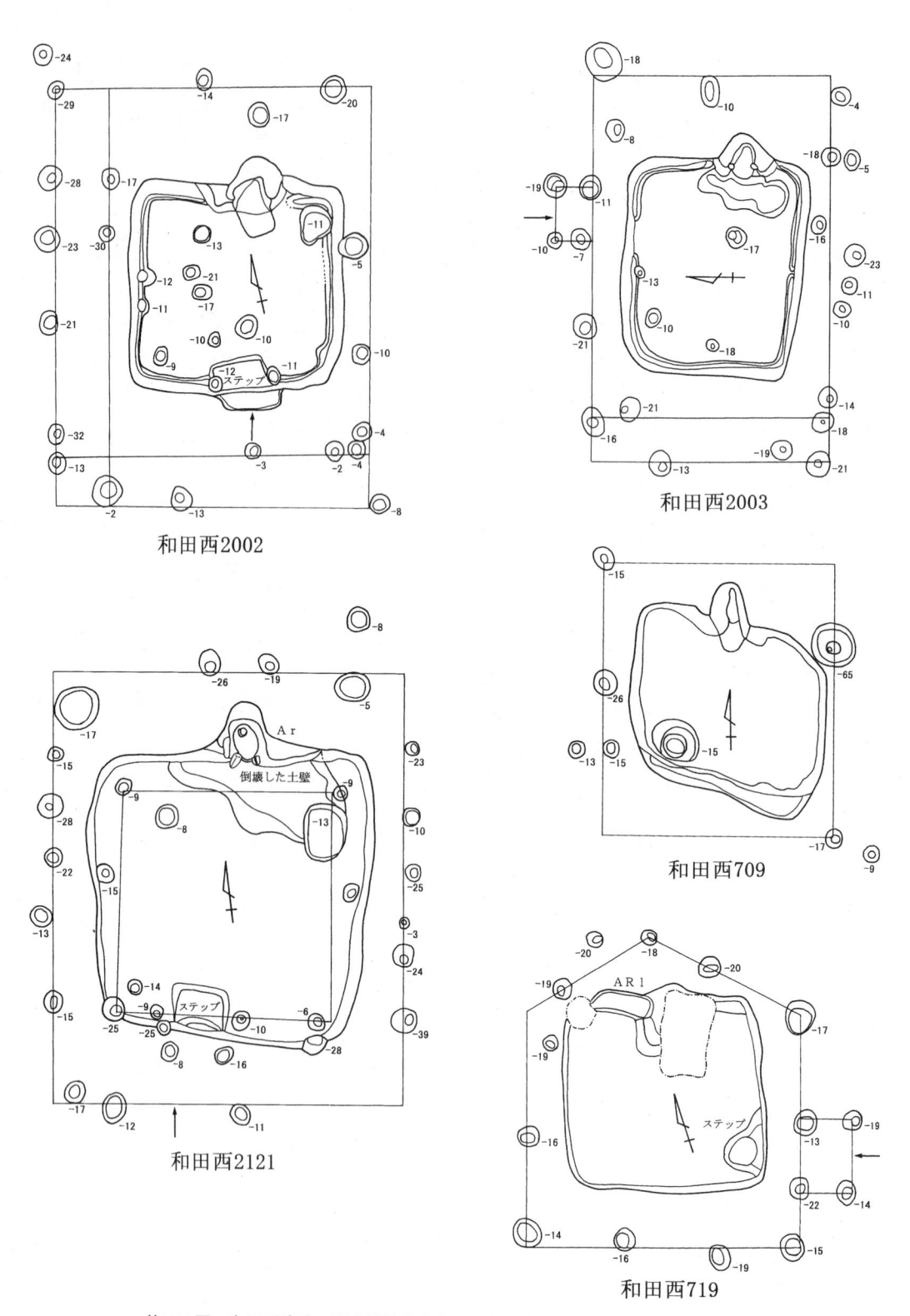

第134図　和田西遺跡の竪穴外柱穴をもつ竪穴建物跡(2)［報告書から加除作成］

定した痕跡と考えられる。竈の正面反対側の竪穴外柱が廂状に張り出す。本遺構のように、竪穴外柱穴が検出されなかったとしたら、出入口の位置を特定するのが難しい場合もあることにも注意しておきたい。逆に、2120号遺構では、竪穴壁際から盛土によるステップタイプの出入口施設が検出されており、これに対応するように竪穴外柱穴が張り出している。

(3). 9世紀前半

　竪穴床面にある柱と竪穴外柱を併用する事例はみられなくなる。

　112号遺構(第133図)では、2121号遺構と同様に土壁が検出されている。隣接する113号遺構と同様に竪穴壁に沿ってピット列がみられるが、竪穴床面よりも深く穿たれていないことや、竪穴長軸側の二辺にしか認められないこと、仮にこれらが屋根を支えていたとすると、竪穴壁上端から竪穴外壁までの竪穴外屋内空間と竪穴部の間が遮断されて廊下状になってしまい不自然であることなどから、壁体を固定するための杭列と考えておきたい。

(4). 9世紀後半

　648号遺構・706号遺構・709号遺構の3軒いずれも竪穴床面には柱穴は認められない。

　648号遺構(第133図)の竪穴南東寄りには、2口のピットが対になって僅かに外側に張り出す箇所があり、出入口部になるものとみられる。

　706号遺構(同図)では、竪穴外壁と竪穴上端間の竈後方に対ピットがあり、土壁を支えていたものと考えられる。この竪穴建物跡の北側部分は後世の溝で破壊されていたが、建物の北東隅にあたると思われる竪穴外柱穴を発見できた。これにより建物規模が判明したわけだが、竪穴外周部分を根気良く精査した結果と言える。

(5). 建物規模と竪穴外屋内空間の関係

　本遺跡における当該遺構の竪穴部の長径は3.3m～6.0mを測る。17軒の事例中では、3m台が6軒(35.2%)・4m台が8軒(47.1%)・5m台が2軒(11.8%)・6m台が1軒(5.9%)となっており、3m～4m台のものが約82%を占めている。一方、竪穴外柱によって囲まれた建物の長径は4m～7.5mで、4m台が3軒(17.6%)・5mと6m台が6軒ずつ(各35.3%)・7m台が2軒(11.8%)となり、5m～6m台のものが70.6%を占める。つまり、竪穴部よりも長径で1m程度大きくなる事例が多いことを指摘できる。

　本遺跡における壁立式の竪穴建物跡のうち、2120号遺構(第135図)の南壁部分では竪穴壁柱穴の間を結ぶライン、2117号遺構(同図)と709号遺構(第134図)の東壁部分では竪穴壁上端際にある柱穴間を結ぶラインで竪穴外壁が設けられており、竪穴壁上端と竪穴外壁間にはほとんど隙間がみられない「竪穴外屋内空間N類」となるが、これらの遺構の他の三辺とその他の遺構では、竪穴壁上端から竪穴外柱によって囲まれた竪穴外壁までの平坦面である「竪穴外屋内空間S類・W類」が存在する。W類で最も幅が広いものは本遺跡では1.5mほどである。

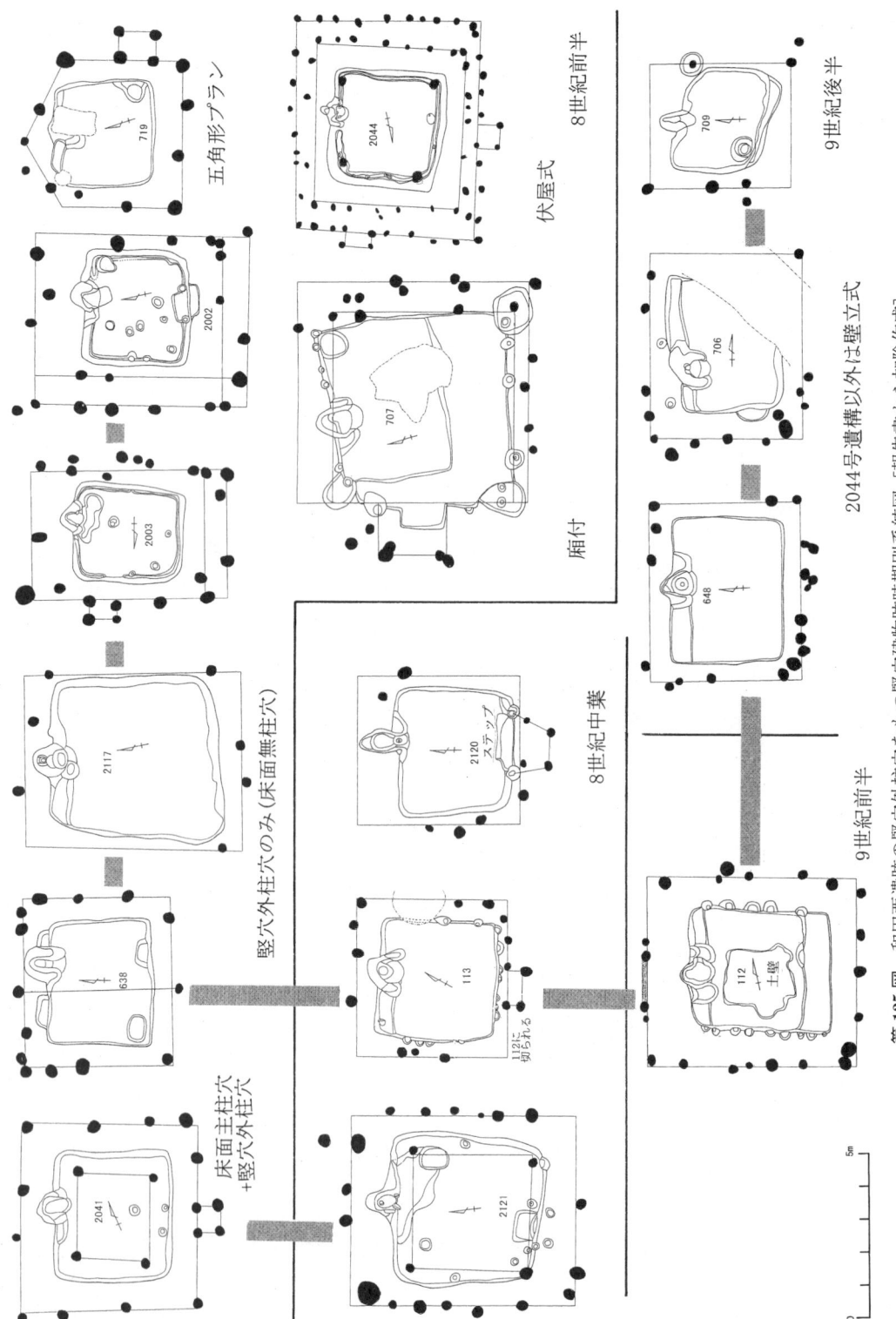

270　VI. 竪穴外柱をもつ竪穴建物の集団関係

第 135 図　和田西遺跡の竪穴外柱穴をもつ竪穴建物時期跡時期別系統図［報告書から加除作成］

建物四方の辺全てがW類の事例は、2041号遺構と112号遺構(第133図)の2軒、同じくS類の事例としては、113号遺構と648号遺構(同図)の2軒が挙げられるが、W類とS類が混在するものは13軒中9軒(69.2%)と7割近い。

2044号遺構(第111図)のように伏屋式に復元される事例では、垂木によって支えられる屋根が勾配をもつ点から、竪穴外屋内空間で人が直接寝たり立ったりして行動することには無理があり、その役割は収納スペースにほぼ限られるものと思われる。一方、壁立式の竪穴建物では、竪穴外屋内空間の存在によって単に平面的な使用面が確保できるだけでなく、三次元的にも屋内空間が拡大する点で有効性を発揮するものと見なされる。

(6). 遺跡の性格

和田西遺跡の性格について、考古学的環境や集落遺跡の特徴なども加味して検討を加えたい。

本遺跡の北東約5.5km、多摩川を隔てた武蔵野台地の立川段丘上には武蔵国府国衙推定地が存在する(第64図)。和田西遺跡の位置する多摩丘陵には「武蔵国府や多磨郡の後背地として」〔飯塚1996：85〕手工業生産や丘陵開発などに携わった遺跡が多数認められる。

和田西遺跡は、多摩川に注ぐ大栗川右岸の丘陵上を中心に展開するが、その上流約3.5kmに位置する八王子市多摩ニュータウンNo.107遺跡は、武蔵国衙が関与した官営挽物生産工房と推定されており〔飯塚2000〕、「周辺遺跡で伐採から荒型加工」〔飯塚2000：77〕などの関連作業が行われていたことも指摘されている。多摩丘陵では、須恵器生産や鉄生産など遺構痕跡から遺跡の性格が明瞭なものも認められるが、多摩ニュータウンNo.107遺跡のように、河岸段丘下の低位部分に廃棄された木器類が出土したことにより初めて遺跡の性格を知ることができたわけで、仮にこれらの遺物が発見されずに台地上の建物群だけで考えた場合には、その性格付けが明らかにはならなかっただろう。

和田西遺跡の古代集落を考えるうえで注意すべき点としては、竪穴建物の時期的断続が認められることである。武蔵国府編年N4期の事例は存在せず、「宅地」を示していると思われる竪穴建物の小ブロックにおける変遷(第136図)をみると、以下のような時間的な非連続性が認められるものが顕著である。

638号遺構(8世紀前半) ⟶ 648号遺構(9世紀後半)

113号遺構(8世紀中葉) ⟶ 112号遺構(9世紀前半)

719号遺構(8世紀前半) ⟶ 706号遺構(9世紀前半)

これらの竪穴建物跡のいずれも、竪穴外柱穴と棚状施設を合わせもつ点では共通しているが、棚状施設の平面タイプが異なっていることからも、同一集団が回帰した結果を示しているものとは考えにくい。

また、同一宅地で1世紀におよぶような土地利用の断絶が認められる点からは「農業的な基盤が存在するからこそ、断続することなく続く」〔青木2001：9〕集落遺跡とは性格を異にするものと見なすことができる。つまり、耕地に縛られ、その土地に根差した生活を強いられるのではなく、必要に応じて集団が離合集散を繰り返すような土地利用形態を反映しているものと捉えられるのである。

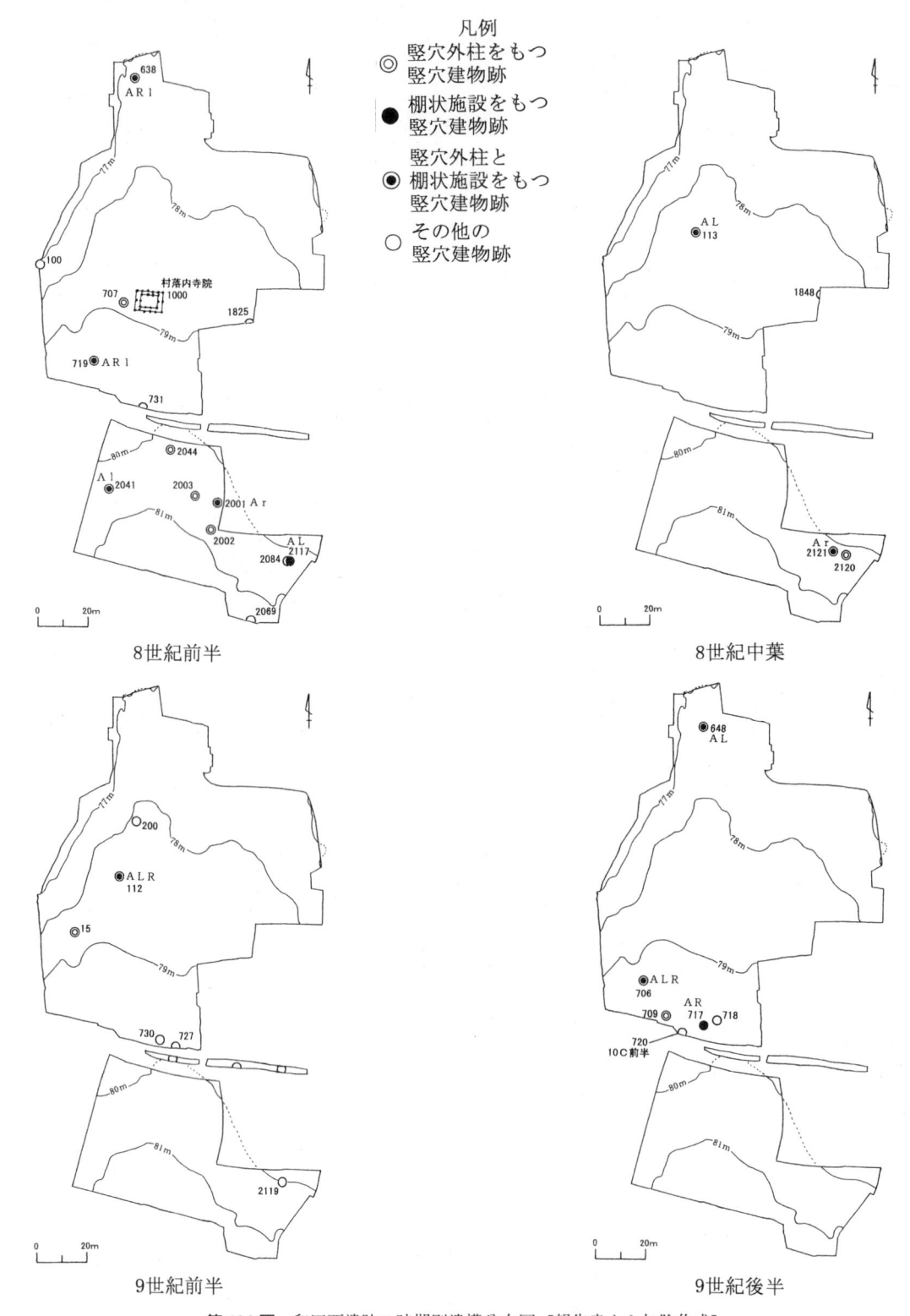

272　　VI. 竪穴外柱をもつ竪穴建物の集団関係

凡例
◎ 竪穴外柱をもつ竪穴建物跡
● 棚状施設をもつ竪穴建物跡
⦿ 竪穴外柱と棚状施設をもつ竪穴建物跡
○ その他の竪穴建物跡

8世紀前半

8世紀中葉

9世紀前半

9世紀後半

第136図　和田西遺跡の時期別遺構分布図［報告書から加除作成］

青木敬は、8世紀前半における和田西遺跡の性格について、この時期に特徴的な土師器盤状杯の存在から説明しており［青木2001］、盤状杯の形態的な特徴や使用痕跡などから「家内制手工業において多数の目途で使用する道具の一種」と想定し「製作物に塗布するなどの、製品に関係した何らかの液体を入れる『皿』、すなわち工業用品(業務用品)として主に使用したのではないだろうか」［青木2001：5］という大胆かつ斬新な説を提示した。

さらに「竪穴建物内で簡単な道具を使用し、有機質である器物などを生産する、もしくは塗布などの工程のみを実施しているのならば、製作時の痕跡がほとんど残らない」［青木2001：5］という指摘は、前述した多摩ニュータウン No.107遺跡から木器類が検出されなかった場合などでも同様であり、一見何の変哲もないような竪穴建物の中にも工房として使用されていたものが、かなり存在していたと考えるのは決して不自然なことではなかろう。

以上のような点からも、具体的な職種は特定しにくいものの、和田西遺跡の古代集落が何らかの手工業生産に携わる非農業民の活動の場であったことが窺えるのである。このような性格の想定される遺跡で、壁立式の竪穴外柱をもつ竪穴建物が目立つという点は注意しても良いだろう。

d. 石原田北遺跡

石原田北遺跡は、山梨県北巨摩郡長坂町(甲斐国)に所在し、八ヶ岳南麓の標高約705mの尾根上に立地する。店舗建設に伴い6,870㎡が発掘調査された［文献山梨5］。古代の竪穴建物跡19軒が検出されたが、うち2軒には竈が認められない。

発掘調査報告書は平成13(2001)年に刊行されたが、これより前の平成11(1999)年に担当者の平野修により、竪穴外柱穴や棚状施設などの諸施設に関する紹介と問題提示が行われている［平野修1999a］。

古代の竪穴建物跡は、時期的に2段階に区分される。竪穴外柱穴をもつ竪穴建物跡は、17軒中14軒(82.4％)を数え、竈をもつ竪穴建物跡の8割を越えている。

各時期ごとの竪穴建物跡の総軒数と当該遺構の軒数および、その占める割合は以下のとおりである。

　平安第Ⅰ段階(10世紀前半〜中葉) ──11軒(竪穴外柱穴をもつもの10軒・90.9％)
　平安第Ⅱ段階(11世紀後半)　　　── 6軒(竪穴外柱穴をもつもの 4軒・66.6％)

このうち、竪穴外柱の並びが不明確な2号竪穴建物を除く13軒を第139図に示した。いずれも⑦柱間不整合タイプになるものと考えられるが、31号竪穴建物を除き、竪穴部に柱を据えた明確な痕跡は認められない。竪穴外柱穴の数が多い事例、即ち竪穴外柱の間隔が比較的狭いものが目立っている。平安第Ⅱ段階の4軒は、すべて隅竈をもつ。

31号竪穴建物(第139図)では、竪穴床面から計9個の偏平な自然礫を用いた礎石が検出されており、本遺跡では竪穴外柱と併用して上屋を支えていることが明らかな唯一の事例である。報告者の平野修は「礎石建物については、渡来人に関わる特徴的な建築技法と考えられており、東日本では竪穴建物型式と融合したかたちでみられることが多い」［文献山梨5：342］として、八ヶ岳南麓の周辺遺跡での報告例を指摘している。

ちなみに、竪穴建物で礎石が認められる事例は、山梨県・長野県・群馬県などで散見される。群馬

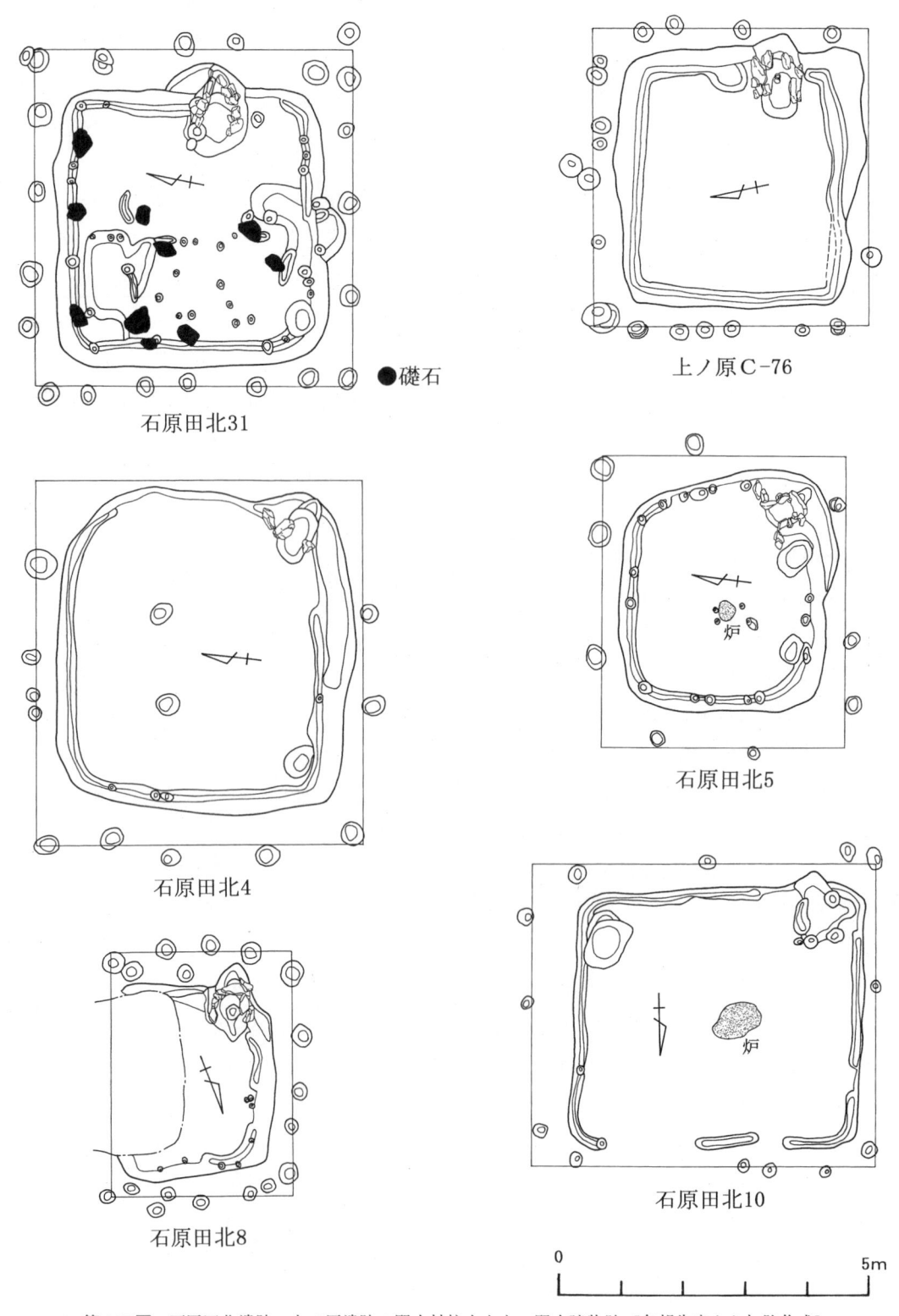

274　VI. 竪穴外柱をもつ竪穴建物の集団関係

●礎石

石原田北31

上ノ原C-76

石原田北4

石原田北5

石原田北8

石原田北10

第137図　石原田北遺跡・上ノ原遺跡の竪穴外柱穴をもつ竪穴建物跡［各報告書から加除作成］

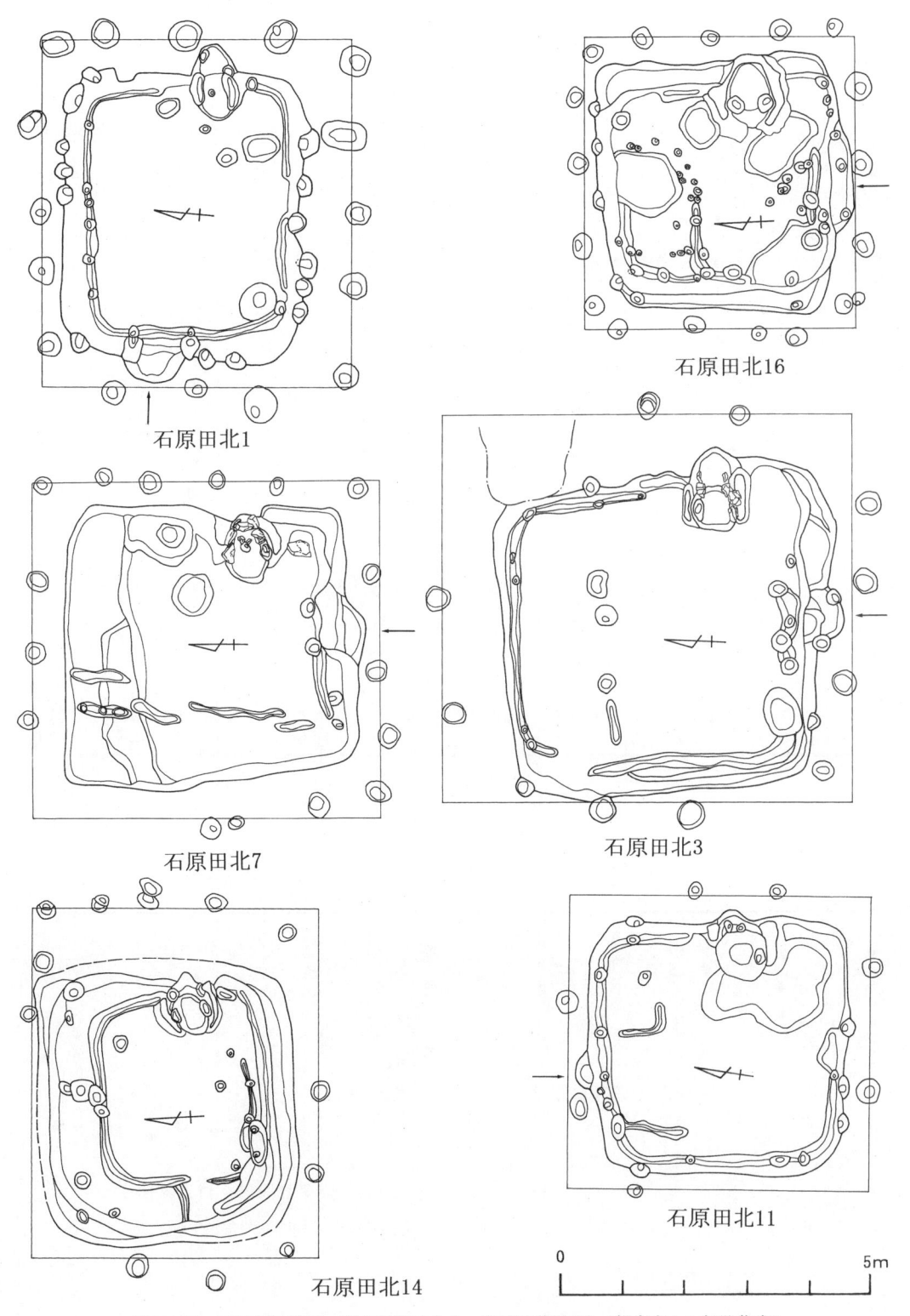

1. 主要遺跡における様相

石原田北1

石原田北16

石原田北7

石原田北3

石原田北14

石原田北11

0　　　　　　　　5m

第138図　石原田北遺跡の竪穴外柱穴をもつ竪穴建物跡(2)〔報告書から加除作成〕

276　　　　　　　　　　　　　　VI. 竪穴外柱をもつ竪穴建物の集団関係

石原田北遺跡（甲斐国）

床面礎+竪穴外柱穴

○礎石

竪穴外柱穴のみ
（床面無柱穴）

平安第Ⅰ段階＝10世紀前半～中葉

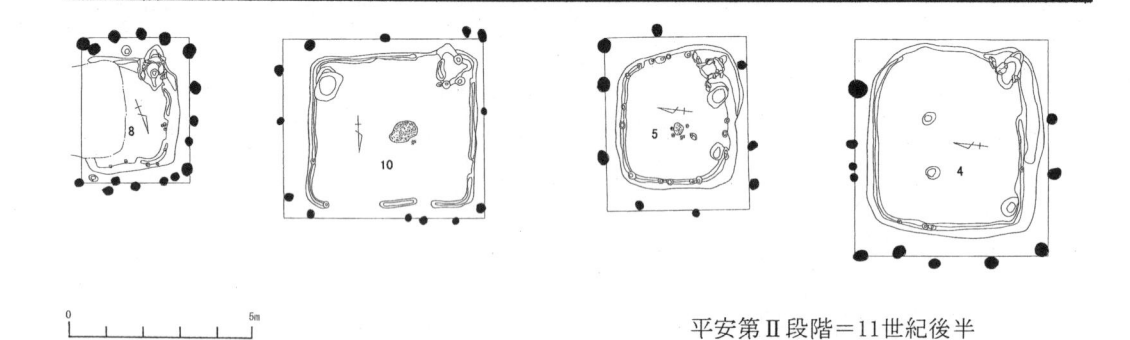

平安第Ⅱ段階＝11世紀後半

第139図　石原田北遺跡の竪穴外柱穴をもつ竪穴建物跡時期別系統図［報告書から加除作成］

県糸井宮前遺跡第32号住居址(9世紀後半)では、ノミ状工具による加工痕跡のみられる礎石が報告されており、石工の関与が窺える[津金沢1985]。

石原田北遺跡は、和田西遺跡と同様に明らかな時期的断続が認められる。八ヶ岳南麓地域の37集落遺跡の消長を分析した平野修によれば、本遺跡の断続期間が最も長い[平野修2004]。

さらに、5号竪穴建物(第137図)・10号竪穴建物(同図)の竪穴床面に炉がみられることや、棚状施設をもつ竪穴建物の報告例が多いこと(第10表)、遺跡の立地なども鑑みると、農業を生業とした集落遺跡とは考えにくく、何らかの手工業生産が行われていたものと推測される。

e. 小　　　結

以上、古代の竪穴外柱穴をもつ竪穴建物跡がまとまっている遺跡を検討した結果、同系統の建物タイプから時間的・位置的な変遷をたどることにより単位集団の動きなどが窺える点や、壁立式の事例が目立つ遺跡からは非農業民である工人集団との関係を垣間見ることができる。後者については、棚状施設をもつ竪穴建物跡との関係とも連携した視点からの追究が有効と思われる。

しかし、本章の最初でも指摘したように、残念ながら「竪穴上端よりも外側を確認する」という作業が必ずしも遂行されているとは言い難い現状にあって、集落遺跡単位での均質な資料的比較を行うことができる報告例が限られているのも事実である。

今後、竪穴外柱穴の有無に注意を払った調査報告が当然のごとく行われるようになることを強く願うものである。

註

1　本遺跡の発掘調査担当者である米沢容一は、このピット群が竪穴外柱穴ではなく、周堤の両側を板などで押さえた杭の痕跡である可能性を指摘している(平成17年5月14日に開催された土曜考古学研究会での筆者の発表「竈をもつ竪穴建物跡の諸問題―竪穴外柱穴を中心に―」での質疑応答での発言)。台地・丘陵上の遺跡では当時の生活面が既に失われているため、実際に周堤を検出することは至難の技であるが、ひとつの可能性として傾聴に値する発言であるため紹介しておきたい。

2. 東北地方にみられる "竪穴＋掘立" との関係

　ここでは、東北地方北部を中心に分布する(第140図)竪穴建物と掘立柱建物が一体となる特徴的な遺構(以下、"竪穴＋掘立"[高橋学1988]と呼称する)と、竪穴外柱をもつ竪穴建物の関係について検討する。

A. "竪穴＋掘立" の概要

　この種の遺構の存在を最初に指摘したのは、青森県上北郡六ケ所村の発茶沢(1)遺跡を紹介した昭和63(1988)年の「青森県埋蔵文化財センター所報第7号」である[高橋学1988]。

　翌年に刊行された本報告書中では、建築学の高島成侑によって第205号住居跡の上屋構造の復元(第141図1)が行われている[高島1989]。竪穴部床面にある4本の主柱のうち、竃をもつ辺以外の三方を垂木で葺き降ろし、掘立部と接する竃側梁材の両端を延長して掘立柱の桁上に結合するもので、竪穴建物と掘立柱建物を一体化した建築構造を呈する。

　秋田県の高橋学は、昭和63(1988)年に発掘調査報告書類以外で初めて "竪穴＋掘立" を俎上に載せ、過去の調査では「隣接する竪穴建物跡と掘立柱建物跡」という個別の遺構として認識されていた報告例中から、この種の遺構を抽出して分析を行った[高橋学1988]。

　高島の上屋復元や高橋の問題提起などに啓発されたことも手伝い、発掘現場でも "竪穴＋掘立" の存在に注意を払った調査報告例が増加し、高橋玲子の事例集成[高橋玲子2001]と菅原祥夫の指摘[菅原2000]によると、宮城県を除く東北5県の44遺跡177例を数えることができる。

　岩手県と福島県は5遺跡ずつ、山形県では1遺跡のみで、いずれも一遺跡で1例の報告に留まっている。一方、青森県は17遺跡118例、秋田県は16遺跡48例と顕著で、その分布の中心は青森県西部から秋田県にかけてである(第140図)。一遺跡で当該遺構の報告例が最も多いのは青森県南津軽郡浪岡町野尻(4)遺跡の41例、同じく当該遺構が占める割合が最も高いのは野尻(3)遺跡の17軒中14例(82.4%)である。

　時期的には、9～10世紀のものが目立つが、8世紀代の事例も認められる。

　青森県西部の津軽地方では、建物の外側に周

第140図　東北地方における "竪穴＋掘立" の分布
[高橋玲子2001：図2から加除作成]

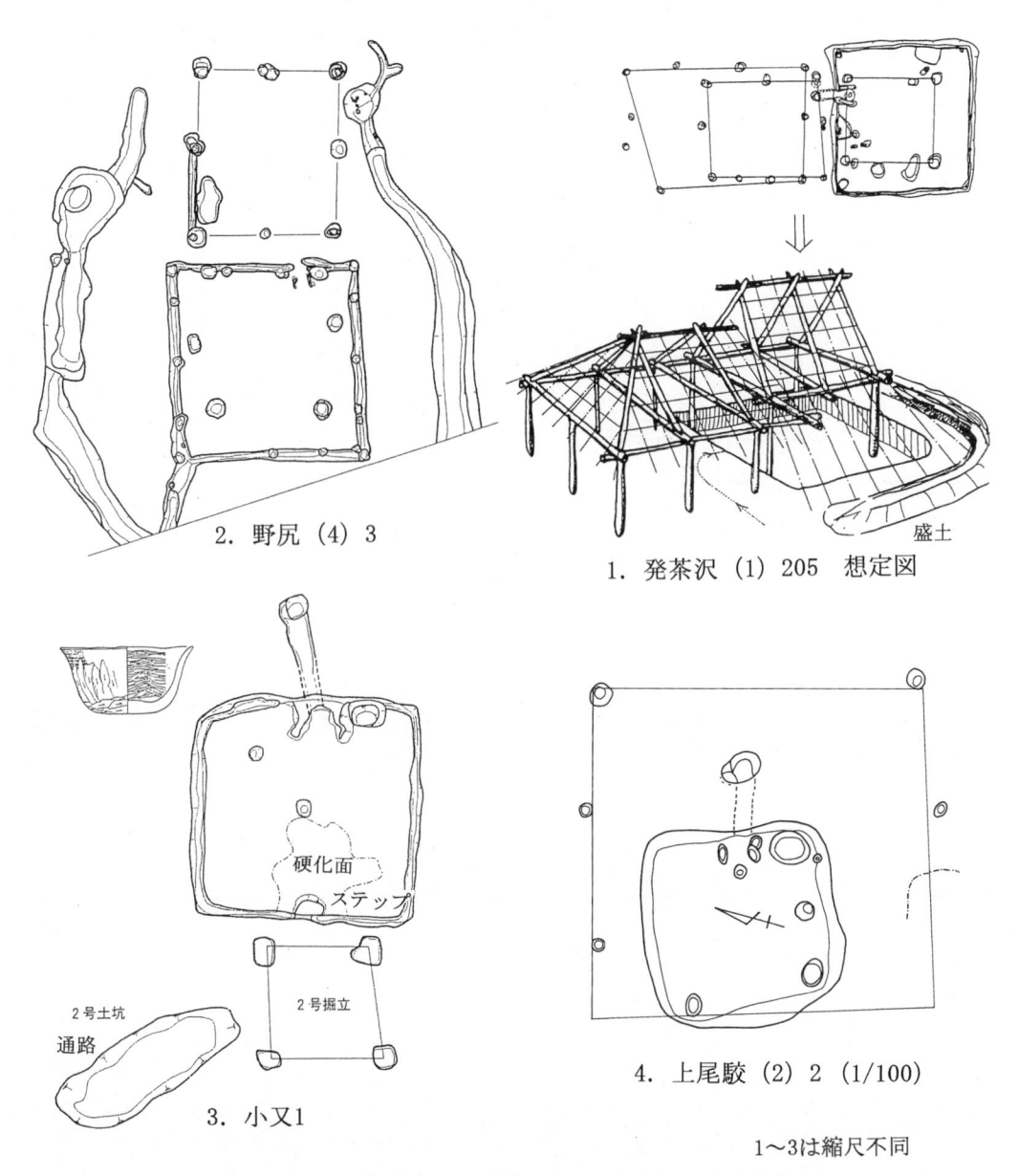

2. 東北地方にみられる"竪穴＋掘立"との関係　　279

第141図　"竪穴＋掘立"に関する事例［各論文から加除作成］

溝や土坑が設けられる事例(第141図2)が目立つ。木村高は、多雪地帯という気候面や民俗例などの視点から、これらの施設が融雪池など耐雪処理のために設けられたものであるという具体的な指摘を行っている［木村2000］。

"竪穴＋掘立"の大きな特徴としては、竈をもつ竪穴部側が掘立部と接する例が主体となる(第141図1～3)ことである。つまり、掘立部から竪穴部床面への昇降は、竈のある竪穴壁側になるわけで、当該遺構に限らず、東北地方北部の竪穴建物では竈をもつ竪穴壁側に出入口施設を設ける事例(第142図)が顕著なようである［高橋学1990］。関東地方では、竈をもつ竪穴壁側に出入口施設を設ける事例は

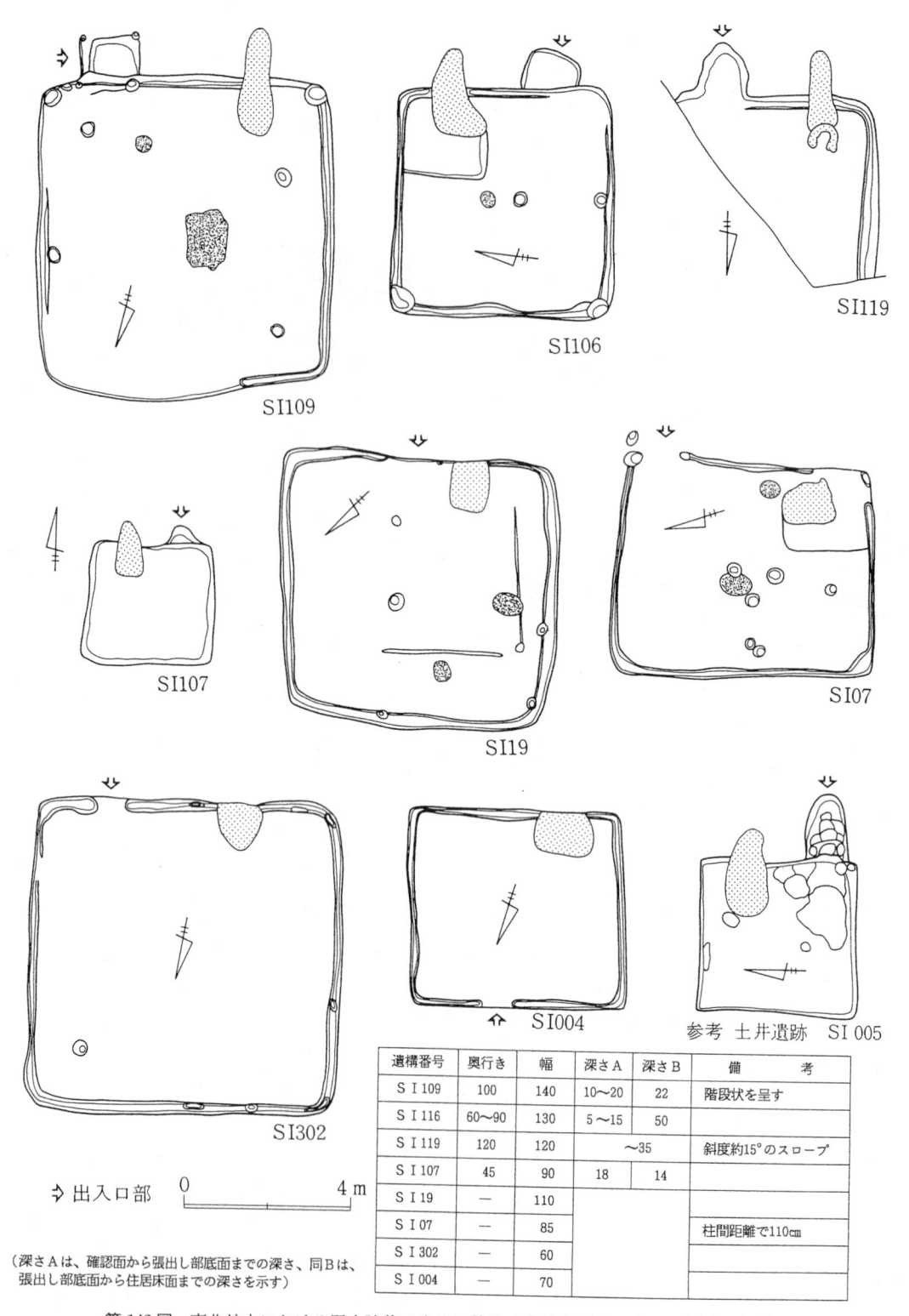

280　　　　　　　　　　　　　　　　　　　VI. 竪穴外柱をもつ竪穴建物の集団関係

遺構番号	奥行き	幅	深さA	深さB	備　考
S I 109	100	140	10～20	22	階段状を呈す
S I 116	60～90	130	5～15	50	
S I 119	120	120	～35		斜度約15°のスロープ
S I 107	45	90	18	14	
S I 19	—	110			
S I 07	—	85			柱間距離で110cm
S I 302	—	60			
S I 004	—	70			

⇨ 出入口部　　0　　　　　　　4 m

（深さAは、確認面から張出し部底面までの深さ、同Bは、張出し部底面から住居床面までの深さを示す）

第142図　東北地方における竪穴建物の出入口施設［高橋学1990：第416図から転載］

皆無に近い。また、南竈の事例も僅少だが、東北地方北部では南～東竈が目立っており、気候的な風向きと関係することが具体的に指摘されている［高橋玲子2001］。

最も南限の事例としては、陸奥国白河郡に属する福島県西白河郡矢吹町小又遺跡1号住居跡（第141図3）が挙げられる［菅原1998］。この遺構からは、城柵遺跡が設置されていないことなどから「律令国家圏外」とされる北緯40°以北に卓越する非ロクロ土師器［菅原2000］も伴出している（同図左上）。

菅原祥夫は"竪穴＋掘立"を「蝦夷社会に特有な居住施設」と捉え、「その土師器を伴って検出されている」ことから「蝦夷の移住を想定」［菅原2000：139］する。ただし、竪穴部と掘立部の位置関係が一般例（第141図1・2）とは逆になっているので「東北地方北部の影響下に成立した派生型とみるのが妥当ではないか」［菅原1998：175］と説明している。

"竪穴＋掘立"の機能としては「作業小屋説、燻製施設、馬小屋説など」［高橋玲子2001：22］が挙げられるが、「遺跡によって異なる生産活動」［高橋玲子2001：22］が認められることから、特定の役割に限定されるものではないと思われる。いずれにしても東北地方、特に北部日本海側を中心にみられる特徴的な遺構であることは間違いない。

B. 竪穴外柱をもつ竪穴建物と"竪穴＋掘立"の比較

"竪穴＋掘立"は、その地理的分布の偏在性と共に、構造上の大きな特徴として竪穴部と掘立部が軸線を揃えて並列する事例（第141図1・2）が大部分を占めている。

一方、竪穴外柱穴をもつ竪穴建物跡のほとんどが、竪穴部の四方を竪穴外柱で囲んでいる。この両者は、根本的に異なるものとして捉えることが可能ではなかろうか。

"竪穴＋掘立"には、第141図1のように竪穴部と掘立部が連結する上屋構造をもつもの以外に、竪穴建物と掘立柱建物が「独立した2つの建物となる」［高橋玲子2001：22］事例、つまり建物としては別個だが、軒を接することにより両者が有機的に関連した事例も存在するようである。竪穴外柱は、あくまでも竪穴部の上屋構造と一体であるという点を鑑みると"竪穴＋掘立"と竪穴外柱をもつ竪穴建物は、別系統のものとみるべきであろう。

第143図に示した2軒は、竪穴外柱穴をもつ竪穴建物跡として拾ったものだが、いずれも竪穴部南壁に接する一方側だけに竪穴外柱で囲まれた竪穴外屋内空間を造る。竈との位置関係からみると報告例は少ないが、"竪穴＋掘立"でも類似例が認められ[註1]、この種の遺構として捉えることが可能なものと考えられる。

皀角子久保Ⅵ遺跡ⅣA-2住居跡（第143図左）は、秋田・青森両県境に近い岩手県九戸郡軽米町に位置し［文献岩手7］、地理的にも"竪穴＋掘立"の分布する中心域に近い。

伊勢崎Ⅱ遺跡SI-22（第143図右）では、竪穴外屋内空間で硬化面が認められる。栃木県真岡市に所在し［文献栃木7］、これを"竪穴＋掘立"と把握した場合、東北地方以外で唯一の報告例となる。

また、青森県上北郡六ケ所村上尾駮(2)遺跡第6号住居跡（第141図4）は、竪穴部が掘立部の内側に収まるもので、"竪穴＋掘立"では異例なものとして「掘立部分の位置付けを模索していかなければならない」［高橋学1988：39］と指摘されている。本例は、むしろ竪穴外柱をもつ竪穴建物と理解した

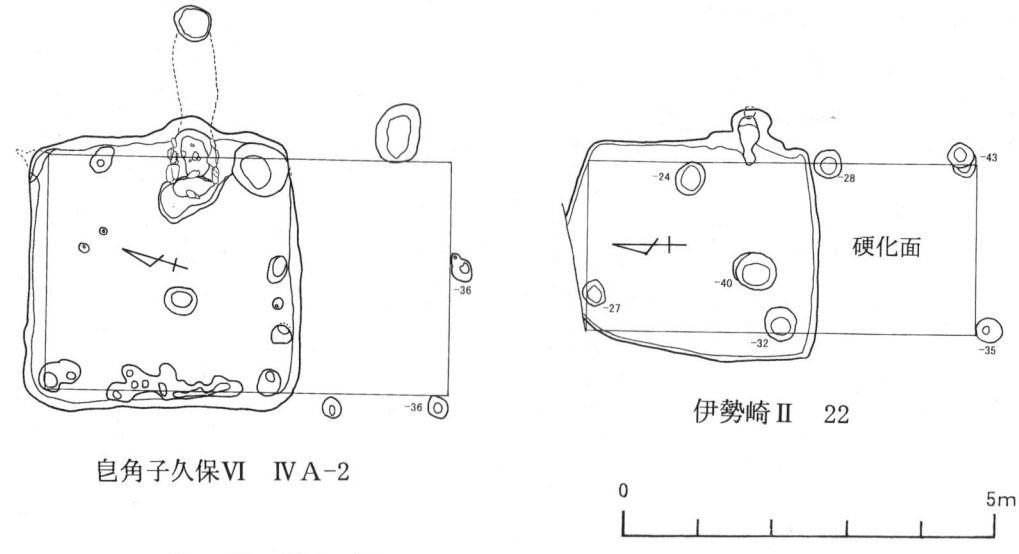

皀角子久保Ⅵ　ⅣA-2　　　　　　　　伊勢崎Ⅱ　22

第143図　"竪穴＋掘立"として理解すべき事例［各報告書から加除作成］

ほうが妥当なものと思われる。

　恵美昌之は、愛島東部丘陵遺跡群の9世紀に属する壁立式に復元される2軒［文献宮城1・2］（第109図）について、「竪穴から掘立柱建物への過渡的な形態を示すと思われるもの」［恵美1988：23］と評価するが、東北方面の研究者にとって竪穴外柱穴をもつ竪穴建物跡に対する認識は総じて低いものと思われる。

　菅原祥夫は、前述した小又遺跡の"竪穴＋掘立"例（第141図4）を検討するにあたり、［拙稿1996b］で取り挙げた樋ノ下遺跡第15号住居跡（第110図）を「近似した例は他に関東地方でも確認されている（桐生：1997）が、これは塀と竪穴がセットになる構造であり（中略）、明らかに別系譜と見做される」［菅原1998：175］とするが、樋ノ下遺跡における他の事例（同図）の存在などから考えても「塀と竪穴」という関係で捉えるのは無理があろう。

　東北地方における当該遺構（第114図など）は、7世紀前葉～中葉の鴨打A遺跡30号住居跡［文献福島6］を除き、すべて8～10世紀の所産であり、"竪穴＋掘立"がみられる遺跡とは重複していない点は注目される。

　竪穴外柱穴をもつ竪穴建物跡の顕著な下堤C遺跡［文献秋田1］が、秋田城跡と至近距離にあることなどからも、"竪穴＋掘立"を「蝦夷社会に特有な居住施設」［菅原2000：139］と捉えた場合、竪穴外柱をもつ竪穴建物（ここでは特に壁立式を指す）は関東方面からの倭（日本）人の移民［藤沢2004］に伴い造られ、定着していったものと理解できるのである。

註

1　秋田県能代市上の山Ⅱ遺跡例が、竈のある竪穴部に向かって左側に掘立部を設け、形態的に近いものである［高橋玲子2001：54図4―159］。

VII. 終　　　　章

1. 棚状施設をもつ竪穴建物跡に関する総括

　ここでは、第Ⅱ〜Ⅳ章で具体的な分析を加えた棚状施設をもつ竪穴建物跡について、第Ⅰ章で指摘した課題に関する総括を行いたい。

　当該遺構の報告例は、平成14(2002)年末現在で355遺跡830軒を数える(第15表)が、このうち古墳時代(5〜7世紀)のものは全体の7.2%にあたる60軒に過ぎない。

　5世紀代に、竈が須恵器生産技術などと共に朝鮮半島から九州地方北部に伝播したことと連動するように、棚状施設をもつ竪穴建物の最古の事例が福岡県八女市鍛冶屋遺跡(第30図)でみられること、全国的に造り付け竈が定着する6世紀代の当該遺構の存在が、やはり九州地方北部で顕著なこと(第26図)などを鑑みると、棚状施設が北部九州で出現、定着すると共に、造り付け竈の伝播などを契機に東日本方面に展開していったものと理解することが妥当であると思われる。

　5世紀には長野県、6世紀には関東地方を越えて山形県まで伝播した当該遺構は、7世紀には本州最北部の青森県にまで到達する(第30〜32図)。

　棚状施設という竪穴建物の屋内施設が何故発生したかという点に関しては、弥生時代から古墳時代前期にかけて炉をもつ竪穴建物に採用されたベッド状遺構が福岡県で突出していることと関係しているものと思われる。ベッド状遺構は、文字通り「寝台」としての役割を第一義的にもっていたと捉えられるが、中には収納スペースや祭壇として利用されていたものも存在するようであり[宮本1996]、竪穴建物に竈が導入された段階で、その役割が引き継がれたものと考えられるのではなかろうか。

　古代(8〜11世紀)になると、当該遺構は全体の92.8%にあたる770軒を数え、関東地方を中心に激増する。特に武蔵国と上野国が分布の中心となる(第8表)。

　棚状施設の構築方法としては、地山を素掘りするものが目立つ(第11表)。粘土を化粧・充塡・盛土する報告例は、ほぼ関東地方に限られるが、特に南武蔵と下総国・常陸国を「粘土多用地域」、それ以外を「素掘り中心地域」として区分することができる。

　棚状施設は、竪穴壁よりも外側に張り出す「アウトタイプ」が主体となるが、竪穴壁内側にある「インタイプ」のものも少なからず認められる(第5表)。

　当該施設は、位置的に竈と関係あるものが全体の95%を占めており(第12表)、粘土を使用する事例は竈と一体的な構造(第10図4)を示している。また、当該施設の前面に貯水施設と考えられる「貯蔵穴」が設けられているものも目立つ(第16図)。

　棚状施設の規模としては、竪穴床面からの高さがアウトタイプでは20〜50cm・インタイプでは

VII. 終　章

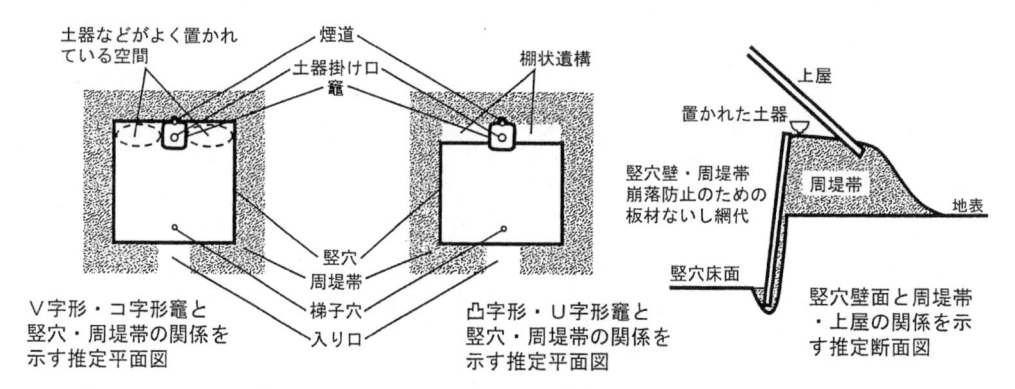

※周堤帯の高さは、V字形竈の竪穴建物の場合で、「竪穴の掘削土量÷（周堤帯の幅×（竪穴の全周距離＋周堤帯の幅×4））」という計算式でおおよそ導き出され、例えば4m四方、深さ50cmの竪穴に、幅1mの周堤帯を築く場合、周堤帯の高さはおおよそ40cm、幅1.5mの周堤帯の場合、高さはおおよそ24cmとなる。

第144図　荒井健治による「周堤帯と竪穴の関係模式図」〔荒井健治2002a：第8図から転載〕

5～20cm（第5表）、使用面の幅は25～50cm（第6表）、竪穴検出面から使用面までの深さは20cmまで（第7表）のものが主体的である。これらの数値は、外山政子の指摘する「カマド作業円」〔外山1998：56〕（第50図）とも一致している。

　また、食生活に関係した道具類が使用面上に遺棄されている事例が多い（第17表）ことからも、一応、竈を中心とする厨房空間における「物置・収納」のために設けられたものと見なすことができる。

　しかしながら、竪穴床面以外に家財道具を置くのであれば、このような屋内施設をわざわざ造るまでもなく、竪穴壁よりも外側の造作を伴わない平坦面である「竪穴外屋内空間」（第4図）を利用しても用は足りるわけで、現に棚状施設とは竈を挟んだ反対側の竪穴外屋内空間に須恵器大甕（水瓶）が置かれていた事例（第49図）も報告されている。

　さらに、竪穴内における転落遺棄遺物の出土位置（第47・48図）をみると、竈をもつ辺だけでなく竈のない辺にも土器類が置かれており、竪穴外屋内空間も物置・収納スペースとしてかなり利用されていたことが窺える。

　したがって、単なる物置・収納スペースを造るだけの目的で構築された屋内施設とは考えにくいのである。

　荒井健治は、棚状施設をもつ竪穴建物跡の報告例が最も多い武蔵国府関連遺跡（第10表）の分析から、当該施設が設けられた理由について「竪穴規模縮小に伴う土器などの収納場所として、新たに生まれた竈の付く壁側の上場と周堤帯の間の空間を整備したものであり、その意味で、奈良時代前半以降の凸字形やU字形の掘り込みをもつ竈の竪穴建物全てに、棚状遺構が存在していてもよいものと思える」〔荒井健治2002a：381〕と指摘している（第144図）。非常にわかりやすい説明ではあるが、次のような点で容認できない。

・棚状施設をもつ竪穴建物が、8世紀以降に顕著な存在となることは確かだが、古墳時代でも報告例が少ないながらも認められる（第16表）点から、奈良時代前半以降の竪穴規模縮小に伴い出現したものとは言い難い。

・竪穴壁上端と周堤帯間の空間を整備したという捉え方は、アウトタイプの事例には当てはまるかもしれないが、竪穴壁の内側に設けられるインタイプのものについては説明がつかない。
・上記の「奈良時代前半以降の凸字形やU字形の掘り込みをもつ竈の竪穴建物全てに、棚状遺構が存在していてもよいものと思える」という見解は、当該遺構の検出率が高い遺跡でも50％を越える事例がほとんど無いことから無理がある。

棚状施設をもつ竪穴建物の性格を考えるうえで鍵となるのは、特異な出土状態を示す遺物と、竪穴床面上に遺棄された特徴的な遺物や、遺構・遺跡の在り方である。

まず、特異な出土状態を示す遺物については、報告例こそ少ないものの、墨書土器の出土状況などから、棚状施設が日常什器類の収納スペースに留まらず、祭祀や儀礼に関係した空間としても利用されていたことを示している。

ここで特に注目しておきたいのは、僅か1例ながら、大宮越遺跡における墨書土器の埋納例(第15図)である。棚状施設には柱穴とは考えにくいピットも散見される(同図)ことから、あくまでも推測の域を出ないが、これらに木器など有機質の器類が埋められていた可能性も考慮する必要があるかもしれない。

棚状施設の「神棚説」を提唱した井上尚明は、最新の見解として「カマドとカマド脇の棚状遺構がカマド祭祀」[井上尚明2004：273]の空間であると指摘する。一方、竈神の祭祀と竈の祭祀は区別して考えるべきであるという意見もみられる[内田2004：73〜77]が、いずれにしても竈と密接な関係にある棚状施設に、何かしらの信仰対象を祀っていたと見なすことは決して不自然ではなかろう。

竪穴床面に遺棄された特徴的な遺物(第51図)や刀子・砥石類の出土例が比較的目立つこと、炉をもつ竪穴建物の存在(第18表)や、当該遺構がみられる遺跡の性格などからは、棚状施設をもつ竪穴建物が、製鉄・鍛冶を始めとして、漆工・木工、建築・土木、玉造、金工、紡績などの各種手工業生産に携わった非農業民である工人集団の「住居兼工房的竪穴建物」[荒井2002a：381]であると考えることができる。報告例の少ない古墳時代の事例についても、製鉄・鍛冶や須恵器生産との関係で捉えられる遺跡の存在から同様に理解することが可能であろう。

先述したような様々な職種の工人は、それぞれが決して孤立していたわけではなく、業務の対象や利害関係などに絡んで連携していたことは想像に難くない。棚状施設をもつ竪穴建物に係わる最も顕著な工人集団は鍛冶集団と思われるが、現在でも鍛冶屋が信仰している特定の神々が存在する[新井英之2001]ことなども鑑みると「彼らが農耕民とは違った内容の祭祀を行っていたことも十分にあり得る」[坂本和俊1994：29]のである。

したがって、物置・収納スペースとして利用するだけでなく、非農業民である職人たち独自の信仰対象を祀る空間として棚状施設が設けられたものと捉えられるのではなかろうか。

この点については、熊の山遺跡と中原遺跡(第52図)の比較から、農業生産を主体とする前者では、棚状施設をもつ竪穴建物が「村の鍛冶屋」的な単一的かつ小規模な存在である(第53〜56図)のに対して、「工業団地」的な性格をもち手工業生産を主体とする後者では、斉一性の強い当該遺構の存在が顕著である(第57・58図)という明らかな相違(第19表)が認められることなどからも説明できるものと

思われる。
　また、農村と都市の比較において、前者の事例として取り上げた下総国印旛郡村神郷と舩穂郷では、有機的に関連する複数の遺跡(第59図)に跨がり、棚状施設の平面タイプなどが極めて斉一性の強い様相を呈している(第60～62図)。その背景には、同一系譜の集団が係わっていたと推測され、開墾集落として展開する遺跡群における非農業民である特定工人集団の関与を単純かつ具体的に示しているものと見なすことができる。
　一方、後者の代表例である武蔵国府関連遺跡(第64図)では、当該遺構は「工房ブロック」とみられる小地域に顕著(第22表)で、同時期に複数の工人集団が関与したと思われる多種多様な平面タイプの事例が混在する(第23表)ことから、比較的短期間に離合集散を繰り返していたような複雑な集団関係を反映しているものと捉えられる。
　この両者の対照的な在り方は、棚状施設という屋内施設を竪穴建物に採用した工人集団が、それぞれの地域に関与した頻度を示しており、前者を「村神型(単純型)」、後者を「武蔵国府型(複雑型)」として括ることができる。これらに加えて、同時期に主体と客体に分けられる複数の平面タイプの棚状施設をもつ竪穴建物跡がみられる「中原型(中間型)」という、概ね三つの類型に分類することが可能である。
　棚状施設をもつ竪穴建物跡の背景に存在する特定の集団関係を識別する最も有効なメルクマールとなり得るのは、棚状施設の平面タイプである。特定地域における複数遺跡から検出された棚状施設をもつ竪穴建物跡の平面タイプについて、時間的・空間的な相互関係などを比較検討することにより、一遺跡内だけでは捉えきれない集団間の動態を探るうえで有効な情報を得ることができる。
　巨視的には、最も普遍的な竈をもつ竪穴壁面に造られる事例を、竈を挟んで両側、竈に向かって左側、竈に向かって右側の三者に分けてみた場合、報告例の多い関東地方では、千葉県・茨城県・神奈川県・群馬県で両側、埼玉県・栃木県で右側の事例が目立ち、東京都のみ右側と両側の事例が拮抗している(第14表)。古代における棚状施設をもつ竪穴建物は、武蔵国府関連遺跡と武蔵国分寺跡(第70図)を中心に分布する点から、両遺跡を核として周辺地域にそれぞれの平面タイプが波及したものと考えることもできる。
　ここで注意しておきたいのは、同じ武蔵国であっても東京都を中心とする南武蔵と北武蔵(埼玉県)では、棚状施設の平面タイプや構築方法(第11表)などの傾向が異なっている点である。これは、『日本書紀』記載の安閑天皇元(534)年に起こったとされる武蔵国造の争乱における、北武蔵と南武蔵の豪族間の抗争［倉本1997］に象徴されるような地域差と決して無関係ではないだろう。
　なお、ひとつの遺跡内で複数の棚状施設をもつ竪穴建物跡が偏在する場合、「遺跡内で長期間にわたり工人集団が集住するエリアが形成され、その中で竪穴建物に棚状施設をもつ複数の集団による活動が行われた結果を示す」ケース1、「同一集団が数代にわたって一定エリアを占有していた累積結果を示す」ケース2、「特定の集団が一定時期に限って活発な活動を展開した結果を示す」ケース3が想定できるが、このうち、ケース3(第57・80・88図)は、中世における「渡り職人」［網野1984：431～435］のような集団の性格を有していたものと理解することができるかもしれない。

先述したように、棚状施設をもつ竪穴建物は古代に入ってから顕著な存在となるが、特に9世紀代の事例は突出している(第16表)。これは、池田敏宏が指摘するように、度重なる地震・火山噴火などの災害や「対蝦夷38年戦争の余波」[池田2003：83]がもたらした社会不安に対して、カミ・ホトケにすがることが多くなった点と連動していると考えられる。当該施設が単なる物置・収納だけのために設けられたのではないということに関しては、このような背景からも説明できるものと思われる。

　いずれにしても、竈をもつ竪穴建物にみられる棚状施設は、その竪穴建物を使用あるいは構築した人々の単なる嗜好性だけで設けられた屋内施設ではなく、背後に特定の工人集団の存在が窺えるものとして位置付けることが可能である。

2. 竪穴外柱穴をもつ竪穴建物跡に関する総括

　ここでは、第Ⅴ・Ⅵ章で具体的な分析を加えた竪穴外柱穴をもつ竪穴建物跡について、第Ⅰ章で指摘した課題に関する総括を行いたい。

　まず、竪穴外柱穴は、文字通り「竪穴部本体の外側に離れて存在する」ことから、竪穴部外周の遺構確認を怠ったり、竪穴建物の施設として認識されず、報告に至らなかったものも少なからず存在するようで、資料的な制約を伴う点も念頭に置く必要がある。

　竪穴外柱穴をもつ竪穴建物跡は、ピットが垂直に掘られているか、内傾しているかという点や、竪穴床面の柱穴や竪穴壁との位置関係などから、伏屋式と壁立式に大別され、さらに①～⑧のタイプに分類できる（第101図）。

　当該遺構は、竈をもつ竪穴建物が主体的にみられる地域（第26表）で、ほぼ全時期にわたって存在する（第27表）が、壁立式のものは83％が古代に属する。全般的に報告例が少ないが、⑦柱間不整合タイプが主体を占めている（第27表）。

　壁立式では、竈後方に防火対策のため土壁（竪穴外壁）が設けられていた事例も認められる（第28表）。

　また、竪穴壁上端と竪穴外柱によって囲まれた竪穴外壁までの間の平坦面である「竪穴外屋内空間」（第4図）は、N類・S類・W類に分けられるが、前二者が竪穴床面から柱を排除することよって、竪穴床面積の有効な確保を第一義的な目的としているのに対して、W類には硬化面（第110図）や、ロクロピット（第112図）などの痕跡が認められることから、「第二の床面」としての屋内空間を確保するためのものと捉えられる。

　古代では、竪穴外柱穴をもつ竪穴建物跡がまとまっている遺跡（第129・132・135・139図）が散見されるが、同系統の建物タイプから時間的・位置的な変遷をたどることにより、単位集団の動態などが窺える点や、壁立式の事例が目立つ遺跡からは非農業民である工人集団との関係を指摘することができる。

　さらに、東北地方で特徴的にみられる"竪穴＋掘立"（第141図）と、竪穴外柱穴をもつ竪穴建物は構造的に別系統と捉えるべきである。それぞれが分布する遺跡は重複しておらず、前者は「蝦夷社会に特有な居住施設」［菅原2000：139］、後者は倭人の移住に伴い造られたものと理解される。

　ちなみに、"竪穴＋掘立"が分布する中心域（第140図）は「アイヌ文化の時代に盛行するチャシ（砦）の初現形態」とされる10世紀代を中心とした「防御性集落」［工藤2004：31］がみられる地域（第145図）ともほぼ重複しており、この点からも倭人の文化とは区別できるものと捉えられるであろう。

　さて、古代竪穴建物の小型化現象をめぐる「古典的解釈」と「竪穴＝土間説」の是非に関しては、従来具体的なデータから検討されることが少なかったものと言える。

　小稿における事例集成と分析からは、資料化に至る原則的な問題が介在するものの、竪穴外柱穴をもつ竪穴建物跡の中には伏屋式に復元できる事例も認められ（第101図）、竪穴外柱＝壁立式［高橋・多ヶ谷1998］とは限らないこと、壁立式に復元されるものは、最も報告例が多い東京都ですら「100軒掘

2. 竪穴外柱穴をもつ竪穴建物跡に関する総括　　　　　289

北海道
1 小茂内遺跡
2 ワシリ遺跡
3 原口遺跡
4 尾白内遺跡
5 将木館
6 戸鎖館
7 明前館
青森県
8 風張(I)遺跡
9 鷹架沼遺跡
10 能野沢蝦夷館
11 内沼蝦夷館
12 中志蝦夷館
13 南部町森館
14 蓬田大館遺跡
15 蓬田(古)墳
16 里城
17 中里館
18 高館遺跡
19 高屋敷館
20 種里城
21 大館森山館
22 小友館
23

24 中別所館
25 石川長者森遺跡
26 砂沢平遺跡
27 古館遺跡
岩手県
28 駒焼場遺跡
29 大日向II遺跡
30 牛転ばし館遺跡
31 黒山の昔穴遺跡
32 民田山森遺跡
33 太布蝦夷森遺跡
34 コアスカ館遺跡
35 暮坪遺跡
36 三ツ森遺跡
37 子飼沢山遺跡
38 千ヶ窪I・II遺跡
39 竹林遺跡
秋田県
40 横沢遺跡
41 太田の神I遺跡
42 妻の神I遺跡
43 下沢田遺跡
44 北の林I遺跡
45 古館遺跡

第145図　工藤雅樹による「主な防御性集落の分布」[工藤2004：図3から加除作成]

っても1軒に満たない」少なさであること、竪穴外屋内空間はN類とS類の事例が主体を占めており、「第二の床面」としての生活面を確保したW類の報告例は僅少であることが指摘できる。

　竪穴建物内の空間利用を平面的にだけ捉えた場合、伏屋式である中筋遺跡1号竪穴式住居のように、屋根材の垂木を竪穴壁の上端に斜めに差し込み、垂木尻を固定するように周堤を設ける例[渋川市教育委員会1992]では、竪穴建物の使用面は竪穴内に限定されるが、これは壁立式の竪穴壁上端際に竪穴外柱を設ける竪穴外屋内空間N類のものも同様である。

　また、城北遺跡SJ3・41・46の3軒のように、竪穴壁の上端と周堤までの間に幅50cmほどの平坦面が確認され「棚状の空間(この場合、造作は伴わない―筆者註)として利用された」[山川1995：727]ことが想定される例は、壁立式の竪穴外屋内空間S類と同様に、物置程度の利用に限られる。

　伏屋式竪穴建物の垂木尻を竪穴壁の上端よりも外側に設置することは、屋根の高さとの関係から限界がある。一方、壁立式竪穴建物跡で検出された土壁の報告例からは、竪穴外壁の高さが1.4m～2.8m程度と推測され、これに竪穴壁の深さを加えると、伏屋式竪穴建物とは明らかに異なる三次元的な屋内空間を呈している。この点こそが、伏屋式竪穴建物との決定的な違いであると評価することができる。また、伏屋式の竪穴建物では外側に周堤を伴うものが一般的であったと思われることから、壁立式竪穴建物とは景観的にも大きく異なっていたことも指摘できよう。

　上屋を棟高に造る必要性があるものとしては、屋内で火を使う作業を始めとする各種手工業生産に従事する工房的な建物を想定することが可能であろう。総体的に事例が少ないながら、壁立式の竪穴建物跡がまとまって検出されている遺跡が手工業生産と関係深い(第110・129・135・139図)ことも鑑

みると、主に非農業民である工人集団が採用した建物型式であった可能性を指摘しておきたい。

　したがって、笹森健一の提唱した「竪穴＝土間説」（第2図）に該当する事例は、一部では確実に存在するものの、古代において普遍的に認められたとは言い難く、竪穴建物の小型化現象については、大型竪穴建物に居住していた階層が掘立柱建物に住むようになったことと連動する［松村 1995］ものと理解される。

　ただし、「古典的解釈」にみられるように、竪穴建物を使用した人々を単純に貧農層と考えることは、現在の各種考古学的情報からは、もはや無理があるものと思われる。

3. 今後の調査研究に向けて

　以上冗長に述べてきたが、従来等閑視されがちであった棚状施設や竪穴外柱穴をもつ竪穴建物跡から、竈をもつ竪穴建物跡をめぐる問題に関して、今までとは異なる視点からの追究ができることを示せたのではないかと考える。

　畿内では7世紀に竪穴建物が消滅し、掘立柱建物が一般化する［松村1995］が、主に関東甲信地方や東北地方では古代末まで竪穴建物が主体的に存続する。これは、頻度の差こそあるが「掘立柱建物の集落への導入」［松村1995：55］と表裏一体の現象として把握すべきであろう。

　第V・VI章で検討した竪穴外柱穴をもつ竪穴建物跡の様相からは、当該遺構が発掘調査から報告書作成に至る間にスポイルされたものも決して少なくないのではないかという疑問点を差し引いて考えてみても、竪穴床面に柱穴が認められない事例の多くを竪穴外柱の存在を介して説明することには無理があると思われる。現状のデータ数（第27表）からは、発掘調査時には痕跡を留めないような垂木尻によって支えられていた伏屋式の上屋構造をもつものが主流であったと考えざるを得ない。例えば、荒井健治が想定するような周堤部分に垂木尻がある場合（第144図右）などは、台地や丘陵上の遺跡では実際に検出することは難しい。

　また、福岡県甘木市立野遺跡［福岡県教育委員会1986］で報告されているような竪穴壁面に穿たれた垂木受けの痕跡（第148図）などに注意を払った取り組みもほとんど行われておらず、伏屋式構造を証明する手掛かりが少ないのも現状である。

　壁立式竪穴建物の竪穴外屋内空間をみると、「第二の床面」として利用可能なW類の事例が僅少なことからも、笹森健一の提唱した「竪穴＝土間説」を普遍的なものとして捉えることには無理があろう。

　したがって、古代における竪穴面積の縮小と、竪穴床面の無柱穴化による竪穴建物の小型化傾向の根本的な要因を笹森説から説明することはできないものと結論付けられる。

　いずれにしろ、竪穴外柱をもつ壁立式の竪穴建物を、屋内空間の点から掘立柱建物との折衷的な建築構造を呈するものと捉えることは妥当と思われるが、ここで注意しておきたいのは、竪穴外柱穴をもつ竪穴建物跡では柱間が整合するものは僅かで、柱間が不整合な事例が顕著な点（第27表）である。両者は、梁を先に架けるか、桁を先に架けるかという建築工法上の違いにより説明できるが、地方の掘立柱建物跡では後者の事例も散見されることから、これらとの関係からの検討も今後の課題である。

　ただし、竪穴外柱穴の掘り形をみた場合、井上尚明が指摘するような「居宅」の掘立柱建物跡で認められる径75cm前後のもの（第147図）はほとんど存在せず、「集落」の掘立柱建物跡の径50cm以下のもの［井上1996］と同様な傾向にある点からは、共通点を見いだすことができる。

　前述したとおり、壁立式に復元される竪穴外柱穴をもつ竪穴建物跡が目立つ遺跡は非農業民である工人集団との関係で捉えることが可能と思われるが、棚状施設をもつ竪穴建物跡も同様な背景が窺えるものと理解できる。

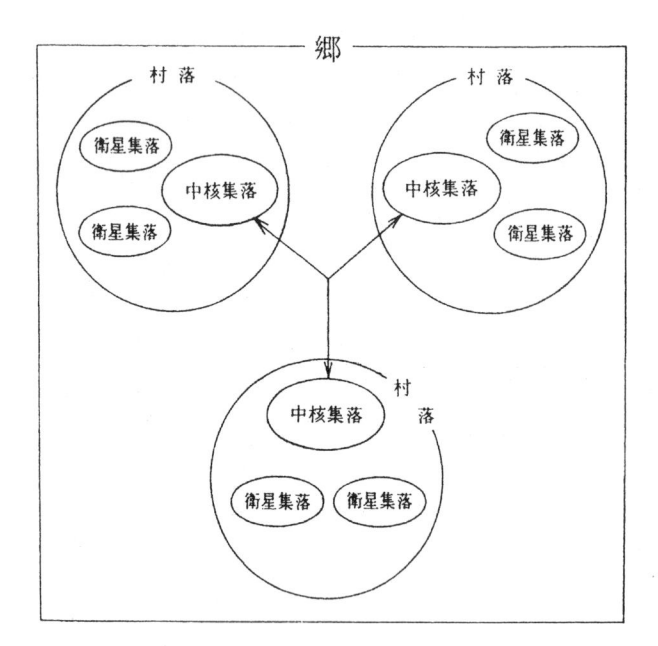

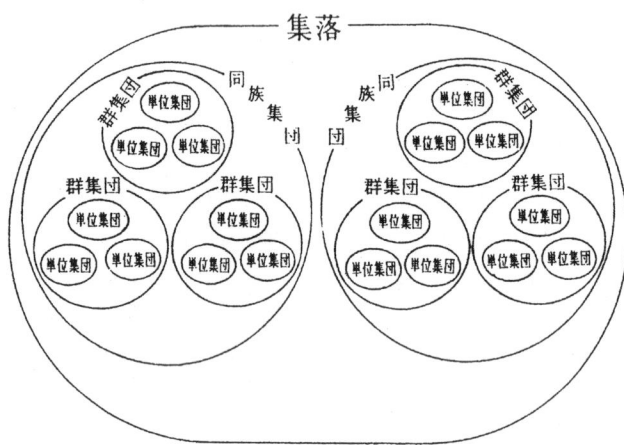

第 146 図　藤岡孝司による「村落構造概念図」
［藤岡 2004：第 1 図から加除作成］

笹生衛は「9 世紀前半以降、集落内へさらに仏教信仰が浸透する過程で、集落内の氏族意識や在地の神話体系に影響を与えた可能性があり、これにより集落の構成原理が変化し、それまで継続的に営まれてきた単位集団を分散させ、集落を景観的に変質させていったと考えられる」［笹生 2002：120］とするが、9 世紀代における棚状施設をもつ竪穴建物の顕著な突出現象（第 16 表）なども、当時の社会的な背景と連動しているものと捉えられる。

近藤義郎によって提示された「単位集団」［近藤 1959：17］の概念は、集落遺跡における竪穴建物跡や掘立柱建物跡などのまとまりから抽出されるもので、概ね藤岡孝司の示すような概念図（第 146 図）［藤岡 2004］のように理解されていると思われるが、複数の「竪穴建物の小ブロック」が存在する場合、各群に跨がる建物の軸線方向などの共通性が指摘されることはあっても、具体的な建物施設からの比較検討が行われることはほとんどなかったものと言えよう。

棚状施設の平面タイプなどからは、第 IV 章で取り上げたような従来の集落遺跡研究にはみられない切り口からの分析視点が提示でき、遺跡内はもとより遺跡間の集団関係を探ることも可能である。

棚状施設や竪穴外柱穴をもつ竪穴建物跡以外の特徴的な遺構としては、「L 字形カマド」［松室 1996：147〜183］をもつ竪穴建物跡（第 149 図）や、「大壁造り建物」［林 2001：170〜176］が挙げられる。前者の分布（第 150 図）をみると、九州地方北部から近畿地方にかけての西日本を中心にして存在するのに対して、東日本の事例は僅少である。後者の発見されている遺跡も畿内を中心としており［青柳 2003］、棚状施設や竪穴外柱穴をもつ竪穴建物跡の分布域とは九州地方北部を除き、大きく異なっている。

「L 字形カマド」をもつ竪穴建物や「大壁造り建物」は、概ね渡来人系の遺構と考えられている［林

2001]・[松室 1996]ことから、棚状施設や竪穴外柱をもつ竪穴建物と単純に比較するには問題もあるかもしれないが、特に、これらの建物跡の畿内における多寡が対照的な分布を示していることは注目して良いだろう。

畿内では7世紀になると竪穴建物が消滅することから、古代末まで竪穴建物が存続する関東・東北地方などと比較した場合、竪穴建物の絶対数に大きな開きがあることや、発掘調査上の問題が介在しているとしても、棚状施設や竪穴外柱穴をもつ竪穴建物跡が畿内では全く報告されていない背景については、様々な考古学的情報からの検討も含めて、今後追究していく必要があろう。

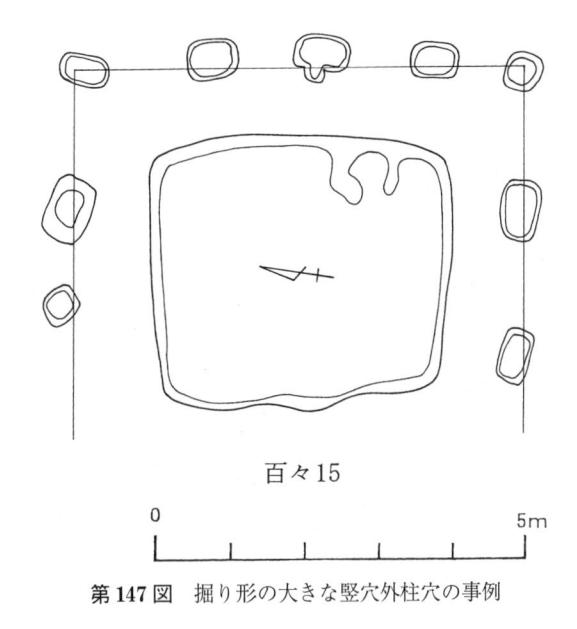

百々15

第147図　掘り形の大きな竪穴外柱穴の事例

先述したとおり、「大壁造り建物」は平地式構造を呈するものが一般的[青柳 2003]なようであるが、滋賀県下五反田遺跡 SH 04[宮本 2004]は、竪穴構造を示す「大壁造り建物」(第151図)に復元される事例として注目される。

この遺構は径6.7 m×4.9 m、深さ60 cmを測り、火災に遭ったことから、スサ入焼土塊や竪穴壁に巡らした化粧腰板の炭化材が検出されたことにより、その上屋構造が判明したものである。上屋復元を行った宮本長二郎は「この焼失住居址には主柱がなく、竪穴壁沿いに側柱や壁木舞などの建築構造を示す軸部材の痕跡も皆無であり、焼失住居でなければ伏屋式竪穴住居に認定するほかない遺構である」[宮本 2004：250]と指摘している。

このような事例が認められるということは、竪穴建物の中にも平地式の「大壁造り建物」と同様の上屋構造をもっていたものが他にも存在していた可能性を示唆している。一般的な「大壁造り建物」の分布範囲を鑑みれば、竪穴構造の当該遺構が全国各地に存在していたとは考えにくいが、改めて火災に遭った竪穴建物跡から得られる情報が、上屋復元などにあたり有効であることを再認識させる[高橋泰子 2002]。

いずれにしても、今後は、竪穴外柱穴や棚状施設など、従来あまり知られていなかったような竪穴建物に伴う諸施設[拙稿 2005b]を正しく理解し、常に問題意識をもった発掘調査と報告が増加することを願うものである。

情報過多とも言える昨今の状況は、考古学の立場から古代集落遺跡を分析するにあたっての原点であるはずの「一軒の竪穴建物跡」の存在をつい忘れがちなものにしてしまうが、個々の遺構に立ち返った取り組みを決して疎かにしてはいけないと思うのである。

最後に、多くの考古資料に対して言われているように、竈をもつ竪穴建物跡のデータベース化を行うことが急務であることを指摘して、とりあえず筆を置くことにしたい。

VII. 終　章

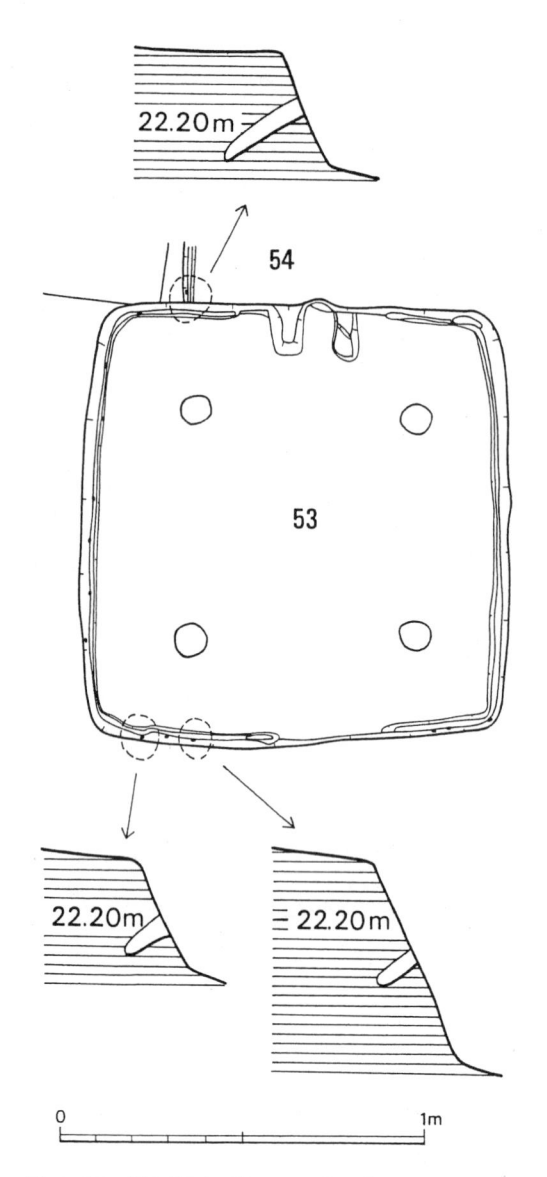

第 148 図　竪穴壁面に見られる垂木受けの痕跡［福岡県教育委員会 1986：第 388 図を転載］

3. 今後の調査研究に向けて

類\細分	1	2	3	備考
A				1辺のコーナーにカマドを設置し、そこから壁際に煙道を延ばすもの。
A′				A類とカマド設置場所は同じだが、煙道が短くしか延びないもの。
B				1辺の中央部にカマドを設置し、左右方向の壁際に煙道を有するもの。
C				煙道が住居プラン外に延びて屈曲。
D				いわゆる青野型住居。住居の一隅を掘り残し、煙道を通すもの。
E				石組みの煙道を有するもの。
E′				基本的にE類だが、伴う建物の構造が不明なもの。焚口と煙道が直交しないものも便宜的にここに含めた。現状では穴太遺跡例のみ。

第149図 「L字形カマド」の形態分類〔松室1996：図1を転載〕

● : 1棟のみ検出
▲ : 複数棟検出(2〜5棟)
■ : 複数棟検出(6棟以上)

第150図 「L字形カマド」の分布〔松室1996：図2から加除作成〕

296　　　　　　　　　　　　VII. 終　　章

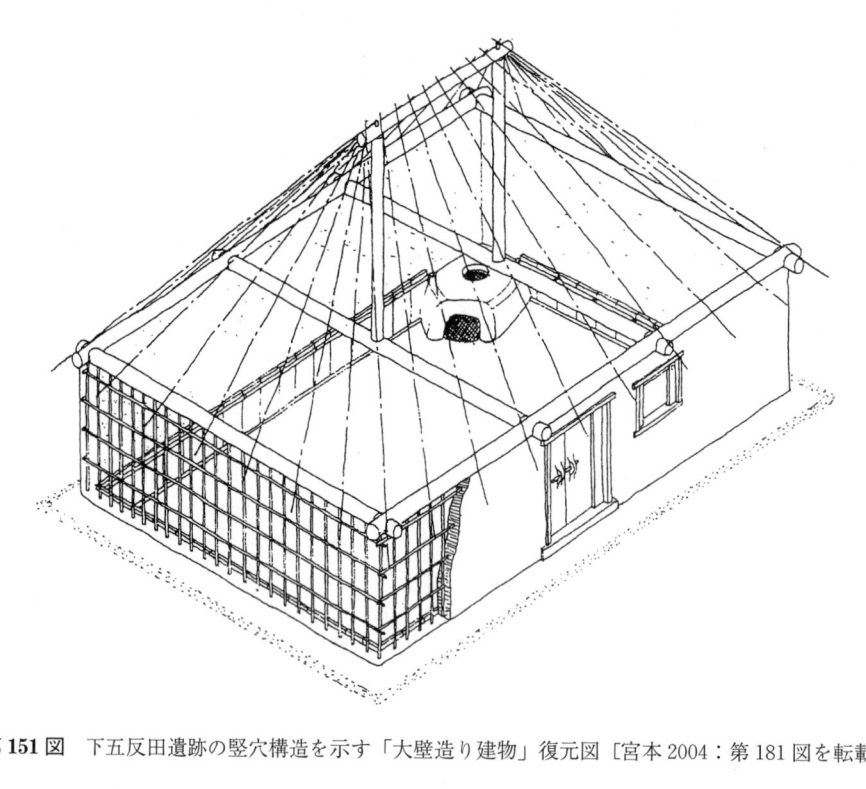

第 151 図　下五反田遺跡の竪穴構造を示す「大壁造り建物」復元図［宮本 2004：第 181 図を転載］

引用・参考文献

青木　敬 2000「竪穴建物の掘り形を考える―特徴的な掘込みを有する事例について―」『土壁第4号』考古学を楽しむ会

青木　敬 2001「盤状杯と古代の集落―多摩地域における検討―」『土壁第5号』

青柳泰介 2003「『大壁建物』再考」『橿原考古学研究所論集第十四　創立六十五周年記念』八木書店

明石　新 2003『平塚市史11下　別編考古(2)』平塚市

天野　努ほか 1989「古代集落と墨書土器―千葉県八千代市村上込の内遺跡の場合」『国立歴史民俗博物館研究報告第22集　共同研究「古代の集落」』国立歴史民俗博物館

天野　努 1995「古代東国村落と集落遺跡―下総国印旛郡村神郷の様相―」『千葉県文化財センター研究紀要16―20周年記念論集―』㈶千葉県文化財センター

網野善彦 1984『日本中世の非農業民と天皇』岩波書店

荒井健治 1989「竪穴住居址における竪穴外施設について」『東京の遺跡 No.25』東京考古談話会

荒井健治 1991「武蔵国府にみる古代の住環境」『東京考古9』東京考古談話会

荒井健治 1994「武蔵国府の集落様相について」『文化財学論集』文化財学論集刊行会

荒井健治 1995a「武蔵国庁周辺に広がる集落」『国史学第156号　シンポジウム古代東国の国府と景観―相模・武蔵を中心として―』国史学会

荒井健治 1995b「国庁周辺に広がる集落遺構の性格に付いて―武蔵国府周辺の状況をもって―」『国立歴史民俗博物館研究報告第63集　共同研究「都市空間の形成過程についての研究」』

荒井健治 2000「国府集落と国府所在郡の集落」『帝京大学山梨文化財研究所2000年度研究集会「遺跡・遺物から何を読みとるか(Ⅳ)―ムラ研究の方法―資料集』

荒井健治 2002a「古代東国の暮らし―竪穴建物の居住空間―」『田辺昭三先生古稀記念論文集』田辺昭三先生古稀記念の会

荒井健治 2002b「東京の情報―府中市の遺跡」『東京の遺跡 No.71』

荒井秀規 2003「東国墨書土器研究の新視点」『駿台史学第117号』駿台史学会

新井英之 2001「鍛治の神」『鍛治の技と世界　農村を支えた炎と音』平成13年度次大夫堀公園企画展図録　世田谷区教育委員会

新井　悟 2003『田端不動坂遺跡Ⅴ』北区埋蔵文化財調査報告第30集

有村由美ほか 2003『下石原遺跡―第37地点の調査(その2)―』調布市埋蔵文化財調査報告70　調布市遺跡調査会

安藤美保 2005『上り戸遺跡―県営畑地帯総合土地改良事業宇芳真地区に伴う埋蔵文化財発掘調査―(第二分冊)』栃木県埋蔵文化財調査報告第286集

飯塚武司 1996「奈良時代の多摩ニュータウン地域」『研究論集ⅩⅤ』東京都埋蔵文化財センター

飯塚武司 2000「古代の木工挽物」『研究論集ⅩⅧ』

池田敏宏 2003「8～9世紀の山野開発と『神』『仏』関連資料の盛行」『古代考古学フォーラム　古代の社会と環境遺跡の中のカミ・ホトケ　資料集』帝京大学山梨文化財研究所・山梨県考古学協会

石野博信 1990『日本原始・古代住居の研究』吉川弘文館

稲田義弘 2002「まとめ―熊の山遺跡の土器の変遷、集落の変遷」『(仮称)島名・福田坪一体型特定土地区画整理

事業地内埋蔵文化財調査報告書Ⅶ』＝文献(棚状施設)茨城12
井上尚明 1994「竪穴住居跡の構造について」『光山遺跡群』＝文献(棚状施設)埼玉1
井上尚明 1996「郷家の構造と性格」『研究集会「律令国家の地方末端支配機構をめぐって」発表要旨と参考資料』奈良国立文化財研究所
井上尚明 2001「古代神社遺構の再検討」『研究紀要第16号』㈶埼玉県埋蔵文化財調査事業団
井上尚明 2004「墨書土器の再検討―出土状況からみた墨書土器の属性―」『幸魂―増田逸朗氏追悼論文集―』北武蔵古代文化研究会
井上唯雄 1999「十三宝塚遺跡」『群馬県遺跡大辞典』上毛新聞社
井上理子 2000「貯蔵穴」『代継・富士見台遺跡―都市計画道路(秋3・3・3号線)整備事業にともなう埋蔵文化財発掘調査報告書―第2分冊』＝文献(棚状施設)東京89
茨城県教育財団 1997『(仮称)島名・福田坪一体型特定土地区画整理事業地内埋蔵文化財調査報告書Ⅰ』茨城県教育財団文化財調査報告第120集
茨城県教育財団 1998『(仮称)島名・福田坪一体型特定土地区画整理事業地内埋蔵文化財調査報告書Ⅱ』茨城県教育財団文化財調査報告第133集
茨城県教育財団 1999『茨城県つくば市中原遺跡　現地説明会資料』
茨城県教育財団 2004『(仮称)島名・福田坪一体型特定土地区画整理事業地内埋蔵文化財調査報告書Ⅹ』茨城県教育財団文化財調査報告第214集
茨城県教育財団 2005『東岡中原遺跡4　中根・金田台特定土地区画整理事業地内埋蔵文化財調査報告書Ⅷ』茨城県教育財団文化財調査報告第251集
内田律雄 2004「竈神と竈の祭祀」『季刊考古学第87号　特集古代祭祀の世界』雄山閣出版
江口　桂 1999「国府の民とひろがり　武蔵国」『幻の国府を掘る―東国の歩みから―』雄山閣出版
江口　桂 2001「古代武蔵国府の具体像を探る」『多摩のあゆみ第103号　特集国府・国分寺・東山道』たましん地域文化財団
江口　桂 2002「亀岡紀知信宅地区(第972次)」「武蔵台一丁目地内新設道路地区(第993次)」『武蔵国府の調査21―平成9年度府中市内発掘調査概報―』＝文献(棚状施設)東京37
恵美昌之 1988「北宮下地区の遺構の年代と性格」『昭和62年度愛島東部丘陵遺跡群　遺跡詳細分布調査Ⅱ』＝文献(竪穴外柱穴)宮城2
大上周三 1996「住まいの規模・構成・空間利用の推移」『青山考古第13号』青山考古学会
小川将之・牧野麻子 1999「上野国分寺瓦の出土について」『武蔵国分寺南西地区発掘調査報告書』＝文献(棚状施設)東京45
小田和利 1994「北部九州のカマドについて」『文化財学論集』
大塚昌彦 1999「半田中原・南原遺跡」『群馬県遺跡大辞典』
柿沼幹夫 1979「住居跡について」『上越新幹線埋蔵文化財発掘調査報告Ⅲ　下田・諏訪』埼玉県遺跡発掘調査報告書第21集　埼玉県教育委員会
河西英津子 1996「『竈神』」『埋蔵文化財調査概要―平成7年度―』㈶富山県文化振興財団埋蔵文化財調査事務所
河西健二 1995「富山県の竪穴遺構と建物空間(その1)―古墳から古代まで―」『大境第17号』富山考古学会
可児通宏 1985「"無くなったもの"と"無かったもの"」『東京の遺跡No.9』
河内公夫 1999「武蔵台遺跡で検出された奈良・平安時代住居の居住時期とかたち」『武蔵国分寺西方地区　武蔵台遺跡Ⅳ』＝文献(棚状施設)東京43
川津法伸 1997「竈の脇に棚をもつ住居について」『研究ノート6号』㈶茨城県教育財団
川津法伸 1999「竈の脇に棚をもつ住居について(2)」『研究ノート8号』
川津法伸 2001「竈の脇に棚をもつ住居について(3)」『研究ノート10号』

鬼頭清明 1989「郷・村・集落」『国立歴史民俗博物館研究報告第 22 集　共同研究「古代の集落」』
紀野自由 1999「調布―長岡京―桓武天皇―蝦夷征討……壺 G が結ぶ点と線」『調布の文化財第 25 号』調布市郷土博物館
清野利明 1996「栗山邸の店舗・事務所・共同住宅建設に伴う埋蔵文化財発掘調査―神明上遺跡―」『日野市埋蔵文化財発掘調査輯報 VIII』日野市埋蔵文化財発掘調査報告 29
木村　高 2000「津軽地方における平安時代の住居跡―付属する掘立柱建物と外周溝の機能について―」『考古学ジャーナル No. 462』ニューサイエンス社
桐生直彦 1984「カマドを有する住居址を中心とした遺物の出土状態について（素描）」『神奈川考古第 19 号』神奈川考古同人会
桐生直彦 1987「遺物出土状態の分析に関する覚書」『貝塚 38』物質文化研究会
桐生直彦 1995a「棚からボタモチ―竪穴住居址の壁際覆土から出土する遺物の認識について―」『東国史論第 10 号』群馬考古学研究会
桐生直彦 1995b「竈出現以降の竪穴住居址内の遺物出土状態をめぐる問題」『山梨県考古学協会誌第 7 号』山梨県考古学協会
桐生直彦 1996a「棚上の遺物―武蔵国における古代竪穴住居跡の事例から―」『東国史論第 11 号』
桐生直彦 1996b「竈を有する竪穴住居跡の外周にみられるピットについて―竪穴壁外屋内空間の存在をめぐって―」『土曜考古第 20 号』土曜考古学研究会
桐生直彦 1996c「遺物出土状態からみた竪穴住居の廃絶」『すまいの考古学―住居の廃絶をめぐって』山梨県考古学協会 1999 年度研究集会資料集
桐生直彦 1997a「君は"棚"を見たか―武蔵国における棚状施設の事例分析―」『土壁創刊号』
桐生直彦 1997b「『高い棚』と『低い棚』―竈を有する竪穴住居に設けられた棚状施設を理解するために―」『東京の遺跡 No. 56』
桐生直彦 1998a「竪穴壁際に盛土された住居施設について―竈を有する竪穴住居からの提言―」『シンポジウム縄文集落研究の新地平 2　発表要旨』縄文集落研究グループ
桐生直彦 1998b「変貌する古代竪穴住居像―発掘調査の盲点となりがちな諸施設について―」『帝京大学山梨文化財研究所［研究集会報告書 1］遺跡・遺物から何を読みとるか』
桐生直彦 1999a「床面に段差のある竪穴建物跡―『幅広の棚状施設』をどのように理解するか―」『東国史論第 14 号』
桐生直彦 1999b「棚状施設・ベッド状遺構・テラス状施設―その概念的整理―」『東京の遺跡 No. 62』
桐生直彦 2000a「君は"棚"を見誤っていないか、見落としていないか―竈をもつ竪穴建物跡にみられる棚状施設の報告に関して―」『東国史論第 15 号』
桐生直彦 2000b「"棚"をもつ竪穴建物の広がり」『東京の遺跡 No. 66』
桐生直彦 2001『竈をもつ竪穴建物跡にみられる棚状施設の研究―関東地方の事例を中心に―』
桐生直彦 2002a「棚状施設をもつ竪穴建物の性格(1)―茨城県つくば市中原遺跡の事例分析から―」『史学研究集録第 27 号』國學院大學大学院日本史学専攻大学院会
桐生直彦 2002b「棚状施設をもつ竪穴建物の性格(2)―都市と農村の比較―」『國學院大學考古学資料館紀要第 18 輯』國學院大學考古学資料館
桐生直彦 2002c「棚状施設は神棚か？」『アジア世界の考古学―誠一さん百合子さん結婚記念文集―』菊地誠一さん百合子さんの結婚を祝う会
桐生直彦 2003a「棚状施設をもつ竪穴建物の性格(3)―武蔵国分寺跡関連遺跡の事例分析から―」『國學院大學大學院紀要―文学研究科―第 34 輯』國學院大學大學院
桐生直彦 2003b「和田西遺跡の古代竪穴建物―竪穴外柱穴と棚状施設を中心に―」『和田西遺跡の研究』考古学

を楽しむ会

桐生直彦 2003c「棚状施設は神棚か？（その2）」『古代考古学フォーラム　古代の社会と環境　遺跡の中のカミ・ホトケ　資料集』

桐生直彦 2004「古墳を造った人々の暮らし―住まいの工夫」『考古学入門　下』NHK学園通信講座テキスト

桐生直彦 2005a「棚状施設をもつ竪穴建物の出現と展開―九州地方の事例を中心として―」『東国史論第20号』

桐生直彦 2005b「古代竪穴建物跡の発掘調査法―奈良文化財研究所の研修講義レジメから―」『東京考古23』

工藤雅樹 2004「古代の蝦夷の世界」『東北学への招待』角川書店

倉本一宏 1997「古墳時代の武蔵」『多摩市史通史編一』多摩市

国分寺市教育委員会 2002『見学ガイド武蔵国分寺のはなし』

駒見和夫 1999「国衙の変遷から国庁を探る」『幻の国府を掘る―東国の歩みから―』雄山閣出版

近藤義郎 1959「共同体と単位集団」『考古学研究第6巻1号』考古学研究会

今野和浩 2002『下石原遺跡―第37地点の調査（その1）』調布市埋蔵文化財調査報告57

齋藤幸男ほか 2001『石墨遺跡（沼田チェーンベース地点I）関越自動車道沼田チェーンベース（沼田IC～月夜野IC）設置事業に伴う埋蔵文化財発掘調査報告書』㈶群馬県埋蔵文化財調査事業団調査報告第286集

酒井清治 2002「北武蔵の須恵器の変遷」『古代関東の須恵器と瓦』同成社

坂詰秀一 1999a「総括」『武蔵国分寺南西地区発掘調査報告書』＝文献(棚状施設)東京45

坂詰秀一 1999b「あとがき」『武蔵国分寺西方地区　武蔵台東遺跡　古墳・歴史時代』＝文献(棚状施設)東京44

坂本一男 2003『下布田遺跡―第54地点(布田六丁目土地区画整理事業)の調査―』調布市埋蔵文化財調査報告69

坂本和俊 1994「近江と毛野のムカデ退治伝承―鍛冶・製鉄関連遺跡理解のための一視点―」『群馬考古学手帳VOL.4』群馬土器観会

佐々木克典 1981「神谷原遺跡出土の石器」『神谷原I』八王子市椚田遺跡調査会

佐々木達夫 1974「古代集落の変遷過程」『原始古代社会研究I』校倉書房

笹生衛 2002「古代仏教の民間における広がりと受容」『古代第111号』早稲田大学考古学研究会

笹森健一 1978「平安時代の諸問題」『川崎遺跡(第3次)・長宮遺跡発掘調査報告書』郷土史料第21集　上福岡市教育委員会

山武考古学研究所 1990『小原子遺跡群』小原子遺跡調査会

下宿内山遺跡調査会 1977『下宿内山』

下宿内山遺跡調査会 1978『下宿内山遺跡発掘調査概報 No.2』

下宿内山遺跡調査会 1979『下宿内山遺跡発掘調査概報 No.3』

市町村自治調査会 2001『平成13年度版　全国市町村要覧』第一法規出版

篠崎譲治 1990「沖積地における奈良・平安時代の住居構造および調査方法」『南広間地遺跡3』日野市埋蔵文化財発掘調査報告11

篠崎譲治 1991「沖積地における奈良・平安時代の住居構造および調査方法―東京都日野市南広間地遺跡の調査から―」『東京考古9』

篠崎譲治 1994「沖積地における奈良・平安時代の住居構造　追補」『南広間地遺跡4』＝文献(棚状施設)東京67

篠崎譲治 1996「古代末期のカマド付き小竪穴について―特徴、出現、そしてその後―」『南広間地遺跡7』＝文献(棚状施設)東京68

篠崎譲治 1997a「古代の竪穴住居における"竪穴外柱"と"竪穴外壁"について―日野市南広間地遺跡の事例を切り口として―」『東国史論第12号』

篠崎譲治 1997b「倒壊したもうひとつの壁―"竪穴外壁"をめぐる諸問題―」『土壁創刊号』

篠崎譲治 2000「沖積地における住居調査の方法―構造的調査方法のすすめ―」『土壁第4号』

篠崎譲治 2001「日野市の氷室雑考」『七ツ塚遺跡 9』日野市埋蔵文化財発掘調査報告 29　日野市遺跡調査会
柴尾俊介 1998「農耕集落論に関する覚書き―研究史的整理メモから―」『研究紀要―第 12 号―』㈶北九州市教育文化事業団埋蔵文化財調査室
柴尾俊介 1999「豊前における古代集落の諸問題」『先史学・考古学論集 III』白木原和美先生古稀記念献呈論文集　龍田考古学会
渋江芳浩 1987「はじめに」『宇津木台遺跡群 VII　1982〜84 年度（D 地区）発掘調査報告書（1）』八王子市宇津木台地区遺跡調査会
渋川市教育委員会 1992『中筋遺跡パンフレット』
白石真理 1994「武田遺跡群における棚状遺構をもつ竪穴住居跡について」『武田 VII―1993 年度武田遺跡群発掘調査の成果―』㈶勝田市文化・スポーツ振興公社文化財調査報告第 9 号
菅原祥夫 1998「住居構造と土師器にみられる非在地系要素について」『福島空港・あぶくま南道路遺跡発掘調査報告 2』福島県文化財調査報告書第 353 集　㈶福島県文化センター
菅原祥夫 2000「平安時代における蝦夷系土器の南下―蝦夷の居住をめぐって―」『阿部正光君追悼集』阿部正光君追悼集刊行会
杉山信三 1969「古代住居跡」『新版考古学講座　第 2 巻　通論〈下〉』雄山閣出版
杉山　洋 2004「古代都城の金属器生産」『国立歴史民俗博物館研究報告第 113 集　古代・中世における流通・消費とその場』
関　和彦 1994「竪『建物』論の提唱」『日本古代社会生活史の研究』校倉書房
関口功一 2002「『法華寺』は国分尼寺か？」『アジア世界の考古学―誠一さん百合子さん結婚記念文集』
田尾誠敏 2003「古代村落の景観と構造―集落内の建物構成」『平塚市史 11 下　別編考古（2）』
高島成侑 1989「発茶沢（1）遺跡の建物跡について」『発茶沢（1）遺跡 IV』青森県埋蔵文化財調査報告書第 120 集
高梨　修 1986「古代集落の竪穴住居址に大量廃棄された土器群が意味するもの」『法政史論第 14 号』法政大学大学院日本史学会
高橋一夫 1979「計画集落について」『古代を考える 20』古代を考える会
高橋泰子 1997「梯子以外の出入口施設―出入口施設は梯子穴だけではない―」『土壁創刊号』
高橋泰子・多ケ谷香理 1998「竪穴住居に関する基本的用語の定義」『土壁第 2 号』
高橋泰子 2002「焼失家屋の一考察―竪穴建物の上部構造復元をめぐって―」『土壁第 6 号』
高橋泰子 2003「竪穴建物に付帯する諸施設の調査方法」『和田西遺跡の研究』
高橋　学 1988「竪穴住居と掘立柱建物が併列して構築される遺構について―能代市福田遺跡・十二林遺跡を端緒として―」『秋田県埋蔵文化財センター研究紀要第 4 号』
高橋　学 1990「出入口施設をもつ竪穴住居跡」『はりま館遺跡発掘調査報告書（下巻）―東北自動車道小坂インターチェンジ建設工事に係る埋蔵文化財発掘調査―』秋田県文化財調査報告書第 192 集　秋田県教育委員会
高橋玲子 2001「平安時代東北地方における掘立柱施設付竪穴住居について」『秋田考古学第 47 号』秋田考古学協会
多ケ谷香理 2000「周溝とは何か―壁構築土との関連性―」『土壁第 4 号』
多ケ谷香理 2001「周溝とは何か（2）―武蔵国府・国分寺域における検討―」『土壁第 5 号』
多ケ谷香理 2002「貯蔵穴の用途」『土壁第 6 号』
多ケ谷香理 2003「貯蔵穴論―古代における年代的変遷と機能―」『和田西遺跡の研究』
田中　信 1996「天王遺跡（第 14 次調査）」『川越市文化財保護年報　平成 7 年度』＝文献（棚状施設）埼玉 2
田中広明 2003「腰帯の語る古代の官人社会」『地方の豪族と古代の官人―考古学が解く古代社会の権力構造―』柏書房

田中美千代ほか 2004『南広間地遺跡―井上吉之助共同住宅建設に伴う埋蔵文化財発掘調査報告書―』㈱第三開発

玉田芳英 1995「漆付着土器の研究」『奈良国立文化財研究所創立 40 周年記念論文集　文化財論叢 II』同朋舎出版

千葉県文化財センター 1998『研究紀要 18　古代仏教遺跡の諸問題―重要遺跡確認調査の成果と課題 I ―』

津金沢吉茂 1985「第 32 号住居址の礎石について」『糸井宮前遺跡 I』＝文献(棚状施設)群馬 64

堤　隆 1991「住居廃絶における竈解体をめぐって―竈祭祀の普遍性の一側面―」『東海史学第 25 号』東海大学史学会

堤　隆 1995「竈の廃棄プロセスとその意味」『山梨県考古学協会誌第 7 号』

津野　仁 1996「遺跡からみた郷長・村について」『研究集会「律令国家の地方末端支配機構をめぐって」発表要旨と参考資料』

寺内隆夫 1999『上信越自動車道埋蔵文化財発掘調査報告書 26 ―更埴市内その 5 ―更埴条里遺跡・屋代遺跡群(含む大境遺跡・窪河原遺跡)―古代 1 編―』長野県埋蔵文化財センター発掘調査報告書 42　㈶長野県埋蔵文化財センター＝文献(棚状施設)長野 5

寺内隆夫 2000『上信越自動車道埋蔵文化財発掘調査報告書 28 ―更埴市内その 7 ―更埴条里遺跡・屋代遺跡群(含む大境遺跡・窪河原遺跡)―総論編―』長野県埋蔵文化財センター発掘調査報告書 54

東北歴史資料館 1988『カマ神　火をまもる神々の表情』

外山政子 1998「関東北西部地域の平安時代住居とカマド―群馬県矢田遺跡の検討から―」『法政考古学第 24 号』法政考古学会

中田　英 2000「炉を設けた竈をもつ竪穴住居址について」『山梨県考古学協会誌第 11 号』

中山　晋 1996「古代日本の『氷室』の実態―栃木県下の例を中心として―」『立正史學第 79 号』立正大学史学会

中山真治ほか 1998「府中市武蔵台発見の古代の粘土採掘坑―武蔵国分寺関連遺跡第 972 次より―」『東京考古 16』

奈良国立文化財研究所 2000『古代地方官衙遺跡関係文献目録 IV』埋蔵文化財ニュース 101

成島一也 2000「まとめ」『中原遺跡 2』＝文献(棚状施設)茨城 13

西野善勝 2002「武蔵国分寺創建期における竪穴住居跡の性格―尼寺北方域の事例を中心として―」『土壁第 6 号』

野田憲一郎 2001「武蔵国府と工房」『多摩のあゆみ第 103 号　特集国府・国分寺・東山道』

白田正子 2001「奈良・平安時代の土器の変遷、集落の変遷」『中原遺跡 3』＝文献(棚状施設)茨城 15

白田正子 2003「常陸国河内郡内の律令期集落について―桜川・花室川・東谷田川流域を中心として―」『領域の研究―阿久津久先生還暦記念論集―』阿久津久先生還暦記念事業実行委員会

橋口定志 1985「平安期における小規模遺跡出現の意義―南関東における事例を中心にして―」『物質文化 44』物質文化研究会

服部敬史 2000「住居址出土の転用瓦について」『郷土資料館研究紀要　八王子の歴史と文化第 12 号』八王子市郷土資料館

早川　泉 1993「総括」『武蔵台東遺跡発掘調査概報 3』都営川越道住宅遺跡調査会

早川　泉 1997「武蔵国分寺の盛衰―竪穴住居址群の展開を中心に―」『人間・遺跡・遺物 3 ―麻生優先生退官記念論文集―』発掘者談話会

早川　泉 1999「結言―土地利用の変遷と建物群の構造」『武蔵国分寺西方地区　武蔵台東遺跡　古墳・歴史時代』＝文献(棚状施設)東京 44

林　博通 2001「穴太遺跡の集落跡」『大津京の研究』思文閣出版

パリノ・サーヴェイ㈱ 1999「古代住居のカマド構築材の素材について」『武蔵国分寺南西地区発掘調査報告書』＝文献(棚状施設)東京 45
平川　南 1989『武蔵国分寺跡出土の漆紙文書―武蔵台遺跡―』都立府中病院内遺跡調査会
平川　南ほか 1996『上信越自動車道埋蔵文化財発掘調査報告書 23―更埴市内　その二―長野県屋代遺跡群出土木簡』長野県埋蔵文化財センター発掘調査報告書 21
平川　南 2000「墨書土器と古代の村落」『墨書土器の研究』吉川弘文館
平野　修 1999a「古代竪穴住居の屋内施設を考える―北巨摩郡長坂町石原田北遺跡の事例から―」『帝京大学山梨文化財研究所報第 35 号』帝京大学山梨文化財研究所
平野　修 1999b「山梨県内における古代竪穴住居の構造―北巨摩郡長坂町石原田 J マート地点の事例から―」『山梨県考古学論集 IV』山梨県考古学協会
平野　修 2003「平安時代の『土壁』構造をもつ竪穴建物跡について」『山梨考古学ノート―田代孝氏退職記念誌刊行会
平野　修 2004「古代甲斐国の山麓開発と御牧―集落遺跡の消長から―」『山梨県考古学論集 V―山梨県考古学協会 25 周年記念論文集―』
平野卓治 2003『古代を考える III　文字との出会い　南武蔵・相模の地域社会と文字』横浜市歴史博物館
深沢靖幸 2003「武蔵国府における手工業生産」『府中市郷土の森博物館紀要第 16 号』
福岡県教育委員会 1986『九州横断自動車道関係埋蔵文化財調査報告―8―甘木市所在立野遺跡の調査(3)上巻』
福島宗人 2003『武蔵国分寺跡遺跡北方地区　西国分寺土地区画整理事業に伴う調査』東京都埋蔵文化財センター調査報告第 136 集
藤岡孝司 1996「下総国印旛郡村神郷の構造―千葉県八千代市萱田地区遺跡群の調査成果から―」『研究集会「律令国家の地方末端支配機構をめぐって」発表要旨と参考資料』
藤岡孝司 2004「房総地方の人面墨書土器」『シンポジウム古代の祈り　人面墨書土器からみた東国の祭祀　発表要旨』盤古堂
藤島亥治郎 1957「栗原遺跡における住居址の復原的考察」『栗原―セントポール・グリーンハイツ内遺跡発掘調査報告―1955～1956』立教大学文学部＝文献(竪穴外柱穴)東京 6
藤沢　敦 2004「創出された境界―倭人と蝦夷を分かつもの」『考古学研究会 50 周年記念論文集　文化の多様性と比較考古学』考古学研究会
藤根　久・古橋美智子 2002「竪穴建物壁土・竈土の材料分析」『和田西遺跡(埋蔵文化財編)』＝文献(竪穴外柱穴)東京 33
府中市教育委員会 2002『武蔵国分寺跡調査報告 6』府中市埋蔵文化財調査報告書第 30 集
保坂和博 1992「古代の竪穴住居址の基礎的研究―八ヶ岳南麓の遺跡を中心に―」『山梨県考古学協会誌第 5 号』
前沢和之 1999「上野国分寺跡」『群馬県遺跡大辞典』
松崎元樹 2000「武蔵国多磨郡域を中心とする古代牧関連の遺跡について」『山梨県考古学協会 2000 年度研究集会「古代の牧と考古学」資料集』山梨県考古学協会
松田　猛 1999「上西原遺跡」『群馬県遺跡大辞典』
松室孝樹 1996「竪穴住居に設置される L 字形カマドについて―日本国内検出例の集成―」『韓式土器研究 VI』韓式土器研究会
松村恵司 1991「古代集落と鉄器所有」『日本村落史講座第 4 巻　政治 I〔原始・古代・中世〕』雄山閣出版
松村恵司 1995「古代東国集落の諸相……村と都の暮らしぶり」『第 9 回企画展　古代の集落―しもつけのムラとその生活―』栃木県立しもつけ風土記の丘資料館
松本修自 2003「古代官衙建築の基本構造―軸部と屋根」『古代の官衙遺跡　I 遺構編』独立行政法人　文化財研究所　奈良文化財研究所

水木しげる 1998「かまど神」『妖鬼化　1999年　水木しげる作画活動50周年記念出版原画集第1巻日本編《北海道・東北・関東》』ソフトガレージ

水田　稔 2001「沼田市土塔原の宗教遺跡」『考古聚英　梅沢重昭先生退官記念論文集』

宮瀧交二 1981「古代村落と墨書土器—千葉県八千代市村上遺跡の検討—」『史苑第44巻第2号』立教大学史学会

宮瀧交二 1989「古代東国村落史研究への一視点—関東地方における奈良・平安時代集落遺跡研究の現状と課題—」『物質文化51』

宮田安志 2003「福島県における仏教関連遺構・遺物出土の古代集落について」『古代考古学フォーラム　古代の社会と環境　遺跡の中のカミ・ホトケ　資料集』

宮本長二郎 1996『日本原始古代の住居建築』中央公論美術出版

宮本長二郎 2000「連載講座　遺跡から推測する古代建築の形(1)住まいの形式」『建築士2000.11』㈳日本建築士会連合会

宮本長二郎 2002「古代末から中世の住居建築　平成11年度秋田県埋蔵文化財発掘調査報告会講演録」『秋田県埋蔵文化財センター研究紀要第16号』

宮本長二郎 2004「下五反田遺跡焼失竪穴住居(A調査区SH 04)の復元考察」『下五反田遺跡　県道小浜朽木高島線改良工事に伴う発掘調査報告書』滋賀県教育委員会

村上恭通 2004「古墳時代の鉄器生産と社会構造」『考古学研究会50周年記念論文集　文化の多様性と比較考古学』

村上吉正 2003『下寺尾西方A遺跡　茅ヶ崎方面単位制普通科高校(県立茅ヶ崎北陵高校)校舎等新築工事に伴う発掘調査』かながわ考古学財団調査報告157

山川守男 1995『城北遺跡(第2分冊)一般国道17号上武道路関係埋蔵文化財発掘調査報告書』埼玉県埋蔵文化財調査事業団報告書第150集

山中敏史 2003「掘立柱の基礎固め」『古代の官衙遺跡　I遺構編』

吉岡秀範 2003「武蔵国分寺跡発掘調査概報29 —北方地区・平成11〜13年度　西国分寺地区土地区画整理事業及び泉町公園事業に伴う調査—」国分寺市遺跡調査会

米沢容一・桐生直彦・高橋泰子 1997「『坏』墨書のある椀をめぐって」『東国史論第12号』

米沢容一 2000「『タナ』状の施設から棚状施設へ」『土壁第4号』

渡辺修一 1992「『竪穴住居』か『竪穴建物』か」『研究連絡誌第34号』㈶千葉県文化財センター

綿引英樹 2004a『一般国道468号首都圏中央連絡自動車道新設工事地内埋蔵文化財調査報告書』茨城県教育財団文化財調査報告第212集

綿引英樹 2004b「竈の脇に棚をもつ住居覚書」『年報23』茨城県教育財団

集成データ文献——棚状施設

青森県
1. 青森県教育委員会 2000『野木遺跡 III —青森中核工業団地整備事業に伴う遺跡発掘調査報告—』青森県埋蔵文化財調査報告書第 281 集
2. 青森市教育委員会 2001『野木遺跡発掘調査報告書 II』青森市埋蔵文化財調査報告書第 54 集
3. 八戸市教育委員会 1991『八戸市内遺跡発掘調査報告書 3』八戸市埋蔵文化財調査報告書第 41 集
4. 八戸市教育委員会 2002『盲堤沢(3)遺跡』八戸市埋蔵文化財調査報告書第 92 集
5. 青森県教育委員会 1982『発茶沢』青森県埋蔵文化財調査報告書第 67 集
6. 青森県教育委員会 2000『砂子遺跡—八戸平原開拓建設事業(世増ダム建設)に伴う埋蔵文化財調査報告書—』青森県埋蔵文化財調査報告書第 280 集

岩手県
1. 盛岡市教育委員会 1985『志波城跡—昭和 59 年度発掘調査概報—』
2. ㈶岩手県文化振興事業団埋蔵文化財センター 1992『本郷遺跡発掘調査報告書　東北横断自動車秋田線建設関連遺跡発掘調査』岩手県文化振興事業団埋蔵文化財調査報告書第 164 集
3. ㈶岩手県文化振興事業団埋蔵文化財センター 1988『平沢 I 遺跡発掘調査報告書　勤労者屋外体育施設関連遺跡発掘調査』岩手県文化振興事業団埋蔵文化財調査報告書第 125 集
4. ㈶岩手県文化振興事業団埋蔵文化財センター 2002『米沢遺跡発掘調査報告書　東北新幹線盛岡・八戸間鉄道建設事業関連遺跡発掘調査』岩手県文化振興事業団埋蔵文化財調査報告書第 376 集
5. ㈶岩手県文化振興事業団埋蔵文化財センター 2002『大向 II 遺跡　主要地方道二戸市安代線関連遺跡発掘調査』岩手県文化振興事業団埋蔵文化財調査報告書第 387 集
6. ㈶岩手県文化振興事業団埋蔵文化財センター 1986『五庵 I 遺跡発掘調査報告書　東北縦貫自動車道関連遺跡発掘調査』岩手県文化振興事業団埋蔵文化財調査報告書第 97 集

宮城県
1. 宮城県教育委員会 1980『東北自動車道遺跡発掘調査報告書 II』宮城県文化財調査報告書第 63 集

秋田県
1. 秋田市教育委員会 1986『秋田城　昭和 60 年度秋田城跡発掘調査概報』
2. 秋田市教育委員会 1987『秋田新都市開発整備事業関係埋蔵文化財発掘調査報告書　下堤 C 遺跡』
3. 秋田県教育委員会 1981『杉沢台遺跡発掘調査報告書』秋田県文化財調査報告書第 83 集
4. 秋田県教育委員会 1982『東北縦貫自動車道発掘調査報告書 V』秋田県文化財調査報告書第 91 集
5. 秋田県教育委員会 1980『中田面遺跡発掘調査報告書—昭和 54 年度国営能代開拓建設事業—』秋田県文化財調査報告書第 74 集

山形県
1. 山形県教育委員会 1986『達磨寺遺跡発掘調査報告書』山形県埋蔵文化財調査報告書第 104 集

2. 山武考古学研究所 2001『一ノ坪遺跡発掘調査報告書』山形市埋蔵文化財調査報告書第 12 集

福 島 県

1. 福島市教育委員会 1992『国道 114 号線国道改良工事関連埋蔵文化財包蔵地発掘調査報告　岩崎町遺跡―古代集落跡の調査―』福島市埋蔵文化財報告書第 47 集
2. 郡山市教育委員会 1992『西前坂遺跡―第 1 次調査報告―』
3. 福島県教育委員会 1995『国営総合農地開発事業母畑地区遺跡発掘調査報告 36』福島県文化財調査報告書第 305 集
4. 福島県教育委員会 1995『常磐自動車道遺跡調査報告 4』福島県文化財調査報告書第 316 集
5. 福島県教育委員会 1996『常磐自動車道遺跡調査報告 8』福島県文化財調査報告書第 330 集
6. いわき市教育委員会 1999『清水遺跡―古代集落跡の調査―』いわき市埋蔵文化財調査報告書第 63 冊
7. 福島県教育委員会 1990『原町火力発電所関連遺跡調査報告 I』福島県文化財調査報告書第 236 集
8. 福島県教育委員会 1999『福島空港公園遺跡発掘調査報告 I』福島県文化財調査報告書第 358 集
9. 福島県教育委員会 1987『国営総合農地開発事業矢吹地区遺跡発掘調査報告 1』福島県文化財調査報告書第 178 集
10. 福島県教育委員会 1993『東北横断自動車道遺跡調査報告 24』福島県文化財調査報告書第 295 集
11. 福島県教育委員会 1986『真野ダム関連遺跡発掘調査報告 VIII』福島県文化財調査報告書第 165 集

茨 城 県

1. ㈶茨城県教育財団 1993『一般国道 6 号線東水戸道路改良工事地内埋蔵文化財調査報告書 I』茨城県教育財団文化財調査報告第 79 集
2. ㈶茨城県教育財団 1995『一般国道 6 号線東水戸道路改良工事地内埋蔵文化財調査報告書 II』茨城県教育財団文化財調査報告第 100 集
3. ㈶茨城県教育財団 1994『(仮称)上高津団地建設事業地内埋蔵文化財調査報告書』茨城県教育財団文化財調査報告第 84 集
4. 上高津貝塚ふるさと歴史の広場 1999『常名台の古代のむら』第 5 回企画展　土浦の遺跡 4
5. 山武考古学研究所 1999『山武考古学研究所年報 No. 17』
6. ㈶茨城県教育財団 1999『一般国道 50 号線結城バイパス改築工事地内埋蔵文化財調査報告書』茨城県教育財団文化財調査報告第 145 集
7. ㈶茨城県教育財団 1989『龍ヶ崎ニュータウン内埋蔵文化財調査報告書 18』茨城県教育財団文化財調査報告第 49 集
8. ㈶茨城県教育財団 1981『大生郷工業団地内埋蔵文化財調査報告書』茨城県教育財団文化財調査報告 XII
9. ㈶茨城県教育財団 1999『(仮称)島名・福田坪地区特定土地区画整理事業地内埋蔵文化財調査報告書 III』茨城県教育財団文化財調査報告第 149 集
10. ㈶茨城県教育財団 2000『(仮称)島名・福田坪一体型特定土地区画整理事業地内埋蔵文化財調査報告書 IV』茨城県教育財団文化財調査報告第 166 集
11. ㈶茨城県教育財団 2001『(仮称)島名・福田坪一体型特定土地区画整理事業地内埋蔵文化財調査報告書 VI』茨城県教育財団文化財調査報告第 175 集
12. ㈶茨城県教育財団 2002『(仮称)島名・福田坪一体型特定土地区画整理事業地内埋蔵文化財調査報告書 VII』茨城県教育財団文化財調査報告第 190 集
13. ㈶茨城県教育財団 2000『中根・金田台特定土地区画整理事業地内埋蔵文化財調査報告書 II　中原遺跡 1』茨城県教育財団文化財調査報告第 155 集

14. ㈶茨城県教育財団 2000『中根・金田台特定土地区画整理事業地内埋蔵文化財調査報告書Ⅲ　中原遺跡 2』茨城県教育財団文化財調査報告第 159 集
15. ㈶茨城県教育財団 2001『中根・金田台特定土地区画整理事業地内埋蔵文化財調査報告書Ⅳ　中原遺跡 3』茨城県教育財団文化財調査報告第 170 集
16. ㈶茨城県教育財団 2000『葛城一体型特定土地区画整理事業地内埋蔵文化財調査報告書Ⅲ』茨城県教育財団文化財調査報告第 160 集
17. ㈶茨城県教育財団 2000『主要地方道つくば真岡線緊急地方道路整備事業地内埋蔵文化財調査報告書』茨城県教育財団文化財調査報告第 164 集
18. ひたちなか市文化・スポーツ振興公社 2002『武田西塙遺跡　奈良・平安時代編』㈶ひたちなか市文化・スポーツ振興公社文化財調査報告第 24 集
19. ひたちなか市文化・スポーツ振興公社 2000『武田石高遺跡　奈良・平安時代編』㈶ひたちなか市文化・スポーツ振興公社文化財調査報告第 19 集
20. ㈶茨城県教育財団 1999『笠松運動公園拡張事業地内埋蔵文化財調査報告書』茨城県教育財団文化財調査報告第 157 集
21. ㈶茨城県教育財団 2000『国補緊急地方道路整備事業一般県道荒井麻生線道路改良工事地内埋蔵文化財調査報告書 1』茨城県教育財団文化財調査報告第 165 集
22. ㈶茨城県教育財団 1999『北関東自動車道(友部～水戸)建設工事地内埋蔵文化財調査報告書』茨城県教育財団文化財調査報告第 150 集
23. ㈶茨城県教育財団 2000『総合流通センター整備事業地内埋蔵文化財調査報告書』茨城県教育財団文化財調査報告第 162 集
24. ㈶茨城県教育財団 2001『主要地方道取手つくば線及び一般県道高岡藤代線緊急地方道整備事業地内埋蔵文化財調査報告書』茨城県教育財団文化財調査報告第 176 集
25. ㈶茨城県教育財団 1999『主要地方道下館つくば線緊急地方道整備事業地内埋蔵文化財調査報告書』茨城県教育財団文化財調査報告第 154 集
26. ㈶茨城県教育財団 1995『(仮称)真壁町南椎尾地区住宅団地事業地内埋蔵文化財調査報告書』茨城県教育財団文化財調査報告第 99 集
27. ㈶茨城県教育財団 1981『南守谷地区土地区画整理事業地内埋蔵文化財調査報告書』茨城県教育財団文化財調査報告Ⅷ

栃木県

1. 宇都宮市教育委員会 1991『前田遺跡―宇都宮市立上戸祭小学校建設に伴う発掘調査―』宇都宮市埋蔵文化財調査報告書第 29 集
2. 小山市教育委員会 1982『乙女不動原北浦遺跡発掘調査報告書』小山市文化財調査報告書第 11 集
3. 栃木県教育委員会 1990『溜ノ台遺跡　県営犬塚住宅建設に伴う埋蔵文化財発掘調査』栃木県埋蔵文化財調査報告第 107 集
4. 栃木県教育委員会 1994『金山遺跡Ⅱ　一般国道 4 号線(新 4 号国道)改築に伴う埋蔵文化財発掘調査』栃木県埋蔵文化財調査報告第 148 集
5. 栃木県教育委員会 1995『金山遺跡Ⅲ　一般国道 4 号線(新 4 号国道)改築に伴う埋蔵文化財発掘調査』栃木県埋蔵文化財調査報告第 160 集
6. 栃木県教育委員会 1996『金山遺跡Ⅳ　一般国道 4 号線(新 4 号国道)改築に伴う埋蔵文化財発掘調査』栃木県埋蔵文化財調査報告第 179 集
7. 栃木県教育委員会 1997『八幡根遺跡　一般国道 4 号線(新 4 号国道)改築に伴う埋蔵文化財発掘調査』栃木

県埋蔵文化財調査報告第189集
8. 栃木県教育委員会 1996『山苗代A・C遺跡　矢板市矢板南地区工業用地造成事業に伴う埋蔵文化財発掘調査』栃木県埋蔵文化財調査報告第177集
9. 河内町教育委員会 2000『大志白遺跡群発掘調査報告書　アンビックス緑が丘ニュータウン造成に伴う発掘調査(古代・中・近世編)』河内町埋蔵文化財調査報告書第3集
10. ㈶栃木県文化振興財団 2002「峰高前遺跡現地説明会資料」『栃木県埋蔵文化財センターだより　やまかいどう No. 30』
11. 栃木県教育委員会 2000『御霊前遺跡I　県営広域農道整備事業(芳賀地区)に伴う埋蔵文化財発掘調査』栃木県埋蔵文化財調査報告第236集
12. 芳賀町教育委員会 1992『免の内台遺跡発掘調査報告書』芳賀町文化財報告第15集
13. 壬生町教育委員会 1991『大力遺跡』壬生町埋蔵文化財報告書10冊
14. 栃木県教育委員会 1992『山海道遺跡―栃木県埋蔵文化財センター建設に伴う埋蔵文化財発掘調査報告書―』栃木県埋蔵文化財調査報告第124集
15. 国分寺町教育委員会 1999『新開遺跡』

群馬県

1. 前橋市埋蔵文化財発掘調査団 1984『青柳寄居遺跡発掘調査報告書』
2. 前橋市教育委員会 1984『芳賀団地遺跡群I―古墳～平安時代編その1―』芳賀東部団地遺跡群第1巻
3. 前橋市教育委員会 1988『芳賀団地遺跡群II―古墳～平安時代編その2―』芳賀東部団地遺跡群第2巻
4. 群馬県教育委員会 1987『下東西遺跡　関越自動車道(新潟線)地域埋蔵文化財発掘調査報告書第16集』
5. 前橋市教育委員会 1988『引切塚遺跡』
6. 山武考古学研究所 1995『群馬県前橋市西善鍛冶屋遺跡』
7. 前橋市教育委員会 1998『北関東自動車道側道道路改良事業に伴う埋蔵文化財発掘調査報告書』
8. 群馬県教育委員会 1999『上西原遺跡　県営ほ場整備事業荒砥北部地区に係る埋蔵文化財発掘調査報告書』
9. 前橋市埋蔵文化財発掘調査団 2000『前田V遺跡　東善住宅団地拡張造成事業に伴う埋蔵文化財発掘調査』
10. 群馬県教育委員会 2000『村主遺跡・谷津遺跡　昭和60・62年度県営ほ場整備事業荒砥北部地区に係る埋蔵文化財発掘調査報告書』
11. 高崎市教育委員会 1983『天田・川押遺跡―県営大類地区圃場整備事業に伴う緊急発掘調査概報―』高崎市文化財調査報告書第41集
12. 群馬県教育委員会 1984『熊野堂遺跡第III地区　雨壺遺跡　県道柏木沢・高崎線改良に伴う埋蔵文化財発掘調査報告』
13. 群馬県教育委員会 1986『上越新幹線関係埋蔵文化財発掘調査報告書第6集　下佐野遺跡III地区(平安時代中・近世)』
14. 高崎市教育委員会 1990『山名原口I遺跡』高崎市文化財調査報告書第99集
15. 群馬県教育委員会 1992『新保田中村前遺跡II　一級河川染谷川河川改修工事に伴う埋蔵文化財発掘調査報告書』
16. 群馬県教育委員会 1988『書上上原之城遺跡　一般国道17号線(上武国道)改築工事に伴う埋蔵文化財発掘調査報告書』
17. 群馬県教育委員会 1988『上植木光仙房遺跡　一般国道17号線(上武国道)改築工事に伴う埋蔵文化財発掘調査報告書』㈶群馬県埋蔵文化財調査事業団調査報告第80集
18. 群馬県教育委員会 1999『三和工業団地I遺跡2　縄文・古墳・奈良・平安時代他編』㈶群馬県埋蔵文化財調査事業団調査報告第251集

19. ㈶群馬県埋蔵文化財調査事業団 1988『成塚石橋遺跡　一級河川蛇川河川改修工事に伴う埋蔵文化財発掘調査報告書 I』㈶群馬県埋蔵文化財調査事業団調査報告第 79 集
20. 群馬県教育委員会 1985『石墨遺跡―関越自動車道(新潟線)地域埋蔵文化財発掘調査報告書・K. C. Ⅶ―』
21. 群馬県教育委員会 1990『戸神諏訪遺跡　関越自動車道(新潟線)地域埋蔵文化財発掘調査報告書第 30 集―《奈良・平安時代編》』㈶群馬県埋蔵文化財調査事業団調査報告第 98 集
22. 沼田市教育委員会 1992『沼田北部地区遺跡群 I』
23. 沼田市教育委員会 1993『戸神諏訪 II 遺跡　沼田北部工業団地埋蔵文化財発掘調査報告書』
24. 沼田市教育委員会 1994『沼田北部地区遺跡群 III　戸神諏訪 IV 遺跡　平成 3 年度県営ほ場整備事業沼田北部地区に伴う埋蔵文化財発掘調査報告書』
25. 渋川市教育委員会 1990『市内遺跡 III-1989 年度補助事業に伴う調査報告及び試掘記録―』渋川市発掘調査報告書第 25 集
26. 群馬県教育委員会 1991『有馬条里遺跡 II ―関越自動車道(新潟線)地域埋蔵文化財発掘調査報告書第 35 集―』㈶群馬県埋蔵文化財調査事業団調査報告第 116 集
27. 渋川市教育委員会 1994『半田中原・南原遺跡』渋川市発掘調査報告書第 41 集
28. 渋川市教育委員会 1999『渋川市内遺跡 XII』渋川市発掘調査報告書第 67 集
29. 渋川市教育委員会 1995『石原西浦遺跡 II』渋川市発掘調査報告書第 46 集
30. 渋川市教育委員会 1996『半田築地前遺跡』渋川市発掘調査報告書第 53 集
31. 渋川市教育委員会 1998『若宮遺跡』渋川市発掘調査報告書第 65 集
32. 渋川市教育委員会 1998『渋川市内遺跡 XI』渋川市発掘調査報告書第 66 集
33. 渋川市教育委員会 2001『住宅市街地整備総合支援事業関連埋蔵文化財発掘調査報告書 II(第 2 分冊)』渋川市発掘調査報告書第 74 集
34. 群馬県教育委員会 1989『上栗須遺跡―主要地方道前橋・長瀞線道路改良事業に伴う埋蔵文化財発掘調査報告書』㈶群馬県埋蔵文化財調査事業団調査報告第 88 集
35. 群馬県教育委員会 1994『関越自動車道(上越線)地域埋蔵文化財発掘調査報告書第 30 集　上栗須寺前遺跡群 II』㈶群馬県埋蔵文化財調査事業団調査報告第 185 集
36. 群馬県教育委員会 1996『関越自動車道(上越線)地域埋蔵文化財発掘調査報告書　稲荷屋敷遺跡』
37. 藤岡市教育委員会 1999『県営ふるさと農道緊急整備事業に伴う埋蔵文化財発掘調査報告書』
38. 藤岡市教育委員会 2001『F30　緑埜押出シ B 遺跡　一般廃棄物最終処分場建設に伴う埋蔵文化財発掘調査報告書』
39. 群馬県教育委員会 1994『関越自動車道(上越線)地域埋蔵文化財発掘調査報告書第 22 集　南蛇井増光寺遺跡 III　B 区・古墳・奈良・平安時代』㈶群馬県埋蔵文化財調査事業団調査報告第 168 集
40. 群馬県教育委員会 1996『関越自動車道(上越線)地域埋蔵文化財発掘調査報告書第 33 集　南蛇井増光寺遺跡 IV　C 区・古墳・奈良・平安時代』㈶群馬県埋蔵文化財調査事業団調査報告第 196 集
41. 群馬県教育委員会 1994『関越自動車道(上越線)地域埋蔵文化財発掘調査報告書第 27 集　下高瀬上之原遺跡』㈶群馬県埋蔵文化財調査事業団調査報告第 177 集
42. 群馬県教育委員会 1996『関越自動車道(上越線)地域埋蔵文化財発掘調査報告書第 35 集　中沢平賀界戸原遺跡』㈶群馬県埋蔵文化財調査事業団調査報告第 199 集
43. 安中市教育委員会 1991『新寺地区遺跡群―一般県道磯辺停車場妙義山線特殊改良工事に伴う埋蔵文化財発掘調査報告書―』
44. 安中市教育委員会 1999『堀谷戸遺跡―特別養護老人ホーム建設に伴う埋蔵文化財発掘調査報告書』
45. 富士見村教育委員会 1989『富士見地区遺跡群　昭和 62 年度圃場整備事業富士見地区に係る埋蔵文化財発掘調査報告書』

46. ㈶群馬県埋蔵文化財調査事業団 2000『北陸新幹線地域埋蔵文化財発掘調査報告書第 12 集　三ツ子沢中遺跡』㈶群馬県埋蔵文化財調査事業団調査報告第 260 集
47. 群馬県教育委員会 1985『上越新幹線関係埋蔵文化財発掘調査報告第 5 集　三ツ寺 III 遺跡』
48. 群馬町教育委員会 1986『北原遺跡―関越自動車道（新潟線）地域埋蔵文化財調査報告書（KC―I）―』
49. 群馬県教育委員会 1989『関越自動車道（新潟線）地域埋蔵文化財発掘調査報告書第 24 集　上野国分僧寺・尼寺中間地域 3』
50. 群馬県教育委員会 1990『関越自動車道（新潟線）地域埋蔵文化財発掘調査報告書第 33 集　上野国分僧寺・尼寺中間地域 4』
51. 群馬県教育委員会 1991『関越自動車道（新潟線）地域埋蔵文化財発掘調査報告書第 36 集　上野国分僧寺・尼寺中間地域 5』
52. 群馬町教育委員会 1990『西国分 II 遺跡』群馬町埋蔵文化財調査報告第 28 集
53. 群馬町教育委員会 1991『西芝遺跡』群馬町埋蔵文化財調査報告第 31 集
54. 群馬町教育委員会 1995『堤上遺跡　水と緑の公園造成に伴う埋蔵文化財調査報告』群馬町埋蔵文化財調査報告第 37 集
55. 吉岡村教育委員会 1986『大久保 A 遺跡 I 地区―関越自動車道（新潟線）地域埋蔵文化財発掘調査報告書・K.C. II ―』
56. 群馬県教育委員会 1991『関越自動車道（上越線）地域埋蔵文化財発掘調査報告書第 6 集　矢田遺跡 II』㈶群馬県埋蔵文化財調査事業団調査報告第 115 集
57. 群馬県教育委員会 1991『関越自動車道（上越線）地域埋蔵文化財発掘調査報告書第 18 集　神保富士塚遺跡』㈶群馬県埋蔵文化財調査事業団調査報告第 154 集
58. 群馬県教育委員会 1995『関越自動車道（上越線）地域埋蔵文化財発掘調査報告書第 29 集　黒熊栗崎遺跡』㈶群馬県埋蔵文化財調査事業団調査報告第 184 集
59. 群馬県教育委員会 1996『関越自動車道（上越線）地域埋蔵文化財発掘調査報告書第 37 集　黒熊八幡遺跡』㈶群馬県埋蔵文化財調査事業団調査報告第 206 集
60. 吉井町教育委員会 1996『長根遺跡群発掘調査報告書 IV』
61. 群馬県教育委員会 1997『関越自動車道（上越線）地域埋蔵文化財発掘調査報告書第 38 集　長根安坪遺跡』㈶群馬県埋蔵文化財調査事業団調査報告第 210 集
62. 万場町遺跡調査会 1998『奴郷 2 遺跡発掘調査報告書』
63. 甘楽町教育委員会 1994『関越自動車道（上越線）地域埋蔵文化財発掘調査報告書』
64. 群馬県教育委員会 1985『関越自動車道（新潟線）地域埋蔵文化財発掘調査報告書第 8 集　糸井宮前遺跡 I』
65. 昭和村教育委員会 1996『糸井太夫遺跡　糸井東地区土地改良総合整備事業に伴う埋蔵文化財発掘調査報告書』
66. 昭和村教育委員会 1998『森下中田遺跡　主要地方道昭和インター線改築工事に伴う埋蔵文化財発掘調査報告書』
67. 群馬県教育委員会 1993『五目牛清水田遺跡　一般国道 17 号線（上武国道）改築工事に伴う埋蔵文化財発掘調査報告書』㈶群馬県埋蔵文化財調査事業団調査報告第 144 集
68. 群馬県教育委員会 1989『八寸大道上遺跡　一般国道 17 号線（上武国道）改築工事に伴う埋蔵文化財発掘調査報告書』㈶群馬県埋蔵文化財調査事業団調査報告第 91 集
69. 群馬県教育委員会 1991『下淵名塚越遺跡　一般国道 17 号線（上武国道）改築工事に伴う埋蔵文化財発掘調査報告書』㈶群馬県埋蔵文化財調査事業団調査報告第 114 集
70. 群馬県教育委員会 1992『史跡十三宝塚遺跡』㈶群馬県埋蔵文化財調査事業団調査報告第 134 集
71. 玉村町教育委員会 2000『上之手石塚遺跡　住宅建設に伴う埋蔵文化財発掘調査報告書』玉村町埋蔵文化財

発掘調査報告書第 39 集
72. 群馬県教育委員会 1985『小角田前遺跡　一般国道 17 号線(上武国道)改築工事に伴う埋蔵文化財発掘調査報告書』
73. 笠懸村教育委員会 1989『笠懸村宮久保遺跡』笠懸村埋蔵文化財発掘調査報告第 10 集

埼 玉 県

1. ㈶埼玉県埋蔵文化財調査事業団 1994『首都圏中央連絡自動車道関係埋蔵文化財発掘調査報告 II 光山遺跡群』埼玉県埋蔵文化財調査事業団報告書第 137 集
2. 川越市教育委員会 1996『川越市文化財保護年報　平成 7 年度』
3. ㈶埼玉県埋蔵文化財調査事業団 1986『樋の上遺跡　県立熊谷西高等学校関係埋蔵文化財調査報告』埼玉県埋蔵文化財調査事業団報告書第 59 集
4. ㈶埼玉県埋蔵文化財調査事業団 1987『下辻遺跡　県道三ケ尻新堀線関係埋蔵文化財発掘調査報告』埼玉県埋蔵文化財調査事業団報告書第 69 集
5. ㈶埼玉県埋蔵文化財調査事業団 1998『北島遺跡 IV　上之調整池建設用地内埋蔵文化財発掘調査報告』埼玉県埋蔵文化財調査事業団報告書第 195 集
6. ㈶埼玉県埋蔵文化財調査事業団 2002『北島遺跡 V　熊谷スポーツ文化公園建設事業関係埋蔵文化財発掘調査報告』埼玉県埋蔵文化財調査事業団報告書第 278 集
7. ㈶埼玉県埋蔵文化財調査事業団 1985『愛宕通遺跡　県道上新郷埼玉線関係埋蔵文化財発掘調査報告』埼玉県埋蔵文化財調査事業団報告書第 51 集
8. ㈶埼玉県埋蔵文化財調査事業団 1998『行田南部工業団地造成事業関係埋蔵文化財発掘調査報告 II　八ツ島遺跡』埼玉県埋蔵文化財調査事業団報告書第 219 集
9. 所沢市立埋蔵文化財調査センター 2000『所沢市立埋蔵文化財調査センター年報 No. 5』
10. 埼玉県遺跡調査会 1972『東北縦貫自動車道埋蔵文化財調査報告書 I　水深』埼玉県遺跡調査会報告第 13 集
11. ㈶埼玉県埋蔵文化財調査事業団 1998『本庄今井工業団地関係埋蔵文化財発掘調査報告 V　地神／塔頭』埼玉県埋蔵文化財調査事業団報告書第 193 集
12. 狭山市教育委員会 1985『狭山市埋蔵文化財調査報告書』狭山市文化財報告 X
13. 狭山市教育委員会 1986『狭山市埋蔵文化財調査報告書 4』狭山市文化財報告 12
14. ㈶埼玉県埋蔵文化財調査事業団 1988『小山ノ上遺跡　県道堀兼根岸線関係埋蔵文化財調査報告書』埼玉県埋蔵文化財調査事業団報告書第 70 集
15. ㈶埼玉県埋蔵文化財調査事業団 1995『首都圏中央連絡自動車道関係埋蔵文化財発掘調査報告 V 西久保／金井上』埼玉県埋蔵文化財調査事業団報告書第 156 集
16. ㈶埼玉県埋蔵文化財調査事業団 1996『新屋敷遺跡 C 区　鴻巣新屋敷団地造成事業関係埋蔵文化財発掘調査報告』埼玉県埋蔵文化財調査事業団報告書第 175 集
17. ㈶埼玉県埋蔵文化財調査事業団 1989『一般国道 17 号線深谷バイパス関係埋蔵文化財発掘調査報告 I　新田裏・明戸東・原遺跡』埼玉県埋蔵文化財調査事業団報告書第 85 集
18. ㈶埼玉県埋蔵文化財調査事業団 1992『一般国道 17 号線深谷バイパス関係埋蔵文化財発掘調査報告 III　新屋敷東・本郷前東』埼玉県埋蔵文化財調査事業団報告書第 111 集
19. ㈶埼玉県埋蔵文化財調査事業団 1992『一般国道 17 号線深谷バイパス関係埋蔵文化財発掘調査報告 I　ウツギ内・砂田・柳町』埼玉県埋蔵文化財調査事業団報告書第 126 集
20. ㈶埼玉県埋蔵文化財調査事業団 1994『稲荷台遺跡　埼玉県障害者リハビリテーションセンター増床事業関係埋蔵文化財発掘調査報告』埼玉県埋蔵文化財調査事業団報告書第 139 集
21. 北本市教育委員会 2000『下宿遺跡―農道整備関係埋蔵文化財発掘調査報告書―』北本市埋蔵文化財調査報

告書第 9 集

22. 富士見市遺跡調査会 1987『針ヶ谷遺跡群―針ヶ谷地区土地区画整理事業に伴う昭和 60 年・61 年度の発掘調査―』富士見市遺跡調査会調査報告第 27 集
23. 富士見市遺跡調査会 1990『宮脇・谷津遺跡発掘調査報告書 1』富士見市遺跡調査会調査報告第 33 集
24. 富士見市教育委員会 1990『富士見市遺跡群 IV』富士見市文化財報告第 40 集
25. ㈶埼玉県埋蔵文化財調査事業団 1995『上内手遺跡　県道東大久保大井線関係埋蔵文化財発掘調査報告書』埼玉県埋蔵文化財調査事業団報告書第 160 集
26. 富士見市教育委員会 1996『富士見市遺跡群 VIII』富士見市文化財報告第 47 集
27. 蓮田市教育委員会 1984『江ケ崎貝塚、荒川附遺跡』蓮田市文化財調査報告書第 6 集
28. ㈶埼玉県埋蔵文化財調査事業団 1992『国道 122 号線バイパス関係埋蔵文化財発掘調査報告 V 荒川附遺跡』埼玉県埋蔵文化財調査事業団報告書第 112 集
29. 蓮田市教育委員会 1989『椿山遺跡―第 3・4 次調査―』蓮田市文化財調査報告書第 13 集
30. 坂戸市遺跡発掘調査団 1989『若葉台遺跡発掘調査報告書 I』
31. 坂戸市遺跡発掘調査団 1995『若葉台遺跡発掘調査報告書 III』
32. ㈶埼玉県埋蔵文化財調査事業団 1991『宮町遺跡 I　県道上伊草坂戸線関係埋蔵文化財発掘調査報告』埼玉県埋蔵文化財調査事業団報告書第 96 集
33. ㈶埼玉県埋蔵文化財調査事業団 1991『住宅・都市整備公団坂戸入西地区土地区画整理事業関係埋蔵文化財発掘調査報告 III　塚の越遺跡』埼玉県埋蔵文化財調査事業団報告書第 101 集
34. ㈶埼玉県埋蔵文化財調査事業団 1992『住宅・都市整備公団坂戸入西地区土地区画整理事業関係埋蔵文化財発掘調査報告 IV　稲荷前遺跡（A 区）』埼玉県埋蔵文化財調査事業団報告書第 120 集
35. ㈶埼玉県埋蔵文化財調査事業団 1994『住宅・都市整備公団坂戸入西地区土地区画整理事業関係埋蔵文化財発掘調査報告 VIII　稲荷前遺跡（B・C 区）』埼玉県埋蔵文化財調査事業団報告書第 145 集
36. ㈶埼玉県埋蔵文化財調査事業団 1994『住宅・都市整備公団坂戸入西地区土地区画整理事業関係　埋蔵文化財発掘調査報告 IX　金井遺跡 B 区』埼玉県埋蔵文化財調査事業団報告書第 146 集
37. 鶴ヶ島市遺跡調査会 2001『羽折遺跡 1 次調査発掘調査報告書』鶴ヶ島市埋蔵文化財調査第 48 集
38. 鶴ヶ島市遺跡調査会 2001『仲道柴山遺跡 5・6 次調査発掘調査報告書』鶴ヶ島市埋蔵文化財調査報告第 49 集
39. 浦和市遺跡調査会 2000『浦和市大門上・下野田特定土地区画整理地内発掘調査報告 2』浦和市遺跡調査会報告書第 277 集
40. 浦和市遺跡調査会 2001『浦和市大門上・下野田特定土地区画整理地内発掘調査報告 3』浦和市遺跡調査会報告書第 295 集
41. 大宮市遺跡調査会 1988『南中野諏訪遺跡』大宮市遺跡調査会報告第 22 集
42. 大宮市遺跡調査会 1993『氷川神社東遺跡―県営硬式野球場・周辺施設事業関係埋蔵文化財調査報告―』大宮市遺跡調査会報告第 42 集
43. ㈶埼玉県埋蔵文化財調査事業団 1993『水判土堀の内・林光寺・根切　鴨川河川改修工事用地内埋蔵文化財発掘調査報告書』埼玉県埋蔵文化財調査事業団報告書第 132 集
44. 大宮市遺跡調査会 1994『深作稲荷台遺跡―第 2・3 次調査―』大宮市遺跡調査会報告第 44 集
45. ㈶埼玉県埋蔵文化財調査事業団 1993『大沼遺跡　国営武蔵丘陵森林公園関係埋蔵文化財発掘調査報告』埼玉県埋蔵文化財調査事業団報告書第 133 集
46. 滑川嵐山ゴルフコース内遺跡群発掘調査会 1997『滑川嵐山ゴルフコース内遺跡群』
47. ㈶埼玉県埋蔵文化財調査事業団 1992『嵐山工業団地関係埋蔵文化財発掘調査報告』埼玉県埋蔵文化財調査事業団報告書第 119 集

48. ㈶埼玉県埋蔵文化財調査事業団 2002『谷ツ遺跡　関越自動車道小川嵐山インターチェンジ建設事業関係埋蔵文化財発掘調査報告』埼玉県埋蔵文化財調査事業団報告書第 282 集
49. ㈶埼玉県埋蔵文化財調査事業団 2000『堂地遺跡　首都圏中央連絡自動車道（川島地区）関係埋蔵文化財発掘調査報告』埼玉県埋蔵文化財調査事業団報告書第 266 集
50. 鳩山町教育委員会 1992『鳩山窯跡群 IV ―工人集落編 2―』鳩山窯跡群発掘調査報告書第 4 冊
51. ㈶埼玉県埋蔵文化財調査事業団 1996『広木上宿遺跡―古代・中世編―県道広木末野線関係埋蔵文化財発掘調査報告』埼玉県埋蔵文化財調査事業団報告書第 170 集
52. 児玉町教育委員会 1983『児玉遺跡群保存事業に伴う発掘調査報告書 1　阿知越遺跡 I』児玉町文化財調査報告書第 3 集
53. ㈶埼玉県埋蔵文化財調査事業団 1986『児玉工業団地関係埋蔵文化財発掘調査報告 III　将監塚・古井戸　古墳・歴史時代編 I』埼玉県埋蔵文化財調査事業団報告書第 64 集
54. ㈶埼玉県埋蔵文化財調査事業団 1988『児玉工業団地関係埋蔵文化財発掘調査報告 IV　将監塚・古井戸　古墳・歴史時代編 II』埼玉県埋蔵文化財調査事業団報告書第 71 集
55. 神川町教育委員会 1995『県営畑地帯総合改良事業神川東部地区発掘調査報告書 I』神川町教育委員会文化財調査報告書第 12 集
56. ㈶埼玉県埋蔵文化財調査事業団 1997『中堀遺跡　御陣場川堤調整池関係埋蔵文化財発掘調査報告』埼玉県埋蔵文化財調査事業団報告書第 190 集
57. 江南町教育委員会 1996『丸山遺跡　社会福祉施設「江南療護園」建設にかかる埋蔵文化財発掘調査報告』江南町文化財調査報告第 11 集
58. ㈶埼玉県埋蔵文化財調査事業団 1981『関越自動車道関係埋蔵文化財発掘調査報告 XI』埼玉県埋蔵文化財調査事業団報告書第 1 集
59. ㈶埼玉県埋蔵文化財調査事業団 2000『大寄遺跡 I　岡部町西部工業団地関係埋蔵文化財発掘調査報告 II』埼玉県埋蔵文化財調査事業団報告書第 268 集
60. ㈶埼玉県埋蔵文化財調査事業団 2002『大寄遺跡 II　岡部町西部工業団地関係埋蔵文化財発掘調査報告 III』埼玉県埋蔵文化財調査事業団報告書第 280 集
61. ㈶埼玉県埋蔵文化財調査事業団 2000『熊野／新田　県道針ヶ谷岡線関係埋蔵文化財発掘調査報告』埼玉県埋蔵文化財調査事業団報告書第 251 集
62. ㈶埼玉県埋蔵文化財調査事業団 2002『熊野遺跡（A・C・D 区）岡部町岡中央団地関係埋蔵文化財発掘調査報告』埼玉県埋蔵文化財調査事業団報告書第 279 集
63. 岡部町教育委員会 2002『町内遺跡 III』岡部町埋蔵文化財調査報告書第 7 集
64. ㈶埼玉県埋蔵文化財調査事業団 1991『川本工業団地関係埋蔵文化財発掘調査報告 I』埼玉県埋蔵文化財調査事業団報告書第 105 集
65. ㈶埼玉県埋蔵文化財調査事業団 1993『川本工業団地関係埋蔵文化財発掘調査報告 IV　四反歩遺跡』埼玉県埋蔵文化財調査事業団報告書第 130 集
66. ㈶埼玉県埋蔵文化財調査事業団 2000『如意／如意南　県営農林漁業用揮発油税財源身替農道整備事業（川本西部地区）ふるさと農道緊急整備事業（川本西部地区）関係埋蔵文化財発掘調査報告』埼玉県埋蔵文化財調査事業団報告書第 241 集
67. ㈶埼玉県埋蔵文化財調査事業団 2002『如意 III／川端　大里農地防災事業六堰頭首工建設工事事業関係埋蔵文化財発掘調査報告 II』埼玉県埋蔵文化財調査事業団報告書第 276 集
68. ㈶埼玉県埋蔵文化財調査事業団 1982『関越自動車道関係埋蔵文化財発掘調査報告 XIV』埼玉県埋蔵文化財調査事業団報告書第 16 集
69. ㈶埼玉県埋蔵文化財調査事業団 1994『樋ノ下遺跡　埼玉県住宅供給公社リバーサイド玉淀建設事業関係埋

蔵文化財発掘調査報告』埼玉県埋蔵文化財調査事業団報告書第 135 集
70. 寄居町遺跡調査会 1998『田代遺跡』寄居町遺跡調査会報告第 15 集
71. 寄居町遺跡調査会 1999『中山遺跡(第 1 次・第 2 次)』寄居町遺跡調査会報告第 20 集
72. 寄居町遺跡調査会 2000『赤浜遺跡(第 2 次調査)』寄居町遺跡調査報告第 26 集
73 狭山市教育委員会 2001『城ノ越遺跡第 7・8 次調査 個人住宅・ほ場整備に伴う埋蔵文化財発掘調査報告』狭山市文化財報告第 23 集

千 葉 県

1. 千葉市遺跡調査会 1982『定原遺跡』
2. ㈶千葉県都市公社 1975『千葉東南部ニュータウン 3 ―有吉遺跡(第 1 次)―』
3. 和洋学園校地埋蔵文化財調査室 1997『下総国府台 1 和洋学園国府台キャンパス内遺跡第 1 次調査概報』
4. 市川市教育委員会 2000『平成 11 年度市川市内遺跡発掘調査報告』
5. 船橋市遺跡調査会 1999『本郷台遺跡―第 4 次発掘調査報告書―』
6. ㈶君津郡市文化財センター 1989『小浜遺跡群 II マミヤク遺跡』㈶君津郡市文化財センター発掘調査報告書第 44 集
7. 木更津市教育委員会 1997『大畑台遺跡群発掘調査報告書 II』
8. 松戸市遺跡調査会 2002『小野遺跡第 11 地点発掘調査報告書』
9. ㈶香取郡市文化財センター 2000『伊地山遺跡 II』㈶香取郡市文化財センター調査報告書第 72 集
10. ㈶印旛郡市文化財センター 1990『ニュー東京国際ゴルフ場造成地内埋蔵文化財調査報告書(III)』㈶印旛郡市文化財センター発掘調査報告書第 32 集
11. ㈶印旛郡市文化財センター 1995『公津東遺跡群 II 成田市公津東土地区画整理事業地内埋蔵文化財調査』㈶印旛郡市文化財センター発掘調査報告書第 91 集
12. ㈶印旛郡市文化財センター 1995『公津東遺跡群 III ―大袋腰巻遺跡―』㈶印旛郡市文化財センター発掘調査報告書第 135 集
13. ㈶千葉県文化財センター 1987『佐倉市腰巻遺跡―佐倉第三工業団地造成に伴う埋蔵文化財発掘調査報告書 V ―』
14. ㈶千葉県文化財センター 1993『佐倉市南広遺跡―佐倉第三工業団地造成に伴う埋蔵文化財発掘調査報告書 X ―』千葉県文化財センター調査報告第 236 集
15. ㈶印旛郡市文化財センター 1993『高岡遺跡群 III ―佐倉市高岡地区宅地造成予定地内埋蔵文化財調査報告書 III』㈶印旛郡市文化財センター発掘調査報告書第 71 集
16. 八日市場市教育委員会 1986『飯塚遺跡群発掘調査報告書第 I 分冊』
17. 八日市場市教育委員会 1986『飯塚遺跡群発掘調査報告書第 II 分冊』
18. ㈶東総文化財センター 1995『生尾遺跡 配水池築造工事に伴う埋蔵文化財調査』㈶東総文化財センター発掘調査報告書第 7 集
19. 高野台遺跡調査会 1979『柏市高野台遺跡発掘調査報告書』
20. 千葉・南総中学遺跡調査団 1978『千葉・南総中学遺跡』
21. ㈶市原市文化財センター 1989『千草山遺跡・東千草山遺跡』㈶市原市文化財センター調査報告書第 29 集
22. ㈶市原市文化財センター 1989『福増山ノ神遺跡発掘調査報告書』㈶市原市文化財センター調査報告書第 33 集
23. ㈶千葉県文化財センター 1991『千原台ニュータウン V 中永谷遺跡』千葉県文化財センター調査報告第 189 集
24. ㈶千葉県都市公社 1975『八千代市村上遺跡群』

25. ㈶千葉県文化財センター 1991『八千代市白幡前遺跡―萱田地区埋蔵文化財調査報告書Ⅴ―』千葉県文化財センター調査報告第 188 集
26. ㈶千葉県文化財センター 1994『八千代市沖塚遺跡・上の台遺跡　他―東葉高速鉄道埋蔵文化財調査報告書―』千葉県文化財センター調査報告第 245 集
27. 鎌ヶ谷市教育委員会 1988『双賀辺田 No.1 遺跡』鎌ヶ谷市埋蔵文化財調査報告第 3 集
28. ㈶印旛郡市文化財センター 1991『和良比遺跡発掘調査報告書Ⅲ』㈶印旛郡市文化財センター発掘調査報告書第 43 集
29. ㈶千葉県文化財センター 1999『千葉北部地区新市街地造成整備事業関連埋蔵文化財発掘調査報告書Ⅱ―印西市鳴神山遺跡・白井谷奥遺跡―』千葉県文化財センター調査報告第 358 集
30. 下総町教育委員会 1984『千葉県下総町文化財調査報告Ⅱ』
31. 下総町遺跡調査会 1989『大菅向台遺跡発掘調査報告書』
32. ㈶千葉県文化財センター 1995『青山中峰遺跡―主要地方道成田下総線建設に伴う埋蔵文化財発掘調査報告書―』千葉県文化財センター調査報告第 265 集
33. ㈶千葉県文化財センター 1987『東関東自動車道埋蔵文化財発掘調査報告書Ⅱ』
34. ㈶香取郡市文化財センター 1994『織幡妙見堂遺跡Ⅱ』㈶香取郡市文化財センター調査報告書第 28 集
35. ㈶千葉県文化財センター 1994『海上町岩井安明遺跡―海上キャンプ場改築工事に伴う埋蔵文化財発掘調査報告書―』千葉県文化財センター調査報告第 247 集
36. ㈶山武郡市文化財センター 1996『大網山田台遺跡群Ⅲ』㈶山武郡市文化財センター発掘調査報告書第 31 集
37. ㈶山武郡市文化財センター 1997『大網山田台遺跡群Ⅳ』㈶山武郡市文化財センター発掘調査報告書第 47 集
38. ㈶山武郡市文化財センター 2000『駒形台遺跡』㈶山武郡市文化財センター発掘調査報告書第 63 集
39. 和洋学園 2002『下総国分の遺跡Ⅲ　第 4・5・6 次発掘調査報告―下総国分尼寺跡北東隣接地の発掘調査―』

東 京 都

1. 新宿区上落合二丁目遺跡調査団 1995『上落合二丁目遺跡―スーベニアコーポ落合Ⅰ・Ⅱ建設事業に伴う緊急発掘調査報告書―』
2. ㈶新宿区生涯学習財団 2001『百人町三丁目西遺跡Ⅴ―(仮称)都営住宅百人町三丁目第一・第二・第三団地・百人町四丁目団地新設事業に伴う埋蔵文化財発掘調査報告書―旧石器時代・古墳時代・平安時代編』
3. 東京都埋蔵文化財センター 2002『尾張藩上屋敷跡遺跡Ⅹ』東京都埋蔵文化財センター調査報告第 114 集
4. テイケイトレード㈱ 2002『白銀町遺跡』
5. 目黒区東光寺裏山遺跡調査団 1997『東光寺裏山遺跡発掘調査報告書』
6. 世田谷区教育委員会 1997『喜多見中通遺跡(東京都世田谷区喜多見 7 丁目 19 番の発掘調査記録)』
7. 世田谷区教育委員会 2000『堂ケ谷戸遺跡　第 33 次発掘調査概報』
8. 世田谷区教育委員会 2001『宮之原遺跡Ⅱ　東京都世田谷区喜多見 4 丁目 27～29 番の発掘調査記録』
9. 小豆沢東原遺跡調査会 1999『小豆沢東原遺跡発掘調査報告書　(仮称)小豆沢賃貸住宅建替に伴う発掘調査』
10. 小茂根小山遺跡発掘調査団 2000『小茂根小山遺跡第 1 地点発掘調査報告書―「コスモ小竹向原ガーデンフォルム」建設に伴う発掘調査報告書』
11. 板橋区教育委員会 2002『前野田向遺跡第 4 地点発掘調査報告書』(CD-ROM)
12. 八王子市中田遺跡調査会 1967『八王子市中田遺跡(資料篇Ⅱ)』
13. 八王子市南部地区遺跡調査会 1991『南八王子地区遺跡調査報告 7』
14. 八王子市打越大畑遺跡調査団 1996『打越大畑遺跡Ⅱ―造成工事に伴う埋蔵文化財の発掘調査報告書―』
15. 八王子市中野甲の原遺跡発掘調査団 2002『中野甲の原遺跡　市営住宅西中野団地建て替えに伴う埋蔵文化財発掘調査報告書』

16. ㈶東京都埋蔵文化財センター 1982『多摩ニュータウン遺跡―昭和 56 年度―(第 1 分冊)』東京都埋蔵文化財センター調査報告第 2 集
17. 東京都埋蔵文化財センター 1999『多摩ニュータウン遺跡　No. 125 遺跡』東京都埋蔵文化財センター調査報告第 67 集
18. 東京都教育委員会 1999『多摩ニュータウン遺跡　先行調査報告 13』東京都埋蔵文化財センター調査報告第 68 集
19. 府中市教育委員会 1982『武蔵国府の調査 XIV　国府関連遺跡調査昭和 56 年度概報 2』
20. 府中市教育委員会 1985『武蔵国府関連遺跡調査報告 V―国府地域の調査 4―』府中市埋蔵文化財調査報告第 5 集
21. 府中市教育委員会 1986『武蔵国府関連遺跡調査報告 VII―国府地域の調査 6　高倉・美好町地域の調査 2―』府中市埋蔵文化財調査報告第 7 集
22. 府中市教育委員会 1988『武蔵国府関連遺跡調査報告 X』府中市埋蔵文化財調査報告第 10 集
23. 府中市教育委員会 1991『武蔵国府関連遺跡調査報告 13―国府地域の調査 12―』府中市埋蔵文化財調査報告第 13 集
24. 府中市教育委員会 1993『武蔵国府　府中市遺跡調査会年報昭和 57(1982)年度』
25. 日本製鋼所遺跡調査会 1995『武蔵国府関連遺跡調査報告―日鋼地区―』
26. 府中市教育委員会 1996『武蔵国府関連遺跡調査報告 15―国府地域の調査 14―京王府中 1 丁目ビル・京王バス府中駅前折返し場建設に伴う事前調査』府中市埋蔵文化財調査報告第 15 集
27. 府中市教育委員会 1996『武蔵国府関連遺跡調査報告 17―国府地域の調査 15―府中駅南口第二地区第一種市街地再開発事業建設に伴う事前調査　第 1 分冊』府中市埋蔵文化財調査報告第 17 集
28. 府中市教育委員会 1997『武蔵国府関連遺跡調査報告 19―清水が丘地域の調査 3―東京競馬場単身舎宅(寮)建設に伴う事前調査』府中市埋蔵文化財調査報告第 19 集
29. 府中市教育委員会 1999『武蔵国府関連遺跡調査報告 16―高倉・美好町地域の調査 4―府中東芝ビル建設に伴う事前調査』府中市埋蔵文化財調査報告第 16 集
30. 府中市教育委員会 1999『武蔵国府関連遺跡調査報告 21―高倉・美好町地域の調査 5―都営府中美好一丁目第 4 アパート建設に伴う事前調査』府中市埋蔵文化財調査報告第 21 集
31. 府中市教育委員会 1999『武蔵国府関連遺跡調査報告 22―国府地域の調査 18―東京都南部住宅建設事務所・東京都住宅供給公社府中営業所建設に伴う事前調査　都営府中美好町一丁目第 5 アパート建設に伴う事前調査』府中市埋蔵文化財調査報告第 22 集
32. 府中市教育委員会 1999『武蔵国府関連遺跡調査報告 23―国府地域の調査 19―都営府中美好町一丁目第六アパート建設に伴う事前調査』府中市埋蔵文化財調査報告第 23 集
33. 府中市教育委員会 1999『武蔵国府関連遺跡調査報告 26―国府地域の調査 20―府中島忠日鋼町店建設に伴う事前調査　第 1 分冊』府中市埋蔵文化財調査報告第 26 集
34. 府中市教育委員会 2001『武蔵国府の調査 18―昭和 58 年度府中市内調査概報―』
35. 府中市教育委員会 2001『武蔵国府の調査 19―平成 10 年度府中市内発掘調査概報―』
36. 府中市教育委員会 2002『武蔵国府の調査 20―昭和 59 年度府中市内調査概要―』
37. 府中市教育委員会 2002『武蔵国府の調査 21―平成 9 年度府中市内発掘調査概報―』
38. 府中市教育委員会 2002『武蔵国府の調査 22―平成 11 年度府中市内調査概要―』
39. 都立府中病院内遺跡調査会 1989『武蔵国分寺西方地区　武蔵台遺跡 II―資料編 1―』
40. 都立府中病院内遺跡調査会 1995『武蔵国分寺西方地区　武蔵台遺跡 II―資料編 3―』
41. 都立府中病院内遺跡調査会 1992『武蔵国分寺西方地区　武蔵台遺跡 II―資料編 4―』
42. 都立府中病院内遺跡調査会 1993『武蔵国分寺西方地区　武蔵台遺跡 II―資料編 5―』

43. 都立府中病院内遺跡調査会 1999『武蔵国分寺西方地区　武蔵台遺跡 IV』
44. 都営川越道住宅遺跡調査会 1999『武蔵国分寺西方地区　武蔵台東遺跡　古墳・歴史時代』
45. 武蔵国分寺関連(府中都市計画道路 3・2・2 の 2 号線)遺跡調査会 1999『武蔵国分寺南西地区発掘調査報告　府中都市計画道路 3・2・2 の 2 号線建設に伴う調査』
46. 昭島市教育委員会 1986『西上遺跡 II ―第 4 次～6 次調査』
47. 調布市教育委員会 1992『調布市上布田遺跡―第 2 地点の調査―』調布市埋蔵文化財調査報告 23
48. 調布市教育委員会 1995『東京都調布市埋蔵文化財年報―平成 5 年度(1993)―』
49. 調布市教育委員会 1997『東京都調布市埋蔵文化財年報―平成 7 年度(1995)―』
50. 調布市教育委員会 1999『調布市下石原遺跡―第 24 地点の調査―』調布市埋蔵文化財調査報告 37
51. 調布市教育委員会 2001『調布市下石原遺跡―第 29 地点の調査―』調布市埋蔵文化財調査報告 53
52. 調布市教育委員会 1997『中耕地遺跡―第 3 地点・第 6 地点の発掘調査―』調布市埋蔵文化財調査報告 34
53. 調布市教育委員会 1998『東京都調布市埋蔵文化財年報―平成 8 年度(1996)―』
54. 調布市教育委員会 2001『調布市小島町遺跡―第 17 地点の調査―』調布市埋蔵文化財調査報告 54
55. 調布市教育委員会 2002『東京都調布市埋蔵文化財年報―平成 12 年度(2000)―』
56. 町田市小田急野津田・金井団地内遺跡調査会 1987『金井原遺跡群 I』
57. 町田市木曽森野地区遺跡調査会 1995『木曽森野遺跡 III　歴史時代編 2』
58. なすな原遺跡調査会 1996『なすな原遺跡　No. 2 地区調査』
59. 都内遺跡調査会綾部原遺跡調査団 1998『綾部原遺跡―主要地方道府中町田線(新 18 号鎌倉街道)道路整備事業に伴う埋蔵文化財発掘調査報告書―』
60. 大蔵春日神社北遺跡調査会 2000『大蔵春日神社北遺跡』
61. 吾妻考古学研究所 2001『町田市森野 6 丁目遺跡―発掘調査報告書―』
62. 東京都埋蔵文化財センター 2000『多摩ニュータウン遺跡― No. 247・248 遺跡』東京都埋蔵文化財センター調査報告第 80 集
63. 日野市神明上遺跡調査会 1972『神明上遺跡 II ―第 I・II 次調査の概要―』
64. 日野市遺跡調査会 1978『日野市遺跡調査会年報 I(昭和 52 年度)』
65. 神明上遺跡調査会 1994『神明上　神明上遺跡の緊急発掘調査報告書』
66. 神明一丁目代替地地区発掘調査団 1996『神明一丁目代替地地区(神明上遺跡内)における埋蔵文化財調査報告』
67. 日野市遺跡調査会 1994『南広間地遺跡 4 ―第 7 次調査 V 地点―』日野市埋蔵文化財発掘調査報告 19
68. 日野市遺跡調査会 1996『南広間地遺跡 7　第 9 次調査 30 地点　第 9 次調査 41 地点』日野市埋蔵文化財発掘調査報告 35
69. 日野市遺跡調査会 1996『南広間地遺跡 8　第 9 次調査 44 地点』日野市埋蔵文化財発掘調査報告 36
70. 日野市遺跡調査会 1997『南広間地遺跡 9　第 9 次調査 27 地点』日野市埋蔵文化財発掘調査報告 41
71. 日野市遺跡調査会 1998『南広間地遺跡 12　第 9 次調査 56 地点　第 9 次調査 42 地点』日野市埋蔵文化財発掘調査報告 54
72. 日野市落川土地区画整理組合 1998『おちかわ―日野市落川土地区画整理事業に伴う発掘調査報告書―』
73. 落川・一の宮遺跡(日野 3・2・7 号線)調査会 2001『落川・一の宮遺跡 II　古代編』
74. 日野市遺跡調査会 1998『七ツ塚遺跡 5 ―七ツ塚遺跡発掘調査報告書―第 8 地点』日野市埋蔵文化財発掘調査報告 64
75. 四ツ谷前地区小峯ビル遺跡調査団 1999『四ツ谷前遺跡―小峯ビル建設に伴う埋蔵文化財発掘調査報告書―』
76. 武蔵国分寺遺跡調査会 1979『武蔵国分寺遺跡調査会年報 1974　武蔵国分寺跡』
77. 国分寺市遺跡調査会 1994『武蔵国分寺跡発掘調査概報 XIX ―北方地区・リオン株式会社新 3 号館建設に伴

う調査―』
78. 国分寺市遺跡調査会 2002『武蔵国分寺跡発掘調査概報 26 ―北方地区・平成 8～10 年度西国分寺地区土地区画整理事業及び泉町公園事業に伴う調査―』
79. 国分寺市遺跡調査会 1999『武蔵国分寺跡発掘調査概報 XXIII ―都営住宅西元町団地建設工事に伴う尼寺南西地区の調査―』
80. 狛江市教育委員会 1996『狛江市埋蔵文化財調査概報 I』狛江市文化財調査報告書第 15 集
81. 小足立中村南遺跡調査団 1997『小足立中村南遺跡』
82. 下宿内山遺跡発掘調査会 1986『下宿内山遺跡』
83. ㈶東京都埋蔵文化財センター 1985『多摩ニュータウン遺跡 No.769 遺跡 奈良・平安時代編』東京都埋蔵文化財センター調査報告第 6 集
84. 多摩市教育委員会 2002『和田西遺跡(埋蔵文化財編)―上和田土地区画整理事業に伴う発掘調査報告書―』多摩市埋蔵文化財調査報告 46
85. 桐生直彦 1998「変貌する古代竪穴住居像―発掘調査の盲点となりがちな諸施設について―」『遺跡・遺物から何を読みとるか』帝京大学山梨文化財研究所研究集会報告書 1
86. ㈱四門 2002『落川・一の宮遺跡―(仮称)聖蹟桜ヶ丘計画に伴う発掘調査報告書』多摩市埋蔵文化財調査報告 47
87. ㈶東京都埋蔵文化財センター 1987『多摩ニュータウン遺跡 昭和 60 年度(第 2 分冊)』東京都埋蔵文化財センター調査報告第 8 集
88. あきる野市秋川南岸道路関連遺跡調査会 1998『坪松 B ―秋川南岸道路建設に伴う網代・高尾地区の発掘調査』
89. あきる野市代継・富士見台遺跡調査会 2000『代継・富士見台遺跡 都市計画道路(秋 3・3・3 号線)整備事業にともなう埋蔵文化財発掘調査報告書』

神奈川県

1. 神奈川県立埋蔵文化財センター 1986『東耕地遺跡 県立みどり養護学校建設に伴う調査』神奈川県立埋蔵文化財センター調査報告 14
2. 三荷座前遺跡発掘調査団 1997『川崎市高津区三荷座前遺跡第 2 地点発掘調査報告書』
3. 日本窯業史研究所 1987『川崎市麻生区山口台遺跡群』
4. 神奈川県立埋蔵文化財センター 1983『向原遺跡 県企業局平塚配水池建設に伴う平塚市上吉沢所在遺跡の調査』神奈川県立埋蔵文化財センター調査報告 1
5. 平塚市教育委員会 1991『神明久保遺跡―第 1 地区―』平塚市埋蔵文化財シリーズ第 19 集
6. ㈶かながわ考古学財団 2001『神明久保遺跡 県営平塚神明団地(仮称)建設にともなう発掘調査』かながわ考古学財団調査報告 102
7. 東海大学校地内遺跡調査団 1999『王子ノ台遺跡 第 II 巻歴史時代編』
8. 日本考古学研究所 1980『池の辺』
9. 北部第二(二地区)土地区画整理事業区域内埋蔵文化財発掘調査団 1993『石川遺跡 藤沢市北部区画整理事業に伴う事前調査』
10. 藤沢市教育委員会 1999『南鍛治山遺跡発掘調査報告書 藤沢市都市計画事業北部第二(二地区)土地区画整理事業に伴う調査 第 6 巻古代 2』
11. ㈶茅ヶ崎市文化振興財団 1997『上ノ町・広町遺跡 県道丸子・中山・茅ヶ崎線改良に伴う自然堤防地形上における発掘調査報告』
12. 神奈川県立埋蔵文化財センター 1986『田名稲荷山遺跡 県立県北方面高校建設にともなう調査』神奈川県

立埋蔵文化財センター調査報告 12
13. 田名塩田原地区埋蔵文化財調査団 1993『田名塩田原地区遺跡群　田名塩田原遺跡(資料編)』
14. 相模原市 No. 62 遺跡発掘調査団 1996『相模原市 No. 62 遺跡発掘調査報告書』
15. 相模原市相原地区遺跡調査団 2001『相原森ノ上遺跡』
16. 神奈川県立埋蔵文化財センター 1990『草山遺跡 III　県立秦野曽屋高等学校建設に伴う調査』神奈川県立埋蔵文化財センター調査報告 18
17. ㈶かながわ考古学財団 1998『第一東海自動車道厚木・大井松田間改築事業に伴う調査報告 9 下大槻峯遺跡 (No. 30) II』かながわ考古学財団調査報告 35
18. 西大竹尾尻遺跡群発掘調査団 2002『西大竹尾尻遺跡群 3 ―資料 II ― 秦野市西大竹尾尻特定土地区画整理事業に伴う調査報告』
19. 神奈川県教育委員会 1975『鳶尾遺跡(厚木市鳶尾地区土地区画整理事業にともなう調査)』神奈川県埋蔵文化財調査報告書 7
20. 愛甲宮前遺跡第 2 地区発掘調査団 1994『愛甲宮前遺跡　第 2 地区』
21. 国道 412 号線遺跡発掘調査団 1997『及川天台遺跡　神奈川県厚木市一般国道 412 号本厚木・上荻野バイパス事業に伴う発掘調査報告書(VII)』
22. 東国歴史考古学研究所 1999『神奈川県厚木市曽野 No. 1 遺跡』東国歴史考古学研究所調査研究報告第 23 集
23. ㈱盤古堂 2000『大和市渋谷(南部地区)土地区画整理事業地内遺跡―第 2 地点(中ノ原遺跡 C 地点)の発掘調査―』
24. 本郷遺跡調査団 1988『海老名本郷 II』
25. 本郷遺跡調査団 1988『海老名本郷 V』
26. 本郷遺跡調査団 1989『海老名本郷 VII』
27. 本郷遺跡調査団 1995『海老名本郷 XI-2』
28. 本郷遺跡調査団 1998『海老名本郷 XV』
29. 神奈川県教育委員会 1979『上浜田遺跡』神奈川県埋蔵文化財調査報告書 15
30. 海老名市遺跡調査会 1992『大谷向原遺跡　東名自動車道海老名 SA 改良工事に伴う埋蔵文化財　発掘調査報告書』
31. ㈶かながわ考古学財団 2000『天神谷戸遺跡(仮称)二宮ケア付高齢者住宅建設に伴う発掘調査』かながわ考古学財団調査報告 75
32. ㈶かながわ考古学財団 2001『半原向原遺跡　都市計画公園事業あいかわ公園整備工事に伴う発掘調査』かながわ考古学財団調査報告 123
33. ㈶かながわ考古学財団 1996『宮ケ瀬遺跡群 VIII　宮ケ瀬ダム建設にともなう発掘調査』かながわ考古学財団調査報告 10
34. ㈶かながわ考古学財団 1997『宮ケ瀬遺跡群 IX　宮ケ瀬ダム建設にともなう発掘調査』かながわ考古学財団調査報告 15
35. ㈶かながわ考古学財団 1999『道志導水路関連遺跡　宮ケ瀬ダム関連事業に伴う発掘調査』かながわ考古学財団調査報告 59

新潟県
1. 吉川町教育委員会 1992『古町 B 遺跡発掘調査報告書』

富山県
1. ㈶富山県文化振興財団埋蔵文化財調査事務所 2002『埋蔵文化財調査概要―平成 13 年度―』

石 川 県

1. 松任市教育委員会 1996『松任市三浦・幸明遺跡―松任市三浦・幸明地区土地区画整理事業に伴う埋蔵文化財発掘調査報告書―』

山 梨 県

1. 韮崎市教育委員会 1988『前田遺跡　県営圃場整備事業に伴う埋蔵文化財発掘調査報告書』
2. 山梨県教育委員会 1999『村前東 A 遺跡　一般国道 52 号改築工事及び中部横断自動車道建設にともなう埋蔵文化財発掘調査報告書』山梨県埋蔵文化財センター調査報告書第 157 集
3. 上ノ原遺跡発掘調査団 1999『上ノ原遺跡　ダイワヴィンテージゴルフ倶楽部造成工事に伴う埋蔵文化財の発掘調査報告書』
4. 石原田北遺跡発掘調査団 2001『石原田北遺跡 J マート地点発掘調査報告書』
5. 武川村教育委員会 1988『宮間田遺跡　県営圃場整備事業に伴う平安時代集落遺跡の緊急発掘調査報告書』
6. 明野村教育委員会 2002『梅之木遺跡 I　県営畑地帯総合整備事業にともなう平安時代遺跡の発掘調査報告』明野村文化財調査報告 14

長 野 県

1. 長野市教育委員会 1991『松原遺跡　長野南農業協同組合集出荷場施設建設事業に伴う埋蔵文化財発掘調査報告書』長野市の埋蔵文化財第 40 集
2. 長野市教育委員会 2000『南宮遺跡 II ―南長野運動公園建設地―』長野市の埋蔵文化財第 96 集
3. 長野県教育委員会 1998『北陸新幹線埋蔵文化財発掘調査報告書 2 ―上田市内・坂城町内―』㈶長野県埋蔵文化財センター発掘調査報告書 31
4. 更埴市教育委員会 1994『長野県更埴市屋代遺跡群　大境遺跡 IV・V　中部電力雨宮変電所・鉄塔建設に伴う発掘調査報告書』
5. 長野県教育委員会 1999『上信越自動車道埋蔵文化財発掘調査報告書 26 ―更埴市内その 5 ―更埴条里遺跡・屋代遺跡群(含む大境遺跡・窪河原遺跡)―古代 1 編―』長野県埋蔵文化財センター発掘調査報告書 42
6. 佐久市教育委員会 1985『樋村遺跡(遺構編)』
7. 長野県教育委員会 1991『上信越自動車道埋蔵文化財発掘調査報告書 2 ―佐久市内その 2 ―』㈶長野県埋蔵文化財センター発掘調査報告書 12
8. 佐久市教育委員会 1997『長土呂遺跡群　聖原遺跡 X』佐久市埋蔵文化財調査報告書第 56 集
9. 長野県教育委員会 1999『上信越自動車道埋蔵文化財発掘調査報告書 17 ―佐久市内その 3・小諸市内その 1 ―』㈶長野県埋蔵文化財センター発掘調査報告書 38
10. 佐久市教育委員会 2002『聖原』佐久市埋蔵文化財調査報告第 103 集

三 重 県

1. 四日市市遺跡調査会 1996『西ヶ谷遺跡―住宅団地造成計画に伴う埋蔵文化財発掘調査報告書―』四日市市遺跡調査会文化財調査報告 XVII
2. 安濃町教育委員会 1992『内多馬場遺跡発掘調査報告書』安濃町埋蔵文化財発掘調査報告 6

広 島 県

1. ㈶広島県埋蔵文化財調査センター 1992『山陽自動車道建設に伴う埋蔵文化財発掘調査報告(VIII)』広島県埋蔵文化財調査センター調査報告書第 98 集

福 岡 県

1. 八女市教育委員会 1994『鍛冶屋遺跡　福岡県八女市大字宮野所在遺跡の調査』八女市文化財調査報告書第32集
2. 川崎町教育委員会 1985『永井遺跡　福岡県田川郡川崎町所在集落跡の調査』川崎町文化財調査報告書第1集
3. 福岡県教育委員会 1992『椎田バイパス関係埋蔵文化財調査報告―8―上巻　福岡県築上郡築上町所在塞ノ神遺跡・赤幡森ケ坪遺跡の調査』
4. 福岡県教育委員会 1999『一般国道210号線浮羽バイパス関係埋蔵文化財調査報告書第10集　鷹取五反田遺跡II　福岡県浮羽郡吉井町大字鷹取所在遺跡の調査　上巻―弥生時代包含層・古墳時代以降編―』
5. 福岡県教育委員会 1999『九州横断自動車道関係埋蔵文化財調査報告―55―朝倉郡朝倉町所在長島遺跡の調査II』
6. 福岡県教育委員会 1996『九州横断自動車道関係埋蔵文化財調査報告―40―朝倉郡朝倉町・杷木町所在外之隈遺跡の調査(集落跡)(外之隈遺跡II)』
7. 福岡県教育委員会 1994『九州横断自動車道関係埋蔵文化財調査報告―31―福岡県甘木市所在高原遺跡・口ノ坪遺跡　上巻』
8. 福岡県教育委員会 1995『九州横断自動車道関係埋蔵文化財調査報告―34―朝倉郡朝倉町所在長島遺跡の調査I』
9. 下稗田遺跡調査指導員会 1985『下稗田遺跡』行橋市文化財調査報告書第17集
10. 福岡県教育委員会 1997『九州横断自動車道関係埋蔵文化財調査報告―47―朝倉郡朝倉町大字大庭所在の西方寺・経塚遺跡の調査』
11. 福岡市教育委員会 1986『福岡市博多区　南八幡遺跡群(II)トヲナシ遺跡』福岡市埋蔵文化財調査報告書第128集
12. 福岡市教育委員会 1988『南八幡遺跡―南八幡遺跡群第3次調査の報告―』福岡市埋蔵文化財調査報告書第181集
13. 福岡市教育委員会 1998『雑餉隈遺跡4―雑餉隈遺跡5次、8次、10次調査―』福岡市埋蔵文化財調査報告書第569集
14. 苅田町教育委員会 1987『黒添・法正寺地区遺跡群』福岡県苅田町文化財調査報告書第6集

佐 賀 県

1. 佐賀市教育委員会 1998『金立遺跡II　4～9区の調査』佐賀市文化財調査報告書第87集

大 分 県

1. 大分県教育委員会 1999『九州横断自動車道関係埋蔵文化財発掘調査報告書13　馬姓遺跡　北ノ後遺跡　乙院屋敷遺跡』

集成データ文献——竪穴外柱穴

青森県
1. 青森県教育委員会 1984『朝日山』青森県埋蔵文化財調査報告書第 87 集
2. 青森県教育委員会 1998『新町野遺跡・野木遺跡―青森中核工業団地整備事業に伴う遺跡発掘調査報告書―』青森県埋蔵文化財調査報告書第 239 集
3. 青森県教育委員会 2000『野木遺跡 III ―青森中核工業団地整備事業に伴う遺跡発掘調査報告書―』青森県埋蔵文化財調査報告書第 281 集
4. 青森市教育委員会 2001『野木遺跡発掘調査報告書 II』青森市埋蔵文化財調査報告書第 54 集
5. 青森市教育委員会 1999『葛野(2)遺跡発掘調査報告書 II』青森市埋蔵文化財調査報告書第 44 集
6. 青森県教育委員会 1976『黒石市牡丹平南遺跡・浅瀬石遺跡発掘調査報告書(東北縦貫自動車道関係埋蔵文化財発掘調査 II)』青森県埋蔵文化財調査報告書第 26 集
7. 青森県教育委員会 1982『発茶沢』青森県埋蔵文化財調査報告書第 67 集
8. 青森県教育委員会 1987『弥栄平(4)(5)遺跡』青森県埋蔵文化財調査報告書第 106 集
9. 青森県教育委員会 1988『上尾駮(2)遺跡』青森県埋蔵文化財調査報告書第 115 集
10. 青森県教育委員会 1988『李平下安原遺跡』青森県埋蔵文化財調査報告書第 111 集
11. 青森県教育委員会 1998『小奥戸(2)遺跡―大間原子力発電所建設工事に伴う遺跡発掘調査報告―』青森県埋蔵文化財調査報告書第 240 集
12. 青森県教育委員会 2000『砂子遺跡―八戸平原開拓建設事業(世増ダム建設)に伴う遺跡発掘調査報告―』青森県埋蔵文化財調査報告書第 280 集

岩手県
1. ㈶岩手県文化振興事業団埋蔵文化財センター 1995『岩崎台地遺跡群発掘調査報告書　東北横断自動車道秋田線建設関連発掘調査』岩手県文化振興事業団埋蔵文化財調査報告書第 214 集
2. ㈶岩手県文化振興事業団埋蔵文化財センター 1998『唐戸崎・唐戸崎 II 遺跡発掘調査報告書　ふるさと農道緊急整備事業関連発掘調査』岩手県文化振興事業団埋蔵文化財調査報告書第 279 集
3. ㈶岩手県文化振興事業団埋蔵文化財センター 1996『平沢 I 遺跡発掘調査報告書 III　久慈地区拠点工業団地造成事業関連遺跡発掘調査』岩手県文化振興事業団埋蔵文化財調査報告書第 264 集
4. 東北中世考古学会 2001「岩手県江刺市下惣田遺跡」『掘立と竪穴―中世遺構論の課題―東北中世考古学会第 7 回研究大会資料集―』
5. ㈶岩手県文化振興事業団埋蔵文化財センター 2002『大向 II 遺跡発掘調査報告書　主要地方道二戸安代線建設に伴う緊急発掘調査』岩手県文化振興事業団埋蔵文化財調査報告書第 387 集
6. ㈶岩手県文化振興事業団埋蔵文化財センター 1999『芋田 II 遺跡発掘調査報告書　広域農道整備事業関連遺跡発掘調査』岩手県文化振興事業団埋蔵文化財調査報告書第 304 集
7. ㈶岩手県文化振興事業団埋蔵文化財センター 1988『皀角子久保 VI 遺跡発掘調査報告書　一般国道 340 号線改良工事関連遺跡発掘調査』岩手県文化振興事業団埋蔵文化財調査報告書第 129 集
8. ㈶岩手県文化振興事業団埋蔵文化財センター 1983『上の山 VII 遺跡発掘調査報告書　東北縦貫自動車道関連発掘調査』岩手県文化振興事業団埋蔵文化財調査報告書第 60 集

9. ㈶岩手県文化振興事業団埋蔵文化財センター 1999『有矢野館跡発掘調査報告書　中山地域総合整備事業関連遺跡発掘調査』岩手県文化振興事業団埋蔵文化財調査報告書第 303 集

宮 城 県

1. 名取市教育委員会 1986『昭和 60 年度愛島東部丘陵遺跡群　遺跡詳細分布調査 II』名取市文化財調査報告書第 16 集
2. 名取市教育委員会 1988『昭和 62 年度愛島東部丘陵遺跡群　遺跡詳細分布調査 IV』名取市文化財調査報告書第 19 集
3. 宮城県教育委員会 1971『東北自動車道関係遺跡発掘調査概報(刈田郡蔵王町地区)』宮城県文化財調査報告書第 24 集
4. 宮城県教育委員会 1972『東北自動車道関係遺跡発掘調査概報(白石市・柴田郡村田町地区)』宮城県文化財調査報告書第 25 集
5. 宮城県教育委員会 1984『宮城県営圃場整備等関連遺跡詳細分布調査報告書(昭和 58 年度)』宮城県文化財調査報告書第 100 集

秋 田 県

1. 秋田市教育委員会 1987『秋田新都市開発整備事業関係埋蔵文化財発掘調査報告書　下堤 C 遺跡』
2. 秋田県教育委員会 1982『東北縦貫自動車道発掘調査報告書 II』秋田県文化財調査報告書第 88 集
3. 秋田県教育委員会 1982『東北縦貫自動車道発掘調査報告書 IV』秋田県文化財調査報告書第 91 集
4. 秋田県教育委員会 1984『東北縦貫自動車道発掘調査報告書 VIII』秋田県文化財調査報告書第 106 集

山 形 県

1. ㈶山形県埋蔵文化財センター 1997『西町田下遺跡発掘調査報告書』山形県埋蔵文化財センター報告書第 44 集
2. ㈶山形県埋蔵文化財センター 2000『中里遺跡発掘調査報告書』山形県埋蔵文化財センター報告書第 75 集
3. 山形県教育委員会 1986『達磨寺遺跡発掘調査報告書』山形県埋蔵文化財調査報告書第 104 集

福 島 県

1. 福島市教育委員会 1988『房ノ内遺跡』福島市埋蔵文化財報告書第 26 集
2. 福島市教育委員会 1995『学壇遺跡群　南福島ニュータウン埋蔵文化財発掘調査報告』福島市埋蔵文化財報告書第 67 集
3. 福島県教育委員会 1990『東北横断自動車道遺跡調査報告 9』福島県文化財調査報告書第 241 集
4. 福島県教育委員会 1981『東北新幹線関連遺跡発掘調査報告 III』福島県文化財調査報告書第 92 集
5. 福島県教育委員会 1990『国営総合農地開発事業　母畑地区遺跡発掘調査報告 29』福島県文化財調査報告書第 223 集
6. 郡山市教育委員会 1994『国営総合農地開発事業関連　鴨打 A 遺跡(遺構編)』
7. 郡山市教育委員会 1996『老人保健施設・軽費老人ホーム建設関連　遠後遺跡』
8. 福島県教育委員会 1995『原町火力発電所関連遺跡調査報告 VI』福島県文化財調査報告書第 315 集
9. 福島県教育委員会 1986『国営総合農地開発事業　母畑地区遺跡発掘調査報告 20』福島県文化財調査報告書第 162 集
10. 福島県教育委員会 1999『福島空港公園遺跡発掘調査報告書 I』福島県文化財調査報告書第 358 集
11. 福島県教育委員会 1997『相馬開発関連遺跡調査報告 V』福島県文化財調査報告書第 333 集

12. 福島県教育委員会 1991『国営会津農業水利事業関連遺跡調査報告 XI』福島県文化財調査報告書第 266 集
13. 福島県教育委員会 1983『国営総合農地開発事業　母畑地区遺跡発掘調査報告 12』福島県文化財調査報告書第 116 集
14. 福島県教育委員会 1986『国営総合農地開発事業　母畑地区遺跡発掘調査報告 21』福島県文化財調査報告書第 163 集
15. 福島県教育委員会 1992『東北横断自動車道遺跡調査報告 18』福島県文化財調査報告書第 285 集
16. 福島県教育委員会 2000『常磐自動車道遺跡調査報告 21』福島県文化財調査報告書第 365 集
17. 福島県教育委員会 2002『常磐自動車道遺跡調査報告 29』福島県文化財調査報告書第 388 集

茨 城 県

1. ㈶茨城県教育財団 1981『常磐自動車道関係埋蔵文化財発掘調査報告書 III』茨城県教育財団文化財調査報告 XI
2. ㈶茨城県教育財団 1982『常磐自動車道関係埋蔵文化財発掘調査報告書 4』茨城県教育財団文化財調査報告 XVI
3. ㈶茨城県教育財団 1982『石岡都市計画事業南台土地区画整理事業地内埋蔵文化財調査報告書』茨城県教育財団文化財調査報告書 XIII
4. ㈶茨城県教育財団 1989『龍ヶ崎ニュータウン内埋蔵文化財調査報告書 18』茨城県教育財団文化財調査報告第 49 集
5. ㈶茨城県教育財団 1997『(仮称)島名・福田坪地区土地区画整理事業地内埋蔵文化財調査報告書 I』茨城県教育財団文化財調査報告第 120 集
6. ㈶茨城県教育財団 2002『島名・福田坪一体型特定土地区画整理事業地内埋蔵文化財調査報告書 VII』茨城県教育財団文化財調査報告第 190 集
7. ㈶茨城県教育財団 2000『中根・金田台特定土地区画整理事業地内埋蔵文化財調査報告書 III　中原遺跡 2』茨城県教育財団文化財調査報告第 159 集
8. ㈶茨城県教育財団 2001『中根・金田台特定土地区画整理事業地内埋蔵文化財調査報告書 IV　中原遺跡 3』茨城県教育財団文化財調査報告第 170 集
9. ㈶ひたちなか市文化・スポーツ振興公社 2002『武田西塙遺跡　奈良・平安時代編』㈶ひたちなか市文化・スポーツ振興公社文化財調査報告第 24 集
10. 茨城町大峯遺跡発掘調査会 1990『茨城町大峯遺跡　オールドオーチャードゴルフクラブ造成に伴う埋蔵文化財発掘調査報告書』
11. ㈶茨城県教育財団 2000『総合流通センター整備事業地内埋蔵文化財調査報告書』茨城県教育財団文化財調査報告第 162 集
12. 七会村教育委員会 1999『岡台遺跡』七会村埋蔵文化財発掘調査報告書第 4 集
13. 鷹巣遺跡発掘調査会 1987『常陸鷹巣遺跡—第 2 次発掘調査報告—』
14. つくば関城工業団地埋蔵文化財発掘調査会 1991『下木有戸 B・C 遺跡』
15. 関城地区埋蔵文化財包蔵地発掘調査会 1993『古稲荷遺跡発掘調査報告書　霞ケ浦用水送水管埋設工事地内』関城地区埋蔵文化財包蔵地発掘調査会報告書第 3 集
16. 八千代町教育委員会 1981『尾崎前山』八千代町埋蔵文化財調査報告書 2
17. ㈶茨城県教育財団 1986『一般国道 4 号線改築工事地内埋蔵文化財調査報告書 1(総和地区)』茨城県教育財団文化財調査報告第 38 集
18. 守谷町教育委員会 1996『守谷町乙子高野土地区画整理事業用地内埋蔵文化財発掘調査報告書』

栃木県

1. 栃木県教育委員会 1978『猿山A遺跡　さるやま住宅団地内発掘調査報告書』栃木県埋蔵文化財報告書第24集
2. 栃木県教育委員会 2000『成願寺遺跡　一般国道121号線バイパス建設及び床上浸水対策特別緊急事業(江川放水路)に伴う埋蔵文化財発掘調査』栃木県埋蔵文化財調査報告第239集
3. 栃木県教育委員会 2001『大関台遺跡一般国道121号線バイパス建設に伴う埋蔵文化財発掘調査』栃木県埋蔵文化財調査報告第251集
4. 栃木県教育委員会 2001『上神主・茂原　茂原向原　北関東自動車道建設に伴う埋蔵文化財発掘調査V』栃木県埋蔵文化財調査報告第256集
5. 栃木県教育委員会 2002『砂田遺跡(1区・2区・3区)都市基盤整備公団による東谷・中島土地区画整理事業に伴う埋蔵文化財発掘調査2』栃木県埋蔵文化財調査報告第265集
6. 佐野市 1996『松葉遺跡　市道16号線道路改良工事に伴う発掘調査』
7. 栃木県教育委員会 1999『伊勢崎II遺跡(古墳・奈良・平安時代編)一般国道294号線八木岡バイパス建設に伴う埋蔵文化財発掘調査IV』栃木県埋蔵文化財調査報告第225集
8. 栃木県教育委員会 1985『上三川高校地内遺跡調査報告』栃木県埋蔵文化財調査報告第65集
9. 河内町教育委員会 2000『大志白遺跡群発掘調査報告書　アンビックス緑が丘ニュータウン造成に伴う発掘調査(古代・中・近世編)』河内町埋蔵文化財調査報告書第3集
10. 栃木県教育委員会 1982『向北原南遺跡—県立益子養護学校地内遺跡調査報告—』栃木県埋蔵文化財調査報告第46集
11. 栃木県教育委員会 1981『県営圃場地内遺跡発掘調査報告書』栃木県埋蔵文化財調査報告第41集

群馬県

1. 前橋市教育委員会 1988『芳賀団地遺跡群II—古墳～平安時代編その2—』芳賀東部団地遺跡第2巻
2. 群馬県教育委員会 1994『荒砥大日塚遺跡　昭和56年度県営圃場整備事業荒砥北部地区に係る埋蔵文化財発掘調査報告書』㈶群馬県埋蔵文化財調査事業団調査報告第178集
3. 群馬県教育委員会 1997『荒砥上ノ坊遺跡III　歴史時代後半期の調査　昭和57年度県営圃場整備事業荒砥北部地区に係る埋蔵文化財発掘調査報告書』㈶群馬県埋蔵文化財調査事業団調査報告第223集
4. 高崎市教育委員会 1982『八幡中原遺跡—中学校建設に伴う調査概報—』高崎市文化財調査報告書第31集
5. 群馬県教育委員会 1983『中尾(遺構篇)関越自動車道(新潟線)地域埋蔵文化財発掘調査報告書第6集』
6. 群馬県企業局 1982『伊勢崎・東流通団地遺跡』
7. 群馬県教育委員会 1988『書上上原之城遺跡　一般国道17号(上武道路)改築工事に伴う埋蔵文化財発掘調査報告書』
8. 群馬県教育委員会 1990『戸神諏訪遺跡—関越自動車道(新潟線)地域埋蔵文化財発掘調査報告書第30集—《奈良・平安時代編》』㈶群馬県埋蔵文化財調査事業団調査報告第98集
9. 渋川市教育委員会 1986『中村遺跡—関越自動車道(新潟線)地域埋蔵文化財発掘調査報告書(KC-III)』
10. 群馬県教育委員会 1993『上栗須寺前遺跡群I—関越自動車道(新潟線)地域埋蔵文化財発掘調査報告書第13集—』㈶群馬県埋蔵文化財調査事業団調査報告第141集
11. 群馬県教育委員会 1996『稲荷屋敷遺跡—関越自動車道(上越線)地域埋蔵文化財発掘調査報告書—』
12. 群馬県教育委員会 1997『西平井島遺跡—関越自動車道(上越線)地域埋蔵文化財発掘調査報告書—』
13. 安中市教育委員会 1988『野殿北屋敷・西殿遺跡—県営農免農道整備事業農殿地区に伴う岩井、農殿地区遺跡群発掘調査報告書—』
14. 安中市教育委員会 1990『榎木畑遺跡—安中市特別養護老人ホーム建設事業に伴う埋蔵文化財発掘調査報告

15. 安中市教育委員会 1991『新寺地区遺跡群――一般県道磯部停車場妙義山線特殊改良工事に伴う埋蔵文化財発掘調査報告書―』
16. 安中市教育委員会 1999『堀谷戸遺跡―特別養護老人ホーム建設に伴う埋蔵文化財発掘調査報告書―』
17. 群馬県教育委員会 1991『三ツ寺II遺跡―上越新幹線関係埋蔵文化財発掘調査報告書第13集』㈶群馬県埋蔵文化財調査事業団調査報告第93集
18. 群馬県教育委員会 1990『長根羽田倉遺跡―関越自動車道(上越線)地域埋蔵文化財発掘調査報告書第3集―』㈶群馬県埋蔵文化財調査事業団調査報告第99集
19. 群馬県教育委員会 1995『黒熊栗崎遺跡―関越自動車道(上越線)地域埋蔵文化財発掘調査報告書第29集―』㈶群馬県埋蔵文化財調査事業団調査報告第184集
20. 群馬県教育委員会 1997『長根安坪遺跡―関越自動車道(上越線)地域埋蔵文化財発掘調査報告書第38集―』㈶群馬県埋蔵文化財調査事業団調査報告第210集
21. 妙義町教育委員会 1999『行沢竹松遺跡　群馬県営ほ場整備事業(妙義中部地区)に伴う埋蔵文化財発掘調査報告書』
22. 山武考古学研究所 1985『関越自動車道(新潟線)月夜野町埋蔵文化財発掘調査報告書第II分冊』
23. 群馬県教育委員会 1989『八寸大道上遺跡　一般国道17号(上武道路)改築工事に伴う埋蔵文化財発掘調査報告書』㈶群馬県埋蔵文化財調査事業団調査報告第91集
24. 群馬県教育委員会 1976『十三宝塚遺跡発掘調査概報II』
25. 群馬県教育委員会 1992『史跡十三宝塚遺跡』㈶群馬県埋蔵文化財調査事業団調査報告第134集
26. 群馬県教育委員会 1984『三ツ木遺跡　一般国道17号(上武道路)改築工事に伴う埋蔵文化財発掘調査報告書』
27. 太田市教育委員会 1995『埋蔵文化財発掘調査年報5―平成5年度―』

埼　玉　県

1. ㈶埼玉県埋蔵文化財調査事業団 1994『首都圏中央連絡自動車道関係埋蔵文化財発掘調査報告II　光山遺跡群』埼玉県埋蔵文化財調査事業団報告書第137集
2. ㈶埼玉県埋蔵文化財調査事業団 1986『樋ノ上遺跡　県立熊谷西高等学校関係埋蔵文化財調査報告』埼玉県埋蔵文化財調査事業団報告書第59集
3. 埼玉県教育委員会 1979『上越新幹線埋蔵文化財発掘調査報告III　下田・諏訪』埼玉県遺跡発掘調査報告書第21集
4. ㈶埼玉県埋蔵文化財調査事業団 1998『本庄今井工業団地関係埋蔵文化財発掘調査報告V　地神／塔頭』埼玉県埋蔵文化財調査事業団報告書第193集
5. ㈶埼玉県埋蔵文化財調査事業団 1992『一般国道17号深谷バイパス関係埋蔵文化財発掘調査報告III　新屋敷東・本郷前東』埼玉県埋蔵文化財調査事業団報告書第111集
6. 富士見市遺跡調査会 1980『針ヶ谷遺跡群III』富士見市遺跡調査会調査報告第11集
7. 鶴ヶ島市遺跡調査会 2000『鶴ヶ島中学西遺跡3次調査発掘調査報告書』
8. 与野市教育委員会 1982『八王子浅間神社遺跡発掘調査報告書』埼玉県与野市文化財報告書第6集
9. 埼玉県遺跡調査会 1976『大御堂檜下・女堀遺跡発掘調査報告』埼玉県遺跡調査会報告第28集
10. 埼玉県遺跡調査会 1977『田中前遺跡』埼玉県遺跡調査会報告第32集
11. ㈶埼玉県埋蔵文化財調査事業団 1982『関越自動車道関係埋蔵文化財発掘調査報告XIV』埼玉県埋蔵文化財調査事業団報告書第16集
12. ㈶埼玉県埋蔵文化財調査事業団 1994『樋ノ下遺跡　埼玉県住宅供給公社リバーサイド玉淀建設事業関係埋

蔵文化財発掘調査報告』埼玉県埋蔵文化財調査事業団報告書第135集
13. ㈶埼玉県埋蔵文化財調査事業団 1999『末野遺跡Ⅱ 県道広木折原線関係埋蔵文化財発掘調査報告Ⅳ』埼玉県埋蔵文化財調査事業団報告書第207集
14. 寄居町教育委員会 2002『赤浜遺跡(第2次遺跡)』寄居町文化財調査報告第26集

千 葉 県
1. 千葉大学文学部考古学研究室 1996『立木南遺跡』
2. ㈶東総文化財センター 1994『新農遺跡 銚子カントリー倶楽部コース増設に伴う埋蔵文化財発掘調査報告書』㈶東総文化財センター発掘調査報告書第4集
3. 市立市川考古博物館 1994『下総国分寺跡 平成元〜5年度発掘調査報告書』市立市川考古博物館研究調査報告第6冊
4. ㈶印旛郡市文化財センター 1987『成田市産業廃棄物処理場予定地内埋蔵文化財調査報告書 椎ノ木遺跡』㈶印旛郡市文化財センター発掘調査報告書第15集
5. ㈶印旛郡市文化財センター 1998『南囲護台遺跡(第2地点)成田市囲護台地区住宅造成に伴う埋蔵文化財調査』㈶印旛郡市文化財センター発掘調査報告書第142集
6. 佐倉市寺崎遺跡群調査会 1987『寺崎遺跡群発掘調査報告書』
7. ㈶印旛郡市文化財センター 1993『高岡遺跡群Ⅰ 佐倉市高岡地区宅地造成予定地内埋蔵文化財調査報告書(Ⅰ)』㈶印旛郡市文化財センター発掘調査報告書第71集
8. ㈶印旛郡市文化財センター 1993『高岡遺跡群Ⅲ 佐倉市高岡地区宅地造成予定地内埋蔵文化財調査報告書(Ⅲ)』㈶印旛郡市文化財センター発掘調査報告書第71集
9. 我孫子市教育委員会 1997『大久保遺跡・本願寺遺跡』我孫子市埋蔵文化財報告第16集
10. 我孫子市教育委員会 1998『高野山南遺跡・西大久保遺跡・西野場遺跡』我孫子市埋蔵文化財報告第18集
11. 下総町遺跡調査会 1989『大菅向台遺跡発掘調査報告書』
12. ㈶山武郡市文化財センター 1991『大台遺跡群』㈶山武郡市文化財センター発掘調査報告書第8集

東 京 都
1. 徳澤啓一 2000「新宿区落合遺跡(仮称)新宿中井分譲住宅地点における発掘調査の成果と課題」『新宿区立新宿歴史博物館研究紀要第5号』
2. 世田谷区教育委員会 2001『宮之原遺跡Ⅱ 東京都世田谷区喜多見4丁目27〜29番の発掘調査記録』
3. 中野区教育委員会 1996『北原遺跡発掘調査報告書』
4. 杉並区教育委員会 1981『高井戸東(近隣第三)遺跡 区立高井戸小学校校舎改築にともなう埋蔵文化財発掘調査報告書』杉並区埋蔵文化財報告書第11集
5. 杉並区教育委員会 2002『高井戸東(近隣第二)遺跡Ⅱ(仮称)アクアフィットネス高井戸建設に伴う埋蔵文化財包蔵地発掘調査報告書』杉並区埋蔵文化財報告書第34集
6. 立教大学文学部 1957『栗原―セントポール・グリーンハイツ内遺跡発掘調査報告―』
7. 前野兎谷遺跡調査団 1998『前野兎谷遺跡発掘調査報告書「ヴェルレージュ板橋前野町」建設に伴う発掘調査報告書』
8. 板橋区四葉地区遺跡調査会 2000『四葉地区遺跡(中近世・古代・弥生時代編)』板橋区四葉地区遺跡調査報告Ⅶ
9. 八王子市中田遺跡調査会 1967『八王子中田遺跡 資料篇Ⅰ』
10. 服部敬史 1993「八王子市船田遺跡の平安時代集落」『八王子市郷土資料館紀要 八王子の歴史と文化第5号』

11. 椚　国男「八王子市・中野犬目境遺跡調査報告」『多摩考古 23』多摩考古学研究会
12. 東京都埋蔵文化財センター 1987『多摩ニュータウン遺跡　昭和 60 年度（第 1 分冊）』東京都埋蔵文化財センター第 8 集
13. 八王子市南部地区遺跡調査会 2001『南八王子地区遺跡調査報告 14』
14. 府中市教育委員会 1979『武蔵国府関連遺跡調査報告 I －白糸台地域の調査 1 －』府中市埋蔵文化財調査報告第 1 集
15. 都営川越道住宅遺跡調査会 1999『武蔵国分寺西方地区　武蔵台東遺跡　古墳・歴史時代』
16. 武蔵国分寺関連(府中都市計画道路 3・2・2 の 2 号線)遺跡調査会 1999『武蔵国分寺南西地区発掘調査報告　府中都市計画道路 3・2・2 の 2 号線建設に伴う調査』
17. 調布市教育委員会 2002「平成 12 年度埋蔵文化財調査報告 4　飛田給遺跡第 73 地点」『埋蔵文化財年報―平成 12 年度(2000)―』
18. 町田市小田急野津田・金井団地内遺跡調査会 1984『川島田遺跡群 I』
19. 三輪南地区遺跡群発掘調査会 1989『三輪南遺跡群発掘調査報告書』
20. 町田市小田急野津田・金井団地内遺跡調査会 1987『金井原遺跡群 I』
21. 日野市教育委員会 1981『日野市遺跡調査会年報 III《昭和 54 年度》』
22. 日野市教育委員会 1988『日野市埋蔵文化財発掘調査輯報 IV』日野市埋蔵文化財発掘調査報告 5
23. 日野市遺跡調査会 1994『南広間地遺跡 4 ―第 7 次調査 V 地点―』日野市埋蔵文化財発掘調査報告 19
24. 日野市遺跡調査会 1996『南広間地遺跡 7』日野市埋蔵文化財発掘調査報告 35
25. 日野市遺跡調査会 1996『南広間地遺跡 8』日野市埋蔵文化財発掘調査報告 36
26. 日野市遺跡調査会 1996『田中タダによる共同住宅建築に伴う埋蔵文化財発掘調査報告書―南広間地遺跡 36 次調査―』日野市埋蔵文化財発掘調査報告 39
27. 日野市遺跡調査会 1997『日野税務署建設に伴う埋蔵文化財発掘調査報告書―南広間地遺跡 45 次調査―』
28. 日野市遺跡調査会 1998『南広間地遺跡 12』日野市埋蔵文化財発掘調査報告 54
29. 桐朋高等学校社会部考古学斑 1978「国立市南養寺南遺跡調査報告」『多摩考古 13』多摩考古学研究会
30. 下宿内山遺跡発掘調査会 1986『下宿内山遺跡』
31. 下里本邑遺跡調査会 1982『下里本邑遺跡』
32. 東京都埋蔵文化財センター 1982『多摩ニュータウン遺跡―昭和 56 年度―(第 6 分冊)』東京都埋蔵文化財センター調査報告第 2 集
33. 多摩市教育委員会 2002『和田西遺跡(埋蔵文化財編)―上和田土地区画整理事業に伴う発掘調査報告書―』多摩市埋蔵文化財調査報告 46
34. 東京都埋蔵文化財センター 1992『多摩ニュータウン遺跡　平成 2 年度(第 2 分冊)』東京都埋蔵文化財センター調査報告第 14 集
35. 東村山市 2001『東村山市史 5　資料編　考古』

神奈川県

1. 横須賀市吉井・池田地区埋蔵文化財発掘調査団 1997『吉井・池田地区遺跡群 I ―吉井池田土地区画整理事業に伴う調査報告書―』
2. 神奈川県立埋蔵文化財センター 1986『田名稲荷山遺跡　県立県北方面高校建設にともなう調査』神奈川県立埋蔵文化財センター調査報告 12
3. 矢掛・久保遺跡調査会 1989『矢掛・久保遺跡の調査』
4. 神奈川県教育委員会 1975『鳶尾遺跡(厚木市鳶尾地区土地区画整理事業に伴う調査)』神奈川県埋蔵文化財調査報告書 7

5. 大和市教育委員会 1986『月見野遺跡群上野遺跡第 1 地点』大和市文化財調査報告書第 21 集
 6. 大和市教育委員会 1991『深見神社南遺跡』大和市文化財調査報告書第 42 集
 7. 神奈川県教育委員会 1979『上浜田遺跡』神奈川県埋蔵文化財調査報告書 15
 8. 本郷遺跡調査団 1988『海老名本郷(II)』
 9. 本郷遺跡調査団 1987『海老名本郷(III)』
10. 本郷遺跡調査団 1988『海老名本郷(V)』
11. 本郷遺跡調査団 1989『海老名本郷(VII)』

新 潟 県
1. 新潟県教育委員会 1985『関越自動車道埋蔵文化財発掘調査報告書　金屋遺跡』新潟県埋蔵文化財調査報告書第 37

石 川 県
1. 石川県立埋蔵文化財センター 1987『宿東山遺跡　一般国道 159 号押水バイパス改築工事に係る埋蔵文化財発掘調査報告書

福 井 県
1. 武生市教育委員会 1987『愛宕山遺跡群 I』武生市埋蔵文化財調査報告 III

山 梨 県
1. 山梨県教育委員会 1987『二之宮遺跡　山梨県中央自動車道埋蔵文化財包蔵地発掘調査報告書』山梨県埋蔵文化財センター調査報告第 23 集
2. 須玉町教育委員会 1988『西川遺跡　圃場整備事業に伴う山梨県北巨摩郡須玉町穴平西川遺跡昭和 61 年度、昭和 62 年度発掘調査概報』須玉町埋蔵文化財報告第 5 集
3. 上ノ原遺跡発掘調査団 1999『上ノ原遺跡　ダイワヴィンテージゴルフ倶楽部造成工事に伴う埋蔵文化財の発掘調査報告書』
4. 山梨県考古学協会 2000「原町農業高校前遺跡」『山梨考古第 78 号』
5. 石原田北遺跡発掘調査団 2001『石原田北遺跡』Ｊマート地点発掘調査報告書』
6. 山梨県教育委員会 2002『百々遺跡 1　一般国道 52 号(甲西道路)改築および中部横断自動車道建設工事に伴う埋蔵文化財発掘調査報告書』山梨県埋蔵文化財センター調査報告書第 201 集

長 野 県
1. 長野県教育委員会 1990『中央自動車道長野線埋蔵文化財発掘調査報告書 8 ―松本市内その 5 ―』㈶長野県埋蔵文化財センター発掘調査報告書 8
2. 松本市教育委員会 1993『松本市二反田・岡田町遺跡』松本市文化財調査報告 No. 99
3. 佐久市教育委員会 1985『樋村遺跡(遺構編)』
4. 佐久市教育委員会 1989『鋳師屋遺跡群　前田遺跡(第 I・II・III 次)』

静 岡 県
1. 小山町教育委員会 1981『上横山遺跡発掘調査概報』

愛 知 県

1. 西尾市教育委員会 1992『八ッ面山北部遺跡 II —中原町地内—西尾北部地区県営ほ場整備事業に伴う発掘調査報告書』

島 根 県

1. 島根県教育委員会 2000『志津見ダム建設予定地内埋蔵文化財発掘調査報告書 8 神原 I 遺跡』

山 口 県

1. 山口県教育委員会 1974『下関市 秋根遺跡』山口県埋蔵文化財調査報告第 17 集

福 岡 県

1. 福岡県教育委員会 1974『九州縦貫自動車道関係埋蔵文化財調査報告— V —福岡県小郡市三沢所在遺跡群の調査』
2. 遠賀町教育委員会 1991『尾崎・天神遺跡 I』遠賀町文化財調査報告書第 2 集
3. 遠賀町教育委員会 1992『尾崎・天神遺跡 II』遠賀町文化財調査報告書第 4 集
4. 福岡県教育委員会 1999『九州縦貫自動車道関係埋蔵文化財調査報告— 55 —朝倉郡朝倉町所在長島遺跡の調査 II』
5. 福岡県教育委員会 1985『一般国道 210 号線浮羽バイパス関係埋蔵文化財調査報告第 4 集 塚堂遺跡 IV D 地区(第 2 分冊)』

あ と が き

　本書は、平成16(2004)年9月に國學院大學に提出した博士学位(歴史学)申請論文をもとにしている。学位申請論文では、対象地域を東北・関東・中部地方までに限っていたが、本書の出版にあたり、指導教授の吉田恵二先生から「汎日本的な分析が必要」との御指摘をいただき、急遽、西日本方面のデータも加味して書き直すことにした。

　多くの考古学研究で最も時間と手間がかかるのは対象資料の集成作業である。当初、博士課程3年間でドクター論文提出(國學院大學大学院の考古学コースでは、過去に荒木志伸・堤隆・青木敬の3氏のみ)を狙っていた筆者の前に立ち塞がったのは、東日本のあまりにも膨大な発掘調査報告書類であった。学生と勤め人という二足のワラジを履いていた筆者にとって文献探索のできる時間は限られており、これでもう1年授業料を払うことになってしまった。

　とにかく、東北地方や関東地方では、全時代を通じて竈をもつ竪穴建物跡の報告例が突出していることを身をもって痛感した次第である。例えば、行政区域の面積も狭く、大規模な発掘調査例が少ない東京都でさえ、10,000軒に迫る当該遺構が報告されており、県の面積も広く、大規模な発掘調査が目立つ群馬県や千葉県などに至っては、恐らく20,000軒を越えているものと思われる。このような状況で、ひたすら報告書の頁をめくりながら、目当ての資料を探していたことも今となっては懐かしい。

　さて、西日本の発掘調査報告書を一から調べることになった時は、どれだけ時間がかかるのか不安だったが、いざ悉皆作業を始めてみると、竈をもつ竪穴建物跡が予想していたよりも遥かに少なかったのは意外であった。特に、平安時代になると当該遺構がほとんど姿を消す点は、9世紀代に最も顕著な存在となる東日本とはあまりにも対照的であり、改めて「所変われば品変わる」ことを実感したのである。

　平成15・16年度に奈良文化財研究所の埋蔵文化財発掘技術者研修で「古代竪穴建物跡の発掘調査法」というテーマで講師を務めさせていただいた際、担当の山中敏史先生から「西日本の各府県では、寺院や瓦の研究者はいても、集落遺跡や竪穴建物跡の研究者はほとんどいない」というお話しをお聞きした。その時はあまりピンと来なかったのだが、実際に文献を調べてみると、西日本方面では竈をもつ竪穴建物跡が決してメジャーな遺構ではなく、むしろマイナーな存在であることを認識することができた。

　地方自治体をはじめとして地域に縛られた仕事をしている者にとっては、つい自分の周りの見慣れた風景だけが当たり前のように思えてしまうものだが、違う世界を覗いてみることによって、今までは見えなかったことが見えてくるという点は、本書で扱った事象以外にも様々な時代や種類の遺跡で適用できるものと思われる。

20代から30代にかけて、主に東京都内のデータを中心とした「お気楽な研究」をしてきた筆者にとって、40代に入学した大学院で最も有益だったことと言えば、より広い視野から物事を観るようにする意識が培われたことであろうか。

いずれにしろ、本書で取り挙げてきた事例のように、従来あまり問題とされてこなかったような点がまだまだ存在するものと思われるが、今後も微力ながら、竈をもつ竪穴建物跡の諸問題について追究してゆきたい。

謝　辞

巻末ながら、本書を上梓するにあたり謝辞を申し上げたい。

学位申請論文の審査にあたっては、主査の吉田恵二先生、副査の小林達雄先生、同じく藤本強先生に格別の御配慮を賜った。

東北芸術工科大学の宮本長二郎先生からは、竪穴外柱のプラン復元にあたって数々の有益な御教示を賜った。さらに、蔵王山麓まで押し掛けて来た筆者のため、大学教職員用の豪華な宿泊施設（しかも温泉付き！）まで準備していただき、本当にありがとうございました。

奈良文化財研究所の山中敏史先生からは、竪穴外柱の柱間が揃っているものと、そうでないものの違いが、梁を先に架けるか、桁を先に架けるかという建築工法上の違いによるものであることを教えていただいた。これは、長い間心の隅に引っかかっていたことであり、あまりにも明快な説明に目から鱗が落ちたような思いであった。

白石太一郎先生には、大学院修士課程(博士課程前期)の演習時に、竪穴外柱穴をもつ竪穴建物跡をテーマとした発表を行った際、「是非ともペーパーにまとめてみたらどうか」と評価していただいたことが大きな自信となった。

また、日頃何かとお世話になっている身近な先輩方や友人達以外に、普段はあまりお会いすることができない遠方の方々からも、有益な御教示や貴重な文献類の提供を受けた。

秋田県の高橋学さん、福島県の菅原祥夫さん、山梨県の平野修さん、長野県の寺内隆夫さん、福岡県の井英明さん、同じく柴尾俊介さん等である。

さらに、本書の出版を快諾していただいた六一書房の八木環一社長をはじめ、御協力いただいた六一書房の皆さん、編集を担当していただいた小迫俊一さん、本書の図表類を作成していただいた文化財コムの梶原喜世子さんに感謝いたします。

最後に、執筆にあたって御教示・御協力いただいた方々の御芳名を以下に記して、謝意に代えさせていただく次第であります。

青木　敬・荒井健治・有村由美・井　英明・池田敏宏・井上尚明・江口　桂・及川良彦・梶原喜世子・梶原　勝・加藤晋平・上敷領久・神谷佳明・川津法伸・菊池誠一・菊池　実・

小林達雄・小宮俊久・笹生　衛・柴尾俊介・篠崎譲治・白石太一郎・菅原祥夫・平　自由・高橋　学・多ケ谷香理・田中　信・田中美千代・塚原二郎・津野　仁・寺内隆夫・時枝　務・德澤啓一・十時俊作・利根川章彦・中野幸大・中山真治・西野善勝・早川　泉・平野　修・藤本　強・松崎元樹・松村恵司・宮瀧交二・宮本長二郎・山中敏史・山中雄志・吉田恵二・米沢容一・綿引英樹・和田信行（五十音順・敬称略）

初 出 文 献

本書に収録した論文の主な初出文献は以下のとおりだが、新たなデータなどを基に書き直している部分も多い。

- I. 序　　論——書き下ろし
- II. 棚状施設の様相——『竈をもつ竪穴建物跡にみられる棚状施設の研究』自費出版、2002年
- III. 棚状施設の役割
    1. 遺棄遺物の検討——「棚上の遺物」『東国史論第10号』群馬考古学研究会、1995年
        「棚状施設は神棚か？(その2)」『古代の社会と環境　遺跡の中のカミ・ホトケ　資料集』帝京大学山梨文化財研究所・山梨県考古学協会、2003年
    2. 炉をもつ竪穴建物跡の存在——『竈をもつ竪穴建物跡にみられる棚状施設の研究』
    3. 遺跡の性格からの検討——『竈をもつ竪穴建物跡にみられる棚状施設の研究』
- IV. 棚状施設をもつ竪穴建物の集団関係
    1. 伝統的集落と「工業団地」——「棚状施設をもつ竪穴建物の性格(1)」『史学研究集録第27号』國學院大學大学院日本史学専攻大学院会、2002年
    2. 農村と都市の比較——「棚状施設をもつ竪穴建物の性格(2)」『國學院大學考古学資料館紀要第18輯』2002年
    3. 棚状施設をもつ竪穴建物の偏在性——「棚状施設をもつ竪穴建物の性格(3)」『國學院大學大學院紀要—文学研究科—第34輯』2003年
    4. 棚状施設からみた遺跡間の集団関係——書き下ろし
    5. 棚状施設をもつ竪穴建物の集団関係——「棚状施設をもつ竪穴建物の性格(2)」
- V. 竪穴外柱をもつ竪穴建物跡の様相——「竈を有する竪穴住居跡の外周にみられるピットについて」『土曜考古第20号』土曜考古学研究会、1996年
    「和田西遺跡の古代竪穴建物」『和田西遺跡の研究』考古学を楽しむ会、2003年
- VI. 竪穴外柱をもつ竪穴建物の集団関係
    1. 主要遺跡における様相——「和田西遺跡の古代竪穴建物」
    2. 東北地方にみられる"竪穴＋掘立"との関係——書き下ろし

VII. 終　　　章
　1. 棚状施設をもつ竪穴建物跡に関する総括──「棚状施設をもつ竪穴建物の出現と展開」『東国史論第 20 号』2005 年
　2. 竪穴外柱をもつ竪穴建物跡に関する総括──書き下ろし
　3. 今後の調査研究に向けて──書き下ろし

筆者紹介
桐生　直彦（きりう　なおひこ）
1957年1月大阪府豊中市生まれ。2005年國學院大學大学院博士課程後期修了。博士(歴史学)。現在：國學院大學特別研究員、文化庁「行政目的で行う埋蔵文化財の調査についての標準」に関する手引き(『集落遺跡発掘調査の手引き』)作成会議の検討委員。多数の著作・論文がある。

竈をもつ竪穴建物跡の研究

2005年10月10日　初版発行

著　者　桐生　直彦

発行者　八木　環一

発行所　有限会社　六一書房

〒101-0064　東京都千代田区猿楽町1-7-1　高橋ビル1階
TEL　03-5281-6161　　FAX　03-5281-6160
http://www.book61.co.jp　　E-mail　info@book61.co.jp
振替　00160-7-35346

印　刷　株式会社　三陽社

ISBN 4-947743-33-6　　C3021　　　　　　　　　　　　Printed in Japan